WARENKUNDE
Obst & Gemüse

BAND 1 Obst

Prof. Dr. Günther Liebster

WARENKUNDE

Obst & Gemüse

BAND 1
Obst

MORION

Besonderen Dank für die freundliche Unterstützung bei der Ausgestaltung dieses Werkes gebührt den Damen und Herren:

Gertrud Schmack
im Zentralverband des Deutschen Früchte-Import und Großhandels e. V., Bonn

Assessor Hans-Joachim Moldenhauer
im Verband des Hanseatischen Frucht-Import- und Großhandels Hamburg – Bremen e. V., Hamburg

Dr. Otto Schmidt
im Bundesamt für Ernährung und Forstwirtschaft, Frankfurt

Erwin Stier
Scipio-Gruppe, Bremen

Komplett-Büro
Agentur für Kommunikation GmbH, München

The Outspan Organisation
Hamburg

2. Auflage, 1990

Umschlagfoto: Christian Teubner

Illustrationen: Claudia Wolfrath, München

Satz: ism-lasersatz meixner, München

Reproduktion: Repro Perschke GmbH, Bruchsal

Druck und Bindung: Neue Stalling, Oldenburg
Printed in Germany

ISBN 3-927-00800-1 MORION Verlagsproduktion GmbH, Düsseldorf
ISBN 3-7750-0187-5 Walter Hädecke Verlag D-7252 Weil der Stadt
(Vertriebspartner für den Buchfachhandel)

Vorwort

Kein Lebensmittel hat in den letzten 20 Jahren eine solche Bedeutung gewonnen – auch in gesundheitlicher Hinsicht – wie das Obst. Neue Sorten, neue Transportmöglichkeiten und ein wachsendes Interesse des übrigen Lebensmittelhandels, sich mit den Früchten aus dem Garten der Natur zu profilieren, haben Obst zu einem wichtigen Wirtschaftsgut und Exportfaktor besonders der Dritten Welt werden lassen. Gerade die Entwicklungsländer haben die große Chance der Wertschöpfung mit ihrem verbesserten Obstanbau entdeckt. Die Geschichte der Frischananas ist ein leuchtendes Beispiel dafür. Aber auch das glanzvolle Beispiel der Neuseelandkiwi zeigt, wie gut ein global orientiertes Fruchtmarketing funktionieren kann. Zum Vorteil aller Beteiligten. Zur Steigerung der Frische und Verfügbarkeit ist nur die Professionalität der Obstvermarktung – im Großen wie im Kleinen – entscheidend für den Erfolg.

Nur wenn die Verkäufer, Auszubildenden, Hauswirtschaftskundler, Köche und Journalisten exakt über die breite Palette des Obstangebotes und über die Charakteristika der einzelnen Frucht Bescheid wissen, nur wenn die Frucht in voller Reife „auf den Verkaufspunkt“ gebracht wird, nur wenn die Attraktivität der frischen Naturgabe in voller Bedeutung für den „Normalverbraucher“ herübergebracht wird, dann ist die Chance groß, daß der längst fällige Anstieg des Pro-Kopf-Verbrauchs bei Obst und insbesondere bei den sogenannten Exoten in Gang kommt.

In diesem Sinne soll das Handbuch „Obst“ eine wertvolle fachliche Hilfe sein, ein warenkundliches Nachschlagewerk für jedermann. Praktisch und handlich, jederzeit zu konsultieren.

Der Verlag

Einführung

Zweck dieses Buches ist es, den im Lebensmittelhandel und -verkauf aller Stufen Tätigen und Auszubildenden Warenkenntnisse zu vermitteln, die sie für ihren Arbeitsbereich und ihr berufliches Fortkommen benötigen. Die Darstellung der auf dem deutschen Markt gehandelten heimischen und exotischen Obstfrüchte soll diesem Personenkreis eine wertvolle Hilfe bei der täglichen Arbeit sein.
Nicht nur Lebensmittelwissenschaft und -technologie befinden sich in rasanter Entwicklung, die zu immer neuen Möglichkeiten der Fruchtverwendung führt – auch auf den Märkten nimmt die Vielfalt des Angebots ständig zu. Früchte, die noch vor wenigen Jahren allenfalls in einigen führenden Delikateß-Lebensmittelgeschäften der Großstädte bewundert wurden, finden sich heute im Obstangebot auch mittlerer und kleinerer Geschäfte in fast allen Städten und selbst auf dem Lande.
Mit Sicherheit dürfen wir damit rechnen, daß sich im Laufe der Zeit weitere, bis heute kaum bekannte Exoten sowie neue Ergebnisse systematischer Pflanzenzüchtung und Auslese, auch aus neu entstandenen Anbaugebieten und neuen Exportländern, auf dem deutschen Markt einen Platz erobern werden.
Zu dieser Entwicklung trägt der moderne Verkehr wesentlich bei. Güter, deren Transport früher per Schiff und Bahn erfolgte und mitunter Tage und Wochen dauerte, gelangen heute per Luftfracht schon in Stunden aus dem Erzeugerland auf den Ladentisch des Einzelhändlers, und selbst rasch verderbliche Ware steht dank raffiniert ausgebauter Kühlketten, beginnend schon mit der Vorkühlung auf dem Felde, dem anspruchsvollen Konsumenten zur Verfügung.
Und eine weitere Konsequenz der verbesserten Verkehrsverhältnisse und verkürzten Transportzeiten muß erwähnt werden: Manche Fruchtart mußte früher, um den langdauernden Trans-

port zu überstehen und mundreif am Ziel anzukommen, vorzeitig, d. h. noch nicht vollkommen ausgereift, geerntet werden. Für viele Früchte, die erst im letzten Reifungsstadium an der Pflanze ihr volles, köstliches Aroma entwickeln, bedeutet dies, daß sie qualitativ minderwertig den Konsumenten erreichten und dieser ihnen nicht den Geschmack abgewinnen konnte, den sie – voll ausgereift – auf dem heimischen Markt besitzen. So kann manche Frucht durch die Wahl des günstigsten Erntetermins in der Heimat ihren „Ruf" in fremden Ländern verbessern.

Die verbreitete Reiselust führt dazu, daß viele Menschen auf Urlaubsreisen in Mittelmeerländer oder nach Übersee exotische Früchte kennenlernen und diese dann auch zu Hause kaufen möchten. Der geschäftstüchtige deutsche Kaufmann wird daher bemüht sein, sein Sortiment entsprechend zu erweitern, aber auch in den zahlreichen kleinen italienischen, türkischen und griechischen Obst- und Gemüsegeschäften in unseren Städten sind heute schon viele dieser Exoten erhältlich.

Trotzdem sind viele Menschen exotischen Früchten gegenüber immer noch sehr skeptisch. Man weiß nicht so recht mit ihnen umzugehen, man kennt nicht die vielfältigen Verwendungs- und Zubereitungsmöglichkeiten, und über ihren ernährungsphysiologischen Wert ist man noch weniger informiert. Diesem Unwissen abzuhelfen, ist eine wichtige Aufgabe des Verkäufers. Er muß sich mit Produkten vertraut machen, mit denen er noch nie etwas zu tun hatte, und die er nun dem wißbegierigen Kunden in jeder Hinsicht erklären und näherbringen soll. Ihn dazu in die Lage zu versetzen, ist – das sei noch einmal betont – Sinn und Zweck des vorliegenden Buches.

Schon mehrfach ist in diesem Zusammenhang von zuständiger Seite auf einen Schwachpunkt im Obst- und Gemüseabsatz hingewiesen worden: die mangelnde Qualifikation der Mitarbeiter an der Verkaufsfront. Ihnen fehlt oftmals das zur Umsatzförderung notwendige Fachwissen. Besonders die für den Dialog mit der Kundschaft erforderliche differenzierte Warenkunde ist es, die zu wünschen übrig läßt. Die Zahl der aus aller Welt angebotenen Spezialitäten nimmt ständig zu, und eine gute fachliche Beratung über Herkunft, Reifezustand und Zubereitung der neuen Erzeug-

nisse können Kauflust und Verbraucherappetit erheblich steigern. Die wahrnehmbare Kommunikationslücke zwischen dem warenkundlich geschulten Fruchteinkäufer und den für den Abverkauf verantwortlichen Mitarbeitern am POS (Point of Sale = Verkaufspunkt) durch intensive Schulung und Weiterbildung zu schließen, ist eine höchst vordringliche Aufgabe des Lebensmittel-Groß- und -Einzelhandels. Neben dem Einsatz von geschulten Propagandisten und fachkundigen Werbedamen (mit Kostproben), neben der Verteilung von Handzetteln, Rezeptheften und anderen Werbeschriften, neben dem neuerdings erprobten Einsatz von drei- bis vierminütigen Video-Clips mit Sprechtext und Hintergrundmusik auf dem Bildschirm im Supermarkt usw. ist das direkte Gespräch des fachkundigen Verkäufers mit dem Kunden zweifellos das beste Verkaufsförderungsmittel.
Darüber hinaus sei aber allen Händlern und Verkaufskräften geraten, nicht nur theoretisches Wissen zu erwerben, sondern jede Fruchtart selbst einmal zu probieren und zuzubereiten, um aus eigener Erfahrung überzeugend verkaufen zu können. Zu wünschen wäre außerdem, daß dieses Buch neben dem Obst- und Gemüsehändler und Lebensmittelkaufmann auch Hauswirtschaftskundler, Köche und vor allem die Hausfrau erreicht, da die meisten Lebensmittel durch ihre Hand gehen.
Nun zu Inhalt und Gliederung des Bandes: Nach „Ein wenig Statistik“ und nach kurzer Erläuterung einer Reihe von Fachausdrükken werden die insgesamt 139 Obstarten in alphabetischer Reihenfolge abgehandelt. Diese – in Nachschlagewerken dieser Art bewährte – Anordnung erlaubt es dem Benutzer des Buches, jede einzelne Obstart mühelos und rasch zu finden.
Über Botanik und Anbau der Früchte werden nur die allernotwendigsten Angaben gemacht. Mehr Interesse wird der Leser dem Herkunftsland der Frucht, ihrer Beschreibung, den gehandelten Sorten, den bei Verkauf und Lagerung zu beachtenden Notwendigkeiten sowie den verschiedenen Verwendungs- und Verarbeitungsmöglichkeiten entgegenbringen. Inhaltsstoffe, z. B. Vitamine oder bestimmte Mineralstoffe, werden im Text nur erwähnt, wenn ihnen eine für die Ernährung und Gesundheit des Menschen überragende Bedeutung zukommt. Im übrigen sei auf die

Nährwert-Tabelle im Anhang verwiesen. Mit all diesem Wissen ausgestattet, wird der Leser auch mit einer neuen und unbekannten Frucht bald vertraut sein.

Außerordentlich wichtig für jeden im Handel und Verkauf Tätigen ist die Kenntnis und Beachtung der Gesetze, Verordnungen und Vorschriften, die den Umgang mit der Ware Obst und Gemüse regeln. Dieses Kapitel ist derart umfangreich, daß im vorgegebenen Rahmen dieses Buches nur die wichtigsten lebensmittelrechtlichen Bestimmungen erwähnt werden können.

Der Besprechung der verschiedenen Fruchtarten und dem Kapitel „Rechtsgrundlagen" sind einige Tabellen angefügt. Die Nährwert-Tabelle gibt Auskunft über die wichtigsten Inhaltsstoffe und damit den ernährungsphysiologischen Wert der Früchte, zeigt aber auch deren kalorischen Wert an; gibt es doch heute kaum einen Verbraucher, der nicht bemüht ist, sich kalorienbewußt zu ernähren und Nahrungsmittel nach diesem Gesichtspunkt auszuwählen und zu beurteilen. In dieser Hinsicht dürften unsere Obstarten – von wenigen Ausnahmen abgesehen – hervorragend abschneiden.

Eine weitere Tabelle soll für einige wichtige Fruchtarten die Hauptverkaufsmonate anzeigen, wobei in Anbetracht der heutigen Transportmöglichkeiten aus anderen klimatischen Verhältnissen gewisse Veränderungen und Verschiebungen jederzeit eintreten können.

Angesichts der Internationalität des Obst- und Gemüsehandels kann es mitunter notwendig werden, sich über fremdsprachige Bezeichnungen wichtiger Fruchtarten oder auch über im Ausland übliche Maße und Gewichte zu informieren. Zwei diesbezügliche Tabellen mögen hierfür dem Leser nützlich sein.

Schließlich sei noch ein grundsätzliches Wort zu den Obst-Konserven gesagt: Das vorliegende Werk befaßt sich in erster Linie mit der Frischfrucht, womit selbstverständlich nichts über Wert oder Unwert von Konserven ausgesagt werden soll. Angesichts der heutigen hochentwickelten Konservierungstechnik erscheint jede Art von „Konservenfeindlichkeit" als absurd. Im Gegenteil: manches fremde, exotische Produkt haben wir überhaupt erst dank seiner Einführung als hochwertige Konserve kennen- und

schätzengelernt. Allein der begrenzte Raum des Buches verbietet es, hier näher auf die Konservierungsmethoden für die einzelnen Früchte einzugehen. Das gleiche gilt sinngemäß auch für die Haltbarmachung der Früchte durch Tiefgefrieren.
Verlag und Verfasser sind überzeugt, mit diesem Buch eine vielfach empfundene Lücke geschlossen zu haben. Der Leser, der unter den Informationen über die einzelnen Fruchtarten vielleicht die eine oder andere ihm wichtig erscheinende Angabe vermißt, möge bedenken, daß ein Buch wie das vorliegende nur einen Bruchteil dessen vermitteln kann, was ausgesagt werden könnte. Ihm sei geraten, zur Vertiefung seines Wissens die einschlägige Literatur heranzuziehen. Aus diesem Grunde wird am Ende des Werkes ein Verzeichnis der deutschsprachigen Spezialliteratur gebracht, das natürlich auch keinen Anspruch auf Vollständigkeit erheben kann.
Den Abschluß des Bandes bilden eine politische Weltkarte, die dem noch nicht weltgereisten Benutzer des Buches über die geographische Lage der wichtigsten Anbau- und Lieferländer in den Tropen, Subtropen und anderen Erdteilen Aufschluß gibt, sowie ein alphabetisches Sachwortregister, das – neben dem Inhaltsverzeichnis – dem Benutzer das Auffinden der gesuchten Obstarten erleichtern soll.
Um höchste Aktualität und Praxisnähe zu erreichen, hat der Verfasser mit einer größeren Zahl von fachkundigen Persönlichkeiten, einschlägigen Fachorganisationen, Instituten, Behörden der deutschen Ernährungswirtschaft sowie Einzelfirmen des Obst- und Gemüsehandels Verbindung aufgenommen und sie um Informationen gebeten. Ihnen allen für ihre bereitwillig und im Interesse des Ganzen gewährte uneigennützige Hilfe zu danken, sind angenehme Pflicht und ehrliches Bedürfnis von Verfasser und Verlag.

Prof. Dr. Günther Liebster

INHALT

Ein wenig Statistik

Für jeden in der Obstwirtschaft Tätigen, vom Erzeuger bis zum Kleinhändler, aber sicher auch für manchen aufgeschlossenen Konsumenten dürften die nachstehenden statistischen Angaben von Interesse und Nutzen sein. Die vom Statistischen Bundesamt in Wiesbaden und der Zentralen Markt- und Preisberichtsstelle für Erzeugnisse der Land-, Forst- und Ernährungswirtschaft GmbH (ZMP) in Bonn herausgegebenen, das Obst betreffenden Statistiken und Bilanzen sind sehr detailliert nach Obstarten, Jahren bzw. Monaten, Anbau- bzw. Ex- und Importländern u.a. aufgegliedert und infolgedessen außerordentlich umfangreich. Nachstehend sind nur einige zusammenfassende Zahlen wiedergegeben, um einen Überblick über die Situation auf dem deutschen Obstmarkt und die hohe volkswirtschaftliche Bedeutung der Obstwirtschaft zu vermitteln. Sie betreffen die inländische Erzeugung, die deutschen Obsteinfuhren, die Obstausfuhren aus der Bundesrepublik Deutschland und den Obstkonsum pro Kopf der Bevölkerung.

Obsternten 1985 bis 1987 im Bundesgebiet

1985	2 548 515 t
1986	3 478 527 t
1987	2 015 662 t

Verkaufserlöse für Obst der deutschen Erzeugermärkte 1985 bis 1987 (in 1000 DM)

1985	360 317
1986	348 956
1987	318 770

Importe der Bundesrepublik Deutschland im Mittel der Jahre 1980–1985 und 1986

Obst (frisches, außer Südfrüchte)

∅ 1980–1985	1 556 331 t
1986	1 565 556 t

Südfrüchte

∅ 1980–1985	1 512 756 t
1986	1 724 125 t

Schalenobst

∅ 1980–1985	215 889,6 t
1986	257 856,6 t

Getrocknetes Obst

∅ 1980–1985	78 579,8 t
1986	89 416,6 t

Gefrorenes Obst

∅ 1980–1985	97 351,6 t
1986	121 866,2 t

Obst insgesamt

∅ 1980–1985	3 460 926,0 t
1986	3 758 820,4 t

Obstausfuhren aus der Bundesrepublik Deutschland 1986

Frischobst	82 895,0 t
Südfrüchte	61 911,0 t
Schalenobst	48 825,1 t
Getrocknetes Obst	5 347,5 t
Gefrorenes Obst	18 381,3 t
Insgesamt	217 359,9 t

Pro-Kopf-Verbrauch in kg an Frischobst in der Bundesrepublik Deutschland

	Frischobst ohne Südfrüchte	Südfrüchte
1935/38	36,3	5,7
1950/51	40,7	7,8
1959/60	49,0	21,4
1961/62	59,3	23,1
1963/64	72,3	22,5
1986/87	94,4	34,8

Die angeführten Zahlen besagen im wesentlichen folgendes: Die eigenen Obsternten reichen zur Deckung des Bedarfs der deutschen Bevölkerung bei weitem nicht aus. Die eigene Produktion muß durch Importe ergänzt werden, deren Mengen (in t) gemittelt für die Jahre 1980 bis 1985 und für 1986 angegeben sind. Während frisches Obst (außer Südfrüchte) 1986 in etwa der gleichen Menge wie im Mittel der Jahre 1980 bis 1985 eingeführt wurde, weisen die entsprechenden Zahlen für Südfrüchte, aber auch für Schalenobst, getrocknetes und gefrorenes Obst eine deutliche Steigerung aus. Dies äußert sich natürlich auch im Vergleich der Obst-Gesamt-Importmengen für 1980 bis 1985 und 1986. Aus diesen Zahlen wird deutlich, daß die Nachfrage nach Südfrüchten und das Interesse an exotischen Früchten im Zunehmen begriffen sind.

Der Obstkonsum in der BRD hat das hohe Niveau der übrigen „Wohlstandsländer" der Erde erreicht und ist kaum noch steigerungsfähig. Bemerkenswert ist auch hier der seit 1935/38 stärkere Anstieg bei den Südfrüchten, um mehr als das 6fache gegenüber dem Frischobst (ohne Südfrüchte) um gut das 2½fache. Damit liegen die Bundesbürger deutlich über dem EG-Durchschnitt; sie werden in ihrem Obstkonsum lediglich von den Holländern und Griechen übertroffen.
Der Vollständigkeit halber sei noch erwähnt, daß die BRD auch Obst exportiert. Dabei handelt es sich um bei uns produziertes Frischobst, um die Wiederausfuhr importierter Südfrüchte, Schalenobst und geringe Mengen getrocknetes und gefrorenes Obst. Insgesamt beläuft sich die Menge z.B. für 1986 auf 217 360 t, das ist etwa 1/17 der Importmenge.

Diese wenigen Zahlen genügen, um die Verhältnisse in der deutschen Obstwirtschaft und ihre Bedeutung für die Ernährung zu kennzeichnen.

Einige Fachausdrücke

Abpackdatum

Das zur Kennzeichnung datierungspflichtiger Lebensmittel erforderliche Datum, an dem das Lebensmittel abgepackt wurde. Wird auch zur Kennzeichnung datierungspflichtiger tiefgefrorener Produkte verwendet.

Äthylen

Ein farbloses, schwach süßlich riechendes Gas, das als Ausgangsmaterial für zahlreiche chemische Produkte großtechnisch hergestellt wird. Im Fruchthandel dient es als Beschleuniger des Reifeprozesses von Früchten, die wie Bananen, Orangen und Zitronen grün geerntet werden und in Reifekammern nachreifen sollen. Auch viele reifende Früchte scheiden Äthylen aus, weshalb z. B. Apfel-Spätsorten nicht mit rasch reifenden Frühsorten gemeinsam gelagert werden sollten. Auch die Haltbarkeit von Gemüse kann beeinträchtigt werden, wenn dieses zusammen mit reifendem Obst aufbewahrt wird.

Aflatoxine

Höchst giftige Stoffwechselprodukte von mehreren Pilzarten der Gattung *Aspergillus,* die hauptsächlich auf ölhaltigen Samen, Nüssen und Reis auftreten, aber auch auf Fleischwaren und Milchprodukten vorkommen. Aflatoxine verursachen Leberschäden und Hämatome (Blutgeschwülste) und gehören zu den stärksten krebserregenden Stoffen. (Verordnung über Höchstmengen an Aflatoxinen in Lebensmitteln vom 30.11.1976.)

Agrumen

Eine hauptsächlich in der Essenzenindustrie gebräuchliche Bezeichnung für Früchte verschiedener Zitrus-Arten, wie Apfelsine, Bergamotte, Mandarine, Grapefruit, Pomeranze, Zitrone u. a., deren Schalen der Gewinnung ätherischer Öle dienen.

Albedo

Die weißliche, innere Schicht der Schale von Zitrusfrüchten (die äußere Schicht –▷ Flavedo).

Amygdalin

Kommt in Kernen der bitteren Mandel vor; besteht aus Blausäure, Glucose und Benzaldehyd. Durch enzymatische Spaltung – auch bei der Verdauung – wird die giftige Blausäure frei. Darauf beruht die mögliche Erkrankung nach dem Genuß größerer Mengen bitterer Mandeln.

Apfelkraut –▷ Obstkraut

Ascorbinsäure

Eine wasserlösliche, weiße, kristalline Substanz. Chemische Bezeichnung für das Vitamin C, das in nahezu allen Früchten in mehr oder weniger großer Menge enthalten ist.

Backobst Syn. Dörrobst

Zum Unterschied von Trockenobst (–▷ Trockenfrüchte) wird Backobst bei höheren Temperaturen, meist über 100° C getrocknet. Dabei entwickeln manche Früchte ein eigenes Aroma, das für verschiedene Gerichte besonders geschätzt wird.

Backobst wird in der Regel als Mischobst gehandelt, bestehend aus Äpfeln, Birnen, Pflaumen, Aprikosen, Kirschen und Feigen. Wie Trockenobst muß auch Backobst luftig und trocken aufbewahrt und laufend auf Milbenbefall hin kontrolliert werden.

Ballaststoffe

Bestandteile unserer Nahrung, z. B. Cellulose und Hemicellulose (Rohfaser), die von den Enzymen des Magens und Darms nicht aufgespalten und daher nicht resorbiert und verwertet werden können. Dennoch sind diese Stoffe für unsere Ernährung äußerst wichtig, weil sie die Darmperistaltik fördern. Ernährungswissenschaftler vertreten die Ansicht, daß die Menschen heute zu wenig Ballaststoffe mit der Nahrung aufnehmen. Sie bringen Verstopfung, Darmträgheit, chronische Magen- und Darmkrankheiten sowie Diabetes mit ballaststoffarmer Kost in Verbindung. Reichlich Ballaststoffe enthalten z. B. dunkle Brote und andere Getreideprodukte, aber auch zahlreiche Obst- und Gemüsearten.

Beerenfrüchte

Früchte mit fleischiger Fruchtwand und meist mehreren, im Fruchtfleisch eingebetteten Samen, z. B. Johannisbeere, Stachelbeere, Heidelbeere, Holunder, aber auch die Gemüsearten Tomate, Gurke, Kürbis u. a. Echte Beerenfrüchte sind sogenannte Schließfrüchte, die bei der Reife geschlossen bleiben. Erdbeeren, Himbeeren und Brombeeren sind botanisch keine Beerenfrüchte, sondern –▷ Sammelfrüchte.

Beerenobst

Üblicher Sammelbegriff für Erdbeeren, Johannisbeeren, Stachelbeeren, Himbeeren, Brombeeren, Heidelbeeren, Preiselbeeren usw., auch wenn deren Früchte botanisch nicht immer –▷ Beerenfrüchte sind.

Belegfrüchte

Kandierte Früchte, von denen die Dickzuckerlösung abgelaufen und abgetropft ist. Dienen zum Belegen, Garnieren und Füllen von Torten, Gebäck, Desserts, Eiscreme usw. Gern werden Belegfrüchte, besonders Kirschen, in mehreren Farben verwendet. Erhältlich in kleinen Dosen.

Birnenkraut –▷ Obstkraut

Bittermandelöl

Ein farbloses ätherisches Öl, das aus Aprikosen- und Pfirsichkernen oder aus Kernen bitterer Mandeln gewonnen wird. Nach Entfernen der –▷ Blausäure wird es zum Aromatisieren von Lebensmitteln, insbesondere Marzipan, verwendet.

Blanchieren

Das kurze Erhitzen von Obst oder Gemüse in siedendem Wasser oder im Siebeinsatz in heißem Wasserdampf; dient der Inaktivierung der haltbarkeitsschädigenden Enzyme und der Verhinderung unerwünschter, oxidativer Bräunung bei der Obstkonservierung.

Blausäure (Cyanwasserstoff)

Bittermandelartig riechende, stark giftige, die Atmungsenzyme inaktivierende chemische Verbindung.

Blockware

Fachausdruck für Früchte (aber auch Fische, Fleisch u. a.), die – zu mehreren Stücken zusammenhängend – einen Block bilden. Sie werden vor allem tiefgefroren gehandelt. Gegensatz: –▷ Rollende Ware.

Buntfrüchte

Im Handel gebräuchlicher Fachausdruck für tiefgekühlte Erdbeeren, Himbeeren, Brombeeren, Rote und Schwarze Johannisbeeren, Kirschen und andere farbige Früchte.

Buntsäfte

Fachausdruck für farbige Beerensäfte aus Roten und Schwarzen Johannisbeeren, Himbeeren, Brombeeren, Erdbeeren usw.

CA-Lagerung

CA = engl. **c**ontrolled **a**tmosphere = regulierte Zusammensetzung der Luft. Lagerung von Obst und Gemüse – hauptsächlich Äpfel, Birnen und Kohl – in Kühlräumen, deren Atmosphäre verändert, reguliert und kontrolliert wird. Dies geschieht durch Herabsetzung des Gehaltes der Lagerluft an Sauerstoff (O_2) und gleichzeitiger Anreicherung mit Kohlendioxyd (CO_2) (oder auch Stickstoff) durch Einleiten dieses Gases in den Lagerraum oder einfach als Folge der Atmung (Ausscheidung von CO_2) des Lagergutes. In dieser, von der Außenluft abweichend zusammengesetzten Atmosphäre werden Altern und Abbau der Früchte verzögert und damit die Lagerdauer verlängert. Bei den verschiedenen Frucht- und Gemüsearten bzw. -sorten hängt der Lagererfolg von der Einhaltung eines bestimmten optimalen O_2:CO_2-Verhältnisses ab, andernfalls können erhebliche Lagerverluste eintreten. Kontrolle und Regulierung der Lagerluft erfordern spezielle Meßgeräte und Apparaturen.

choice

wie extra choice, fancy und extra fancy, Bezeichnung für eine bestimmte Qualitätseinstufung von Trockenfrüchten, die z.T. auch für Import-Konserven verwendet wird.

Chutney

Eine Würzpaste aus dem Mark von Tomaten, Mango- oder auch anderen Früchten, meist eingekocht zusammen mit Ingwer, Rosinen, Pfeffer und Zucker; z. B. Tomaten-Chutney, Mango-Chutney.

Cider

Ein aus Äpfeln hergestellter Obstdessertwein. In England auch ein alkoholhaltiges Getränk aus Äpfeln, Birnen oder beiden Früchten.

Cidre

Apfelwein, der hauptsächlich in Nordfrankreich (Normandie, Bretagne), aber auch in Belgien, Holland, in der Schweiz und in Deutschland (Apfelcidre) hergestellt wird. Cidre gibt es süß, trocken und extratrocken, außerdem leicht moussierend. Mindestalkoholgehalt 5 Vol. %.

Cocktailkirschen

Besonders schöne, gut gefärbte Kirschen, die – meist ankandiert, mit Bittermandelöl oder anderen Aromastoffen behandelt und in Zuckerlösung eingelegt – alkoholischen Getränken zugegeben oder auch in Konditoreien und Gaststätten zum Dekorieren verwendet werden. Verkauf in Gläsern.

Dattelpflaume

Gemeinsame Bezeichnung für folgende Obstarten der Gattung *Diospyros:* Kakifrucht, Lotusfrucht, Persimone.

Dessertfrüchte

Bezeichnung für qualitativ hochwertige Obstfrüchte, die in Arrak, Rum oder andere Spirituosen eingelegt sind. Das Produkt wird ausgezeichnet mit der verwendeten Obstart bzw. -sorte sowie der Art und dem Alkoholgehalt (gewöhnlich 15-20 Vol. %) des Getränkes.

Dextrose → Glucose

Dickzuckerfrüchte –▷ kandierte Früchte

Dragieren

Rohe oder geröstete Samenkerne von Mandeln, Hasel- und Erdnüssen erhalten in Selbstherstellung zum Sofortverzehr oder industriell als Dauerware – durch langsame Zugabe – einen meist rotbraunen Zuckerüberzug mit Krokantgeschmack. Die so behandelten Kerne sind trokken und auch nicht klebrig, da sie abschließend mit einem wachsartigen Glanzüberzug versehen werden.

Dunstobst

Obstkonserve, mit Wasser statt mit Zuckerlösung bereitet.

Easy Peeler

Bezeichnung für leicht schälbare Zitrusfrüchte (engl. easy = leicht, to peel = schälen). Diese Früchte stellen vielerorts, am Arbeitsplatz, auf Reisen oder in der Schule eine leicht zu genießende, erfrischende, kalorienarme Kost dar.

Enzyme

Enzyme oder Fermente sind kompliziert gebaute, hochmolekulare Eiweißkörper. Es sind Wirkstoffe (Biokatalysatoren) der lebenden Zelle, die schon in geringsten Mengen wichtige biochemische Reaktionen im Körper – z. B. Abbau der Nahrungsmittel, Verdauung, Atmung u. a. – ermöglichen und steuern, ohne selbst in die chemischen Prozesse einzugehen. Alle Enzyme werden durch Erhitzen, Blanchieren oder Pasteurisieren auf 50-60° C zerstört und damit unwirksam. In der gesamten Natur und bei vielen technologischen Prozessen spielen Enzyme eine entscheidende Rolle.

Essigfrüchte

Obstfrüchte, meist Birnen und Pflaumen, die gekocht und anschließend süß-sauer, d. h. in Weinessig und Zucker – eventuell mit Nelken und Zimt – eingelegt werden.

Exoten

Sammelbegriff für in den Tropen und Subtropen wild wachsende, wie auch angebaute Obst- und Gemüsearten.

extra choice –▷ choice

extra fancy –▷ choice

fancy –▷ choice

Fermente –▷ Enzyme

Flavedo

Bezeichnung für den äußeren, meist gelben bis orangefarbenen, ätherisches Öl enthaltenden Teil der Zitrusfruchtschale (die innere Schicht –▷ Albedo).

Frucht

Eine echte Frucht ist das nach der Befruchtung aus dem Fruchtknoten sich entwickelnde, die Samen umschließende Gebilde. Wenn sich andere Teile der Blüte am Wachstum beteiligen, z. B. der Blütenboden oder die Blütenachse, so entsteht eine Scheinfrucht. Beispiele: Apfel und Birne (die eigentliche Frucht ist das jeweilige Kernhaus), die Erdbeere (die eigentlichen Früchte sind die Kernchen oder Nüßchen auf der Außenhaut der Beeren) oder die Ananas (die fleischig gewordene Blütenachse). Es gibt aber auch samenlose, parthenokarp (jungfernfrüchtig) entstandene Früchte.

Fruchtkaltschale, Fruchtsuppe oder Kaltschale

Kalte, süße, sämige Suppe aus Wasser, Obstsaft oder Milch. Enthält außer Stärke, Grieß oder anderen Dikkungsmitteln ganze Früchte oder Fruchtstücke, wahlweise Makronen, Eierschaum.

Fruchtsäuren

Es gibt eine große Zahl organischer Fruchtsäuren, z. B. Äpfel-, Wein-, Zitronen-, Benzoë- und Oxalsäure. Sie unterstützen das erfrischende Aroma der Früchte und wirken appetitanregend und verdauungsfördernd.

Fruchtsaft

Unter Fruchtsaft oder Süßmost versteht man solche Säfte, die durch Auspressen von Kernobst-, Steinobst-, Beerenobst- und Wildfrüchten sowie von Weintrauben und Südfrüchten entstehen und keinerlei Zusätze erhalten.

Fruchtsuppe –▷ Fruchtkaltschale

Fruchtzucker –▷ Fructose

Fructose

Eine auch als Fruchtzucker oder Laevulose bezeichnete Zuckerart, die – meist gemeinsam mit dem Traubenzucker (–▷ Glucose) – in süßen Früchten vorkommt. Sie besitzt die stärkste Süßkraft aller Zuckerarten. Wird im Körper – unabhängig vom Hormon Insulin – schnell abgebaut und erhöht kaum den Blutzuckerspiegel. Daher wichtige Zuckerquelle für Diabetiker.

Früchtebrot

In verschiedenen Formen hergestellte Backware, die in mindestens der gleichen Menge wie Mehl oder Stärke Trockenfrüchte, z. B. Birnen, Feigen, Mandeln, Sultaninen, kandierte Früchte u. a., enthält.

Geleefrüchte

Kein Obst, sondern Nachbildungen von Früchten – Himbeeren, Orangenscheiben u. a. – aus Gelee (Agar-Agar, Pektin), mit Essenzen aromatisiert und mit Farbstoffzusatz; Oberfläche glatt oder gezuckert.

Gelee-Marmelade

Bezeichnung für ein bestimmtes Obstgelee, das allein aus dem Saft von Zitrusfrüchten mit kleinen Teilen feingeschnittener Schalen besteht.

Gemischte Früchte

Bezeichnung für Konserven, die Mischungen von wenigstens vier der nachstehenden Obstarten enthalten: Erd-, Heidel-, Him-, Johannis-, Preisel- und Stachelbeeren, Äpfel, Birnen, Quitten, Aprikosen, Kirschen, Pfirsiche, Pflaumen, Mirabellen und Renekloden, eventuell auch Schalenfrüchte. Farbzusätze sind zu kennzeichnen.

Gemischtes Kraut

Zubereitung wie –▷ Obstkraut aus frischen oder getrockneten Äpfeln, Birnen (mit deren Schalen), Rübenkraut oder Sirup, eventuell mit Zukker und Stärkesirup.

Glasieren

Überziehen ausgesucht guter kandierter Früchte mit dünner, glasiger Zuckerschicht; verleiht den Früchten einen dauerhaft seidigen Glanz. Beste Lagertemperatur 10-18° C.

Glucose

Eine auch als Traubenzucker oder Dextrose bezeichnete Zuckerart, die in allen süßen Früchten – meist zusammen mit dem Fruchtzucker –▷ Fructose – vorkommt. Wird bei der Verdauung sofort aufgenommen und ist im Blut mit etwa 0,1 % vertreten. Regulierung des Glucosegehalts im Blut erfolgt durch das Hormon –▷ Insulin. In der Leber wird Glucose als Glykogen (Reservekohlenhydrat) gespeichert.

Grenadine

Fruchtsaft von Granatäpfeln, gesüßt und mit Sekt oder Mineralwasser aufgefüllt. Der gleiche Saft, mit Zukker gekocht, ergibt Grenadine-Sirup. Als Grenadine bezeichnet man heute auch eine nach Orangen oder Zitronen schmeckende Limonade.

Halbstrauch

Zwischenform zwischen Staude und Strauch, bei der nur die untersten Teile der Stengel verholzen und ausdauern, während die oberen Teile krautig bleiben und alljährlich absterben. Im Gegensatz dazu sind beim Strauch und Baum sämtliche oberirdischen Teile bis zum Herbst gänzlich verholzt. Beispiel: Himbeeren, deren Triebe nach dem Ertrag im zweiten Jahr absterben.

Insulin

Hormon der Bauchspeicheldrüse, das den Traubenzucker- oder Glucosestoffwechsel und den Blutzuckergehalt steuert und reguliert. Mangel an Insulin verursacht die Zuckerkrankheit *Diabetes mellitus.*

Kaltschale –▷ Fruchtkaltschale

Kandierte Früchte

Kandieren bedeutet Tränken von Früchten oder Schalen von Früchten (überwiegend Zitrusfrüchten) mit konzentrierter Zuckerlösung und anschließendes Trocknen. Zu kandierten Früchten werden u. a. verarbeitet: Ananas, Äpfel, Aprikosen, Bananen, Birnen, Clementinen, Erdbeeren, Eßkastanien, Feigen, Kaktusfeigen, Kirschen, Kumquat, Mandarinen, Mandeln, Mirabellen, Orangen, Pfirsiche, Pflaumen, Quitten, Reneklоden, Walnüsse, Zitronen. Außer Zitronat und Orangeat dürfen alle kandierten Früchte gefärbt werden. Auch eine Behandlung mit Schwefeldioxyd ist zulässig.

Kernobst

Sammelbegriff für Äpfel, Birnen und Quitten.

Kirschenwochen

Die Reifezeit der Kirschensorten wird in Kirschenwochen ausgedrückt. Die frühesten Sorten reifen in der 1., die späten Sorten in der 7. oder 8. Kirschenwoche.

Kohlenhydrate

Aus Kohlenstoff, Wasserstoff und Sauerstoff bestehende, mehr oder weniger kompliziert zusammengesetzte chemische Verbindungen. Zu ihnen zählen u. a. die verschiedenen Zuckerarten, Stärke und Cellulose.

Konfitüre

Wird nur aus einer einzigen Fruchtart hergestellt und enthält noch deutlich Fruchtstücke. Fruchtfleischanteil mindestens 45 Teile, Zucker höchstens 55 Teile. Ausnahme: Konfitüre aus Zitrusfrüchten mit höherem Säuregehalt dürfen bis zu 70 Teile Zucker – bei 30 Teilen Fruchtfleisch – enthalten.

Kühlkette

Tiefgefrorene (-18° C und darunter) Lebensmittel gelangen ohne Unterbrechung der Kühlung vom Produzenten über die verschiedenen Handelsstufen zum Einzelhändler und Verbraucher. Dieser Begriff wird auch im Zusammenhang mit Obst und Gemüse verwendet, das bei niedrigen Plusgraden befördert wird.

Laevulose –▷ Fructose

Marmelade

Man unterscheidet Einfrucht-, Mehrfrucht- und Gemischte Marmelade. Einfruchtmarmelade: Wie –▷ Konfitüre 45 Teile Fruchtfleisch und maximal 55 Teile Zucker, die Früchte völlig zerkleinert.

Mehrfruchtmarmelade: Mindestens 2, höchstens 4 verschiedene Fruchtarten; wenigstens 25 Teile Fruchtfleisch und 55 Teile Zucker.
Gemischte Marmelade: Beliebig viele Fruchtarten; Verhältnis von Fruchtfleisch zu Zucker wie bei Mehrfruchtmarmelade.
„Marmalade" in den angelsächsischen Ländern ist jede Zubereitung aus Zuckerarten und einer oder mehreren Zitrusfrüchten. Alle anderen Fruchtarten ergeben „jam".

Mindesthaltbarkeitsdatum

Gibt den Zeitpunkt an, bis zu dem ein Lebensmittel – bei Beachtung der notwendigen Verpackungs-, Transport- und Lagerbedingungen – mindestens haltbar ist. Bei tiefgefrorenen Produkten ist die Einhaltung einer Lagertemperatur von -18° C Voraussetzung für das Erreichen dieses Datums.

Mineralstoffe

Meist als Mineralsalze in den Lebensmitteln vorhandene chemische Elemente wie Kalium, Calcium, Magnesium, Phosphor usw., die dem Körperaufbau dienen oder lebenswichtige physiologische Wirkungen ausüben. Dazu zählen nicht Kohlenstoff, Sauerstoff, Wasserstoff und Stickstoff.

Mischobst

Bezeichnung für die handelsübliche Mischung von Trockenfrüchten wie Apfelringen, Trockenpflaumen, Trokkenaprikosen, Trockenpfirsichen, Trockenbirnen.

Nektar

Unter Nektaren versteht man fruchtfleischhaltige (pulpehaltige) Säfte, eventuell mit Zusatz von Zucker und Zitronensäure. Voraussetzung für die Herstellung von Nektaren sind die volle Fruchtreife sowie die durch Pürieren und Passieren erreichte feinste Zerkleinerung des Fruchtfleisches.

Nuß

Als „Nüsse" werden viele Früchte bezeichnet, doch sind es im handels- und lebensmittelrechtlichen Sinn nur Hasel- und Walnüsse. Andere Nußarten, z. B. Erd- oder Paranüsse, müssen stets mit der vollständigen Bezeichnung genannt werden. Botanisch gesehen sind Nüsse sogenannte Schließfrüchte, deren Fruchtknotenwand hart und holzartig entwickelt ist. Der Nußkern im Innern der Frucht ist der eigentliche Samen.

Oberflächenbehandlung von Obstfrüchten

Zur Verhütung schnellen Verderbs, z. B. von Zitrusfrüchten, Bananen und Nüssen, werden die Fruchtschalen mit Zusatzstoffen wie Diphenyl, Orthophenylphenol und seinen Natriumverbindungen, Thiabendazol, Bienenwachs, Walrat, Carnaubawachs, Ester der Montansäuren, Schellack usw. behandelt. Es sei hier auf die Verordnung über die Zulassung von Zusatzstoffen zu Lebensmitteln (Zusatzstoff-Zulassungsverordnung) vom 22.12.1981 verwiesen.

Obst

Sammelbegriff für alle eßbaren Früchte von mehrjährigen Pflanzen. Wir unterscheiden → Kern-, → Stein-, → Beeren- und → Schalenobst, ferner → Südfrüchte und → Wildfrüchte.

Obstkonserven

Obst, das durch Pasteurisieren (über 80° C) oder Sterilisieren (über 100° C) haltbar gemacht ist und in luftdicht verschlossenen Gläsern oder Dosen aufbewahrt wird. Bei der Verarbeitung bleibt Beerenobst ganz, während Kern- und Steinobst meist halbiert oder geviertelt wird. Der Zuckerzusatz wird mit den Worten „leicht gezuckert", „gezuckert" und „stark gezuckert" angegeben. Obstkonserven ohne Zuckerzusatz tragen die Bezeichnung „Dunst . . ., ohne Zuckerzusatz". Weitere erlaubte Zutaten sind: Traubenzucker, Stärkesirup (nur bei Preiselbeeren), Essig, Gewürze, Pektine, bestimmte Salze und Genußsäuren. Himbeeren, Kirschen und Pflaumen dürfen mit zugelassenen Farbstoffen behandelt werden. Konservierungsstoffe dürfen nicht verwendet werden.

Obstkraut

Eine aus dem Rheinland kommende Bezeichnung für einen Brotaufstrich, der wie folgt hergestellt wird: Äpfel oder Birnen werden mit wenig Wasser weichgekocht und abgepreßt; der Preßsaft wird eingedampft, z. T. auch gesüßt. Wir unterscheiden: Apfelkraut, nur aus frischen Äpfeln bereitet; Apfelkraut, nur aus Äpfeln oder mit geringem Anteil Birnen, mit Zukker gesüßt; Birnenkraut, nur aus frischen Birnen; Apfel- und Birnenkraut, aus Äpfeln und Birnen bereitet, oder Apfel- und Birnenkraut gemischt. Produktion in Deutschland ca. 2400 t/Jahr.

Obstpulpe, Fruchtpulpe

Ein nicht zum unmittelbaren Genuß geeignetes und bestimmtes Halberzeugnis, das aus frischen Früchten hergestellt wird und Bestandteile der Früchte in flüssig-breiiger Form, mehr oder weniger große Fruchtstücke, eventuell auch ganze Früchte enthält. Zur Haltbarmachung ist der Zusatz von Konservierungsflüssigkeit (z. B. Sorbinsäure, Ameisensäure, schweflige Säure) in behördlich vorgeschriebenen Höchstmengen erlaubt. Verwendung zu Konfitüren, Marmeladen, Gelees, Süßwaren, Backwaren, Getränken. Ist auch durch Tiefgefrieren kurzfristig haltbar zu machen.

Parthenokarpie

Jungfernfrüchtigkeit. Fruchtbildung ohne vorangegangene Befruchtung der weiblichen Eizelle durch die männliche Samenzelle.

Pektine

Aus mehreren Bestandteilen zusammengesetzte kohlenhydratähnliche Stoffe, die vor allem in fleischigen, noch unreifen Obstfrüchten enthalten sind. Pektine werden bei der Reife durch Fermente abgebaut und bilden mit Zucker und Fruchtsäuren nicht kristallisierende, geschmacks- und geruchlose, gallertartige Stoffe. Pektine werden hauptsächlich aus Apfeltrester, Zitrusschalen und Rübenschnitzeln gewonnen. Sie kommen flüssig oder in Pulverform in den Handel und werden im Haushalt und in der Industrie zur Herstellung von Marmeladen und Gelees verwendet. Durch sie wird die erforderliche Kochzeit wesentlich verkürzt.

Provitamine

Vorstufe von Vitaminen, die mit der Nahrung aufgenommen und im Organismus in Vitamine umgewandelt werden, z. B. Provitamin β-Karotin, das in Vitamin A umgewandelt wird.

Pulpe –▷ Obstpulpe

Rollende Ware

Fachausdruck für Früchte, aber auch Gemüse, Pommes frites und dergleichen, die einzeln, nicht mit anderen Stücken zusammenhängend, tief eingefroren werden. Gegensatz: –▷ Blockware.

Saccharose

Ein in Pflanzen weit verbreitetes Disaccharid, bestehend aus gleichen Teilen Glucose und Fructose.

Sammelfrüchte

Botanisch: Aus einzelnen Steinfrüchten verbundene Fruchtstände; Beispiele: Himbeeren, Brombeeren. Auch Erdbeeren sind Sammelfrüchte: Außen auf der fleischig verdickten Blütenachse, einer Scheinfrucht, sitzen die eigentlichen Früchte als kleine Nüßchen.

Schalenobst

Handelsübliche Sammelbezeichnung für Hasel-, Wal-, Kokos-, Paranüsse, Eßkastanien, Mandeln und andere Schalenfrüchte. Diesen Fruchtarten gemeinsam ist, daß nur der Kern, nicht aber das Fruchtfleisch eßbar ist.

Scheinfrucht –▷ Frucht

Sorbet

Sorbet, Sherbet oder Scherbet (arab.) ist ein eisgekühltes, limonadenartiges Getränk aus gesüßten Fruchtsäften mit Früchten. Insbesondere bezeichnet man so das unter Verwendung von Granatapfelsaft hergestellte Getränk, das in Westeuropa in Dosen verkauft wird. In Deutschland ist Sorbet auch die Bezeichnung für eine Mischung aus Zitronensaft und Sekt, ebenso für Halbgefrorenes aus Fruchtsäften und Wein, Sekt oder Likör.

Spurenelemente

Chemische Elemente, die in der Nahrung bzw. in unserer Körpersubstanz in außerordentlich geringer Menge (unter 0,005 %) vorhanden sind. Zu ihnen zählen Aluminium, Fluor, Jod, Kobalt, Mangan, Molybdän, Zink u. a. Trotz ihrer geringen Konzentration üben sie wichtige spezifische physiologische Funktionen aus. Sie sind größtenteils lebensnotwendig, teils in ihrer physiologischen Wirkungsweise aber noch nicht völlig geklärt.

Steinobst

Handelsübliche Sammelbezeichnung für Süß- und Sauerkirschen, Pflaumen, Zwetschen, Renekloden, Mirabellen, Pfirsiche, Aprikosen, Nektarinen.

Stippigkeit

Äpfel mancher Sorten zeigen oft von der Fruchtschale ausgehende bis mehr oder weniger ins Innere vordringende graue bis bräunliche Flekken, die sich zu Nestern trockenen, abgestorbenen Gewebes entwikkeln. Die stippigen Stellen schmekken bitter (engl. Bezeichnung „bitter pit“, bitter = bitter, pit = Fleck, Schadstelle). Die Bekämpfung dieser nichtparasitären, ernährungsbedingten Krankheit erfolgt durch sommerliche Spritzungen mit Calcium-Präparaten.

Studentenfutter

Beliebter Knabberartikel; Mischungen aus Rosinen, Nüssen aller Art, auch Erdnüssen, Mandeln und anderen Trockenfrüchten.

Südfrüchte

Sammelbezeichnung für eßbare Früchte, die nicht in nördlichen Klimazonen gedeihen und aus südlichen tropischen und subtropischen Ländern eingeführt werden müssen. Dazu zählen Zitrusfrüchte, Ananas, Bananen, Datteln, Feigen und andere „Exoten“.

Süßmost –▷ Fruchtsaft

Tafelobst

Handelsbezeichnung für Äpfel, Birnen, Pflaumen, Pfirsiche, Tafeltrauben und andere Obstarten, die sich durch eine überragende äußere und innere Qualität auszeichnen und sich bevorzugt für den Frischverzehr eignen. Die maßgebenden Gütemerkmale der Früchte sind Reifezustand,

Größe, Form, Farbe, Geschmack, ohne Fehler und Beschädigungen.

Tiefgefrorenes Obst

Rohes Obst oder Obstsaftkonzentrate, die durch Tiefgefrieren, d. h. durch Absenken der Temperatur auf -18° C oder tiefer haltbar gemacht werden. Am häufigsten werden Erdbeeren, Himbeeren und Heidelbeeren tiefgefroren. Dabei verwendete Zucker oder Zuckerlösungen müssen mengenmäßig angegeben werden.

Traubenzucker –▷ Glucose

Trockenfrüchte

Syn. Trockenobst, Dörrobst

Reife Früchte werden sortiert, gereinigt und anschließend vorsichtig getrocknet, entweder an der Luft oder in besonderen Trocknungsanlagen. In klimatisch günstigen Lagen werden an der Luft getrocknet (Sonnentrocknung): Südfrüchte, z. B. Datteln, Feigen, Rosinen, aber auch Äpfel (Ringäpfel), Birnen, Pfirsiche, Pflaumen. Handelsübliche Mischungen von Apfelringen, Birnen, Aprikosen, Pfirsichen u. a. werden als Mischobst (veraltet: Backobst) bezeichnet. Der Importhandel zählt zu den Trokkenfrüchten auch Walnüsse, Mandeln, Paranüsse u.a.

Trockenfrüchte enthalten nur noch 16-30 % Wasser; außerdem verlieren sie an Vitaminen, Fermenten und Aromastoffen. Der Anteil an reinen Nährwerten dagegen nimmt dem Wasserentzug entsprechend zu (s. Nährwerttabelle S. 269).

Trockenfrüchte sind luftig und trokken aufzubewahren, dürfen aber nicht weiter austrocknen, da sie sonst brüchig werden und noch mehr an Geschmack verlieren. Bei Trockenpflaumen und Trockenfeigen mit höherem Wassergehalt ist die Verwendung von Sorbinsäure zulässig, um die Haltbarkeit zu fördern. Trockenobst, das zum Schutz gegen Schädlinge und zur Erhaltung der Farbe mit Schwefeldioxyd (SO_2) behandelt wurde, ist – bei einem höheren Gehalt als 50 mg/kg Erzeugnis – durch die Angabe „geschwefelt" zu kennzeichnen. Auf die Zusatzstoff-Zulassungsverordnung vom 22.12. 1981 sei an dieser Stelle verwiesen. Um Milbenbefall rechtzeitig erkennen zu können, muß die Verpackung transparent sein.

Trockenfrüchte sind nicht nur beliebte Naschkost und Wanderverpflegung, sie werden auch für Kompotte, Marmeladen, Fruchtsoßen usw. verwendet.

Tutti frutti

Italienische Bezeichnung für „Allerlei Früchte", gebräuchlich für gemischte eingemachte Früchte, die einzeln angegeben werden müssen.

Vitamine

Ergänzungsnährstoffe oder Wirkstoffe, die in Pflanzen und Tieren sowie deren Produkten in sehr kleinen Mengen vorkommen, aber für die Ernährung der Menschen (wie der Tiere) und für den geregelten Ablauf aller Lebensfunktionen unentbehrlich sind. Die benötigten Mengen sind ebenfalls nur sehr klein. Die Vitamine nehmen nicht selbst am Aufbau der Körpersubstanz teil und liefern auch keine Lebensenergie. Einige von ihnen werden in Form von Vorstufen (Provitaminen) mit der Nahrung aufgenommen und erst im Organismus in Vitamine umgewandelt. Das Fehlen von Vitaminen in der Nahrung kann schwere Mangelkrankheiten (Hypovitaminosen, bei extremem Mangel Avitaminosen) hervorrufen. Vitamine werden mit den großen Buchstaben des Alphabets oder mit eigenen Namen bezeichnet. Einige der für den Menschen sehr wichtigen Vitamine sind:

Vitamin A (Retinol): In Pflanzen als Provitamin β-Carotin: Bestandteil des Sehpurpurs, wichtig beim Zellwachstum usw.
Vitamin B_1 (Aneurin): Schilddrüsenfunktion, Nerventätigkeit, Abbau der Kohlenhydrate, Beriberi usw.
Vitamin B_2 (Lactoflavin): Säuglingswachstum, Übertragung von Wasserstoff usw.
Vitamin C (Ascorbinsäure): Zahnkaries, Skorbut, Anämie, Blutungen usw.
Vitamin D (Ergocalciferol): Rachitis, Osteoporose (Knochenschwund) usw.
Vitamin E (Tocopherole): Fortpflanzung, Muskelschwund, Leberschäden usw.

Weichobst

Sammelbezeichnung für Stein- und Beerenobst.

Wildfrüchte

Sammelbezeichnung für eßbare Früchte heimischer wildwachsender Bäume und Sträucher, z. B. Ebereschen, Hagebutten, Holunder, Sanddorn, Schlehen.

Zitrusfrüchte

Sammelbezeichnung für Apfelsinen, Mandarinen, Grapefruits, Zitronen sowie alle anderen Früchte der an Gewächsen zahlreichen botanischen Gattung *Citrus.*

Zucker

Zusammenfassende Bezeichnung für eine Reihe einfacher Kohlenhydrate (Mono-, Di-, Tri- und Tetrasaccharide), die gut wasserlöslich sind und mehr oder weniger süß schmekken. Die wichtigsten Zucker sind:

-▷ Glucose = Traubenzucker

-▷ Fructose = Fruchtzucker

-▷ Saccharose = Rohrzucker = Glucose + Fructose.

Zucker sind leicht verdauliche Energiespender; 1 g Zucker liefert 4,1 Kalorien.

Obstarten
in alphabetischer Reihenfolge

A

Acerola *Malpighia punicifolia,* Malpighiaceae

Syn. Ahorn-, Antillen-, Puerto Rico- oder Westindische Kirsche, Barbados Cherry, „Kirschbaum der Antillen“.

Heimat, Anbau
Westindien, Karibische Inseln, Mexiko, Venezuela bis Peru, Guayana.

Beschreibung
Steinfrucht des – mit unserer heimischen Kirsche nicht verwandten – bis 3 m hohen, immergrünen Acerola-Strauches. Frucht 1-3 cm groß, gelborange bis rot, dünne Haut, Fleisch weich, saftig, süßsauer bis sehr sauer, mit dem höchsten Vitamin C-Gehalt aller bekannten Obst- und Gemüsearten: bis zu 3000 mg%, d. h. mindestens 30mal mehr als in der Zitrone. Andere Vitamine sind weniger vertreten. Spezifische Geschmacksstoffe fehlen.

Verwendung
Frischfrucht für Export ungeeignet, daher Versand als Saft oder Pulpe. Diese dienen der Vitamin-Anreicherung von Getränken und Lebensmitteln, zur Herstellung von Marmelade oder Speiseeis.

Acerola

Aki *Blighia sapida,* Sapindaceae

Syn. Akipflaume, Akee

Heimat, Anbau
Westafrika, von Sierra Leone bis Kamerun, ist die Heimat der Aki, die Ende des 18. Jahrhunderts mit Sklavenschiffen auch auf die Westindischen Inseln gelangte. Sie gedeiht überall in den Tropen und Subtropen, wird aber vor allem in Westafrika, Brasilien, in der Karibik (Jamaika) und in Süd-Florida kultiviert.

Beschreibung
In lockeren Trauben hängen an 8-12 m hohen, breitästigen Bäumen

die beerenartigen Aki-Früchte. Sie sind 4-8 cm lang, 2-4 cm breit, ein wenig paprikaähnlich stumpf-dreikantig, an der Spitze eingedrückt und von einer lederigen Schale umhüllt. Diese ist glatt, orangegelb, lachsrot oder nur rot gefleckt. Bei der Reife springt die Fruchtkapsel in 3 Fächer auseinander, von denen jedes einen länglich-ovalen, schwarzen, nicht genießbaren Samen freigibt. Diese sind an der Basis becherförmig von einem gelappten, weißen, fleischigen Samenmantel (Arillus) umgeben, der den eßbaren Teil der Frucht bildet. Der Arillus schmeckt mild-aromatisch, nußartig und zeichnet sich durch einen hohen Fettgehalt (ca. 20 %) aus. Die Frucht ähnelt in ihrer chemischen Zusammensetzung der Avocado. Zu beachten ist, daß die rosafarbene Basis des Arillus giftig ist und vernichtet werden muß.

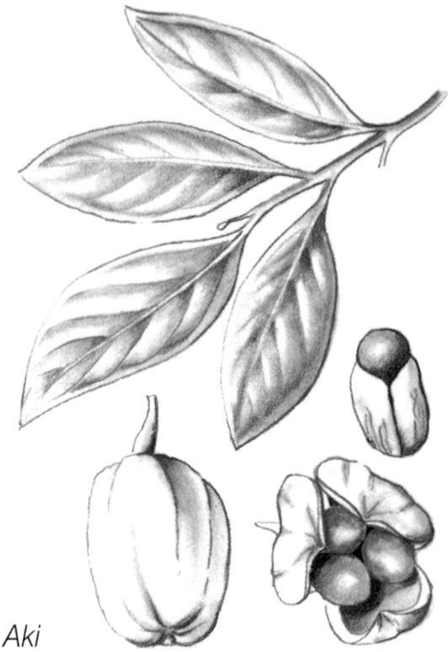
Aki

Verkauf
Sehr vereinzelte Importe von Oktober bis Mai. Haltbarkeit 1-2 Wochen bei Zimmertemperatur.

Verwendung
In unreifem Zustand ist die Aki durch ihren Gehalt an der Aminosäure Hypoglycin (blutzuckersenkend) giftig. Das gleiche gilt für überreife Früchte, und selbst der Genuß des rohen Samenmantels soll gefährlich sein. Verzehrt wird der die Samen umgebende vollreife Arillus, gekocht oder gebraten, meist zusammen mit Fisch. In Jamaika liebt man die Früchte gewürzt mit Curry. Wegen ihres hohen Fettgehaltes ist die Aki eine kalorienreiche Frucht, sie wird leicht ranzig.

Ananas *Ananas comosus,* Bromeliaceae

Heimat, Anbau
Von Christoph Columbus 1493 auf Guadeloupe, Westindische Inseln, entdeckt. Urheimat vermutlich Paraguay/Südbrasilien. Hauptanbaugebiete sind Westindien, Mittel- und Südamerika (Kuba, Kolumbien, Brasilien), die Hawaii-Inseln (ein Drittel der Welternte), Thailand und die Inseln der Chinesischen Meere. Bemerkenswerte Importe an frischen Früchten vor allem aus Afrika: Elfenbeinküste, Guinea, Kamerun, Kenia und Südafrika. Anbau in Europa: Azoren, in beschränktem Umfang auf den Kanarischen Inseln und auf der Krim.

Beschreibung
Die Ananaspflanze besteht im wesentlichen aus einer großen Blattrosette mit bis 90 cm langen und etwa 6 cm breiten Blättern mit scharfer Spitze und meist auch Randstacheln. Aus der Mitte der Rosette

Ananas im Fruchtstand

„Baby“-Ananas, aus Südafrika

treibt nach 1-1 ½ Jahren die fleischig werdende Blütenachse. Diese entwickelt sich zu einer 1-4 kg schweren, warzig-schuppigen Schein- und Sammelfrucht, eben unserer Ananas. Je ausgeprägter die Schuppen der nicht eßbaren Schale, desto aromatischer ist die Frucht. Das Fleisch ist saftig, gelb bis rötlich und besitzt einen köstlichen Duft und Geschmack. Man spricht auch vom „süßesten Kern, der je in einer rauhen Schale steckte“. Die holzige Mitte ist nicht eßbar. Neben den Aromastoffen enthält die Ananas wertvolle Mineralstoffe (Eisen und Calcium), Zukker, Fruchtsäuren, Provitamin A, Vitamine der B-Gruppe und etwas C sowie Bromelin, ein eiweißspaltendes und die Verdauung förderndes Ferment. Diese Wirkung geht jedoch nur von der Frischfrucht aus, bei der Konservierung wird das Ferment zerstört. Aus diesem Grunde ist Ananas besonders bekömmlich für Personen mit zu wenig Magensäure.

Sorten

Bezüglich der Ananaskultur unterscheiden wir:

1. den Anbau in Gewächshäusern, auf der Azoren-Insel San Miguel schon seit 1864; heute dort ca. 4000 Glashäuser. Die Ananas sind bereits nach 9 Monaten erntereif, bei voller Reife leuchtend rot, gleichmäßig ausgebildet, äußerlich attraktiver als aus Freilandkulturen, aber auch empfindlicher und weniger haltbar.
2. den Anbau im Freien. Die Kultur ist billiger, obwohl sie länger dauert: 14-22 Monate. Die Früchte sind nicht so gleichmäßig entwickelt wie Glashausware, dafür aber robuster und für längere Transporte besser geeignet. Die Farbe der Frucht ist kein zuverlässiges Reifemerkmal, sie schwankt nach Herkunft und Sorte. Der Anbauer erkennt die Erntereife, wenn er eines der inneren Rosettenblätter mühelos herauszupfen kann.

Von den weit über 100 Ananassorten sind die wichtigsten: ‘Smooth Cayenne‘ (franz. ‘Cayenne lisse‘) mit der größten Verbreitung auf den Azoren, in Südafrika und auf den Hawaii-Inseln; die Sorten der gelben „Queen“-Gruppe ‘Ripley Queen‘ und ‘Fairy Queen‘ mit dem stärksten An-

Zubereitung einer Ananas

bau in Malaysia und Brasilien; sowie auf Kuba und Puerto Rico (Große Antillen) die rötliche, besonders feste 'Red Spanish' und die braungelbe 'Black Jamaica'. Weitere Sorten: 'Singapur Spanish', 'Pernambuco', 'Ananas vermelho' und 'A. amarelo', 'Monte Lirio' u.a.

Der Handel verwendet kaum Sortenbezeichnungen, er unterscheidet nach der Herkunft, z. B. Costa Rica-, Elfenbeinküste-, Kenia-, Kuba-, Martinique-, Azoren-, Honduras-, Südafrika-Ananas. Besonderer Beliebtheit erfreuen sich die neueren rotschaligen Sorten sowie die Baby-Ananas aus Südafrika.

Verkauf

Der Verkaufspreis richtet sich nicht nur nach Größe und Gewicht der Frucht, sondern auch nach dem Reifegrad. Die besten Preise erzielen leuchtendrote Früchte, geringere Preise die blaßroten und noch geringere die grünen. Ihre beste Verkaufszeit haben Frischananas im Dezember, zu Weihnachten und Silvester; aber auch in der übrigen Zeit des Jahres herrscht ein ausreichendes bis gutes Angebot auf dem Markt. Ein besonderer Gag für Werbung und Dekoration sind in Erde getopfte Ananaspflanzen. Der Kleinhandel bedient sich ihrer nicht ungern, zumal die Frucht verkäuflich bleibt.

Unreife, vorerst unverkäufliche harte Ware bleibt bei 11-13°C und 90-95 % relativer Luftfeuchtigkeit bis zu 3 Wochen haltbar, reife Ware bei 6-7°C und der gleichen relativen Luftfeuchtigkeit bis 2 Wochen. Temperaturen unter 5°C verursachen schwarze Flecken im Fruchtfleisch.

Verwendung

In erster Linie Frischverzehr. Vielseitige Verwertung findet die Ananasfrucht zur Herstellung von Kompotten, Konfitüren, Salaten der verschiedensten Art, Kuchen, Torten, Süßspeisen, Speiseeis, kandierten Früchten, Limonaden, Wein, Bowlen, Likören, Branntwein, Ananaspulver, als Trockenfrucht u. a. Getrocknete Ananas, hauptsächlich aus Taiwan importiert, stellen eine hocharomatische Köstlichkeit dar. Eine bedeutende Rolle auf dem Markt spielen auch Ananaskonserven. Ananassaft bzw. -konzentrat gelten als wichtige

geschmacksgebende Komponenten in den heute zunehmend verlangten Mehrfrucht- und Multivitamingetränken. Eine außerordentlich vielseitig verwendbare Frucht.
Wie wird eine Ananas zum Frischverzehr zubereitet? Auf keinen Fall sollte man die ganze Frucht schälen. Um Ananas zu zerlegen, gibt es zwei Methoden:

1. Schopf mit Stielansatz und dem obersten Stück Schale abschneiden, die Frucht quer in 2-3 cm dicke Scheiben teilen, die mehr oder weniger verholzte Mitte herausstechen und die Schale der Ringe ringsherum abschneiden.

2. Stielansatz wie bei 1. abschneiden, die Frucht der Länge nach halbieren und vierteln. Von jedem Viertel den inneren weißlichen Strunk entfernen und die Frucht mit einem scharfen Messer schälen. Die geschälten Viertel auf der Schale als Unterlage quer in Scheiben schneiden.
Bei beiden Methoden ist mit etwa 50 % Abfall zu rechnen.

Annone *Annona sp.*, Annonaceae

Es gibt eine ganze Reihe von Synonymen mit nicht einheitlicher Nomenklatur.

Beschreibung
Annonen sind sogenannte Sammelfrüchte von immergrünen Bäumen verschiedener Arten der Gattung *Annona,* deren Verbreitungs- und Anbaugebiete sich im wesentlichen mit denen der Zitruskulturen decken. Die Früchte sind taubenei- bis kokosnußgroß und ähneln grünlichen Riesenerdbeeren oder Artischocken mit schuppiger oder warziger Oberfläche oder mit dicken Schuppen bedeckten Äpfeln. Das Fruchtfleisch ist weich, sahneartig, süß und äußerst wohlschmeckend, wie eine Mischung von Vanille und Banane; nur einzelne Sorten schmecken ein wenig zitronensauer. Von den mehr als 120 Arten bzw. Sorten der Gattung *Annona* spielen im Fruchthandel nur die folgenden vier eine mehr oder weniger bedeutende Rolle:

Cherimoya oder Chirimoya: Frucht des Flaschenbaumes *Annona cherimola.* Heimat: die hochgelegenen Täler (1600-2200 m) der Anden in Peru und Ecuador. Früchte aus solchen Höhenlagen werden bevorzugt, Früchte aus der Ebene sind weniger aromatisch. Anbau hauptsächlich in Chile, Israel, Spanien (Granada, Costa del Sol), Kalifornien, Brasilien, Mexiko, Indien u. a.

Hauptsorten
'Concha Lisa', Frucht 0,25 bis über 2 kg schwer, rund, hellgrün, glatte Schale, Fruchtfleisch weich und cremig, zimtähnliches Aroma; 'Bronceada', größer und schwerer als die vorige, Form konisch, manchmal unregelmäßig, Haut bronzefarben bis goldgelb, dick, mit deutlichen Auswüchsen, Fruchtfleisch sehr süß, hocharomatisch.
Weitere Sorten: 'Piña', 'Pococay', 'Terciopelo', 'Canaria', 'Copucha', 'Cuero de chancho', 'Dedo de dama', 'Fino de Jete', 'Champa' u. a.
Auf Madeira wächst überwiegend 'Mammilate', eine besonders in England beliebte Dessertfrucht. Sie ist 7-14 cm lang, herzförmig oder unregelmäßig konisch, wiegt bis zu 300 g

Cherimoya

Cherimoya, Längsschnitt

und besitzt eine schuppenartige, höckerige, blaßgrüne Haut sowie etwas körniges, weißes bis leicht bläuliches Fruchtfleisch mit zahlreichen, ca. 1 cm langen dunkelbraunen Kernen.
Cherimoyas vertragen nur schlecht längere Transporte, sind aber bei 12-14° C und 85 % relativer Luftfeuchtigkeit 1-2 Wochen haltbar.

Netzannone: Syn. Ochsenherz, engl. custard apple (custard = Eiercreme, apple = Apfel). Frucht des Baumes *Annona reticulata.* Heimat und Anbau: mittlere Höhenlagen oder Flachland im tropenfeuchten Südamerika und auf den Antillen. Die Frucht dieser Art ist rund oder herzförmig, 8-12 cm groß, bis 1 kg schwer und besitzt eine schuppige, rötlichbraune Haut. Das weiche, gelbliche bis weißlich-graue Fruchtfleisch beherbergt zahlreiche braune Kerne. Die Frucht ist weniger aromatisch, von ihr wird vorwiegend der Saft gezuckert und für Getränke verwendet.

Schuppenannone: Syn. Rahmapfel, Zimtapfel, Süßsack. Frucht des Baumes *Annona squamosa.* Vermutlich in Westindien heimisch, kommt u.a. aber auch in Indien vor. Liebt das heiße Tropenklima bei ausreichender Bodenfeuchtigkeit oder künstlicher Bewässerung. Frucht oval oder herzförmig, 5-10 cm groß, mit samtiger, weißer bis bläulicher Haut und weißem bis gelblichem Fruchtfleisch, in dem sich zahlreiche, 1-1½ cm lange, dunkelbraun- bis schwarzglänzende Kerne befinden. Neben der Cherimoya die Annonenart mit dem köstlichsten Geschmack. Geschätzte Dessertfrucht; der Saft reifer Früchte ergibt ein herrliches Getränk.

Stachelannone: Syn. Sauersack, *Guanabana,* engl. sour sop (sour = sauer, sop = Brei). Baumfrucht der Art *Annona muricata.* Heimat und Verbreitungsgebiet sind die tieferen, feuchten Lagen im tropischen Südamerika. Frucht auch dieser Art länglich oval oder herzförmig, aber größer als die der vorgenannten Arten, 15-20 cm, in Ausnahmen bis zu 35 cm lang. Gewicht in der Regel bis zu 2 kg, maximal bis zu 4 kg. Die dunkelgrüne Haut ist mit zahlreichen 3-6 mm langen, fleischigen Stacheln bedeckt. Das Fruchtfleisch gelblich-

Schuppenannone

Stachelannone

weiß, süß-säuerlich, die darin eingeschlossenen Kerne etwa 2 cm lang, dunkelbraun glänzend. Von dieser Frucht, die nur selten roh verzehrt wird, dient hauptsächlich der Saft zur Herstellung von Erfrischungsgetränken.

Verkauf

Importe – überwiegend von Cherimoya – erreichen unsere Märkte hauptsächlich von September bis Februar aus Spanien, im November und Dezember aus Israel, z. T. auch aus Südamerika; Erntezeit in Chile und Brasilien ist von Mitte Oktober bis Ende November.
Die Bezeichnung der Frucht im Handel ist nicht einheitlich. Meist wird sie als Cherimoya gehandelt, z. T. als Annone angeboten.

Verwendung

Die noch unreif geernteten Früchte sollte man bei 12-18° C nachreifen lassen, niemals jedoch im Kühlschrank. Sie sind eßreif, wenn die Schale sich schwärzlich verfärbt, wenn die Frucht weicher wird und leichtem Druck nachgibt. Zum Essen schneidet man die Frucht der Länge nach durch und entfernt die locker im Fruchtfleisch sitzenden schwarzglänzenden Kerne, da diese hart und ungenießbar sind. Das Fruchtfleisch läßt sich leicht mit Hilfe eines Grapefruitmessers von der Schale lösen und kann danach mühelos ausgelöffelt werden. Es schmeckt mild-süß, ein wenig nach „Erdbeeren mit Schlagsahne"; es enthält viel Traubenzucker und ist leicht verdaulich. Der Geschmack kann nach Belieben mit Zitronensaft, Likör oder Cognac „veredelt" werden. Weitere Verwendungsmöglichkeiten der Cherimoya-Frucht sind: Marmeladen, Obstsalate und Fruchtbecher, zusammen mit Apfelsinen, Mango, Kaki, Avocado, Passionsfrucht u. a., Getränke, gemixt mit Milch, Likör oder Wein usw.

Apfel *Malus sylvestris* var. *domestica,* Rosaceae

Heimat, Anbau

Aus seiner Urheimat zwischen Schwarzem Meer und Kaspischer See hat sich der Apfel im Laufe Tausender von Jahren über alle Erdteile verbreitet. In Deutschland ist er seit eh und je die Hauptobstart; der Pro-Kopf-Verbrauch liegt bei 40 kg/Jahr. Die wichtigsten deutschen Anbaugebiete: Altes Land/Niederelbe, Bodenseegebiet, Baden-Württemberg, Rheinland. Weitere europäische und außereuropäische Apfelproduktions- und zugleich -exportländer sind Italien, Frankreich, die Niederlande, USA, Argentinien, Australien, Neuseeland, Südafrika u. a.

Zwei von drei Äpfeln, die der deutsche Konsument verzehrt, stammen in durchschnittlichen Erntejahren aus deutschen Erwerbsobstanlagen und dem Hausgartenobstbau. Die Äpfel auf dem Markt stammen je etwa zur Hälfte aus dem Inland und aus Importen. Die deutsche Apfelernte beträgt in normalen Jahren 600 000 bis 700 000 t, die Importe belaufen sich auf knapp 600 000 t. Hauptexportländer sind mit 40-50 % Italien und bis zu 20 % Frankreich. Mit etwa 30 % der Importe ist die Südhalbkugel beteiligt, Argentinien, Südafrika, Australien usw. Mißernten im Inland bedingen größere Importe.

Beschreibung

Von einer näheren Beschreibung der allgemein bekannten Apfelfrucht nach Größe, Form und Farbe kann wohl abgesehen werden. Ihre Bedeutung liegt in ihren Inhaltsstoffen und ihrem hohen ernährungsphysiologischen und diätetischen Wert. Apfelschalen sind besonders reich an Pektin, das Fruchtfleisch enthält Äpfel-, Zitronen-, Bernstein- und Milchsäure, mehrere Zuckerarten, Zellulose, Gerbstoff usw., außerdem mehr als 20 Mineralstoffe. Von diesen kommt dem Eisen für Blutarme und Bleichsüchtige, dem Phosphor für Geistesarbeiter, dem Calcium für Bildung und Erhaltung von Knochen und Zähnen eine besondere Bedeutung zu. Wegen seines Gehalts an Fruchtsäuren gilt der Apfel als „Zahnbürste der Natur". Ein geriebener Apfel ist für Säuglinge und Kleinkinder ein altbewährtes Mittel gegen Durchfall. Er wirkt sowohl bei Gesunden als auch bei Kranken regulierend auf die Darmtätigkeit, er ist das „medizinische Obst" schlechthin. „One apple a day keeps the doctor away" (= Ein Apfel am Tag hält den Doktor fern).

Eine überragende Rolle spielt der Apfel als Vitaminträger (A, B_1, B_2, E und vor allem C). Den Konsumenten wird vor allem der Gehalt an Vitamin C interessieren, da der Tagesbedarf an diesem lebenswichtigen Stoff (50-100 mg) besonders hoch ist. Schon seit langem wird in der Volksheilkunde gegen Skorbut, Zahnfleischbluten, Lockerung der Zähne u. a. der Genuß von frischen Äpfeln empfohlen. Im Gehalt an Vitamin C weisen die Apfelsorten recht unterschiedliche Werte auf. Er ist nicht nur von Sorte zu Sorte unterschiedlich, er schwankt auch in gewissen Grenzen in Abhängigkeit von der Jahreswitterung, von der Stellung bzw. Belichtung der Frucht in der Baumkrone, von der Düngung, Lagerung usw. Die Tabelle auf Seite 40 gibt den Vitamin C-Gehalt einiger verbreiteter Apfelsorten an; die Unterschiede von praktisch Vitamin C-freien Sorten zu den vitaminreichsten sind, wie man sieht, recht erheblich. Der Verbraucher ist gut beraten, wenn er sich, besonders in der obst- und gemüsearmen Winter- und

Nachwinterzeit um solche vitaminreichen Sorten bemüht.

Sorten

Die Zahl der in den genannten deutschen und außerdeutschen Obstbaugebieten heute angebauten Apfelsorten geht sicher in die Hunderte, und ständig müssen wir mit dem Auftauchen neuer Sorten, besonders in Übersee und der südlichen Hemisphäre, rechnen. In der Tabelle auf S. 42-44 sind die z. Zt. wichtigsten auf unseren Märkten gehandelten Apfelsorten* aufgeführt. Für jede der genannten Sorten werden angegeben: Name, wichtige Eigenschaften, Einfuhrländer und Angebotszeit auf dem Markt in Wochen des Jahres (Zahlen in Klammern von 1-52).

Außer den Sorten in der Tabelle gibt es noch zahlreiche weitere sehr wohlschmeckende, auch ältere Sorten, die in geringen Mengen anfallen und nur gelegentlich in den Handel kommen. Hierzu können wir zählen: 'Georg Cave', 'Mantet', 'Geheimrat Dr. Oldenburg', 'Mutsu', 'Horneburger Pfannkuchen', 'Ingol', 'Finkenwerder Prinzenapfel', 'Brettacher Sämling', 'Ontario' und viele andere. Auch kommen außer den in der Tabelle genannten Lieferländern noch weitere Exportländer in Betracht. Die Tabelle spiegelt lediglich beispielhaft die Verhältnisse des Wirtschaftsjahres 1986/87 wider.

Von den Neuheiten, die in Zukunft mit großer Wahrscheinlichkeit in den Marktstatistiken auftauchen werden, seien hier nur genannt: 'Rubinette', eine in der Schweiz entstandene (1982) wertvolle Tafel- und Wirtschaftssorte; 'Braeburn', ein roter, knackiger, süßer Apfel aus Neuseeland; 'Gala' und 'Royal Gala' (von 'Golden Delicious' und 'Cox Orangen Renette' abstammend), ein süßer, dünnschaliger, köstlicher Dessertapfel; aus Südafrika der rote 'Topred'.

Freiherr von Berlepsch

Erwähnt werden muß schließlich die verhältnismäßig kleine Gruppe der Most- und Wirtschaftsäpfel; das sind Sorten, die sich durch einen hohen Säuregehalt und oft festes Fleisch auszeichnen; sie eignen sich besonders für die Herstellung von Apfelsüßmost bzw. Apfelsaft, Apfelmus, Apfelgelee, Apfelsirup, Apfelpektin, Apfelessig, Apfelkraut (Rheinland), „Äppelwoi" (Hessen), „Moscht" (Württemberg), Trockenobst usw. Die bekanntesten Sorten dieser Gruppe sind: 'Bohnapfel', 'Wiltshire', 'Kaiser Alexander', 'Spätblühender Taffetapfel', usw., oft nur wenig verbreitete Lokalsorten.

Verkauf

Wir unterscheiden bei einer Reihe von Obstarten die Baum- oder Pflückreife und die Mund- oder Genußreife. Beim Apfel erkennt man die Baumreife daran, daß sich der Stiel beim Anheben der Frucht leicht von

---

* Bilanz 1986/87 der Zentralen Markt- und Preisberichtsstelle für Erzeugnisse der Land-, Forst- und Ernährungswirtschaft GmbH in Bonn („MP-Bilanz 86/87 Obst")

seiner Ansatzstelle löst. Mundreif ist ein Apfel, wenn er seine optimalen geschmacklichen Eigenschaften erlangt hat. Diesen Zustand erreicht die Frucht je nach Sorte erst Tage, Wochen oder gar Monate nach der Pflückreife. Die Braunfärbung der Kerne im Apfel ist kein sicheres Merkmal der Genußreife. Oft haben vollreife Frühsorten noch weiße Kerne, und andererseits sind bei manchen Spätsorten die Kerne schon vor Erreichen der Genußreife braun.

Die Zeit von der Baumreife bis zum Eintritt der Genußreife sowie die Dauer des Angebots einer Sorte auf dem Markt sind weitgehend durch die Art der Lagerung beeinflußbar. Wir unterscheiden:

1. Normallager in Kellern, Scheunen oder dgl. mit Luftbewegung und -erneuerung unter Ausnutzung der kühlen, nächtlichen Außenluft, die durch den Saugzug eines Kamins oder mit Hilfe von Ventilatoren in das Lager gelangt.

2. Kühllager, in dem die Kühlung durch Kältemaschinen erfolgt.

3. Kohlensäuregas-Lager mit Kühlung durch Kältemaschinen unter Einhaltung eines bestimmten Kohlendioxyd (CO_2)/Sauerstoff (O_2)-Verhältnisses in der Lagerluft (CA-Lager).

Die Eignung der Sorten für die verschiedenen Verfahren der Lagerung ist unterschiedlich. Auf Einzelheiten kann hier nicht näher eingegangen werden.

Es muß jedoch auf eine Erscheinung hingewiesen werden, die bei der gemeinsamen Lagerung reifender Äpfel – oder auch Südfrüchte – zusammen mit spätreifenden Lagersorten oder auch Gemüse, z. B. Gurken, auftritt. Reifende Früchte scheiden das Gas Äthylen (C_2H_4) aus, das die Haltbarkeit der späten Sorten beeinträchtigt und zum vorzeitigen Vergilben und Welken des Gemüses führt. Diese Produkte also getrennt lagern!

Der Verkauf erfolgt im allgemeinen lose oder in abgepackter Form nach Gewicht, nur selten stückweise.

Vitamin C-Gehalt einiger Apfelsorten in mg/100 g Frischgewicht (nach mehreren Autoren)

0–5

Morgenduft (Rome Beauty)
Geheimrat Dr. Oldenburg
Starking

5–10

Gloster 69
Granny Smith
Jonathan
Melrose

10–20

Alkmene
Bohnapfel
Cox Orangen Renette
Elstar
Glockenapfel
Golden Delicious
Goldparmäne
Gravensteiner
Holsteiner Cox
Ingol
Jamba
James Grieve
Jonagold
Karmijn de Sonnaville
Weißer Klarapfel
Mantet
Mutsu
Summerred
Renette vom Zabergäu

20–30

Idared
Schöner von Boskoop

30–40

Freiherr von Berlepsch
Maigold
Ontario

Cox Orangen Renette

Roter Boskoop

Golden Delicious

Jonagold

Starking

Granny Smith

Die wichtigsten Apfelsorten auf dem deutschen Obstmarkt 1986/87

Sorte	Eigenschaften	Hauptlieferländer und Angebotszeiten (Wochen)
Gravensteiner und rote Mutanten	Karminrot geflammt, herrlich duftend, edel gewürzt. Ausgezeichneter Tafelapfel	Inland (35-42) Italien (31-41)
James Grieve und rote Mutanten	Rot gestreift, hocharomatisch. Sehr guter Tafelapfel	Inland (33-43) Niederlande (34-41)
Weißer Klarapfel	Gelblich bis weißlich grün, mild-säuerlich, druckempfindlich. Beliebter Frühapfel	Inland (29-35)
Lodi	Weißlich grün, leicht gerötet, angenehm säuerlich, Frühapfel	Inland (29-33)
Summerred	Dunkelrot, weiße Schalenpunkte, edles Aroma	Inland (34-41) Italien (31-41)
Starking	Dunkelrot, mit bläulichem Stich, süßlich, melonenartig parfümiert. Begehrter Tafelapfel	Italien (1-7 und 48-52) Griechenland (36-52) Südafrika (13-39) Chile (15-32)
Tydeman's Early	Rötlich gelb, leicht säuerlich, sehr guter Sommerapfel	Inland (36-40) Niederlande (35-40)
Alkmene	Gelb, sonnenseits gestreift ziegelrot. Sehr guter, aromatischer Tafelapfel	Inland (36-44)
Boskoop und rote Mutanten	Gelblich bis grün, mehr oder weniger orange- bis dunkelrot gefärbt. Ausgezeichneter großfrüchtiger, säuerlicher Tafelapfel	Inland (1-21 und 38-52) Niederlande (1-13 und 39-52)
Holsteiner Cox	Goldgelb, sonnenseits leuchtend orangerot. Aromatischer, feiner Tafelapfel	Inland (1-15 und 38-52)
Cox Orangen Renette	Gelblich grün, sonnenseits orange- bis bräunlichrot, sehr edles Aroma. Einer der besten Tafeläpfel	Inland (1-15 und 38-52) Niederlande (1-13 und 38-52) Neuseeland (14-26)
Cardinal	Roter, guter Tafel- und sehr guter Wirtschaftsapfel	Frankreich (30-33)

Die wichtigsten Apfelsorten auf dem deutschen Obstmarkt 1986/87

Sorte	Eigenschaften	Hauptlieferländer und Angebotszeiten (Wochen)
Golden Delicious	Gelb bis goldgelb, mitunter mit schwacher, rötlicher Deckfarbe. Hervorragender, aromatischer Tafelapfel	Inland (1-27 und 39-52) Italien (1-52) Frankreich (1-52) Spanien (32-39) Südafrika (12-39)
Red Delicious	Dunkelrot, kräftig gerippt süß, etwas parfümiert. Guter Tafelapfel	Argentinien (12-31) Neuseeland (18-37)
Elstar	Gelb, sonnenseits intensiv gerötet. Wohlschmeckender, sehr guter Tafelapfel	Inland (1-16 und 36-52) Niederlande (1-18 und 40-52) Italien (7-11 und 34-52)
Glockenapfel	Grünlichgelb, sonnenseits rötlicher Anflug, glockenförmig. Sehr guter Tafel- und Wirtschaftsapfel	Inland (9-32)
Goldparmäne und rote Mutanten	Gelb, sonnenseits bräunlich- bis goldrot geflammt. Guter Tafel- und Wirtschaftsapfel	Inland (37-48) Frankreich (34-42)
Granny Smith	Grün, fest, feinsäuerlicher Tafelapfel	Frankreich (1-15 und 39-52) Italien (1-18 und 39-52) Südafrika (17-42) Chile (13-34) Argentinien (16-37) Australien (29-34) Neuseeland (24-40)

Die wichtigsten Apfelsorten auf dem deutschen Obstmarkt 1986/87

Sorte	Eigenschaften	Hauptlieferländer und Angebotszeiten (Wochen)
Idared	Kräftig dunkelrot bis hellrot. Feinsäuerlicher, sehr guter Tafelapfel	Inland (43-52)
Ingrid Marie	Gelblichgrün mit dunkelroter, mehr oder weniger blaustichiger Deckfarbe. Sehr guter Tafelapfel	Inland (1-18 und 40-52)
Jamba	Gelblichgrün, sonnenseits gerötet mit bläulichem Schimmer	Inland (31-34)
Jonathan	Grünlichgelb, verwaschen bis gestreift dunkelrot mit bräunlicher Tönung. Guter Tafelapfel	Italien (1-52) Ungarn (41-48)
Laxtons Superb	Gelbgrün, sonnenseits orange bis bläulichrot gefärbt, feines Cox Orangen-ähnliches Aroma	Inland (9-20)
Morgenduft	Gelblichgrün, gestreift oder flächig rot gefärbt, wenig Aroma	Italien (1-32 und 46-52)
Sturmer Pippin	Grün, sonnenseits bräunlich gerötet oder gestreift. Guter Tafel-, sehr guter Wirtschaftsapfel	Neuseeland (22-37)
Gloster 69	Grüngelb, flächig kräftig und stumpf dunkelrot gefärbt. Feinsäuerlicher, sehr guter Tafel- und Wirtschaftsapfel	Inland (1-29 und 39-52) Italien (1-26 und 37-52)
Jonagold und rote Mutanten (Jonica, Jonagored)	Gelb, sonnenseits verwaschen bis geflammt orangerot. Ausgezeichneter, attraktiver, höchst aromatischer Tafelapfel	Inland (1-27 und 39-52) Belgien (1-23 und 41-52) Italien (1-24 und 38-52)
Berlepsch und rote Mutanten	Mehr oder weniger bräunlichrot gefärbt, edles Aroma. Hervorragender Tafelapfel	Inland (1-12 und 44-52)

Verwendung

Abgesehen von den verschiedenen vorstehend genannten Möglichkeiten der Verarbeitung bestimmter Wirtschaftssorten, ist der Apfel unsere Hauptobstart für den Frischgenuß. Über die genannten Verwendungsmöglichkeiten hinaus wird der Apfel gern zur Zubereitung von Salaten (Obst-, Kartoffel-, Herings-, Waldorfsalat usw.), für Apfelstrudel, Kuchen und Torten verschiedenster Art, für Backäpfel, Rohkostplatten usw. gebraucht. Eine Fülle von Rezepten mit Äpfeln als wesentlichem Bestandteil der Speisen und Mahlzeiten ist in den meisten unserer Kochbücher enthalten.

Royal Gala

Apfelsine, Orange *Citrus sinensis,* Rutaceae

Syn. Chinaapfel, Sinaapfel

Allein mit der umfassenden Darstellung dieser wichtigen Südfrucht könnte ein Buch des vorliegenden, Umfangs ohne Mühe gefüllt werden. Beschränken wir uns im folgenden auf die wichtigsten diese Obstart betreffenden Fakten.

Heimat, Anbau

Der botanische Name der Apfelsine *Citrus sinensis* (lat. sinensis = chinesisch) deutet auf ihre südchinesische Heimat hin. Dort gab es sie schon vor 3000 Jahren. Kultiviert wird sie weltweit in den wärmeren Zonen der Erde, in den Mittelmeerländern, in Südafrika, Florida, Kalifornien, Südamerika, Australien usw.

Beschreibung

Apfelsinen sind die Früchte des in zahlreichen Formen vorkommenden, 3-8 m hoch werdenden Orangenbaumes. Die Früchte variieren beträchtlich in allen ihren äußeren und inneren Eigenschaften; sie können groß, klein, rund, oval, eiförmig oder abgeplattet sein; die Farbe der Fruchtschale reicht von mattgelb über leuchtend orangegelb bis rot; und auch geschmacklich gibt es zahlreiche Varianten. Unter der Schale liegt eine hellweiße, pelzigschwammige Schicht (Albedo), die vor dem Verzehr der Früchte entfernt werden sollte, da sie den Geschmack beeinträchtigt. Das Innere der Frucht ist in 6-12 Fächer oder Segmente ohne Kerne oder mit unterschiedlicher Kernzahl unterteilt, die das köstlich schmeckende, saftige, gelb bis blutrot gefärbte Fruchtfleisch enthalten. Der süß-säuerliche Geschmack der Apfelsine beruht im wesentlichen auf ihrem Gehalt an Rohr-, Trauben- und Fruchtzucker, an Zitronen-, Äpfel- und Weinsäure sowie an wenigstens 11 bisher nachgewiesenen verschiedenen Aromastoffen. Weiterhin enthält die Frucht zahlreiche Mineralstoffe, in erster Linie Phosphor und Eisen, und einige

Orangenbaum mit Früchten in einer Plantage

unsere Lebensfunktionen regulierende, wichtige Fermente. Vor allem aber ist die Orange ein bedeutender Vitaminträger (ca. 14 Vitamine); mit 40-80 mg% ist sie eine unserer Vitamin C-reichsten Früchte. Ihr kommt deshalb gerade im Winter und Nachwinter zur Stärkung unserer Widerstandskraft gegen Erkältungen und die Frühjahrsmüdigkeit erhöhte Bedeutung zu.

Sorten

Von den über 400 bekannten Orangensorten in aller Welt haben nur etwa 30 eine mehr oder weniger große wirtschaftliche Bedeutung. Und auch diese 30 Sorten kann nur der erfahrene und geschulte Fachmann auseinanderhalten. Angesichts der unübersehbaren Fülle von Fruchtformen und -typen mit ihren unterschiedlichen Eigenschaften ist es nicht einfach, eine brauchbare Apfelsinen-Systematik aufzustellen. Die naheliegendste und sinnvollste Einteilung der Sorten ist die chronologische – geordnet nach der Zeit des Apfelsinenangebotes auf dem deutschen Markt. Wir unterscheiden

Winterorangen und Sommerorangen.

Winterorangen: Winterorangen stellen das Hauptkontingent der bei uns konsumierten Orangen dar. Sie kommen durchweg aus den Mittelmeerländern. Ihre Ernte- und Exportzeit ist von November bis Mai/Juni. Daß sie auf unseren Märkten eine so beherrschende Rolle spielen, beruht darauf, daß sie in der vitamin- und sonnenarmen Jahreszeit zur Verfügung stehen und auf dem Markt praktisch nur mit Äpfeln und Bananen im Wettbewerb stehen. Eine bedeutende Konkurrenz für die Winterorangen stellen

Navelina

Navel

Cadenera

Salustiana

Shamouti

Valencia Late

aber auch Satsumas und Clementinen dar. Während die Einfuhr dieser Früchte in den letzten Jahren noch gestiegen ist, ging der Import von Apfelsinen seit ca. 20 Jahren tendenziell zurück. Bei den Winterorangen unterscheiden wir Blondorangen und Blutorangen (Pigmentierte Orangen).

Blondorangen: Navelorangen allgemein: Sie sind die charakteristischen Blondorangen der westlichen Mittelmeerländer Spanien, Marokko und Algerien, Griechenland und der Türkei. Anbau auch in Südafrika, Uruguay, Brasilien, Argentinien, Mexiko, Australien und den USA. Saison: November bis August. Das typische Merkmal der Navelorangen, durch das sie sich von allen anderen unterscheiden, ist eine anatomische Besonderheit: der Nabel (engl. navel = Nabel) an dem früheren Blütenansatz. Der Nabel schließt sich nicht, da sich darunter noch eine zweite, nur wenige Zentimeter große, verkümmerte Neben-, Extra- oder Tochterfrucht zwischen den Segmenten entwickelt. Diese zweite Frucht war ein bewußtes Zuchtziel und sollte dazu dienen, die Kerne aufzunehmen, damit die Hauptfrucht kernlos bleibt. Inzwischen ist es der Züchtung gelungen, auch die Tochterfrucht kernlos zu erhalten. Die heutigen Navels besitzen keinen keimfähigen Pollen und daher auch keine Kerne. Die Kernlosigkeit ist für Navels charakteristisch. Die Früchte haben ein gelbes, zartes, sehr saftiges, aromatisches Fruchtfleisch und sind leicht zu schälen. Die bekanntesten Sorten sind:
'Washington Navel', Hauptanbau in Spanien und Marokko; Frucht sehr groß, rund bis oval, Nabel manchmal hervorstehend; Schale mitteldick, grobporig, vollreif tieforangefarben; Fleisch fest-knackig, saftig, mit intensivem Geschmack. Weniger haltbar als die robustere 'Valencia Late'.
'Thompson-Navel', mittelgroß, rund bis oval, heller als vorige, Schale mitteldünn, feinporig, glatt, glänzend; Fleisch fest, mittelmäßig saftig, Geschmack gut.
'Navelina', meist aus Spanien, frühreifend, mittelgroß, meist birnenförmig, Nabel klein; Schale mitteldünn, weich, rötlich-orange; Fleisch wenig fest, saftig und süß. Eine wertvolle Blondorange.

Weitere Blondorangen: 'Biondo Comune' oder 'Comuna Blanca', Italien und Spanien, Ernte und Ausfuhr Mitte Januar bis Februar; mittelgroß, Schale mitteldick, gelblich-orangefarben; Fleisch sehr saftig, gut zum Auspressen, Geschmack angenehm, sehr viele Kerne. Anbau geht stark zurück, noch geringfügige Einfuhren aus Italien.
'Cadenera', mittelgroß, rund bis leicht oval; Schale mitteldünn, glatt bis feinporig; Fleisch sehr saftig, Geschmack und Aroma ausgezeichnet; keine oder nur wenige Kerne. Anbau stark rückläufig, praktisch keine Einfuhren.
'Castellana', mittelgroß, kugelförmig bis leicht abgeplattet; Schale mitteldünn, leicht porig, hellorange; Fleisch hell, sehr saftig, wenig Säure; einzelne Kerne. Anbau stark rückläufig, praktisch keine Einfuhren.
'Hamlin', mittelgroß, rund; Schale dünn, glatt; Fleisch zart, saftig, mangelnde Säure; 1-5 Kerne. Anbau stark rückläufig, praktisch keine Einfuhren.
‚Macetera', mittelgroß; Schale sehr dünn, weich, feinporig, blaß; Fleisch zart, saftig, sehr aromatisch; fast kernlos. Praktisch kein Anbau mehr, keine Einfuhren.
'Maltaise Blonde', mittelgroß; Schale mitteldick, zäh, glatt, nur mäßig gut gefärbt, läßt sich leicht entfernen; Fleisch saftig, ausgeglichenes Zukker-Säure-Verhältnis; wenig oder

keine Kerne. Anbau gering, keine Einfuhren.
'Shamouti' oder 'Ovali', eine Sorte der östlichen Mittelmeerländer, insbesondere Israels und Zyperns. Hauptsorte der „Jaffa"-Orangen, auch beim Verbraucher als „Jaffa" bekannt. Dieser Name ist seit 1954 beim Deutschen Bundespatentamt warenzeichenrechtlich geschützt für Israel-Orangen (ähnlich wie „Outspan" für Orangen aus Südafrika oder „Sunkist" für solche aus Kalifornien). 'Shamouti' ist großfrüchtig, oval; Schale dick, zäh, etwas rauh; läßt sich leicht schälen und teilen; Fleisch hellorange, fest, saftig, süßaromatisch; keine oder wenige Kerne; Frucht gut haltbar. Importe Januar bis März aus Israel und Zypern.
'Salustiana', sehr bedeutende Sorte in Spanien und Marokko; mittelgroß; Schale mitteldick, intensiv orangefarben gefärbt; Fleisch weich, sehr saftig, kräftiger, süßer Geschmack; kernlos.

<u>Blutorangen:</u> Blutorangen werden vorwiegend von Dezember bis April angeboten. Sie sind als Mutationen verschiedener Orangensorten im Mittelmeerraum entstanden, später wurden sie Gegenstand planmäßiger Züchtung. Die Verfärbung des Fruchtfleisches und der Schale beruht auf der Anreicherung des Farbstoffes Anthocyan, der sich unter dem Einfluß von Säure rot verfärbt. Ungleichmäßige Blutfärbung innerhalb der Ernte eines Baumes oder im Fruchtfleisch der Einzelfrucht ist bedingt durch unterschiedliche Wetter- und Bodenverhältnisse, die Stellung der Frucht in der Baumkrone, den Erntezeitpunkt u. a. Im Unterschied zu den Blondsorten besitzen Blutorangen einen herben, kräftigeren Geschmack. Man unterscheidet Vollblut- und Halbblutorangen (die Grenzen sind durch viele Kreuzungen fließend geworden).

<u>Vollblutorangen:</u> Schale und Fruchtfleisch rot.
Sorten: 'Entrefina' oder 'Rundblut'; rund; leicht rauhe Schale. Anbau stark rückläufig, keine Einfuhren.
'Doublefina' oder 'Blutoval' oder 'Sanguina'; glatte Schale, weniger Säure und weniger Kerne (4-8); Anbau stark rückläufig, keine Einfuhren.
'Sanguinello', Sizilien, Februar bis April; Schale, Fruchtfleisch und Saft tiefrot („Doppelblutorange"); mittelgroß bis klein, oval oder rund.
'Tomango', helle Blutorange; etwas blaß bis gelblich gefärbt, mit rötlicher Pigmentierung im Fruchtfleisch und auf der Schale; klein bis mittelgroß, länglich-oval; Schale dünn, glatt; Fruchtfleisch zart, sehr saftig, schmelzend, fast kernlos, von ausgezeichnetem Geschmack. Importe Juni und Juli aus Südafrika. 'Tomango' wird oft schon zu den Halbblutorangen gezählt.

<u>Halbblutorangen:</u> Schale ohne oder mit leichter Rotfärbung, Fruchtfleisch mehr oder weniger gefärbt.
Sorten: 'Moro', Sizilien, Dezember bis Februar; mittelgroß, rund bis länglich; Schale etwas dick, rauh, leicht runzelig; Fleisch dunkelrot geädert, säuerlich-süß, mit typischem Aroma; wenige Kerne.
'Tarocco', Sizilien, Dezember bis März; großfallend, Fleisch nur leicht rot, feines Aroma, Spitzenqualität; wenige Kerne.
'Washington Sanguina', eine sehr wichtige, in zunehmenden Mengen aus Marokko eingeführte Sorte; mittelgroß, oval; Fleisch saftig, mit schwacher Blutfärbung und einem sehr ausgewogenen Zucker-Säure-Verhältnis; kernarm.
'Maltaise', Algerien, Tunesien, Januar bis März; dünnschalig, saftreich, weichfleischig, kernarm bis

Tarocco

Sanguina

kernlos; praktisch keine Einfuhren. Neben den Blondorangen und Blutorangen wird mitunter noch eine dritte Gruppe von einigen späten Blondsorten als „Spätfrüchte" aufgeführt, die nach der Ernte der letzten frühen Blonden erscheinen.

Zu ihnen werden gezählt:
'Valencia Late' (engl. late = spät) oder 'Späte Valencia', die späteste, meistangebaute und bekannteste Orangen-Sorte, die auch in den Tropen von großer Bedeutung ist. Sie benötigt zur vollen Ausreife viel Wärme. Oft blühen und fruchten die Bäume zur gleichen Zeit. Der Anteil kleiner, vom Konsumenten nicht gewünschter Früchte ist häufig überdurchschnittlich hoch. Frucht rund bis oval; Schale dünn, glatt, feinporig, leicht gekörnt, kräftig gefärbt; Fruchtfleisch hocharomatisch; wenige bis keine Kerne. Segmente etwas schwer trennbar. Hervorragend geeignet auch für die Gewinnung von Saft und die Herstellung von Konzentrat, da sehr ergiebig. Hauptexportländer und Lieferzeiten: Spanien (März bis Anfang Juni), Marokko (März bis Ende Mai), Israel (März bis Mitte Juni), Zypern (Anfang Februar bis Mitte Mai), Südafrika (Mitte Juli bis Mitte November), Brasilien (Juli bis Oktober), Argentinien (August bis Oktober), Uruguay (August bis September), USA (Mai bis September).
'Navelate', Mutation der 'Washington Navel', seit 1957 im Handel. Schale dünn, zäh; Fleisch wenig fest, saftig; Geschmack nicht sehr ausgeprägt; Frucht gut haltbar.
'Verna', mehrere Typen in Spanien; Frucht klein, oval; Schale leicht wulstig; kernarm; keine Einfuhren.
Nach diesen späten Blondorangen erscheinen die ersten blonden Sommerorangen auf dem Markt.

Sommerorangen: Sommerorangen werden von Mai bis November importiert. Damit ist unsere ganzjährige Versorgung mit Orangen sichergestellt. Im Vergleich zu den Winterorangen aus den Mittelmeerländern spielen die überseeischen Sommerorangen für die Versorgung unserer Märkte nur eine geringe Rolle, ihr Anteil beträgt wenig über 10 %.
Sommerorangen sind für den Handel weniger wichtig als Winterorangen, weil sie auf dem Markt mit zahlreichen anderen Obstarten, mit Kirschen, Pfirsichen, Nektarinen, Aprikosen, Pflaumen, Tafeltrauben und anderem Weichobst konkurrieren

Maltaise

Maltaise, Querschnitt

Moro

Moro, Querschnitt

Washington Sanguina

Washington Sanguina, Längsschnitt

müssen. Während Winterorangen fast ausschließlich für den Rohverzehr gekauft werden, sind Sommerorangen teilweise nur zum Saften geeignet. Das betrifft in erster Linie die bereits erwähnte 'Valencia-Late'. Unser Saftkonsum ist wesentlich geringer als z. B. in den angelsächsischen Ländern.
Die **wichtigsten** Sommerorangen sind die schon vorher zitierten 'Navel' und 'Valencia-Late'. Ferner 'Pera', mittelgroß, eiförmig, Schale mitteldünn, glatt, hellorange; Fleisch fest, saftig, kräftiger Geschmack, sehr wenige Kerne, die Sommerorange aus Brasilien.
Eine weitere, wirklich typische Sommerorange ist die bereits erwähnte, ausschließlich aus Südafrika kommende 'Tomango'.
Weitere südafrikanische Sorten sind: 'Clanor', mittelgroß, rund bis leicht flach, Schale dünn, fest, etwas lederig, feinporig, Fleisch sehr zart, saftig, wenige oder keine Kerne, angenehmer Geschmack; 'Protea', kernarm, zeichnet sich durch ein besonders günstiges Verhältnis von Zucker und Fruchtsäure aus.
'Delta Seedless', neuere Sorte, spät, kernlos, hoher Saftgehalt, besonders feines Aroma.
Erwähnen wollen wir noch folgende Sorten, die nicht eingeführt werden: 'Parson Brown', eine alte, vielfach angebaute Frühsorte, groß, rauhe Schale, 10-20 Kerne; 'Pineapple', mittelfrüh, kernarm; 'Seedling', schmackhaft, aber kernreich (20 und mehr Kerne); 'Mediterranean Sweet', Mexiko, kernreich; 'Midseason', kernarm.
Die Mittelmeerländer Israel, Marokko und Spanien liefern ihre Orangen der Sorte 'Valencia-Late' neuerdings noch bis in den Juli hinein. Hauptlieferant während der Sommermonate aber ist Südafrika in der Zeit von Ende Mai bis November. Kleinere Mengen liefern Brasilien, Argentinien, Uruguay, Swasiland, Simbabwe und die USA.

Verkauf

Gepflückte Apfelsinen reifen nicht mehr nach. Deshalb achten in sämtlichen Anbauländern staatliche Aufsichtsstellen darauf, daß die Früchte nur dann zum Export freigegeben werden, wenn das Zucker:Säure-Verhältnis eine bestimmte Mindestproportion erreicht hat (z. B. in Spanien für die Sorte 'Navel' 5,5 : 1, für 'Valencia-Late' 6,6 : 1), d. h. ein bestimmter Reife-Index als Export-Voraussetzung.
Die Schalenfarbe ist kein sicheres Zeichen für die Fruchtreife. Die Ausbildung der schönen gleichmäßigen, orangegelben Schalenfarbe erfordert Nachttemperaturen nahe 0° C. Grünfleckige Schalen oder ein blasses Orange sind demnach keine Zeichen für mangelhafte Reife, sondern zeigen an, daß die Früchte kurz vor der Ernte zu warmem Wetter ausgesetzt waren und sich Chlorophyll (Blattgrün) bilden konnte. Erst nächtliche Kühle färbt sie orange.
Apfelsinen sind bei Transport und Lagerung sorgfältig zu behandeln. Versandt werden sie überwiegend in Steigen oder Kartons oder auch in loser Schüttung. Der Verkauf der Früchte im Laden erfolgt stückweise oder nach Gewicht, häufig in Netzen abgepackt.
Um die Früchte gegen Verderb durch Fäulnis und Verdunstungsverluste zu schützen, werden sie sofort nach der Ernte gewaschen und in der Regel danach mit einem Wachsüberzug (z. B. Carnaubawachs, Polyäthylenwachsoxidate oder Schellack) versehen. Im Rahmen dieser Behandlung werden bestimmte Konservierungsstoffe zugesetzt, wobei anzumerken ist, daß insbesondere bei Zitrusfrüchten in der ersten Hälfte der Mit-

telmeersaison solche Konservierungsstoffe nicht mehr verwandt werden.
Für Zitrusfrüchte sind nach den Vorschriften der „Verordnung über die Zulassung von Zusatzstoffen zu Lebensmitteln" vom 22.12.1981 noch zulässig: Diphenyl (= Biphenyl oder Phenylbenzol) mit naphthalinartigem Geruch, ein Stoff, der heute nur noch sehr selten verwendet wird, Orthophenylphenol und sein Natriumsalz Natriumorthophenylphenolat sowie Thiabendazol. Sie sind auf ihre Unbedenklichkeit geprüft und dürfen nur in der unbedingt notwendigen, zulässigen Menge zur Anwendung gelangen.
Die mit diesen Mitteln behandelten Früchte müssen als solche gekennzeichnet werden. Auf den Transportverpackungen muß der Hinweis „gewachst" und/oder „konserviert mit . . ." zu lesen sein. Im Einzelhandel kann der Vermerk auf der Verbraucherpackung oder auf einem Schild auf oder neben der Ware angebracht werden.
Während die Kennzeichnung „naturrein" praktisch seit 1959 mit der ersten Reform des Lebensmittelrechts nach dem Kriege nicht mehr erlaubt war, wenn die Früchte unbehandelt waren, ist der Ersatzbegriff „unbehandelt" seit der grundlegenden Neufassung des Lebensmittel- und Bedarfsgegenständegesetzes im Jahre 1974 von fast allen Länderbehörden beanstandet worden. Es wurde die Ansicht vertreten, daß dieser Begriff nur dann verwendet werden darf, wenn nachweisbar überhaupt keine Rückstände vorhanden sind, auch von Stoffen, die die Pflanze außer Pflanzenschutzmitteln aus dem Boden oder aus der Luft aufnimmt. Auch wenn bei den amtlichen Kontrollen oder im Rahmen der von den betroffenen Wirtschaftskreisen unterhaltenen Untersuchungsringe überwiegend keine Rückstände mehr festgestellt werden, ist das Risiko hoch, daß es bei der Verwendung des Begriffes „unbehandelt" zu amtlichen Beanstandungen kommt.
Die aus juristischer Sicht einfachste Lösung wäre, die Nichtbehandlung nicht besonders zu deklarieren. Dieser Vorschlag hat sich in der Praxis bereits weitgehend durchgesetzt, nachdem andere mögliche, juristisch weitgehend unbedenkliche Formulierungen, wie z. B. „keine Behandlung nach der Ernte", insbesondere vom Handel in der Bundesrepublik Deutschland aus verschiedenen Gründen abgelehnt worden sind.
Aus diesem Grunde sei hier empfohlen, den Begriff „unbehandelt" und dergleichen nicht mehr zu verwenden und Zitrusfrüchte ohne Oberflächenbehandlung ohne eine entsprechende Kennzeichnung zu handeln.
Auf keinen Fall sind jedoch Kennzeichnungen wie „giftfrei" oder „chemiefrei" zulässig; denn die Konservierungsstoffe sind – wie gesagt – als unbedenklich vom Gesetzgeber zugelassen. Fruchtfleisch und -saft werden durch diese Behandlung der Schale in ihrem Genuß- und Geschmackswert nicht beeinträchtigt (s. auch Kapitel Rechtsgrundlagen).
Sollen Orangen gelagert werden, so dürften 2-5° C und 80-90 % relative Luftfeuchtigkeit optimal sein. Die dicke Schale und der hohe Säuregehalt der Früchte sind an sich günstige Voraussetzungen für eine gute Haltbarkeit. Trotzdem wird man Orangen nur wenige Wochen halten können. Achtung auf Lager- und Trockenfäule!

Verwendung

Apfelsinen sind in erster Linie Früchte für den Frischverzehr. Die Schale wird mit einem Messer eingeritzt und dann abgezogen. Gern werden die Früchte auch für Obstsalate, Süß-

Tarocco lose im Packstück

speisen, Torten und andere Backwaren, ja sogar zur Dekoration von Fleischgerichten und Geflügelbraten verwendet. Sehr gefragt sind Orangenmarmeladen und -konfitüren sowie Orangensirup. Die dünnschaligen Orangen eignen sich besonders gut zum Auspressen und zur Saftgewinnung. Der Saft wird pur getrunken oder in Mischgetränken serviert, aber auch in Likör- und Essenzfabriken verarbeitet. In ähnlicher Weise findet das in den zahlreichen Öldrüsen der Schale befindliche, angenehm duftende, ätherische Orangen- bzw. Pomeranzenöl in der Likör-, Essenzen- und Süßwarenindustrie, aber auch in der Parfümerie Verwendung (Seifen, Toilettenwasser, Portugal-Kopfwasser usw.). Die geriebene Schale wird als Gewürz zu Kuchen, Gebäck, Süßspeisen und Soßen verwendet. Hierzu sind aber nur unbehandelte Früchte geeignet, meist nur Winterorangen mit kurzen Transportwegen. Eine Besonderheit sind die sog. Arancini; das sind kreisrunde Scheiben von 18-25 mm Durchmesser, die aus der Schale bitterer oder süßer Orangen geschnitten und anschließend kandiert und glasiert werden.

Im übrigen geht man aber sicher nicht fehl in der Annahme, daß es immer schwieriger werden wird, Apfelsinen zu verkaufen, da der Trend beim Verbraucher eindeutig in Richtung Clementinen und andere „Easy Peelers“ geht.

Aprikose *Prunus armeniaca,* Rosaceae

Syn. Marille (Österreich und Ungarn), Barille (Ostschweiz).
Kleine und frühreifende Aprikosen werden auch als Albergen oder Muskateller Aprikosen bezeichnet.

Heimat, Anbau

Heimat der Aprikose ist China und das zum Iran, zur UdSSR und zur Türkei gehörende Hochland zwischen Kaspischem und Schwarzem Meer. Weitaus der größte Teil der Weltproduktion kommt aus den wärmeren Ländern Spanien, Italien, Frankreich, Jugoslawien, Ungarn, Israel (hauptsächlich Dörraprikosen), Kalifornien und – vor allem seit seinem Eintritt als Vollmitglied in die EG – Griechenland. Auch Österreich verfügt in der Wachau und einigen kleineren Gebieten über einen erwähnenswerten Aprikosen (Marillen)anbau.

In Deutschland finden wir einen nennenswerten Anbau nur in Gebieten mit Weinklima, beispielsweise Rheinhessen, im Mainzer Becken um Mombach, an der Bergstraße; und auch hier kommt es infolge von Spätfrostschäden an der frühen Blüte häufig zu Ernteausfällen und erheblichen Ertragsschwankungen.

Die in Übersee, im Iran, in Nord- und Südafrika, in Australien und anderen ferneren Ländern befindlichen Anbaugebiete dienen in erster Linie als Lieferanten von Aprikosen-Konserven, Trockenfrüchten und Pulpe für die Marmeladenherstellung.

Beschreibung

Aprikosen sind die 4-8 cm großen, kugelig bis eirunden Steinfrüchte des Aprikosenbaumes. Ihre rauhe bis samtartige, bei manchen Sorten auch glatte Haut ist hellgelb bis orangegelb, sonnseits oft gerötet. Ein typisches Merkmal der Aprikosenfrucht ist die vom Stiel bis zum Stempelansatzpunkt verlaufende Naht oder Furche, durch die die Frucht in zwei Fruchtbacken geteilt wird.

Das Fruchtfleisch voll ausgereifter Aprikosen ist weiß, gelb oder intensiv orangefarben, saftig und äußerst wohlschmeckend, sofern die Früchte genügend Sonne und Wärme erhalten haben und von einem ertragreichen Boden stammen. Wasserreiche Früchte sind zuckerarm und wenig aromatisch. An Fruchtsäure enthält die Aprikose hauptsächlich Äpfel- und Zitronensäure. Hervorzuheben ist der hohe Gehalt an den Mineralstoffen Calcium, Phosphor und Eisen sowie an Vitamin C. An Karotin (Provitamin A) enthält die Trockenaprikose mehr als kaum eine andere Frucht.

Sorten

In Deutschland angebaute Sorten:
'Heidesheimer Frühe'; Anfang bis Mitte Juli; mittelgroß, rundlich bis oval; Fleisch löst gut vom Stein.
'Mombacher Frühe'; Juli.
'Große wahre Frühaprikose'; Mitte bis Ende Juli; groß, oval; gut steinlösend; guter Geschmack.
'Temperao de Vila Franca'; Juli bis Anfang August.
'Aprikose von Nancy'; Juli bis August; groß, rund; saftreich, fein säuerlich, steinlösend.
'Ungarische Beste'; Juli bis August; mittelgroß, rund; saftig, fein säuerlich, aromatisch, gut steinlösend; platzfest, haltbar, nicht mehlig werdend, transportgünstig.

<u>Sorten des Auslands:</u> Frankreich: 'Luizet', 'Rouge du Roussillon', 'Bergeron', 'Canino', 'Colomber', 'Polonais'. Spanien: 'Currot', 'Buli-

Aprikose

Aprikosen, im Packstück gelegt

das', 'Clases', 'Caninos', 'Mauricia', 'Pavio'. Italien: 'Reale d'Imola', 'Montedoro'. Ungarn: 'Ketschkemeter Rosenmarille', 'Kajsci'. Tschechoslowakei: 'Jitrenka'. Jugoslawien: 'Ketschkemeter Rosza', 'Suboticaer Rose'. Rumänien: 'Mari de Cenard'. Griechenland: 'Tirynthos' (= 'Extrafrühe von Argos'), 'Bebekou', 'Ikaria'. Türkei: 'Haci Haliloglu'. Marokko: 'Mech-Mech'. Algerien: 'Bulida'. Iran: 'Täbris', 'Sharoud' (Sortennamen nach Anbaugebieten). Tunesien: 'Hamidi'. Kalifornien: 'Blenheim', 'Moorpark', 'Tilton', 'Royal', 'Perfection', 'Goldrich'. Außerhalb der europäischen Saison liefern hauptsächlich Südafrika und Chile die Sorten 'Peeka', 'Royal', 'Bulida', 'Supergold', 'Imperial' und 'Empress'.

Verkauf
Frischmarktangebot von Mai bis September, hauptsächlich Importe aus den vorgenannten südlichen Anbauländern. Verpackung in Schalen mit 0,5 kg oder in Steigen zu 7,5-10 kg. Verkauf nach Gewicht. Aprikosenfrüchte können im maschinengekühlten Lager bei 1-0° C etwa 3 Wochen aufbewahrt werden.

Verwendung
Aprikosen sind in erster Linie Frischobst. Verbreitet ist aber auch ihr Verzehr als Kompott, Konfitüre, in Form von Konserven und Trockenobst. Konserviert werden sie als ganze Früchte oder halbiert, jeweils geschält oder ungeschält bzw. mit oder ohne Stein. Beliebt sind die aus Aprikosen hergestellten Aprikosenliköre = Marillenlikör, Aprikosengeist, Apricot Brandy u. a. Selbst Aprikosenpulver (stark hygroskopisch) wird hergestellt und mit Zuckerzusatz gehandelt.
In einigen Ländern wird sogar der im Stein der Frucht befindliche Kern weiterverarbeitet. Nach Verflüchtigung der Blausäure und Zusatz verschiedener Gewürze dienen die Kerne zur Herstellung von Likören und marzipanähnlichen Pasten (Persipan), die in der Feinbäckerei und Süßwarenindustrie als Ersatz für Mandelöl Verwendung finden.

Avocado *Persea americana,* Lauraceae

Syn. Avocadobirne, Avocato, Aguacate, Palta, Alligatorbirne u. a.

Heimat, Anbau

Heimat der Avocado ist das tropische und subtropische Zentralamerika. Heute wird sie in Florida, Kalifornien, Mexiko, Westindien, Brasilien, Südafrika, Kamerun, Kenia und weiteren afrikanischen Staaten, sowie auch in Israel, Spanien, Italien und anderen Mittelmeerländern kultiviert. Israel ist mit seinem „Grünen Gold" der führende Avocadolieferant der europäischen Märkte geworden. Dort rechnet man für Ende der 80er Jahre mit einer Jahresernte von 100 000 t, Verkauf 1987 in der Bundesrepublik: 4350 t.

Beschreibung

Avocado, die Steinfrucht eines 10-20 m hohen Baumes, hat meist die Form einer 10-12 cm langen Birne; doch gibt es daneben auch apfel-, pflaumen- oder gurkenförmige Früchte. Sie sind im Schnitt 200-400 g schwer, in Ausnahmefällen bis zu 2 kg. Ihre Schale ist je nach Sorte dünn, glatt, dick oder rauh, die Farbe hell- oder dunkelgrün oder braunrot bis schwarz. Das weißliche bis grüne Fruchtfleisch ist weich und schmeckt leicht süßlich-nußartig. Es enthält (bis zu 27 %) das dem Olivenöl ähnliche Avocadoöl, welches zur Gewinnung von Speiseöl, aber auch für kosmetische Zwecke verwendet wird. Es ist reich an Kalium, Calcium, Eisen und anderen Mineralien, leicht verdaulichen Pflanzenfetten, Eiweiß und Vitaminen, insbesondere E und denen der B-Gruppe. Die Avocado verfügt also über einen beträchtlichen Nährwert. Das Fruchtfleisch macht etwa 70 % der Gesamtfrucht aus. In ihrem Innern befindet sich ein walnußgroßer, mit einer lederigen Haut umgebener, ungenießbarer Samenkern.

Sorten

Fast 400 Avocado-Sorten soll es geben. Einige der gängigsten sind: 'Fuerte', die dominierende Sorte, ovale Birnenform, rauhschalig, grün (westindischer Typ), September bis Februar; 'Ettinger', oval-birnenförmig, glattschalig, kräftig grün, glänzend, September bis Dezember; 'Nabal', eine Frühjahrs-Avocado, mittelgroß, rund-apfelförmig, mit glatter, dickerer, hellgrüner Schale (guatemaltekischer Typ), Januar bis April; 'Puebla', Haut dünn, lederartig (mexikanischer Typ); 'Pollock' und 'Waldin', großfrüchtig. Die markanteste Sorte ist die meist kleinere, längliche 'Hass' mit narbig-runzeliger, fast lederiger, tiefvioletter bis fast schwarzer Schale; während die unreife 'Hass' noch grün und hart ist, zeigt die dunkle Haut die ideale Eßreife an; grüne 'Hass' muß man daher noch einige Tage nachreifen lassen; Dezember bis Mai. In Israel ist man bemüht, die Avocado das ganze Jahr über dem Markt anbieten zu können, und zwar durch die Aufnahme der neuen Sorten 'Wurtz' und 'Reed'. Mit den bisherigen Sorten 'Fuerte', 'Ettinger', 'Nabal' und 'Hass' war man neun Monate, von Oktober bis Juni, am Markt präsent. Das Sommerloch soll künftig mit der 'Reed' von April bis August/September und mit der 'Wurtz' von März bis Juni geschlossen werden. Die 'Reed' ist rund und gleicht im Aussehen der 'Nabal', die 'Wurtz' ist birnenförmig, grün und außerordentlich wohlschmeckend, ähnlich der 'Hass'. Beide Neuheiten entsprechen mit 200-350 g Fruchtgewicht auch den Anforderungen des deutschen Marktes. Beachtlich ist auch der Anbau in Spanien, an der Costa del Sol und auf den Kanari-

Avocados am Baum

Avocado 'Hass'

schen Inseln. Hauptsorten sind hier: 'Bacon', sehr früh, Oktober; 'Fuerte', Mitte Oktober bis Mitte Januar; 'Hass', spät, beste Qualität, Mitte Dezember bis Mitte Juni. 'Hass' wird bevorzugt angepflanzt, während 'Bacon' stagniert und 'Fuerte' im Anbau zurückgeht. Neue Versuchssorten: 'Naval' und 'Pinkerton'. 1989/90 soll die Produktion 40 000 t betragen.

Verkauf

Noch vor 20-30 Jahren vielbestaunte, weitgehend unbekannte Früchte, werden Avocados heute ganzjährig und in zunehmenden Mengen so selbstverständlich angeboten wie Äpfel und Apfelsinen. Haupteinfuhrmonate: September bis Mai, von der südlichen Halbkugel Mai bis September. Etwa 10 Tage vor der Reife geerntet, lassen sich die verhältnismäßig robusten Früchte gut über eine Woche lang verfrachten. Für solche längeren Transporte werden die dickschaligen Sorten bevorzugt. Transporte, meist mit Containerschiffen, zum geringen Teil – besonders aus Kenia – auf dem Luftweg. Verkauf stückweise. Die Genußreife ist erreicht, wenn die Frucht bei leichtem Fingerdruck nachgibt und man den Stein beim Schütteln der Frucht hört. Die Früchte sind dann bei 10-15° C und 90 % relativer Luftfeuchtigkeit noch gut 8 Tage haltbar. Reifende Früchte produzieren Äthylen.

Verwendung

Die Avocado verdankt ihre Attraktivität ihrem angenehmen Geschmack und zahlreichen Zubereitungsmöglichkeiten. Sie wird überwiegend frisch verzehrt. Hierzu schneidet man die Frucht in der Mitte längs durch und nimmt den großen Samenkern heraus. Aus den beiden Fruchthälften wird das weiche Fruchtfleisch herausgelöffelt und entweder mit Milch, Zucker und Zitronen oder – und das ist ungewöhnlich beim Verzehr von Obstfrüchten – mit Tomaten, Zwiebeln, Pfeffer, Salz und Senf (mexikanischer Salat Guacamolé)

So bereitet man eine Avocado zu: Die Frucht wird mit einem scharfen Messer in der Mitte längs durchgeschnitten.

Der im Innern der Frucht befindliche, etwa walnußgroße, mit einer lederigen Haut umgebene Kern ist ungenießbar und wird entfernt.

Um die Schwarzfärbung der aufgeschnittenen Fruchthälften zu vermeiden, empfiehlt es sich, sie vor dem Anrichten mit Zitronensaft zu beträufeln.

Aus den beiden Fruchthälften wird das weiche Fruchtfleisch herausgelöffelt und mit Milch, Zucker und Zitronen oder – sehr schmackhaft – mit Salz, Pfeffer, Zwiebeln und Senf angemacht.

angemacht. Es gibt viele Variationsmöglichkeiten, da der Geschmack der Frucht ziemlich neutral ist. Auch Brotaufstrich, Soßen und verschiedenartige Salate werden aus Avocados hergestellt. Selbst für Liköre, z. B. den Advokaat-Likör, wird die Frucht verwendet. Die gelegentlich auftretende Schwarzfärbung der aufgeschnittenen Fruchthälften kann man vermeiden, wenn man sie mit Zitronensaft bestreicht. Konserviert werden Avocados nur selten, weil sie dabei viel von ihrem Aroma verlieren.

B

Babaco *Carica pentagona,* Caricaceae

Heimat, Anbau

Eine Frucht der Zukunft, die vielleicht einen ähnlichen Siegeszug wie die Kiwi antreten wird. Ursprünglich in den Andentälern Ecuadors beheimatet, kam sie 1973 nach Neuseeland, wo sie sich als sehr anpassungsfähig an die dortigen Standortbedingungen erwies. Für einen erfolgreichen, erwerbsmäßigen Anbau verlangt die Babaco ein kühles, doch frostfreies, subtropisches Klima, wie es in den Neuseeländer Obstbaugebieten Northland, Auckland und Bay of Plenty herrscht. 1985 wurden die ersten Pflanzungen – mit Pflanzmaterial aus Neuseeland – in Italien errichtet. Das Interesse für diese Frucht ist groß, und die „Neo-Produzenten" sind bemüht, die notwendigen technischen Kenntnisse für diese Kultur zu erwerben. Im Sommer 1987 fand in Ferrara ein „Erstes nationales Babacotreffen" statt.

Beschreibung

Innerhalb eines Jahres entwickelt sich die mit der Papaya verwandte Babaco-Pflanze von einem winzigen Ableger zu einem kleinen, einstämmigen, bis 3 m hohen, problemlos zu kultivierenden Strauch oder Baum. Dieser trägt – etwa 8 Jahre lang – jährlich 25-30 Früchte; bei 3000 Bäumen pro Hektar eine stattliche Ernte von 40-45 t. Die Früchte entwickeln sich ohne Bestäubung. Die einzelne, an einem langen Stiel am Stamm hängende, einer Gurke nicht unähnliche Frucht ist 20-30 cm lang, 12 cm dick, bis 1,5 kg schwer, von fünfeckigem Querschnitt und leuchtend gelber Farbe – eine äußerst attraktive Frucht. Sie ist sehr saftig und schmeckt einzigartig nach einem Gemisch von Erdbeere, Ananas und Papaya. Sie hat keine Kerne und kann samt Schale – ohne Abfall – gegessen werden. Ihr hoher Vitamin C-Gehalt verhindert die Bräunung der angeschnittenen Frucht. Babacos haben aber noch weit mehr zu bieten als ihren angenehmen Geschmack und ihren Vitaminreichtum; sie sind ein anerkanntes Heilmittel. Babacos sind eine Quelle des wertvollen Papains, eines eiweißverdauenden (Fleisch, Fisch, Milch usw.) Ferments, das wegen seiner großen Ähnlichkeit mit Pepsin, dem verdauungsfördernden Ferment des Magensaftes, auch pflanzliches Pepsin genannt wird. Papain ist dem Pepsin physiologisch überlegen, weil es sowohl im sauren als auch im alkalischen und neutralen Reaktionsbereich der Körpersäfte wirkt, während das tierische Pepsin seine Wirkung nur in saurem Milieu ausübt. Papain fördert auch die Umwandlung von Stärke und Zucker in Fruchtzucker und Traubenzucker und entlastet damit die die Verdauungssäfte liefernden Drüsen. Es wirkt neutralisierend bei zuviel Magensäure und weiteren Schwierigkeiten und Störungen der Verdauung. Ein offizinell höchst bemerkenswertes Obst.

Babaco am Strauch

Babacos, lose im Packstück

Verkauf

Babacos wurden erstmalig 1980 auf dem Auckland City Market angeboten und vom Kunden sehr positiv aufgenommen. Es dürfte jedoch noch geraume Zeit vergehen, bis die zur Bedarfsdeckung der europäischen Märkte erforderlichen Mengen zur Verfügung stehen. Neuseeland und Ecuador sind vorerst die Hauptproduzenten.

Zwei Monate vor der Reife haben die Früchte ihre volle Größe erreicht. Die Reife kündigt sich durch die Gelbfärbung der Frucht an, zuerst fleckenweise, dann gleichmäßig die ganze Frucht erfassend. Die beginnende Gelbfärbung ist das Zeichen für den Erntebeginn; die Früchte werden mit Scheren abgeschnitten oder einfach abgerissen. Als erste am Baum reifen die untersten und zugleich auch die schwersten Früchte, gefolgt von den höher hängenden.

Die Ernte in Neuseeland fällt in eine Zeit – Oktober bis Dezember –, in der das Angebot an frischem Obst verhältnismäßig gering ist. Die Babaco ist insofern eine ideale Transportfrucht, als sie eine gute Haltbarkeit besitzt und sowohl zu den billigeren Seetransporttarifen als auch per Luftfracht (im Winter besteht kein Mangel an Laderaum) versandt werden kann. Für den Transport scheinen sich steigenartige Behälter mit 8 Früchten in einer Schicht durchzusetzen; diese dürften für die übliche Handhabung auch schwer genug sein. Die Früchte sind zwar ziemlich fest, trotzdem sollte man vorsichtig mit ihnen umgehen.

Die Haltbarkeit der Frucht ist – wie bereits erwähnt – gut. Sie läßt sich – ein großer Vorteil dieser Frucht – auch ohne Kühlung bis zu 4 Wochen lang lagern. Selbst leicht beschädigte Babaco-Früchte sind noch lange haltbar, weil der Schaden kaum auf gesunde Teile der Frucht übergreift. Nach Wegschneiden der Schadstelle kann man den Rest der Frucht noch ohne Bedenken verzehren. Bei Kühllagerung von etwa 6° C läßt sich die Haltbarkeit sogar noch um einige Zeit verlängern.

Verwendung
Babacos verzehrt man am besten frisch. Die gelbe, d. h. vollreife Frucht wird gewaschen und quer in Scheiben oder längs in Streifen geschnitten; Schälen ist nicht notwendig. Etwas Zucker, ein wenig Honig oder etwas Orangensaft erhöhen noch ihren köstlichen Geschmack. Man ißt die Frucht für sich oder als Teil von Obstsalaten. Babaco-Saft, an Stelle von Apfel- oder Ananassaft, ist ein beliebtes Getränk in führenden Hotels Ecuadors. Die in der Frischfrucht enthaltenen Enzyme tragen dazu bei, das Fleisch zarter zu machen. Auch wird empfohlen, Tomaten auf Pizzas oder in Soßen durch Babacos zu ersetzen. Die Industrie stellt Joghurt, Obstsäfte und Speiseeis mit Babacogeschmack her. Wir haben es also bei der Babaco gewiß mit einer vielversprechenden, zukunftsträchtigen Obstart zu tun.

Balsampflaume *Spondias sp.*, Anacardiaceae

Syn. Süße Balsampflaume = Goldpflaume oder Goldapfel, Ambarella, Rote Balsampflaume = Mombinpflaume oder Otaheite-Apfel, Gelbe Balsampflaume oder Gelbpflaume, Mangopflaume, Tahitipflaume

Heimat, Anbau
Die stattliche Zahl der Synonyme erklärt sich daraus, daß unter „Balsampflaumen“ die Früchte mehrerer botanischer Arten der Gattung *Spondias* unterschiedlicher Herkunft und Verbreitung zusammengefaßt werden. So ist die Süße Balsampflaume, Goldpflaume oder Goldapfel *(Spondias dulcis)* in Polynesien (Gesellschaftsinseln, Fidschi, Samoa) und Madagaskar heimisch, die Rote Balsampflaume, Mombinpflaume oder der Otaheite-Apfel *(S. purpurea)* in Westindien und den Tropen Südamerikas, die Gelbe Balsampflaume oder Gelbpflaume *(S. mombin)* im tropischen Amerika, auf Java und in Westafrika und die Mangopflaume *(S. pinnata)* in Vorderindien, Malakka und Java.

Beschreibung
Balsampflaumen sind Baumfrüchte mit unterschiedlichen Merkmalen.
Süße Balsampflaume: Bis apfelgroß, goldgelb, saftig, aromatisch-säuerlich, manchmal mit leichtem Terpentin-Geschmack.
Rote Balsampflaume: Wie vorige, nur purpurfarbene Schale.
Gelbe Balsampflaume: Pflaumengroß, gelb, herb schmeckend.
Mangopflaume: Der Roten Balsampflaume sehr ähnlich.
In ihrem Innern enthalten Balsampflaumen einen großen, länglichplatten, oft mit feinen, strahlig in das Fruchtfleisch hineinragenden Holzfasern versehenen, harten Kern. Wesentliche Inhaltsstoffe der Frucht: ca. 13 % Gesamtzucker, etwa 50 mg% Vitamin C.

Verkauf
Wegen ihrer schlechten Transportfähigkeit sind Balsampflaumen nur selten auf unseren Märkten zu finden.

Verwendung
In ihrer Heimat dient die Balsampflaume überwiegend dem Frischverzehr, wird aber auch zur Bereitung von Kompotten, Marmeladen, Gelees und Getränken (Sorbet) verwendet. Zum Verzehr wird der Frucht die Haut mit einer dreizinkigen Spezialgabel abgezogen, deren mittlerer Zinken länger ist und in ein Loch des Steins eingreift.

Banane *Musa paradisiaca,* Musaceae

Syn. Adams-, Paradies- oder Pisangfeige

Heimat, Anbau

Die Banane ist eine unserer ältesten Kulturpflanzen, aber erst 1885 nach Europa eingeführt worden. Ihre Heimat ist Asien.
Anbauländer: Süd- und Mittelamerika – Costa Rica, Ecuador, Guatemala, Honduras, Kolumbien, Panama, Nicaragua; Afrika – Elfenbeinküste, Kamerun, Somalia –, Antillen, Kanarische Inseln; Asien – Philippinen, Indien und Thailand. Von allen Früchten vereinigen Bananen das größte Außenhandelsvolumen der Welt auf sich. Sie sind heute auch bei uns zu einem echten Volksnahrungsmittel geworden.
So betrugen die Bananen-Importe in die BRD 1987 678 600 t; das entspricht einem Pro-Kopf-Verbrauch von 11,1 kg. Die Banane ist damit nach dem Apfel des Bundesbürgers beliebteste Frucht.

Beschreibung

Die Bananenpflanze ist eine großblättrige, meist 6-8 m hohe Staude, ein Scheinstamm bestehend aus Blattstielscheiden, sozusagen das „größte Kraut der Erde". Jede Pflanze bildet nach höchstens 9monatigem Wachstum – nur einmal in ihrem Leben – einen großen Blütenstand aus mehreren Reihen rotvioletter Blüten, die sich nach und nach von oben nach unten öffnen. Aus jeder Blütenreihe entwickelt sich eine „Bananenhand", insgesamt 6-19 Hände mit jeweils 10-20 Bananen oder „Fingern" (arab. banan = Finger). Der ganze Fruchtstand, auch Büschel genannt, ist mit 80-150, manchmal auch wesentlich mehr „Fingern" bis 40 kg schwer.
Botanisch sind Bananen Beerenfrüchte. Ihre charakteristische leichte Krümmung entsteht dadurch, daß jede Einzelfrucht anfangs nach unten wächst und sich später hormonbedingt, innerhalb weniger Tage, zuerst nach außen und dann nach oben, negativ geotropisch, dreht. Nach der Ernte stirbt der oberirdische Teil der Pflanze ab; er verrottet zu Kompost oder wird als Viehfutter verwendet. An der Basis der Staude erscheinen kleine Schößlinge, die zur Anzucht neuer Pflanzen verwendet werden können.
Der gesundheitliche Wert der Banane ist außerordentlich hoch einzuschätzen. Er liegt im Gehalt an wichtigen Mineralstoffen wie Phosphor, Eisen, Kalium, Magnesium, Mangan, Kupfer, zahlreichen Vitaminen sowie an Ballaststoffen. Von allen Früchten besitzen Bananen den geringsten Kochsalzgehalt und den höchsten Kaliumgehalt. Sie sind leicht verdaulich, besonders für Kleinkinder, sowie als Roh- und Diätkost geeignet.
Der Handel unterscheidet folgende Bananenarten:

<u>Obstbananen:</u> Sie sind mit Abstand die wichtigste Art und stellen das weitaus größte Kontingent der Bananen-Importe. Die glatte Schale der unreifen Früchte ist grün, die der vollreifen leuchtend gelb. Das Fruchtfleisch ist weich, hell, süßlich mild, mit schwacher angenehmer Säure.
Sorten: Von den rund 400 Sorten wird heute praktisch nur noch ‘Cavendish‘ gepflanzt; sie hat sich als resistent gegen die sog. Panama-Krankheit der Bananenpflanze erwiesen und damit die bis dahin am meisten angebaute Sorte ‘Gros Michel’ abgelöst. Auch andere ältere Sorten wie ‘Poyo‘, ‘Lacatan‘, ‘Valeria‘ spielen heute keine Rolle mehr. Bananen

Bananenpflanze mit mehreren „Bananenhänden"

werden jedoch nicht unter ihren Sortennamen gehandelt, sondern unter den Markenbezeichnungen der großen Fruchthandelsfirmen bzw. -gesellschaften, z. B. Bonita, Chiquita, Delmonte, Dole, Onkel Tuca, 1 x 1 (Scipio), Cobana usw.

Kochbananen: Sie werden auch Mehlbananen, Gemüsebananen, Pferdebananen oder Platanos genannt, sind bei uns noch verhältnismäßig unbekannt, spielen aber in manchen tropischen Ländern die Rolle eines Grundnahrungsmittels ähnlich unserer Kartoffel. Erst in letzter Zeit werden sie auch bei uns – ganzjährig – hauptsächlich aus Costa Rica und Südamerika eingeführt. Die Früchte sind kantiger als die Obstbananen, grün, gelb, rot oder rötlich violett, nahezu doppelt so groß wie Obstbananen und bis 300 g schwer. Für den Frischverzehr ungeeignet, werden sie unreif – und etwas mühsam – von der Schale gelöst, gekocht, als Brei zubereitet oder wie Bratkartoffeln in Scheiben geschnitten und zu „Pommes frites" oder „Chips" verarbeitet; fritiert reicht man sie zum Cocktail. Sie sind mehliger als Kartoffeln und schmecken ähnlich wie diese, jedoch ohne ausgeprägtes Aroma. Sie werden deshalb meist mit Pfeffer und Zitronensaft gewürzt. Man ißt sie zu Fleischspeisen, Fisch und Gemüse oder als Nachtisch. Verkauf nach Gewicht. Aufbewahrung kurzfristig bei 12° C und 95 % relativer Luftfeuchtigkeit.

Rote Bananen: Sie kommen – ebenfalls während des ganzen Jahres – beispielsweise aus Kenia auf dem Luftweg zu uns und besitzen eine rötlich-braune Schale sowie ein schwach gerötetes Fruchtfleisch. Geschmack und Verzehr wie bei Obstbananen.

Apfelbananen: Eine Mutante der Obstbananensorte 'Gros Michel'. Eine kleinfruchtige, nur 8-10 cm lange, etwas säuerlich, entfernt nach Äpfeln schmeckende Art. Auch sie gelangt ganzjährig per Luftfracht aus Kenia und Brasilien zu uns. Ganzjähriges Angebot. Außer als Rohkost wird sie gern zum Garnieren von Fleischplatten und dergleichen verwendet.

Babybananen: Eine – wie es der Name andeutet – auf Kleinfrüchtigkeit gezüchtete Art mit besonders ausgeprägtem, köstlichem Bananengeschmack. Sie wird uns aus Kolumbien (Bocadillo-Banane), Thailand und Malaysia frisch und in Form gezuckerter Konserven geliefert, die speziell zum Flambieren und Zubereiten von Nachtischspeisen verwendet werden.

Verkauf

Bananen läßt man nie an der Pflanze reifen, da sie vollreif rasch mehlig

werden und faulen. Sie werden – auch im Ursprungsland für den Eigenverbrauch – stets grünreif geerntet, wobei die Stauden mit einem Schlagmesser (Machete) umgehauen und die Fruchtstände abgeschnitten werden. Erst wenn durch die Trennung vom Stamm die Nährstoffversorgung aus der Pflanze unterbrochen ist, kann im Fruchtfleisch der biochemische Prozeß der Umwandlung von Stärke in Zucker beginnen. Die Fruchtstände werden in Packstationen nach „Händen" aufgeteilt, gewaschen und mit Mitteln (Natriumbisulfit, Natriumhypochlorid) gegen Fäulnis behandelt. Der Versand erfolgt in Standard-Kartons. Mit Kühlschiffen („Bananenschiffen", „Bananenflotte") werden die Bananen – immer noch grün – zu unseren Nordseehäfen verfrachtet. Damit sie nicht schon auf der 10-12tägigen Reise von den Exportländern Zentral- und Südamerikas zu reifen beginnen, lagern die Bananen in den Schiffen exakt bei einer Temperatur von 13,2° C. Die Endreifung erfolgt in speziellen Bananenreifereien, von denen es etwa 140 im Bundesgebiet gibt, bei Temperaturen zwischen 14,5 und 18° C und dauert 4-8 Tage; der Prozeß wird mit einer mit 0,1 % Äthylen angereicherten Atmosphäre eingeleitet.
Über eine Kette von Klimakammern und Kühlräumen gelangen sie schließlich in die Geschäfte. Bananen sind stets vor Zugluft zu schützen. Die Zeit von der Ernte bis zum Verkauf dauert rund 20-24 Tage. Bei Temperaturen unter 13° C färben sich die Schalen gelblich-grau bis schwarz. Bananen sind keine Lagerware. Man kann sie kurz vor der Eßreife bei 13-15° C und 90 % relativer Luftfeuchtigkeit bis zu 10 Tage aufbewahren, in CA-Lagern (4-5 % Sauerstoff, 5-8 % Kohlendioxyd) bis zu 4 Wochen. Bananen sollte man nicht werfen oder drücken, sie sind druckempfindlich, verlangen also eine sorgfältige Behandlung.
Der Kunde kann unreife, noch grüne Bananen ohne Bedenken kaufen und sie bei Zimmertemperatur – nicht im Kühlschrank – nachreifen lassen. Die Stärke im Fruchtfleisch verwandelt sich in Frucht-, Trauben- und Rohrzucker, es entstehen Fruchtsäuren, die zusammen mit dem Zucker und sich bildenden Aromastoffen den herrlichen Geschmack der Banane ausmachen. Kleine schwarze Flekken auf der gelben Schale zeigen an, daß die Früchte vollreif sind und rasch verzehrt werden sollten; solche Exemplare sind keineswegs minderwertig, werden aber meist etwas preisgünstiger angeboten. Große braune Flecken und Fruchtenden signalisieren Überreife; auch hier ist sofortiger Verzehr angezeigt.
Der Bananenhandel hat eine Methode eingeführt, die es allen im Handel und Verkauf von Bananen Tätigen erlauben soll, eine genaue, einheitliche Bestimmung des Reifegrades vorzunehmen. Es handelt sich um eine Farbskala, die die graduellen Abstufungen der Farbe von Bananenschalen aufzeigt. Die Palette der Farben reicht von Farbe 2 (= grün) bis Farbe 7 (= vollgelb) mit Zuckerflekken. Eine solche Reifegrad-Skala dürfte einer einheitlichen Begriffsregelung recht dienlich sein.
Aus den Obstgeschäften und unserem Speiseplan sind Bananen nicht mehr wegzudenken. Sie sind das ganze Jahr über erhältlich, und zwar zu einem wohlfeilen und im großen und ganzen seit langem gleichbleibenden Preis. Der Verkauf erfolgt nach Gewicht.

Verwendung

Bananen sind eine außerordentlich vielseitig verwendbare Frucht. Der Großteil der weltweit gehandelten

Bananen, fleckenlose, völlig einwandfreie Früchte

Die dunklen Flecken zeigen Vollreife, aber keine geringere Qualität an

Ernte wird roh verzehrt, es gibt aber auch zahllose Möglichkeiten der Verarbeitung zu pikanten Salaten der verschiedensten Art, zu Speiseeis, Püree (Bananenmash), für die Verwendung als Beilage zu Braten und anderen würzigen Fleischspeisen, zu Geflügel, Currygerichten u. v. a. m. Es sei auf die einschlägigen Rezeptbücher verwiesen. In den Erzeugerländern werden Bananen verarbeitet: zu Wein, Branntwein, Likör (unter Mitverwendung der Schalen), Trokkenprodukten wie Mehl, Stärke, Pulver, Flocken und Chips (Ecuador, Brasilien) sowie zu Trockenbananen, sog. Bananenfeigen. Letztere, äußerst schmackhaft und mit einem ausgeprägten Bananenaroma, wirken beruhigend bei Magen- und Darmstörungen und gelten als wertvolle Diät- und Aufbaukost.

Baumtomate *Cyphomandra betacea,* Solanaceae

Syn. Tamarillo

Heimat, Anbau

Die Heimat der Baumtomate sind die Anden in Peru. Angebaut wird sie in Neuseeland, Brasilien, Ecuador, Kolumbien, Kenia, Kalifornien, Sri Lanka, Indien, auf Java und Madeira; sie verlangt aber kein Tropenklima.

Beschreibung

Die Baumtomate gehört zur Familie der Nachtschattengewächse, ist also eine nahe Verwandte unserer Tomate und Kartoffel. Sie ist die Beerenfrucht eines immergrünen, schnellwüchsigen, baumartig wachsenden, bis zu 6 m hohen Strauches, der schon nach 1-2 Jahren Frucht trägt, und dies 5-7 Jahre lang. Die Baumtomaten hängen an sehr langen, dünnen Stielen in Trauben zu 2-3 und mehr Früchten und sind daher bequem zu ernten. Sie sind bis

Baumtomate, es gibt aber auch gelbe und gelbrote Typen

Der Längsschnitt zeigt das geleeartige, kernreiche Fruchtfleisch

9 cm lang, länglich-eiförmig, an beiden Enden zugespitzt und wiegen 70-80 g. Die dünne, glatte Schale ist bei voller Reife orange- bis braunrot, doch gibt es auch gelbe und gelbrote Typen. Das Fruchtfleisch, ebenfalls gelb oder rot, ist am Rande fest und zur Mitte hin weich; es enthält das geleeartige Kerngebilde mit zahlreichen eßbaren, dunklen, weichen Samenkernchen. Es schmeckt angenehm herbsüß, etwas streng aromatisch, entfernt tomatenartig. Bemerkenswert hoch, ca. 25-30 mg%, ist der Gehalt an Vitamin C, ebenso an Provitamin A sowie an Eisen, Calcium, Magnesium und Phosphor.

Sorten

Ende des Ersten Weltkrieges wurde in Neuseeland die erste rote Sorte, die 'New Black', entwickelt. In den letzten Jahren ist von einem Anbauer in Ecuador ein wertvoller gelbfrüchtiger Typ ausgelesen worden, die 'Inca Gold Tamarillo', der jetzt auch in Neuseeland angebaut wird. Die Früchte dieser Sorte zeichnen sich durch kleinere und weichere Samenkerne, besonders süßen Geschmack und vorzügliche Eignung für die Konservenherstellung aus.

Verkauf

Baumtomaten kommen in kleineren Mengen während des ganzen Jahres auf unsere Märkte, von Oktober bis April aus Brasilien und Kolumbien, von Dezember bis April aus Kenia und von April bis Oktober aus Neuseeland. Konserven, und zwar ganze, geschälte und gezuckerte Früchte in Dosen, liefert uns hauptsächlich Neuseeland. Sie sind gut transport- und lagerfähig und können nach ihrer Ankunft bei etwa 3-7° C und 85-95 % relativer Luftfeuchtigkeit noch gut 1 Woche aufbewahrt werden, bei höheren Temperaturen entsprechend kürzere Zeit. Deshalb kurzfristig verkaufen!

Verwendung

Die Früchte haben, besonders im Anschnitt, Ähnlichkeit mit Tomaten und werden auch ähnlich wie diese ver-

Baumtomaten, in regelmäßiger Lage gepackt

wendet. Zum Rohgenuß werden sie gewaschen, geschält, längs durchgeschnitten, je nach Geschmack mit Zucker oder Salz bestreut und ausgelöffelt. Man gibt sie in Obst-, Fleisch-, Fisch- und Geflügelsalate, man reicht sie roh als Beilage zu kalten Platten, zu Käse oder einfach zum Butterbrot. Der leichte Bittergeschmack läßt sich durch Brühen und Schälen sowie mit Zucker mildern. Man kann die Früchte auch kochen, zu Soßen, Marmelade, Gelee und Saft verarbeiten oder sauer einlegen. Wenn Baumtomaten bei uns weniger Anklang finden, so liegt es wahrscheinlich daran, daß sie unreif geerntet werden. Ein weiterer Grund ist sicher, daß die Tamarillo in bezug auf Form, Farbe, Zucker:Säureverhältnis und andere Eigenschaften sehr unbeständig und variabel ist, so daß man den Importeuren kaum Garantien für bestimmte, gleichbleibende Qualitäten geben kann.

Berberitze *Berberis vulgaris,* Berberidaceae

Syn. Sauerdorn, Essigdorn

In Anlagen und Gärten als Zierstrauch angepflanzter, dorniger Strauch mit gelben Blüten und in Trauben hängenden, länglichen, roten, sauer schmeckenden Beeren. Diese sind für den Rohgenuß ungeeignet, man verarbeitet sie zu Marmelade, Berberitzenlikör und Berberitzengeist. Der Saft der Beeren wird auch zum Mischen mit anderen Fruchtsäften und zum Auffärben von Apfelmus und Fruchtgelees verwendet. In Wasser gekocht, passiert und gezuckert sollen Berberitzen Halsentzündungen mildern.

Berberitze

Bergamotte *Citrus aurantium* ssp. *bergamia,* Rutaceae

Syn. Bergamotten-Zitronenbaum

Heimat, Anbau

Der Name „Bergamotte" leitet sich von der spanischen Stadt Berga ab, wohin Kolumbus die Frucht von den Kanarischen Inseln mitbrachte, die als ihre Heimat gelten. Die Bergamotte ist eine Kreuzung aus Limette und Bitterorange, gehört somit zu den Zitrusfrüchten. Angebaut wird sie hauptsächlich in Süditalien (Kalabrien, Sizilien), an der Elfenbeinküste, in Brasilien und Westindien.

Beschreibung

Die Bergamotte – botanisch eine Beere – ist die Frucht eines immergrünen Baumes. Sie ähnelt einer Zitrone, ist aber birnenförmig, oft mit einem kleinen Nabel, goldgelb. Das Fruchtfleisch schmeckt sauer.

Verwendung

Nicht für den Frischverzehr geeignet. Aus den Schalen nahezu reifer Bergamotten gewinnt man durch Auspressen das angenehm duftende ätherische Bergamotteöl, das zur Herstellung von Likören (Bergamottlikör), zur Aromatisierung von Getränken und Süßwaren, zum Parfümieren von Teesorten und Tabak, überwiegend aber in der Parfümerie (Eau de Cologne, Haarwasser) verwendet wird.

Birne *Pyrus communis,* Rosaceae

Heimat, Anbau

Die Birne, eine uralte Obstart, ist schon 3500-2000 v. Chr. im Neolithikum und in der Bronzezeit nachgewiesen (Pfahlbauten am Mondsee/Schweiz, Unteruhldingen am Bodensee und an anderen Orten). Ihr Ursprung liegt im Kaukasus, in Transkaukasien und Anatolien. Heute werden Birnen weltweit angebaut. Hauptanbauländer sind:
Frankreich, Italien, Belgien, Holland, Österreich, Deutschland, Chile, Argentinien, Südafrika, USA, China. Bei uns allerdings tritt der Birnen- gegenüber dem Apfelanbau an Bedeutung zurück. Die Hauptgründe sind unser für die meisten Birnensorten keineswegs optimales Klima, die kurze Genußreifezeit und die verhältnismäßig begrenzte Lagerfähigkeit. Nur etwa jede dritte bis vierte gekaufte Birne stammt aus dem heimischen Erwerbsanbau.

Beschreibung

Auch die Früchte des Birnbaumes sind jedermann bekannt. Sie besitzen einen hohen ernährungsphysiologischen Wert. Bemerkenswert ist der verhältnismäßig geringe Gehalt an Fruchtsäuren, der den süßen Geschmack vieler Birnensorten bedingt. Von den Mineralstoffen verdient Kali wegen seiner entwässernden Wirkung hervorgehoben zu werden. Birnen machen nicht dick, wie gelegentlich zu hören ist, sondern tragen zur Gewichtsabnahme bei. Verhältnismäßig hoch ist auch der Gehalt am Wachstum-Vitamin B_2 (Lactoflavin). Manchmal im Fruchtfleisch auftretende, sandkorngroße Steinzellen oder ganze Steinzellennester sind meist Zeichen des noch nicht abgeschlossenen Reifeprozesses oder auch eine Sorteneigentümlichkeit ('Bosc's Flaschenbirne', 'Alexander Lukas').

Rote Williams Christ

Bosc's Flaschenbirne

Abate Fetel

Dr. Jules Guyot

Sorten
Wie bei den Äpfeln ist die Zahl der Birnensorten schier unübersehbar. Ständig entstehen neue Varietäten, teils durch mutative Veränderungen, teils durch systematische Züchtung.

In der nachstehenden Tabelle beschränken wir uns – wie bei den Äpfeln – auf die Nennung jener Sorten, die in der „ZMP-Bilanz 86/87 Obst" als die auf den deutschen Großmärkten gehandelten aufgeführt sind.

Die wichtigsten Birnensorten auf dem deutschen Obstmarkt 1986/87

Sorte	Eigenschaften	Hauptlieferländer und Angebotszeiten (Wochen des Jahres)
Clapps Liebling	Hell- bis gelblich grün, rot gestreift oder marmoriert, etwas beulig. Fein gewürzte Tafelbirne	Inland (34-42)
Gute Luise	Grün bis gelbgrün, verwaschen und gestreift gerötet, sehr feiner charakteristischer Geschmack	Inland (48-48) Niederlande (35-52) Italien (36-50)
Dr. Jules Guyot (= Limonera)	Hellgrün bis gelb, zimtfarbige Punkte oder berostet, Geschmack angenehm würzig. Transportfest	Frankreich (29-37) Italien (30-35) Spanien (28-34)
Williams Christ (= Bartlett = = Bon Chretien) und Rote Williams	Gelb, mitunter etwas matt gerötet, schmelzend-saftig, edel. Sehr gute Tafel- und Wirtschaftsfrucht	Inland (32-45) Italien (32-46) Frankreich (32-47) Südafrika (7-18)
Anjou	Gelblichgrün, sonnenseits teilweise gerötet, guter Geschmack	USA (4-9)
Abate Fetel	Gelbgrün bis gelb, flaschenförmig, berostet, schmelzend, mildes Aroma	Italien (1-14 und 37-52)
Kaiser Alexander (= Bosc's Flaschenbirne)	Hellgrün, fast gänzlich zimtfarbig berostet. Ausgezeichnete Tafel-, gute Wirtschaftsfrucht	Italien (1-17 und 37-52)
Köstliche von Charneux (= Légipont)	Gelb, schwach streifig gerötet, saftig, süß, gewürzt. Gute Tafel- und Wirtschaftsbirne	Inland (40-52) Niederlande (40-52)
Conference	Grün, rauh, stark berostet. Sehr gute Tafel- und Wirtschaftsfrucht	Inland (40-43)
Gellerts Butterbirne (= Beurrée Hardy)	Gelblichgrün, stark berostet, schmelzend köstlich. Sehr gute Tafel- und Wirtschaftsfrucht	Inland (37-45) Niederlande (37-52) Südafrika (11-22)
Alexander Lukas	Gelb, glänzend, sonnenseits gerötet. Sehr gute Winter-Tafelbirne	Inland (1-4 und 41-52)

Die wichtigsten Birnensorten auf dem deutschen Obstmarkt 1986/87

Sorte	Eigenschaften	Hauptlieferländer und Angebotszeiten (Wochen des Jahres)
Santa Maria	Grünlichgelb mit rötlicher Sonnenseite, süßsäuerlich, fein gewürzt. Sehr gute Spätsommerbirne	Italien (32-46)
Packhams Triumph	Ähnlich der Williams Christbirne, aber mehr knollig. Sehr gute Tafelfrucht	Südafrika (14-32) Chile (11-43) Argentinien (14-31) Australien (20-39)
Passa Crassana	Graugrün bis grünlichgelb, strahlenförmig leicht gerötet, hartschalig, zahlreiche Rostflecken, schmelzend-weinsäuerlich. Die „Königin der Winterbirnen"	Italien (1-18 und 45-52)

Außer den in der Tabelle genannten gibt es auch bei dieser Obstart noch eine größere Zahl weiterer, durchaus marktfähiger Sorten, die gelegentlich im Handel auftauchen. Erwähnt seien die 'Frühe von Trévoux', 'Bunte Julibirne', 'Triumph von Vienne', 'Vereinsdechantsbirne' = 'Comice', 'Gräfin von Paris', 'Durondeau' (Belgien), 'Buttira Giffard' und 'Gentile' (Italien), 'Forelle' (neue südafrikanische Sorte) u. a. Auch die Zahl der Lieferländer könnte über die genannten hinaus unschwer um einige weitere erhöht werden.
Eine nur bescheidene Rolle auf dem Markt spielen die Mostbirnen. Bekannte Sorten sind z. B. die im Bodenseegebiet verbreiteten 'Gelbmöstler' und 'Schweizer Wasserbirne'. Auftretende Marktlücken werden hauptsächlich durch Importe aus der Schweiz geschlossen ('Weinbirne', 'Rotbärtler' u. a.)

Verkauf

Wie beim Apfel ermöglichen uns die Einfuhren aus Übersee und von der südlichen Halbkugel (USA, Argentinien, Südafrika, Australien usw.), Birnen während des ganzen Jahres anzubieten. Der Verkauf erfolgt – wie bei Äpfeln – in der Regel lose nach Gewicht oder in vorverpackter Form.

Verwendung

Birnen werden überwiegend roh verzehrt, doch größere Bedeutung als beim Apfel hat die Verwendung geeigneter Sorten zur Herstellung von Naßkonserven, Kompott, Dörrobst, vergorenen Säften (Most) sowie vor allem zum Brennen von sortenreinem Obstwasser; die für diesen Zweck besonders geschätzte Sorte ist 'Williams Christ'. Der Williams-Birnen-Brand aus reifen Früchten wird zu den Edel-Obstbranntweinen gezählt.

Boysenbeere *Rubus loganobaccus,* Rosaceae

Eine in den USA in mehreren Sorten angebaute Beerenobstart (Boysenberry), entstanden aus einer Rückkreuzung von Loganbeere × Himbeere und Brombeere. Reife ab Ende Juli. 1937 auch in Neuseeland eingeführt. Dortiger Eigenverbrauch ca. 1500 t/Jahr, daneben schon 2500-3000 t jährlicher Export. Ernte in Neuseeland um den 10. Dezember, 5-6 Wochen lang. Beeren sehr groß (3 cm), purpurschwarz, weinsäuerlich, fein gewürzt. Frucht ist transportempfindlich und wird nur selten auf unseren Märkten angeboten. Die deutsche Fruchtindustrie ist an der Boysenbeere durchaus interessiert. Die keineswegs unerheblichen Importe aus den USA und Neuseeland werden bei uns in Fruchtjoghurt und ähnlichen Produkten verarbeitet.

Weitere Hybriden gleichen Ursprungs (Loganbeere × Himbeere oder Brombeere) und mit im wesentlichen gleichen Eigenschaften sind die in diesem Buch nicht näher behandelten Laxton-, Marion- und Youngbeeren.

Brombeere *Rubus spec.,* Rosaceae

Syn. Bramen, Brummelbeere, Kratzbeere, Krotzbeere u. a.

Heimat und Anbau

Ursprüngliche Heimat sind die Wälder Eurasiens und Nordamerikas. Heute weitverbreitet als Wild- und Kulturpflanze auf der nördlichen Halbkugel in Europa, Asien, Nord- und Südamerika. Anbau in Deutschland hauptsächlich in Baden-Württemberg, Rheinland-Pfalz, Hessen, Nordrhein-Westfalen.

Beschreibung

An der Entstehung unserer Kulturbrombeere sind wenigstens 16 verschiedene Rubus-Arten (species) beteiligt. Brombeeren sind 1,5-2 m hohe Halbsträucher, die ab Mitte Mai bis August blühen und von Juli bis zu den ersten Frösten Früchte tragen. Die Ursprungsformen und die älteren Sorten sind stark bedornt (botanisch Stacheln), die neueren Sorten fast durchweg dornenlos. Die ca. 2 cm großen Beeren sind Sammelfrüchte, d. h. sie bestehen aus zahlreichen kleinen, zusammenhängenden Steinfrüchtchen auf einem zapfenförmigen Fruchtboden. Sie sind dunkelrot, schwarzviolett bis schwarz glänzend und sehr saftig. Geschmack: süß-säuerlich, aromatisch. Brombeeren besitzen einen hohen gesundheitlichen Wert. Hervorzuheben ist ihr außergewöhnlich hoher Gehalt an Provitamin A (Karotin), der sie unter den Beerenfrüchten zum stärksten Provitamin A-Spender macht.

Sorten

Die auf dem Markt angebotenen Beeren stammen vielfach aus Wildvorkommen in Wäldern, z. B. des Bayerischen Waldes, der Oberpfalz, der ČSSR und einiger Balkanländer. Sie werden dort zum großen Teil gewerblich gesammelt. In manchen Ländern (z. B. Jugoslawien) besteht eine vorbildliche, zentrale Erfassung der verderblichen Frischware, z. T. mit genossenschaftlichem Kühlhausnetz. Wildbeeren sind meist klein bis mittelgroß, aber aromati-

Brombeeren

scher als die nachfolgend genannten Kultursorten:
'Wilsons Frühe': Ab Ende Juli. Beeren klein bis mittelgroß, länglich oval, glänzend schwarz, süßlich, ohne besonderes Aroma.
'Theodor Reimers' (= 'Sandbrombeere' oder 'Himalaja'): Anfang August. Alte Sorte – 1890 aus den USA eingeführt. Beeren mittelgroß bis groß, rundlich, glänzend schwarz, saftig, sehr süß und aromatisch; gut für Verarbeitung.
'Black Satin': Ab August. Groß; glänzend schwarz; saftig; ausgeprägtes Brombeer-Aroma.
'Thornless Evergreen': Ab Mitte August. Groß, stumpf, kegelförmig; fest; hauptsächlich für Rohgenuß.
'Thornfree': Ab Ende August. Groß bis sehr groß, rundlich bis kegelförmig.

Verkauf

Verkaufszeit August bis Oktober. Brombeeren sind sehr vergängliche Früchte, vertragen keine weiten Transporte und sind – mit Sortenunterschieden – nicht lange haltbar; gekühlt – bei 0-2° C und 90 % relativer Luftfeuchtigkeit – maximal 1 Woche. Trotz dieser Nachteile werden beachtliche Mengen importiert. Verpackung und Verkauf in Pfundschalen, Körben und Steigen.

Verwendung

Brombeeren sind eine Köstlichkeit für den Rohgenuß, ergeben aber auch wohlschmeckende Kompotte, Marmeladen, Konfitüren, Gelees, Sirup, Eis, Tortenbeläge, einen überaus delikaten Süßmost, Dessertwein, Likör („Kroatzbeere") und Brombeergeist. Sie sind gut geeignet zum Tiefkühlen und ein wertvoller Bestandteil des Rumtopfes. Wichtig für jede Art der Verwendung ist, daß die Beeren voll ausgereift sind, denn erst dann erreichen sie ihren Höchstgehalt an wertvollen Inhaltsstoffen und ihr volles, einmaliges Aroma.

C

Cashewkerne *Anacardium occidentale,* Anacardiaceae

Syn. Kaschu-, Acajou-, Abaschu-, Anarcadiuskerne, Elefantenlaus (Indien), Kernel u.a.

Heimat, Anbau

Ihre Heimat ist in Westindien und Südamerika. Anbauländer sind Süd- und Zentralamerika, Mexiko, Westindische Inseln, Kenia, Tansania, Moçambique, das Kongogebiet, Ägypten, Brasilien, Indien.

Beschreibung

Die Cashewnuß wächst auf dem bis 10 m hohen Cashewbaum. Dessen „Frucht", der Cashewapfel, ist nichts anderes als der bis 9 cm lange, birnenförmig verdickte, weiche, gelbglänzende oder rote, fleischige Fruchtstiel der eigentlichen Frucht, der Cashewnuß. Der Cashewapfel ist nicht versand- und lagerfähig, wird aber in seiner Heimat als Obst verzehrt. Aus seinem hellgelben, saftigen, fruchtig-herb schmeckenden Fleisch wird eine köstliche Marmelade bereitet, und auch in der Getränkeindustrie wird es verarbeitet (Pulpe, Caju-Saft, Wein). Die eigentliche Frucht ist die 2-2,5 cm lange, nierenförmige, gelblich-rötliche Cashewnuß, die unten aus dem Cashewapfel herauswächst. Sie hat eine harte, ungenießbare Schale mit einem hohen Anteil von giftigem CNSL = **C**ashew **N**ut **S**hell **L**iquid, das in der Lack- und Bremsbelagindustrie Verwendung findet. Die Nuß beherbergt einen ölhaltigen Samen, den Cashewkern, der reich an Mineralstoffen und Vitamin E ist. Um sie schälen zu können, muß sie geröstet, d. h. an der Sonne oder in Heißluft getrocknet werden. Die Kerne schmecken etwas süßlich, mandel- oder haselnußartig aromatisch. Sie enthalten Calcium, Phosphor, Kalium, das Provitamin A, die Vitamine B_1, B_2 und E.

Verkauf

Cashewkerne, importiert aus mehreren der oben genannten Anbauländer, werden wie folgt gehandelt:

1. Nach Größe: White Wholes (ganze unversehrte Kerne), Butts (Kerne mit abgebrochenen Spitzen), Splits (längs gespaltene Kerne), Pieces (Stücke) und Small Pieces (kleine Stücke).

2. Nach Farbe und Qualität: White (weiß), Scorched (gelb-grau) und Dessert (bräunlich und fleckig).

Handelswert besitzen nur die jeweils ersten Klassen. Angeboten werden sie ganzjährig in Vakuumdosen oder -hüllen als Kleinabfüllungen, gemischt mit Haselnüssen, fein gerösteten und gesalzenen Mandeln und anderen Knabberartikeln.

Verwendung

Cashewkerne stellen eine delikate Nuß-Spezialität zu Bier, Wein und als Dekor-Frucht dar. Besonderer Beliebtheit erfreuen sie sich in den an-

Cashewkerne

Cashewapfel

gelsächsischen Ländern. Man verwendet sie für Müsli, Obst-, Geflügel- und andere Salate, für Soßen, Desserts und Fleischfüllungen. Wie Mandeln und Haselnüsse werden sie in der Süßwaren-, Schokoladen- und Backwarenindustrie verarbeitet. Aus dem angenehm schmeckenden Acajouöl wird ein schmackhaftes Speiseöl hergestellt. Auch Cashewnußbutter ist ein geschätztes Verarbeitungsprodukt.

Cherimoya → *Annone*

Chinois *Citrus aurantium* var. *myrtifolia,* Rutaceae

Syn. Chinotto

Heimat, Anbau
Beheimatet ist diese kleinfrüchtige Bitter- oder Zwergorange in China. Erwerbsmäßig angebaut wird sie an der Riviera, im italienischen Ligurien. Geringerer Anbau in Kalabrien, auf Sizilien und in Algerien.

Beschreibung
Die auf immergrünen Bäumen wachsenden Chinois haben reif eine rötlich-gelbe Schale, gelbliches Fruchtfleisch und schmecken säuerlich bis bitter.

Sorten
Die beiden Hauptsorten sind 'Mirtifolia' und 'Bigaradia'.

Verkauf
Erntezeit für italienische Chinois ist der September, Algerien bietet sie schon im Januar und Februar an.

Verwendung
Die Chinois gehen überwiegend in die industrielle Verarbeitung. Die noch grünen Früchte werden in Meerwasser aufbewahrt. Der Saft der Chinois dient der Herstellung von Erfrischungsgetränken, speziell dem Chinotto, sowie von Likör, z. T. auch als Beigabe zum Maraschino. Überzuckerte kleine Chinois dieser Bitterorange ergeben kandierte Früchte. Aus der Fruchtschale wird China- bzw. Chinotto-Öl gewonnen.

Clausellina

Man findet auch die Schreibweise Clauselina. Eine frühe Zitrusfrucht, vermutlich eine Kreuzung von Clementine und Satsuma. Frucht platt, hellorange. Fruchtfleisch saftig, geschmacklich weniger ansprechend als die Satsuma. Lieferungen im Oktober aus Spanien.

Clementine

Heimat, Anbau
Anfang dieses Jahrhunderts im Garten des Paters Pierre Clement bei Oran/Algerien entdeckt. Zufallsbastard, vermutlich aus Mandarine × Pomeranze, nach anderer Version von Tangerinen abstammend. Anbauländer: die Mittelmeerländer Algerien, Ägypten, Marokko, Spanien, Italien, Frankreich (Korsika), neuerdings auch Südafrika und Uruguay.

Beschreibung
Clementinen, botanisch Strauchbeerenfrüchte, sind klein bis mittelgroß, abgeflacht oder länglich-bauchig, mitunter mit kleinem Höcker oder Nacken. Ihre mitteldicke Schale ist glatt, glänzend, intensiv orange bis rötlich und ein wenig schwerer vom Fruchtfleisch lösbar als bei der Mandarine. Die geschälte Frucht läßt sich ebenso wie eine Mandarine leicht in die Fruchtfächer zerlegen. Das Fruchtfleisch enthält keine oder nur einige wenige Kerne, die man tolerieren muß. Es ist dunkelorange, sehr saftig und dank eines ausgewogenen Zucker:Säure-Verhältnisses angenehm süß und aromatisch. Clementinen enthalten mehr Zucker und weniger Säure als Mandarinen. Sie verbreiten einen angenehmen, arteigenen ätherischen Ölduft.

Sorten
Von den zahlreichen Clementinen-Sorten seien hier genannt:
Spanien: 'Clementine Nules' (benannt nach einem Ort bei Castellón), 'Oroval' (aus dem Valencia-Distrikt) sowie die Neuheiten 'Marisol', 'Oronules', 'Hernandina' und 'Clemenvilla'.
Ägypten: Hier ist die marktbeherrschende Sorte 'Yusef Effendi' (kernreich).
Die mitunter als Clementinen bezeichneten Sorten 'Fortuna' und 'Michal' sind keine Clementinen, sondern aus Kreuzungen von Clementine und Tangerine entstanden. 'Fortuna' ist eine wertvolle Spätsorte, die 'Michal' besitzt eine attraktive feuerrote Schale.
Nach den EG-Qualitätsnormen müssen Clementinen hinsichtlich der Art des Erzeugnisses wie folgt gekennzeichnet werden:

„Clementinen ohne Kerne“
„Clementinen (1-10 Kerne)
entweder „Clementinen Monreales“ oder „Clementinen mit Kernen“ (mehr als 10 Kerne).

Der Handel und die Verbraucher legen großen Wert darauf, daß Clementinen entweder kernlos oder nur einige wenige Kerne haben. Diese praktische Kernlosigkeit ist ein wichtiges bestimmendes Merkmal.
In der Regel sind Clementinen kernlos oder haben einige wenige Kerne. Da eine absolute Kernlosigkeit nicht in jedem Falle gegeben ist, hat sich die Kennzeichnung „Clementinen“ in

Clementine

der Praxis allgemein durchgesetzt. Für Clementinen mit vielen Kernen, also solche mit „mehr als 10 Kernen“, hat sich in der Produktion, im Handel und beim Verbraucher der Begriff „Monreales“ verselbständigt. Monreales werden deshalb in diesem Buch als besondere Zitrusart behandelt. Ihr Marktwert ist wegen des Kernreichtums nur gering.

Verkauf
Der Markt bietet Clementinen – etwas früher als Mandarinen – von November bis Februar an. Sortierung, Verkauf und Lagerung (bis 5 Wochen) wie Mandarinen.
Im übrigen dürfen Clementinen auch mit Blatt und Stiel verkauft werden. Die Sachverständigen für Obst und Gemüse bei der EG-Kommission haben sich auf folgende Formulierung geeinigt: „Die Packstücke müssen frei von Fremdkörpern sein, außer einem mit der Frucht verbundenen kurzen Zweig mit frischen grünen Blättern“. Demnach sind Zitrusfrüchte mit Blättern keine sog. Sonderaufmachung, die mit einem Bußgeld geahndet werden kann. Im Gegenteil, Clementinen mit grünen Blättern deuten auf Frische hin und werden erfahrungsgemäß besonders gern gekauft.

Verwendung
Clementinen werden fast ausschließlich frisch verzehrt. Im übrigen wie Mandarinen.

Coronilla *Psidium acutangulum,* Myrtaceae

Heimat und Anbau
Die Coronilla ist eine in Kolumbien heimische Frucht und wird auch nur dort in nennenswertem Umfang angebaut.

Beschreibung
Eine mit der Guave *(Psidium guajaba)* verwandte, bei uns noch wenig bekannte Obstart. Die Frucht mißt etwa 8 cm in der Länge und 6 cm im Durchmesser. Sie ist blaßgelb bis grünlich und besitzt ein halbweiches, gelbliches Fruchtfleisch mit gleichmäßig in der Fruchtmitte verteilten Samen. Der Geschmack übertrifft den der Guave und kann als wohlgelungene Mischung köstlicher exotischer Fruchtaromen bezeichnet werden. Besonders hervorzuheben ist der sehr hohe Vitamin C-Gehalt der Coronilla.

Verkauf
Bisher kommen Coronillas zu uns ausschließlich aus Kolumbien, und zwar während des ganzen Jahres per Luftfracht.

Verwendung
Coronillas sind in erster Linie Frischobst. Zur Saftgewinnung und für Desserts kann man die Frucht pürieren und durch ein Sieb streichen.

Cranberry *Vaccinium macrocarpon,* Ericaceae

(Mehrzahl: Cranberries). Syn. Amerikanische Moosbeere

Heimat und Anbau

„Cranberry" bedeutet Kranichbeere (engl. crane = Kranich), weil die Beeren angeblich von Kranichen gefressen werden. Nach einer anderen Version leitet sich der Name vom Aussehen der Blütenknospe ab; Blütenstiel, Kelch und Blütenblätter erinnern an den schlanken Hals, den Kopf und den Schnabel eines Kranichs. Aus „craneberry" wurde im Laufe der Zeit „cranberry".

Heimat und natürliches Verbreitungsgebiet sind die Nordost-Staaten des amerikanischen Kontinents und Kanada. Heutige Hauptanbaugebiete sind die Staaten Massachusetts und New Jersey. In Deutschland gibt es erste Anbauversuche in Süddeutschland und in der Lüneburger Heide.

Beschreibung

Es besteht eine enge botanische Verwandtschaft mit der bei uns heimischen, wildwachsenden Preiselbeere *(V. vitisidaea)* und große Ähnlichkeit mit der ebenfalls bei uns wild vorkommenden Moosbeere *(V. oxycoccus).* Die Ähnlichkeit beruht vor allem auf der roten Fruchtfarbe, dem angenehmen säuerlichen Geschmack sowie der vielfältigen Art der Verwendung dieser Frucht. Deutlich sind die Größenunterschiede: Am kleinsten sind die Preiselbeeren, etwas größer die Moosbeeren und noch größer die Cranberries.

Cranberry-Pflanzen sind kleine, am Boden rankende, immergrüne Halbsträucher, die hundert Jahre und älter werden können und jährlich Früchte tragen. Es sind Halbsumpfpflanzen, d. h., sie brauchen feuchte Standorte; die Pflanzungen werden sogar mehrmals im Laufe des Jahres – zur Naßernte und zur Überwinterung (eingefroren) – geflutet. Anbautechnisch eine interessante Kultur.

Die Beeren sind im Schnitt 20 mm lang und 15 mm breit, je nach Sorte, rund, oval, glocken- oder birnenförmig. Beim Reifen der Frucht, im September/Oktober, wechselt die Farbe zunächst von hellgrün zu weißlichgrün, dann zu rosa und schließlich zu rot. Mit fortschreitender Reife färbt sich auch das feste Fruchtfleisch rötlich, bei einigen Sorten sogar so tiefrot, daß die Beeren fast schwarz erscheinen. Das Fruchtfleisch enthält in 4 Samenkammern eine große Zahl kleiner brauner Samen. Von den Inhaltsstoffen der Beeren verdient besondere Erwähnung das Vitamin C, die Ascorbinsäure. In der Literatur werden Gehalte bis über 38 mg% angegeben. Der Wert der Beeren als Mittel gegen Skorbut war auch schon lange vor Entdeckung der Ascorbinsäure bekannt; amerikanische Seeleute nahmen früher Fässer voller Cranberries mit auf ihre langen Reisen – ohne etwas von Vitaminen zu wissen.

Cranberry-Früchte

Cranberries, Sorte 'Bergman'

Der hohe Gehalt der Beeren an bakteriziden und fungiziden Säuren gewährleistet eine lange Haltbarkeit der Beeren und ihrer Verarbeitungsprodukte sowie Schutz vor Verderb. Selbst in neuerer Zeit wird auf den medizinischen Wert der Frucht hingewiesen. Cranberry-Produkte wirken günstig auf die Darmflora und fördern die Darm- und Blasentätigkeit.

Sorten

Cranberry-Sorten gibt es in sehr großer Zahl; die meisten, besonders die älteren, sind Selektionen aus dem Wildbestand. In den amerikanischen Hauptanbaugebieten haben heute überragende Bedeutung: 'Early Black', 'Howes', 'McFarlin', 'Searles', 'Bergman', 'Pilgrim', 'Beckwith', 'Stevens', 'Wilcox', 'Crowley' u. a.

Verkauf

Cranberries auf unseren Märkten sind Importe aus den USA. Die nach der Ernte maschinell getrockneten, gereinigten, verlesenen und sortierten Beeren gelangen in attraktiven, bunt – z. T. sogar mit Rezepten – bedruckten Folienbeuteln oder Pappschachteln mit Sichtfenster (Inhalt 1 pound = 454 g) oder – seltener – auch lose zum Verkauf. Hauptsaison: Herbst bis Weihnachten. Das Angebot in den Geschäften ist jedoch nicht groß.
Dank ihres hohen Gehaltes an Benzoësäure lassen sich Cranberries gut aufbewahren. Bei 3-5° C und 70-75 % relativer Luftfeuchtigkeit halten sich die Beeren 3 Monate lang, bei 0-1° C sogar 4-5 Monate frisch. Allerdings besteht bei dieser langen Lagerung die Gefahr, daß ein Teil der Beeren schrumpft oder fault.

Verwendung

Der Rohverzehr von Cranberries spielt praktisch keine Rolle. Es heißt, daß manche Amerikaner sie im Kino oder Theater naschen, weil sie ohne Rückstände gegessen werden können. Die Hauptmasse der Beeren jedoch wird verarbeitet. Seit Jahrhunderten bis auf den heutigen Tag ist Truthahn mit Cranberry-Kompott das traditionelle Festessen zum „Thanksgiving Day", dem amerikanischen Erntedankfest, einem Nationalfeiertag, der auf den letzten Donnerstag im November fällt. Ebenso wird zu Weihnachten in vielen amerikanischen Familien zu Truthahn oder Wild Cranberry-Kompott gegessen. Außer zu Kompott werden Cranberries zu folgenden Produkten verarbeitet: Mus, Pulpe, Gelee, Sirup, Gefrierfrüchte, Vorspeisen, Pasteten, Suppen, Gewürz, Pudding, Eiscreme, Kuchen, Plätzchen, Pralinen, kandierte Früchte, Babynahrung, Getränke u. a.; sogar ein Cranberry-Brot wird hergestellt. Die Zahl der Rezepte ist Legende. Das zur Zeit wichtigste Produkt der Verarbeitung ist der „Cranberry Juice Cocktail", ein äußerst beliebtes, erfrischendes, etwas säuerlich schmeckendes Getränk, z.T. auch gemischt mit anderen Fruchtsäften. Im Staat Massachusetts wurde der „Cranberry Juice Cocktail" 1970 laut Gesetz sogar zum „State Drink" (Staatsgetränk) ernannt. Die Werbung für diese Frucht – Dekors auf Geschirr, Gläsern, Tischdecken, Servietten, Kerzen und vielem anderen – ist erstaunlich vielseitig und auch äußerst erfolgreich.

Curuba *Passiflora mollissima,* Passifloraceae

Heimat, Anbau

Zu Hause ist die Curuba in den kühleren Höhenlagen – 1800-2600 m – der kolumbianischen Anden. Die Einwohner sind stolz auf ihre Curuba und betrachten sie als ihre Nationalfrucht. Verbreitet ist sie auch in Gebieten mit kühlerem Höhenklima in Venezuela und Peru. Selbst nach Neuseeland ist die Frucht gelangt, wo sie – ebenfalls in Höhenlagen – kultiviert wird.

Beschreibung

Die Curuba ist die Frucht einer immergrünen Kletterpflanze mit im Alter verholzenden Ästen. Man zählt sie zu den bananenfrüchtigen Passifloraceen, denn die reife Frucht sieht einer Banane ähnlich. Sie ist länglich-oval, ca. 10 cm lang, im Querschnitt rund. Sie ist kürzer als die Banane, etwas blasser gelb und nicht gekrümmt. Ihre Schale ist jedoch fast so dick und fest wie die der Banane. Das Fruchtfleisch, von einem weißen Häutchen umgeben, ist gelblich bis orangegelb und geleeartig. Die Curuba duftet angenehm, ihr Geschmack ist vollfruchtig, säuerlich aromatisch, apfelähnlich.

Gewiß haben in früherer Zeit schon die Indianer eine gewisse Auslese betrieben, dennoch bemüht man sich in Kolumbien um die züchterische Verbesserung der Curuba und sucht nach rationelleren Anbaumethoden.

Verkauf

Für den Export bestimmte Curubas werden geerntet, sobald die grüne Schale gelb aufhellt und weicher wird. Die Frucht wird das ganze Jahr über per Luftfracht exportiert, auch in die Bundesrepublik. Nach der Ernte

Curuba

Curubas, lose im Packstück

halten sich die Früchte, kühl gelagert – z. B. im Kühlschrank – noch 10-14 Tage.

Verwendung

Zum Rohgenuß wird die Frucht längs geteilt, das Fruchtfleisch wird ausgelöffelt. Die Frucht läßt sich auch gut schälen, da das Fleisch ziemlich fest ist. In ihrer Heimat ist die Curuba ein beliebtes Milchgewürz, doch werden aus ihr auch Saft, Sirup, Gelees, Kaltschalen, Sorbets, Cremes, Desserts, Speiseeis und andere Süßspeisen, Auflagen für Kuchen und Torten sowie Mixgetränke zubereitet. Bei der Verwendung zu Getränken sei empfohlen, in einem Mixgerät auf kleinster Stufe die Samen vom Fruchtfleisch zu lösen und dieses dann zu passieren. Die Frucht dürfte ihre Freunde finden.

D

Dattel *Phoenix dactylifera,* Palmae

Heimat, Anbau

Heimisch ist die Dattel im subtropischen Afrika. Den bedeutendsten Anbau finden wir in Nord- und Südafrika, aber auch in Israel, Griechenland, Iran, Irak (Mündungsgebiet des Euphrat und Tigris), Australien, Kalifornien, Arizona, Texas, Mexiko. Europäischer Hauptumschlagplatz für Datteln ist Marseille.

Beschreibung

Datteln sind die Früchte – botanisch Beerenfrüchte – der bis zu 25 m hohen Dattelpalme, die erst nach 8-10 Jahren zu fruchten beginnt, etwa 30jährig Höchsterträge bringt und oft erst im Alter von 100 Jahren mit dem Ertrag nachläßt. Die bis zu 200 Stück in großen Fruchtständen des weiblichen Baumes hängenden pflaumenartigen, länglich-ovalen Früchte sind 8-10 cm lang, rötlich-braun und innen weiß mit einem beinharten, graubraunen ungenießbaren Kern; sie haben einen delikaten, honigsüßen Geschmack. Dank ihres hohen Gehaltes an leicht verdaulichen Zuckerarten, an Eiweiß, Mineralsalzen (Calcium, Phosphor) und Vitaminen (vor allem der B-Gruppe und Vitamin D) kommt ihnen ein beträchtlicher Nährwert zu. Man schätzt Datteln als Magen und Darm nicht belastenden Energiespender.

Sorten

Als beste Sorte gilt die hellbraune, weichfleischige 'Königsdattel' (Berber-Dattel) aus Tunesien, Algerien und Marokko. Weitere Sorten sind: 'Siar' ('Sayer'), dunkel, aber geschmacklich hervorragend; 'Halloway' ('Hallawee', 'Hallawi') oder Bassora-Dattel; sowie die Kalifat-, Stock- oder Blockdattel und 'Khadrewee' ('Khadrawi') aus dem Irak und Iran, hellfarbig; die sog. französische Muskatdattel 'Deglet Nour' (= „Finger des Lichts") aus Algerien, lange, goldgelbe, dünnschalige Früchte; 'Communes' aus Algerien und Tunesien. Auch folgende Herkunftsbezeichnungen sind gebräuchlich: Alexandriner Datteln (aus Ägypten), Arabische Datteln, Basrah-Datteln, Persische Datteln, Spanische Datteln, Tunis-Datteln.

Verkauf

Datteln werden gehandelt:

1. als Frischfrucht, Oktober bis Januar reifend, nicht lange haltbar oder gar versandfähig. Zum Verzehr kann die manchmal harte Haut leicht abgezogen und der Kern mühelos entfernt werden. Die baumfrische Frucht schmeckt etwas weniger süß als die getrocknete Dattel. Importe frischer Früchte kommen – ganzjährig – hauptsächlich aus Israel, wo sie vor der völligen Reife geerntet und tiefgefroren werden (nicht über –18° C). Die Kühlkette, die nicht unterbrochen werden darf, da die Gärung sehr schnell einsetzt, endet vor dem Verkauf der Früchte an den Konsumen-

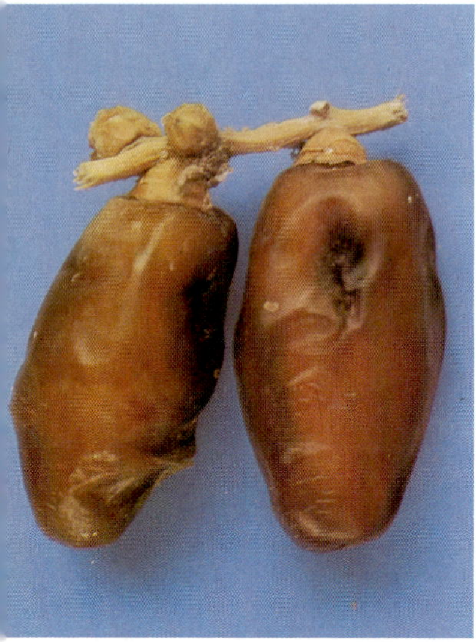

Datteln

Datteln im Packstück

ten. Angeboten wird die Dattel vornehmlich auf unseren größeren Märkten.

2. als sogenannte Trockenfrüchte, aus Algerien, Tunesien, Iran, Irak und den USA, 3-5 cm lang, aber dennoch weich, voll ausgereift, süß, saftig, honigbraun, vorzüglich zum Rohverzehr geeignet. Durch Trocknung in der Sonne oder in Öfen werden die Früchte auf einen für gute Haltbarkeit günstigen Feuchtigkeitsgrad gebracht. Im Handel mit Trockenfrüchten wird unterschieden zwischen Naturdatteln und bearbeiteten Datteln. Letztere werden pasteurisiert, gegen Ungeziefer begast, nach Einheitlichkeit sortiert, gewaschen, mit Heißluft behandelt und nach dem Verpacken noch einmal begast. Die Heißluftbehandlung bewirkt, daß Zucker austritt und die Fruchtoberfläche ein attraktives, glänzendes Aussehen erhält. Trockendatteln aus dem Irak und Iran sind entsteint, die Datteln aus anderen Ländern dagegen enthalten meist noch die länglichen, braunen, nicht eßbaren Kerne. Aufbewahrung kühl, bei nicht zu hoher Luftfeuchtigkeit.
Die Datteln in unseren Geschäften sind überwiegend importierte Trokkendatteln; das Angebot ist ebenfalls ganzjährig. Die Hauptverkaufszeit für Datteln ist der Dezember, die Zeit um Weihnachten. Verkauft werden sie meist in kleinen Spanschachteln, seltener in Kisten, Körbchen oder lose. Trockendatteln sind praktisch unbegrenzt haltbar, optimal bei 0-2° C und 90 % relativer Luftfeuchtigkeit. Vorsicht vor Befall mit Milben!

Verwendung
Datteln werden überwiegend pur verzehrt, können aber auch in mannigfacher Weise, z. B. als Dattel-Kompott, in Obstsalat, halbiert und mit Käse gefüllt, mit Käse und Speck als Dattelspieß gegrillt, mit Marzipan und Nougat gefüllt, zubereitet werden.
Eine Neuheit sind „Dattel-Snacks" –

mit Schokolade überzogene Datteln, die in verschiedenen Geschmacksrichtungen angeboten werden.
In den Erzeugerländern werden Datteln nicht nur roh verzehrt, sondern auch zu Preßsaft („Dattelhonig"), Sirup, Paste („Dilbis") und Getränken (Dattelschnaps) verarbeitet sowie in Zucker eingelegt („Caryota"). Eine spezielle Sorte mit einem besonders hohen Stärke- und Eiweißgehalt und damit auch hohem kalorischen Wert dient der Brotbereitung („Brot der Wüste").

Durianfrucht *Durio zibethinus,* Bombacaceae

Syn. Durion, Stinkfrucht, Baumkäse, Zibetkatzenbaumfrucht

Heimat, Anbau

Heimat: China, Thailand, Malaysia, Sri Lanka, Indonesien und die Philippinen. Im tropischen Asien seit Jahrhunderten kultiviert.

Beschreibung

Eine interessante Frucht, man möchte sagen, eine Frucht der Extreme, was Geruch und Geschmack betrifft. Durian ist die Frucht des bis 40 m hohen Durian- oder Zibetbaumes, so genannt, weil die Zibetkatzen – aber auch Affen und Elefanten – das verwesende Fleisch der Frucht besonders zu schätzen wissen. Sie erreicht die Größe eines ausgewachsenen Igels, 15-30 cm lang und 13-15 cm breit, ist länglich-oval, und wird etwa 1,5 kg schwer. Ihre Schale ist dunkelgelb bis olivgrün, über und über mit kurzen, dicken, pyramidenartigen, dornigen Höckern besetzt. Die Frucht verbreitet einen penetranten, ekelhaften Mischgeruch nach Zwiebeln, Käse, faulen Eiern und verdorbenem Fleisch, übergossen mit Terpentin. Europäer sind von dem bestialischen Gestank angewidert, bessere Hotels untersagen den Verzehr und Fluggesellschaften den Transport von Durian-Früchten. Das weißliche bis butterfarbige Fruchtfleisch enthält in 5 Kammern je 2-4 längliche, kastaniengroße Samen, die von einem rahmfarbenen Samenmantel umhüllt sind. Dieser genießbare Teil der Frucht ist bei der eingeborenen Bevölkerung – besonders auch bei den Chinesen – als Frischobst beliebt und sogar als Aphrodisiakum begehrt. Der Geschmack, der merkwürdigerweise mit dem Geruch nichts gemein hat, wird als wundervoll bezeichnet und wie folgt charakterisiert: butterähnlicher Vanillepudding, stark mit Mandeln gewürzt, mit einem Hauch von Philadelphia-Käse, süßer Zwiebelsoße und braunem Sherry. Die Frucht ist in ihrer Heimat so beliebt, daß sogar das Aufsammeln der Früchte unter wild wachsenden Bäumen durch Gesetz geregelt wird, um Schlägereien unter den Einheimischen zu vermeiden. Es heißt, daß auch Europäer nach Gewöhnung zu begeisterten Freunden dieser „Stinkbombe" werden, wenn sie sie erst einmal probiert haben. Die Samen werden ebenfalls gegessen. Die sehr kalorienreiche und vitaminhaltige Frucht wird als Nahrungsmittel von höchster Vollkommenheit gepriesen, ja sogar als „König unter den Südfrüchten" (die Königin ist die Orange).

Sorten

Empfohlen werden – in Malaysia – folgende drei Sorten: 'Durian champa', 'Durian bĕtul' und 'Durian sankar'. Sie unterscheiden sich nur

Durian-Früchte, für den Export gesammelt

geringfügig in Größe und Form der Frucht, in der Farbe des Fruchtfleisches und im Geschmack.

Verkauf

In der Bundesrepublik dürfte es nur wenige Märkte, Geschäfte oder auch Restaurants geben, in denen die Durianfrucht frisch – von April bis Juli – oder tiefgefroren, meist aus Thailand, erhältlich ist. Importe sind zwar ganzjährig, insgesamt aber sehr gering. Die Preise für Durianfrüchte z. B. in Singapur, wo jährlich ca. 12 Millionen Stück verkauft werden, sind Liebhaberpreise (1984: 5-10 US-$ pro Stück). Im Laden sollten sie nur hängend angeboten werden. Durianfrüchte verderben schnell, ihre Haltbarkeit ist gering. Vor allem sollten angeschnittene Früchte sofort verbraucht werden, weil das Fruchtfleisch schnell ranzig und sauer wird und sich durch Oxidation bräunlich verfärbt. Eine Aufbewahrung bei 8° C und 80 % relativer Luftfeuchtigkeit soll bis zu 3 Wochen möglich sein.

Verwendung

Eine Frucht für Kenner und Liebhaber. Am besten schmecken Durians roh, eventuell mit Zucker bestreut. Man verarbeitet sie aber auch zu Speiseeis, Marmelade und Gebäck, man hackt das Fruchtfleisch klein und würzt es mit Salz, Pfeffer oder Zwiebeln. Gekochte Pulpe wird mit anderen Früchten oder Gemüsen gemischt und zu Soßen und Chutney zubereitet. Halbreife Früchte kocht man und bereitet Suppe und Gemüse daraus. Durian zu konservieren, ist bisher nicht gelungen; der Inhalt kommt zu leicht zur Gärung und läßt die Dosen platzen. Die Samen werden in Asche geröstet oder – in Scheiben geschnitten – in Kokosfett gebacken. Man reicht sie zu Reisgerichten oder ißt sie gezuckert als Süßigkeit.

E

Eberesche, Vogelbeere *Sorbus aucuparia,* Rosaceae

Syn. Drosselbeere

Heimat, Anbau

Hinsichtlich der Bedeutung als Obstart müssen wir unterscheiden zwischen der in Europa, Kleinasien, im Kaukasus und in West-Sibirien heimischen, in allen gemäßigten Zonen der Erde verbreiteten, in unseren Wäldern häufigen und als Straßenbaum und Ziergehölz sehr beliebten gewöhnlichen Eberesche und der sogenannten Süßen oder Mährischen Eberesche *(Sorbus aucuparia* var. *edulis,* lat. *edulis* = eßbar). Heimat der letzteren ist das Altvatergebirge in den Sudeten. Der Hauptunterschied besteht darin, daß die Früchte der gewöhnlichen Eberesche roh bitter schmecken, während den Beeren der Mährischen Eberesche der Bitterstoff fehlt. Dieser Umstand hat dazu geführt, daß die Mährische Eberesche züchterisch bearbeitet und verbessert wurde. Größere, geschlossene Pflanzungen gibt es jedoch in der Bundesrepublik aus wirtschaftlichen Gründen bis jetzt noch nicht.

Beschreibung

Ebereschen sind 6-15 m hohe Bäume oder mehrstämmige Sträucher. Ihre in schirmförmigen, doldigen Fruchtständen stehenden Früchte sind etwa erbsengroß, kugelig, oval oder birnenförmig und rotgelb bis leuchtend scharlachrot. Das Fruchtfleisch enthält 3-5 weiche Fruchtfächer mit mehreren Samen. Der Geschmack der Beeren – und das ist der bereits erwähnte entscheidende Unterschied zwischen den beiden Ebereschen-Typen – ist bei der gewöhnlichen Vogelbeere bitter, herb, sauer und adstringierend (Tannin), bei der Mährischen Eberesche angenehm mild (bis 13 % Gesamtzucker). Von den sonstigen wesentlichen Inhaltsstoffen der Vogelbeeren seien noch erwähnt: die Sorbinsäure (bakterien- und entzündungshemmend); der süß schmekkende Alkohol Sorbit (Zuckerersatz für Diabetiker); ferner Pektin, Provitamin A und vor allem Vitamin C (60-300 mg%, erheblich schwankend).
Im Vitamin C-Reichtum liegt der eigentliche Wert der Vogelbeeren, im Zweiten Weltkrieg als „Nordische Zitrone" bezeichnet. Vogelbeeren sind daher vor allem eine Frucht zur Behandlung sämtlicher Vitamin C-Mangelzustände wie Zahnkaries, Skorbut, Anämie u. a. Doch Vorsicht beim Verzehr der rohen Beeren und des frischen Saftes! Größere Mengen können Erbrechen und Durchfall verursachen (toxische Wirkung der Parasorbinsäure). Diese Gefahr besteht nicht bei eingekochtem Vogelbeermus, Marmelade, Gelee und Sirup, da die Parasorbinsäure durch Kochen zerstört wird.

Sorten

Die Züchtungen mit der Mährischen Eberesche haben zu den beiden Sor-

Eberesche

ten 'Rosina' und 'Konzentra' geführt. Beide zeichnen sich durch große Beeren, reiche Erträge und einen besonders hohen Vitamin C-Gehalt aus.

Verkauf

Die Ernte der gewöhnlichen Vogelbeeren erfolgt erst mit Eintritt der Süßreife im Oktober, nach Einwirkenlassen der ersten Herbstfröste. Zuvor sind die Beeren zu hart und zu herb-sauer. Die bitterstoff-freie Mährische Eberesche dagegen kann bereits im September geerntet werden. Auf dem Markt sind jedoch beide Arten bei uns kaum anzutreffen.

Verwendung

Vogelbeeren sind in Anbetracht der vorstehend geschilderten gesundheitlichen Bedenken keine Früchte für den Rohgenuß. Für Zwecke der Verarbeitung sind sie jedoch – insbesondere die Beeren der Mährischen Eberesche – recht gut geeignet. Aus ihnen kann man herstellen: Kompott, wie Preiselbeeren zubereitet, Marmelade, zusammen mit Äpfeln, Birnen, Quitten oder auch Kürbis, Gelee, Sirup (rasch wirkender Hustensirup), Saft, Wein, Branntwein (Jarzebinka), Fruchtaromalikör, kandierte Früchte (Kindernahrung); ja sogar Essig und – Vogelfutter.

Ellendale

Vermutlich aus einer Kreuzung von Mandarine × Tangerine × Orange 1978 in Burrum, Queensland/Australien entstanden. Eine Zitrusfrucht, die hauptsächlich für Australien von größter Bedeutung ist. Die Frucht ist mittelgroß bis groß, abgeplattet und von orangeroter Färbung. Das Fruchtfleisch ist hellorange, sehr saftig, kernlos und von angenehm säuerlichem Geschmack. Die Ellendale ist einer der wenigen „Easy Peelers", die im Sommer (August/September) nach Deutschland kommen. Sie wird aus den USA, Australien, Argentinien und Uruguay importiert.

Erdbeerbaumfrucht *Arbutus unedo,* Ericaceae

Syn. Arbutus-Beeren, Sandbeere, Meerkirsche, Hagapfel

Heimat, Anbau
Der Erdbeerbaum wächst wild in Süd- und Südwesteuropa bis hinauf nach Südtirol und der südlichen Schweiz, kommt aber auch in Nordwest-Irland vor. In den Mittelmeerländern, besonders in Spanien (Sierra Morena), in Italien und auf Korsika, wird die Frucht auch kultiviert und auf dem Markt gehandelt.

Beschreibung
Dieser stattliche Strauch oder 1,5-3 m hohe Baum wird auch wegen seiner schönen, immergrünen, lorbeerblattähnlichen Belaubung als Ziergehölz angepflanzt. Er trägt erdbeerartige, kirschgroße, 2-2,5 cm dicke, kugelige, gelbe bis scharlachrote Früchte. Auf der Schale tragen die Beeren – ähnlich wie bei der Litschi – dreiseitige spitze Warzen. Das Fruchtfleisch ist sehr weich, saftig bis breiig, dottergelb und weist 5 kreisförmig angeordnete, mit zahlreichen kleinen, steinharten Samen gefüllte Fächer auf. Der Geschmack ist – trotz des verhältnismäßig hohen Zukkergehaltes – angenehm säuerlich süß, aber doch ohne besonderes Aroma. Die botanische Artbezeichnung „unedo" (= lat. „ich esse nur eine") besagt alles.

Verkauf
Die Pflanze blüht von November bis März. Die Ernte stammt von wildwachsenden und kultivierten Pflanzen. Für den Fruchthandel ist die Beere ohne Bedeutung; es gibt kaum Frischfruchteinfuhren, zumal die Frucht nur wenig haltbar ist.

Verwendung
Der Frischverzehr ist unbedeutend. Zudem wirkt die Frucht – in größerer Menge genossen – berauschend und verursacht Kopfschmerzen. Eine größere Rolle spielen die Beeren bei der Herstellung von Konserven und vor allem von Wein, Branntwein und Magenbitter.

Erdbeerbaumfrucht

Erdbeere *Fragaria ananassa,* Rosaceae

Heimat, Anbau

Unsere schöne großfrüchtige Erdbeere, die „Königin" der Beerenobstarten, ist vor über zwei Jahrhunderten entstanden aus wiederholten zufälligen Kreuzungen der amerikanischen Wildarten *Fragaria virginiana,* der kleinen Scharlacherdbeere, mit *Fragaria chiloensis,* der großfrüchtigen Chileerdbeere. Von den sonstigen Arten der Gattung *Fragaria* sei noch *F. vesca* genannt, unsere heimische, geschmacklich unübertroffene Walderdbeere, von der die rankenlose oder rankende, meist kleinfrüchtige, den ganzen Sommer bis zum Frosteintritt Frucht tragende Monatserdbeere abstammt.

Angebaut wird die Erdbeere in nahezu sämtlichen Ländern der Erde, von den Subtropen bis zum arktischen Bereich. Die Züchtung hat Sorten hervorgebracht, die mit bestem Erfolg in der Wärme, in der Kälte, in der Ebene und in Höhenlagen kultiviert werden können.

Beschreibung

Botanisch gesehen ist die Erdbeerpflanze eine Staude, d. h. unterirdisch ausdauernd, oberirdisch jedes Jahr sich neu bestockend mit Blättern, Blüten und Ausläufern. Die Frucht, eine Scheinfrucht, ist eine sogenannte Sammelfrucht; was wir als „Erdbeerfrucht" bezeichnen, ist die fleischig verdickte Blütenachse oder der Blütenboden. Auf diesem sitzen außen, meist ein wenig eingesenkt, mehr oder weniger zahlreich die eigentlichen Früchte bzw. Samen als winzige Nüßchen. Diese beeinträchtigen in keiner Weise Verzehr und Genuß, der Gärtner aber braucht sie für die Aussaat zwecks Züchtung neuer Sorten. Erdbeerfrüchte sind je nach Sorte verschieden in Form und Größe, hell- bis dunkelrot gefärbt, mehr oder weniger fest und saftreich. Ihr Wert liegt in ihrem einmaligen Aroma und ihrem hohen Gehalt an den Mineralstoffen Natrium, Calcium, Kalium, Phosphor und besonders Eisen, an Fruchtsäuren und Vitaminen (Provitamin A, B_1, B_2, C). In der Volksmedizin gelten Erdbeeren vor allem wegen ihres hohen Eisengehaltes als wirksames Mittel gegen Blutarmut und Bleichsucht. Leider sind manche Menschen gegen Erdbeeren allergisch und reagieren mit einem als Nesselsucht bezeichneten Bläschenausschlag, der meist aber ebenso rasch wieder verschwindet, wie er auftritt.

Sorten

Die Zahl der Erdbeersorten ist unübersehbar, und jährlich erscheinen im In- und Ausland neue Sorten in den Katalogen der Anzuchtbetriebe. Bei keiner anderen Obstart ist die Sortenbewegung derart lebhaft, daß es selbst dem Fachmann nicht leicht fällt, den Überblick zu behalten. Nur wenige Sorten halten sich über eine längere Zeit, und manche anfangs überschwenglich empfohlene Sorte ist rasch überholt und vergessen. Die einst marktbeherrschenden Sorten 'Madame Moutôt', 'Oberschlesien', 'Regina' werden heute kaum noch angeboten. Man findet sie gelegentlich noch in Klein- und Hausgärten, in denen manchmal 6-8 Jahre und ältere Bestände angetroffen werden. Eine Folge der großen Sortenzahl und des raschen Sortenwechsels ist, daß Erdbeeren nur selten nach Sorten gehandelt oder vom Kunden verlangt werden. Trotzdem seien nachstehend die Sorten genannt, die heute im Erwerbsanbau eine Rolle spielen und den Markt beherrschen:

Großfrüchtige Erdbeeren

Walderdbeeren

Erdbeeren (einmal tragende, großfrüchtige):
Früh: 'Elvira', 'Gorella', 'Karina', 'Karola'.
Mittelfrüh: 'Elsanta', 'Induka', 'Korona', 'Senga Duretta', 'Senga Litessa', 'Senga Sengana', 'Sivetta', 'Splendida', 'Tenira', 'Valeta'.
Spät: 'Deutsch Evern Famosa', 'Domanil', 'Elista', 'Hummi Ferma', 'Senga Dulcita', 'Senga Fructarina', 'Senga Rigensa', 'Tago'.
Sehr spät: 'Bogota'.

Monatserdbeeren: 'Rügen', 'Baron Solemacher', 'Rimona-Hummi'.

Der Gartenfreund kennt neben den vorstehend genannten einmal tragenden Sorten auch die zweimal oder mehrmals tragenden sog. remontierenden Sorten, er kennt „Klettererdbeeren" für den Anbau am Zaun oder am Spalier und neuerdings auch Sorten ('Spadeka'), die sich für die Anlage einer „Erdbeerwiese" eignen, doch spielen diese alle für den Marktanbau keine Rolle.
Einige derzeit häufig gehandelte ausländische Erdbeersorten sind: Spanien: 'Tioga' (dominierende Sorte noch in den 70er Jahren), 'Douglas' (wird verstärkt angebaut), 'Chandler' (neue, resistente Sorte), 'Bogota' (eine späte Sorte); Italien: 'Gorella', 'Pacahontas' und neue Sorten wie 'Addie', 'Brio', 'Cesena' und 'Dana'; Frankreich: 'Gorella'; England (Tendenz, spätere Sorten anzubauen): 'Ostara', 'Rapella'.

Verkauf

Die Nachfrage nach Erdbeeren hat in den letzten 10, 20 Jahren erheblich zugenommen. Die Importmengen übersteigen heute ganz wesentlich die deutsche Produktion, die im Juni/Juli anfällt. Die Einfuhren, z. T. noch als Treibhausware, kommen hauptsächlich in den Frühjahrsmonaten aus Israel, Spanien (aus dem Anbaugebiet Huelva finden wir bereits Ende Februar ein erstes Angebot auf unseren Märkten), Italien und später auch aus Frankreich, Belgien und Holland. In manchen Jahren sind auch einige Balkanländer an den Importen in die Bundesrepublik beteiligt. Kühlwagen, Flugzeuge und eine zügige Abfertigung der Ware durch den Zoll sind Voraussetzungen für eine gute Qualität der leicht verderblichen Fracht. Die Lagerfähigkeit völlig einwandfreier Früchte ist sortenweise sehr verschieden, sie schwankt jedoch – bei optimal 0-1° C und 85-90 % relativer Luftfeuchtigkeit – zwischen wenigen Tagen bis zu 2 Wochen.

Die höchsten Preise erzielen – wie bei den meisten Fruchtarten – die zuerst auf dem Markt erscheinenden Beeren. Aber auch für Spätsorten und aus Lagen mit später Reife gibt es für frische und vollreife Ware einen lohnenden Markt und kostendeckende Preise. Die von vielen Anbaubetrieben dem Verbraucher angebotene und von diesem gern wahrgenommene Selbstpflücke trägt zweifellos zu einer Verminderung der Nachfrage auf dem Markt und zu einer gewissen Reduzierung der Preise bei.

Für Transport und Verkauf müssen Erdbeeren vor der Vollreife geerntet werden, weil sie in den Versand- und Verkaufsbehältnissen noch nachreifen. Die Abgabe an den Kunden erfolgt in Schälchen aus Kunststoff oder Pappe für 0,5 kg, in Flachsteigen und Spankörben für 5 kg oder lose in der Tüte.

Verwendung

Die Erdbeere ist in erster Linie eine Frucht für den Frischverzehr in bekannter vielfältiger Verwendung. Und dieser Trend hält weiter an. Die Bemühungen zur Ganzjahresversorgung der Märkte mit Frischware sind unverkennbar. Für die industrielle Verarbeitung sind dagegen vor allem die späten Sorten geeignet. Erdbeeren werden verarbeitet zu Naßkonserven, Pulpe, Mark, zu Sirup, Saft, Fruchtwein und Fruchtsekt, zu Likör und Erdbeergeist; vor allem aber zu Konfitüren und Marmeladen, oft auch im Gemisch mit anderen Obstarten. Für diese Art der Verwendung ist die Erdbeere die wichtigste Frucht, sowohl für die häusliche als auch für die industrielle Marmeladenherstellung.

Bei der Verarbeitung zu Naßkonserven unterscheidet man (roh eingefüllte) „Erdbeeren" und (mit Zucker oder Zuckerlösung) „Vorbehandelte Erdbeeren". Oft aber läßt die Nachfrage nach Naßkonserven zu wünschen übrig, da sich bei Erdbeeren der Zustand der Frucht stärker als bei anderen Fruchtarten beim Konservieren nachteilig verändert. Eine weitere Art der Konservierung von Erdbeeren ist die Gefriertrocknung, für die sich besonders wenig saftende, feste und formstabile Sorten eignen.

Erdnuß *Arachis hypogaea,* Leguminosae

Syn. Aschanti-, Arachis-, Kamerunnuß, Erdmandel, Erdbohne, Erdeichel, Mandubi-Nuß

Heimat, Anbau

Ihre Heimat ist Südamerika, die Voranden Boliviens und Brasiliens. Unentbehrlicher Eiweißlieferant für einige hundert Millionen Menschen. Die jährliche Weltproduktion beträgt ca. 20 Mio. t, das sind etwa 4 kg pro Kopf der Weltbevölkerung. Anbau im

Erdnüsse, mit und ohne Schale

gesamten tropischen und subtropischen Gürtel der Erde – außer Australien. Die größten Erzeugerländer sind Indien, China, die USA, Brasilien, Mexiko, viele afrikanische Staaten, Israel, die Türkei und in Europa Italien und Spanien. Die USA sind die größten Produzenten „eßbarer" Erdnüsse, denn Indien und China produzieren hauptsächlich für die Verarbeitung zu Erdnußöl.

Beschreibung

Die Erdnuß ist – botanisch gesehen – keine Nuß, sondern eher eine Bohne und gehört zu den Hülsenfrüchten. Sie wächst an bis 70 cm hoch werdenden, einjährigen Kräutern, deren ästige Stengel in den Blattachseln Blüten tragen. Davon sind jedoch nur die untersten fruchtbar. Nach der Befruchtung neigen sich die Stengel nach unten und drängen die an ihrer Spitze sitzende Frucht 5-8 cm tief in den Boden, wo sie bis zur Ausreife verbleiben. Dabei nehmen sie mehr oder weniger die Farbe des Bodens an, z. B. eine gelbe bis ockerfarbene Schale in Sandboden, eine dunkle Schale in einem humusreichen Erdsubstrat. Die walzige, höckerige und in der Mitte eingeschnürte, 2-6 cm lange, blaßgelbe, bräunliche oder rötliche Hülse enthält meistens 2, seltener nur 1 oder 3 15-25 mm lange Kerne. Diese sind von einer dünnen, rotbraunen Schale umgeben, die sich leicht abstreifen läßt. Roh schmecken Erdnußkerne ähnlich wie Bohnen, erst durch das Rösten erhalten sie ihr typisches Aroma. Die Kerne enthalten 40-50 % Öl, das durch Pressen oder Auslaugen aus ihnen gewonnen wird. Sie enthalten ferner reichlich Linolsäure, wirksam gegen Bluthochdruck. Überdurchschnittlich hoch sind auch die Gehalte an Eiweiß und Kohlenhydraten. Wichtig ist der Gehalt an den Vitaminen B und E; Provitamin A und Vitamin D sind in Spuren vorhanden. Eine Besonderheit gegenüber allen anderen Nußarten ist das Vorhandensein von Vitamin K, einem Stoff, der die Blutgerinnung fördert. Als Trockenfrucht fehlt es der Erdnuß völlig an Vitamin C.

Erdnußpflanze mit im Boden sich entwickelnden Früchten

Sorten

Obwohl der Handel Erdnüsse kaum nach Sorten anbietet, gibt es doch eine ganze Reihe davon. Die Hauptsorten sind: 'Virginia', großschotig mit 2-3 länglichen, rosafarbenen Kernen; 'Runner', kleinschotig mit 2 ebensolchen Kernen; der 'Spanish-Typ' mit 2 rundlichen, hellbraunen Kernen; 'Valencia', langschotig mit 3-4 rundlichen, roten Kernen. Weitere Sorten sind: 'Tientsin' aus China, 'Natal Common' aus Südafrika, 'Anamur' aus der Türkei, 'Rufisque', 'Sine' und 'Caior' aus Italien, 'Jumbo Giants China I' aus den USA u.a.

Verkauf

Erdnüsse sind ganzjährig erhältlich. Nüsse in der Schale werden in der Bundesrepublik hauptsächlich im Spätherbst bis Ende Dezember angeboten. In dieser Zeit werden 70 % des Gesamtjahresumsatzes getätigt. Lieferländer sind die USA, China, Taiwan, Indien, Indonesien, Burma, Sudan, Südafrika, Uganda, Nigeria, Italien, Israel, Türkei, Brasilien, Argentinien u. a. Die Früchte kommen in der Hülse oder als Erdnußkerne, geschält oder ungeschält in den Handel, wobei helle Ware besonders gefragt ist. Sortiert wird häufig nach Stückzahl pro oz. (1 oz = 1 ounce = 28,35 g). Die Bezeichnung HPS bedeutet **H**and **P**icked **S**elected = Handauslese. Der Verkauf erfolgt in Dosen, Kunststoffbehältern oder offen. Erdnüsse müssen kühl und trocken gelagert werden, in der Wärme werden sie ölig und ranzig. Im Sommer kann man sie gut 2 Wochen, im Winter mehrere Monate aufbewahren.

Verwendung

Erdnüsse werden eingeführt als Nüsse, deren trockene Schale vom Verbraucher zum „Knabbern“ selbst mit der Hand „geknackt“ wird, oder als ungeschälte bzw. im Ursprungsland bereits geschälte Erdnußkerne. Diese werden roh oder zur Verbesserung des Geschmacks z. T. gesalzen gegessen. Sie wandern jedoch zum größten Teil in Erdnußröstereien und in die Back- und Süßwarenindustrie, wo sie wie Mandeln oder Haselnüsse verarbeitet werden. Rezepte für die Verwendung von Erdnüssen zu Braten, Geflügel, Fischgerichten, Soßen, Käsegebäck usw. finden sich in vielen Kochbüchern. Auch bilden Erdnüsse einen wesentlichen Bestandteil des sogenannten Studentenfutters. Früher benutzte man sie sogar als Kaffee- und Kakaoersatz. Wichtige Produkte der industriellen Verarbeitung sind Speiseöl, Margarine, Erdnußbutter und auch Futtermittel. In der Weltproduktion von Pflanzenölen nimmt Erdnußöl nach Sojabohnenöl den zweiten Platz ein.

Eßkastanie *Castanea sativa,* Fagaceae

Syn. Edelkastanie, Marone

Heimat, Anbau

Ursprünglich in Kleinasien, im Schwarzmeergebiet, zu Hause, kommt die Eßkastanie heute wild im ganzen wärmeren Europa vor, in Italien, Spanien, Portugal, Frankreich, in Deutschland am Bodensee und im Rheinland bis an den Main, in geschützten Lagen auch in Norddeutschland, außerdem in Nordamerika, Japan und China. Anbau hauptsächlich in den Mittelmeerländern Italien und Spanien, bei uns nicht wirtschaftlich genug.

Eßkastanie

Beschreibung

Die Eßkastanie ist mit der bei uns an Straßen und auf Plätzen angepflanzten Roßkastanie mit ungenießbaren Früchten nicht verwandt, sie gehört zu einer anderen botanischen Familie. Eßkastanien sind die Samen eines reichlich 20 m Höhe erreichenden Baumes. Die Samen sitzen fast immer einzeln – selten zu zweit mit einer plattgedrückten Seite nebeneinanderliegend – in einem anfangs geschlossenen, zuletzt unregelmäßig aufspringenden, mit langen dünnen Stacheln dicht besetzten, lederartigen Fruchtbecher. Sie besitzen eine kurze Spitze, eine braune bis braunrote, holzig-lederige, spröde, beim Rösten aufspringende Schale und am Grunde einen mehr oder weniger großen Fleck, den „Nabel“. Das Innere besteht völlig aus dem gelbweißlichen Nährgewebe des Keimlings und enthält in der Hauptsache Stärke, Eiweiß und ein fettes Öl, das Kastanienöl. Es schmeckt in rohem Zustand mehlig und herb.

Bei den Eßkastanien unterscheidet man die Maronen von den gewöhnlichen Eßkastanien.

Maronen: sind eiförmig bis herzförmig und besitzen eine flache, dreieckige Unterseite sowie eine glänzende, rötlich-braune Schale mit dunklen Streifen. Das Fleisch schmeckt kräftig und angenehm sahnig, besonders wenn man die Frucht röstet. Die Maronen fallen wie die gewöhnlichen Eßkastanien im September/Oktober von selbst vom Baum, doch gibt es Sorten, die sog. Dauermaronen, die länger am Baum hängen bleiben und gepflückt werden müssen, meist erst im November. Diese Art kann man auch länger aufbewahren.

Die gewöhnlichen Eßkastanien sind im allgemeinen größer, rundlich und einseitig abgeflacht. Das Fleisch, von der inneren Haut nur schwer ablösbar, schmeckt nicht so gut wie das der Marone. Die gewöhnlichen Eßkastanien sind nur kurze Zeit haltbar und müssen schnell verzehrt werden. Innerhalb dieser Gruppe kennt man allerdings Sorten mit sehr unterschiedlichen Eigenschaften. So gibt es qualitativ hochwertige Dessert-Kastanien, die sich kaum von Maronen unterscheiden, andererseits auch Sorten, deren Früchte zu Viehfutter oder Mehl verarbeitet werden.

Sorten
Ihre Zahl ist erstaunlich groß. In Italien werden angeblich etwa 200, in Frankreich ca. 100 verschiedene Sorten angebaut. Obwohl Maronen im allgemeinen nicht nach Sorten gehandelt werden, seien nachstehend einige der verbreitetsten genannt. In Italien: 'Napoles' und 'Cuno'; in Frankreich: 'Marron des Angles' und 'Bourrue de Juillac'; in Portugal: 'Longal'.

Verkauf
Die europäische Kastanienernte beginnt in der Regel im September. Früchte, die nicht sofort verzehrt werden, müssen getrocknet werden. In Ländern mit warmem Klima läßt man sie mehrere Tage an der Sonne trocknen, sonst geschieht dies in einer etwa 30 cm hohen Schicht auf Holzleisten über einem niedrigen Holzfeuer; dies dauert natürlich etwas länger. Danach werden die Kastanien geschält, nach Größe sortiert und in alle Welt versandt. Die Bundesrepublik bezieht die Früchte vorwiegend aus Italien (Südtirol) und Südfrankreich. Sie werden lose verkauft, es gibt sie aber auch konserviert im Handel, vor allem aus China. Eßkastanien müssen trocken und kühl gelagert werden; in der Wärme beginnen sie zu keimen und schmekken muffig.

Verwendung
Maronen werden vorwiegend als Füllung für Gänse-, Enten- und Puterbraten, als Beilage zu Rotkraut oder als Kastanienpüree zu verschiedenen Fleischgerichten usw. verwendet. Zu diesem Zweck wird die Schale der Maronen ringsum oder an der Spitze kreuzweise eingeschnitten; die Frucht wird etwa 5 Minuten lang gekocht, wonach man die Schale und auch das den Samen umschließende dünne Häutchen leicht entfernen kann. Durch den Kochprozeß und noch besser durch Rösten werden die Maronen wegen Verzuckerung der Stärke süß und weich und geben eine gesunde, schmackhafte wie auch nahrhafte Speise ab. In südlichen Ländern sind sie ein Hauptnahrungsmittel der ärmeren Bevölkerung, die auch Mehl und eine Art Brot aus den Früchten bereitet. Kastanienmehl und -flocken werden vor allem in der Italienischen und Schweizer Küche gern verwendet. Größter Beliebtheit erfreuen sich die „Heißen Maroni", die an kalten Wintertagen auf den Straßen unserer Städte an Verkaufsständen frisch geröstet angeboten werden. Kastanien werden auch als ganze Früchte zum Nachtisch gegessen, und zwar gekocht, geröstet, in Zucker oder Sirup eingelegt. Eine besondere Delikatesse sind die französischen „Marrons glacés", das sind als ganze oder Bruchmaronen kandierte und glasierte Früchte. Eine weitere französische köstliche Spezialität: „Mont Blanc" aus eingemachtem süßem Kastanienpüree, das mit Weinbrand schaumig gerührt und kalt mit steifer Schlagsahne serviert wird.

F

Feige *Ficus carica*, Moraceae

Heimat, Anbau

Der im Orient beheimatete Feigenbaum wird in mehreren Ländern des Nahen Ostens, vor allem in der Türkei, ferner in den klimatisch begünstigten Mittelmeerländern Griechenland, Italien, Spanien, Portugal und Süd-Frankreich, aber auch in Kalifornien und Australien angebaut. Hauptlieferant für den deutschen Markt ist die Türkei, hier werden die besten Qualitäten erzeugt.

Beschreibung

Der kleinwüchsige Feigenbaum oder -strauch ist zweihäusig, d. h. es gibt rein männliche und rein weibliche Pflanzen, und nur letztere können Früchte tragen. Trotzdem – und hier offenbart sich uns ein kleines Wunder der Natur – brauchen wir auch die männlichen Feigenbäume, weil eine bestimmte Gallwespenart ihre Eier nur in die Blütenbecher der männlichen Bäume legt und sich dabei mit Pollen belädt, mit denen sie die weibliche Blüte bestäubt. Die Fruchtbarkeit setzt nach etwa 8 Jahren ein und dauert rund 40 Jahre an. Interessant ist auch die Tatsache, daß die meisten Feigensorten dreimal im Jahr blühen: Aus der ersten frühen Blüte ergeben sich die Frühfeigen, aus der letzten die Spätfeigen, die Sommerblüte ergibt die Haupternte.

Botanisch ist die Feige eine Scheinfrucht, die aus der fleischig gewordenen, innen hohlen Blütenstandachse besteht. Die ausgewachsene frische Frucht hat die Form einer Birne oder eines dicken Tropfens; sie ist grün, gelblich, purpurrot bis bräunlich-violett, wie mit einem lilagrauen Schleier überhaucht, mit weißrosa bis rötlichem Fruchtfleisch, weich, saftig, angenehm aromatisch und süß schmeckend. In ihrem Innern befinden sich zahlreiche gelbliche Steinfrüchtchen. Durch Trocknen in der Sonne oder in besonderen Öfen bekommen die Feigen eine runde, flache Form, eine graugesprenkelte oder bräunliche Farbe und einen honigartigen Geschmack. Die Konzentration des Fruchtsaftes führt zu einer Auskristallisation des Zuckers, und es bildet sich auf der Fruchthaut ein mehlartiger, konservierender Überzug. Feigen sind reich an wertvollem Fruchtzucker, an Provitamin A und Mineralstoffen, vor allem an Calcium, Kalium, Magnesium, Phosphor und Eisen, d. h. an für die Blutbildung besonders wichtigen Elementen. Großer Beliebtheit erfreuen sie sich auch als Rohkost zur Förderung der Verdauung.

Sorten

Wichtigste Sorte im Welthandel ist die türkische 'Sari Lob' mit bernsteinfarbigem Fruchtfleisch, in Kalifornien 'Calimyrna' (Wortbildung aus „California" und „Smyrna") genannt. Hauptsorte in Italien ist 'Dottato' (in Kalifornien 'Kadota'). Neben diesen Sorten seien noch die rotmarkigen 'Bardacik', 'Kassaba' und 'Seker' er-

Frische Feige, Längsschnitt

Frische Feigen im Packstück

wähnt. Italienische Frischfeigen kommen aus Kalabrien, getrocknete sogenannte Bari-Feigen aus Apulien; helle Qualitäten 'Ottati', dunklere 'Grattarole'.

Verkauf

Frische Feigen kommen im wesentlichen vom Dezember bis Mai per Flugzeug aus Südamerika, im Juni/Juli aus Spanien und Italien und von September bis November aus Frankreich.
Trockenfeigen, hauptsächlich aus der Türkei, Griechenland und Kalifornien, werden als „Naturalfeigen" und „bearbeitete" (oder auch „konfektionierte", „manipulierte" oder „etuvierte") Feigen gehandelt. Erstere werden nach dem Absieben von Fremdbestandteilen gegen Schädlinge begast und verpackt. Letztere werden nach dem Absieben begast, gewaschen, für 1–3 Minuten in kochendes, leicht gesalzenes Wasser geworfen oder einer Dampfbehandlung ausgesetzt, bevor sie aufgeweicht in die jeweils gewünschte Form gepreßt, verpackt und zum Schluß noch einmal begast werden. Die Begasung gegen Milben und Insekten erfolgt mit Methylbromid, einem Gas mit niedrigem Siedepunkt (4,5° C), das infolgedessen rasch verdampft. Die technisch unvermeidbaren Rückstände dürfen laut Höchstmengenverordnung vom 25.4.1988 50 mg Gesamtbromid je 1 kg Feigen nicht übersteigen.
Qualitativ hochwertige Feigen haben eine feine, zarte Haut und sind groß, weich und saftig. Einen guten Ruf genießt die große, goldgelb-braune, feinschalige Trockenfeige aus der Türkei.
Feigen werden mit fortschreitender Reife dunkler und schmackhafter. Folgende Verpackungsarten sind gebräuchlich: „Layer" (engl. layer = Lage, Schicht), flach in Lagen gepreßt; „Locoum", zu rechteckigen Würfeln oder Täfelchen gepreßt; „Lerida", zu Rollen zusammengeschoben, hierzu gehört auch die „Bob-

bin"-Spule; „Garland" (engl. garland = Kranz, Girlande), auf einer Bast- oder Schilfschnur in Kränzen aufgereiht und ähnliche Formen. „Protoben" und „Baglama" sind Feigen-Typen, die nicht zusammengepreßt, aufgereiht oder zusammengeschoben wurden, sondern denen man durch Aufdämpfen die ursprüngliche Birnenform wiedergegeben hat. Griechische Feigen werden meist als Kränze in Kisten, Holzschachteln, Kartons, Strohgeflechten oder Cellophanpackungen versandt. Hier lauten die Handelsklassen „Piccoli", „Piccolissimi" und „Liliput". Türkische Feigen werden nach der Größe (Size Nr.) sortiert und nach der Zahl der Früchte pro kg gehandelt.

Frischfeigen sind leicht verderblich und nur kurzfristig bei 0-4° C und etwa 90 % relativer Luftfeuchtigkeit lagerfähig. Trockenfeigen lassen sich bei ca. 7° C und 60 % relativer Luftfeuchtigkeit einige Monate aufbewahren. Sie verzuckern aber leicht und müssen laufend auf Schädlingsbefall hin kontrolliert werden. Bei unsachgemäßer Lagerung können Feigen schimmeln, gären und einen unangenehmen Geruch annehmen.

Verwendung

Feigen dienen hauptsächlich dem Rohgenuß. Bei frischen Feigen wird die Schale meist nicht mitgegessen; man kann sie schälen oder durchschneiden und auslöffeln. Trockenfeigen werden mit der Haut verzehrt. In den Erzeugerländern sind die Feigen ein wichtiges Nahrungsmittel. Dort werden sie auch zu Feigenbrot, Kompotten, kandierten Früchten, Pasten, Konserven, Sirup, Essig, Wein, Likör und anderen alkoholischen Getränken, ja sogar zu Kaffee-Zusatz („Feigen-Kaffee") verarbeitet. Rezepte für die Verarbeitung zu Kompotten, gebackenen Feigen, Feigen mit Fleischgerichten, Salaten enthalten viele Kochbücher.

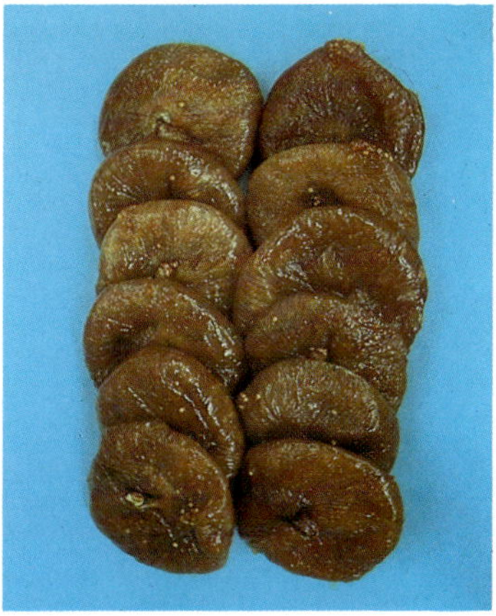

Trockenfeige

Feijoa *Acca sellowiana,* Myrtaceae

Syn. Ananas-Guave, Brazilian Guava, Pineapple Guava

Heimat, Anbau

Heimatländer sind Südbrasilien, Paraguay, Uruguay, Argentinien. Anbau heute in den Subtropen Asiens und Afrikas, in Kalifornien und Florida, Indochina, Neuseeland – hier noch beliebter als die Kiwifrucht – und auch in Frankreich, Italien und Israel.

Beschreibung

Die mit der Guave verwandte Feijoa bildet einen kleinen, bis zu 4 m hohen, winterkahlen Strauch mit hängendem Wuchs. Die Früchte sind kleine, 5-8 cm lange, 40-50 g schwere, eiförmige Beeren. Deren feste, lederige, grünliche Schale ist

Feijoas am Strauch

Feijoa, Längsschnitt

auf der Oberfläche mit kleinen Auswüchsen runzlig bedeckt. Darunter befindet sich geleeartig-festes – wie bei Pfirsich und Aprikose – weißliches bis lachsfarbenes Fruchtfleisch mit kleinen, weichen, gelblich eßbaren Kernchen. Die Frucht hat einen eigenartig durchdringenden Duft und einen feinen, säuerlich-süßen, würzigen Geschmack, der an Ananas oder Stachelbeeren erinnert. Fast schmeckt sie ein wenig parfümiert. Beachtlich ist ihr Vitamin C-Gehalt, er schwankt zwischen 28 und 100 mg%.

Sorten

Als beste gelten die hochgezüchteten amerikanischen Sorten 'Choiciana', 'Magnifica', 'Superba' und 'Mammoth'. Letztere und 'Triumph' sowie 'Coolidge' sind die Hauptsorten in Neuseeland.

Verkauf

In Neuseeland werden Feijoas von März bis Juli, in Israel und Frankreich von Oktober bis Dezember geerntet und per Luftfracht zu uns gebracht. Die Haltbarkeit der Frucht ist gering, nach ihrer Ankunft kann sie bei 4° C und 90 % relativer Luftfeuchtigkeit allenfalls noch 1 Woche aufbewahrt werden. Auch im Laden ist sie nur kurzfristig haltbar und muß rasch verkauft werden; abgegeben wird sie stückweise. Vorerst haben Feijoas auf unseren Märkten einen nur geringen Handelswert.

Verwendung

Feijoas werden meist, nachdem man sie gewaschen und geschält hat, roh gegessen (wie eine Melone); oder man schneidet sie in zwei Hälften und löffelt diese aus. Die kleinen Kernchen kann man getrost mitessen. Das Fruchtfleisch wird an der Luft schnell braun, was sich verhindern läßt, wenn man nach dem Aufschneiden etwas Zitronen- oder Limettensaft darauf träufelt. Feijoas eignen sich auch – zusammen mit anderen Früchten – gut für Obstsalate und als Zutat zu Eis und anderen Süßspeisen. Weitere Verwendungsmöglichkeiten sind die Verarbeitung zu hocharomatischen Marmeladen, zu köstlichen Gelees, zu kandierten Früchten, als Tortenbeläge u. a. Eine delikate Frucht – vielleicht auf dem Weg zum Weltmarkt?

G

Gandaria *Bouea macrophylla,* Anacardiaceae

Heimat, Anbau

Wie die Mango und einige andere Exoten stammt die Gandaria von den Inseln des Malaiischen Archipels.

Beschreibung

Immergrüne, mit der Mango verwandte, dichte und breitkronige, 10-20 m hohe Bäume tragen die etwa pflaumengroßen (3,5-6,5 cm) Früchte, die kleinen Mangos ähneln. Sie haben eine dünne, weiche, anfangs grüne, später gelbe Schale. Ihre Reife erkennt man, wenn sie dem Druck der Finger nachgeben. Qualität und innere Beschaffenheit der verschiedenen Fruchttypen variieren stark. Allen gemeinsam ist ein eigentümlicher Geruch nach Terpentin. Das Fruchtfleisch ist klebrig, saftig, gelb oder orangefarben und im Geschmack süß bis sauer. Es birgt einen 2,5 cm langen und 2 cm dikken, nur schlecht vom Fleisch lösbaren Kern.

Verkauf

Gandarias reifen von Februar bis Mai. Auf unseren Märkten dürften sie je-

Gandaria

doch nur sehr selten in Erscheinung treten. Haltbarkeit wie bei Mangos.

Verwendung

Während die süßen Früchte meist roh gegessen werden, stellt man aus den sauren Früchten mit viel Zuckerzusatz Marmeladen, Getränke und Chutney her. Auch legt man sie gern in Salz ein und benutzt sie im Gemisch mit anderen Gewürzen als scharfe Beigabe zu Speisen.

Granatapfel *Punica granatum,* Punicaceae

Heimat, Anbau

Der von Vorderasien bis zum Himalaja heimische Granatapfelbaum wird verbreitet angebaut in Afghanistan, im Iran, aber auch in Spanien, Italien, Israel, auf den Kanarischen Inseln, auf Madeira und Zypern, in Kalifornien und Brasilien. In Spanien sind Stadt und Provinz Granada nach dieser Frucht benannt, und sogar das spanische Staatswappen zeigt einen Granatapfel.

Ganzer und durchgeschnittener Granatapfel

Beschreibung

Der Granatapfel ist die Scheinbeerenfrucht des 5–8 m Höhe erreichenden, immergrünen Granatapfelbaumes oder -strauches. Die runde, apfelgroße, bis 500 g schwere, gelbbraune oder orangegelbe bis scharlachrote Frucht hat eine etwa 5 mm dicke, glatte, lederige Schale und weist – wie gekrönt – 6 verhärtete Kelchblattzipfel auf, die einst als Vorlage des bekannten Porzellan-Zwiebelmusters dienten. Im geleeartigen Fruchtfleisch erkennt man 3 untere und 6 obere häutige Fächer, in denen sich zahlreiche (granatus = körnig, samenkernreich) etwa 7 mm lange, 1-2 mm breite, zugespitzte Samenkerne befinden. Jeder wird von einer weichfleischigen, glashellen, rosafarbenen, saftigen, süß-aromatisch schmeckenden Samenschale umhüllt. Diese Samenkerne machen den Hauptbestandteil der Frucht aus. Unter den zahlreichen Granatapfelsorten gibt es aber auch einige ohne Samenkerne, bei denen sich nur die Samenschale fleischig entwickelt hat. Von den Inhaltsstoffen der Frucht steht dem verhältnismäßig niedrigen Gehalt an Vitamin C – 4-8 mg% – und an Mineralstoffen ein hoher Gehalt der Fruchtschale an Gerbsäure gegenüber. Vorsicht, diese verursacht auf Kleidung und Tischwäsche bräunliche, durch Fleckenwasser nicht zu beseitigende Flecken.

Sorten

Die Zahl der Granatapfelsorten ist groß. Die Bundesrepublik importiert hauptsächlich die Sorte 'Tendral', auch 'Mollar' genannt (Handelsname 'Rosegar') aus Spanien. Weitere Sorten sind 'Rabbab', 'Granada', 'Spanish Sweet', 'Early Red' und die zwergwüchsige 'Travernicht'. Die Hauptsorte auf den Kanarischen Inseln heißt 'Spanish Ruby'. Italienische Sorten sind 'Dente di Cavallo' und 'Agostaro'.
Angebot nur selten nach Sorten.

Verkauf

Granatäpfel gelangen zu uns hauptsächlich von Oktober bis Dezember aus Spanien und Italien und von Juni bis Oktober aus Israel und anderen Mittelmeerländern sowie aus Übersee, sind also in der zweiten Jahreshälfte laufend auf dem Markt. Die Frucht mit ihrer dicken, lederigen Schale läßt sich gut transportieren und lagern. Die Schale wird im Lager noch härter und fester und hält das Fruchtinnere frisch. Verkauf stückweise. Bei 0-1° C und 90-95 % relativer Luftfeuchtigkeit kann man sie bis zu 3 Monate lang aufbewahren, unreif gepflückte grünliche Ware noch länger; diese reift im Lager nach.

Verwendung
Der eßbare Teil des Granatapfels ist das weiße bis hellrote Fleisch der Samenhüllen. Die Samenkerne, die den Rohgenuß mehr oder weniger beeinträchtigen, werden ausgekaut, können aber – möglichst nur von frischen Früchten – auch mitgegessen werden. Um an die Samenhüllen heranzukommen, wird die harte, ungenießbare Schale der Frucht vom Kelch zum Stiel mehrfach eingeschnitten. Man zieht die Spalten ab und legt damit das Innere der Frucht frei. Man kann auch den Granatapfel durchschneiden, die halbierte Frucht auf einen Teller legen und mit einem Messerrücken daraufklopfen, so daß die Kerne herausfallen. Schließlich kann man die beiden Hälften auslöffeln und den Geschmack mit etwas darübergegossenem Weinbrand, Rum, Eierlikör oder auch Zitronensaft verfeinern. Natürlich lassen sich die Hälften der quer durchschnittenen Frucht auch mit der Zitronenpresse auspressen. Eine mittelgroße Frucht ergibt je 1/2 Tasse Kerne und Saft, der angenehm süß bis feinsäuerlich schmeckt. Der Anteil des Saftes an der Frucht ist hoch und beträgt 35-37 %. Der Saft wird für die Herstellung des sog. Sorbets verwendet, eines limonadenartigen Getränks aus Granatapfelsaft und gesüßten Fruchtsäften mit Früchten. Ein ähnliches Getränk ist die Grenadine; zu ihrer Herstellung wird der ausgepreßte Fruchtsaft einiger Granatäpfel gesüßt und mit Sekt oder Mineralwasser aufgefüllt. Granatapfelsaft, mit Zucker gekocht, ergibt Grenadine-Sirup. Weitere Verwendung finden Saft und Samenhüllen zu Obstsalaten, Eisbechern, Granatapfelcreme oder als aromatischer Zusatz zu Gelees und Fruchtgetränken. Die orientalische Küche kennt auch den Gebrauch der Kerne zu Fleischgerichten, Spiegeleiern oder Fisch. Die wertvolle Frucht verdiente auch bei uns größere Verbreitung und Beliebtheit.

Grapefruit *Citrus paradisi,* Rutaceae

Syn. Paradiesapfel, Adamsapfel

Heimat, Anbau
Handelssprache und Volksmund unterscheiden oft nicht zwischen „Grapefruit" und „Pampelmuse", und doch handelt es sich um botanisch verschiedene Arten mit unterschiedlichen Früchten.
Die Grapefruit soll auf den Westindischen Inseln aus einer Kreuzung von Pampelmuse *(Citrus maxima)* × Apfelsine *(Citrus sinensis)* entstanden sein. Sie wird heute überall dort angebaut, wo auch andere Zitrusarten kultiviert werden. Wichtigste Anbauländer: USA (ca. 60 % der Weltproduktion), vor allem Florida (die Gegend um Orlando) und Texas (unteres Rio-Grande-Tal), Kalifornien und

Grapefruit am Baum

Arizona sowie Israel. Weniger bedeutende Anbaugebiete sind die anderen Mittelmeerländer einschließlich der Türkei, Kuba, China, Südafrika, Argentinien, Mexiko, Brasilien, Australien sowie neuerdings Mozambique und Swaziland.

Beschreibung

Grapefruits sind die Früchte – botanisch Beerenfrüchte – des immergrünen, 2-5 m hohen Grapefruitbaumes. Der Name „Grapefruit" (engl. = Traubenfrucht) rührt daher, daß die Früchte wie die Beeren einer Weintraube dicht beieinander hängen. Grapefruits sind rund – 10-15 cm im Durchmesser – und damit deutlich größer als Orangen. Sie erreichen aber nicht die Größe der Pampelmusen. Die Frucht ist fest und hat eine glatte, hellgelbe bis rötlichgelbe, dicke Schale sowie ein außerordentlich saftreiches, etwas herbsäuerlich bis bitter schmeckendes Fruchtfleisch. In ihm erkennt man beim Durchschneiden zahlreiche Fruchtfächer, die meist nur einzelne, bei vielen Sorten aber gar keine Kerne enthalten. Im übrigen sind Grapefruits reich an wertgebenden Inhaltsstoffen: Saft und Fruchtfleisch enthalten das schwach bitter schmeckende Limonin mit dem hochwertigen Vitamin P-Faktor Naringin. Limonin ist besonders reichlich unter der weißen, wattigen Innenschicht der Schale vorhanden. Weitere wichtige Inhaltsstoffe sind Mineralien, Spurenelemente und Vitamine. Bezüglich ihres Gehalts an Vitamin C ist die Grapefruit zwischen Apfelsine und Zitrone einzustufen. Insgesamt wirkt das Fruchtfleisch appetitanregend, die Verdauung und die Darmperistaltik fördernd. Besonders wenn es morgens auf nüchternen Magen genossen wird, wirkt es darmreinigend und ist aus diesem Grunde als mildes, natürliches Laxativ anzusehen. Grapefruitsaft, mit Honig gesüßt, wirkt vorbeugend und lindernd bei Erkältungen. Der geringe Natriumgehalt der Frucht macht die Grapefruit speziell für Diätkost geeignet. Beim Genuß sollte man aber nicht nur den Saft trinken, sondern auch das Fruchtfleisch mit seinen wertvollen Inhalts- und Ballaststoffen mitessen. Der Vergleich der verschiedenen Herkünfte zeigt, daß z. B. Grapefruits aus den Mittelmeerländern Israel und Ma-

Zubereitung einer Grapefruit mit Spezialmesser

rokko sowie aus Surinam, Westindien und Südamerika deutlich milder schmecken als aus anderen Gegenden.

Sorten

Die meisten stammen aus Amerika, namentlich von den Anbaugebieten in Florida. Die wichtigsten sind:
'White Marsh' oder 'Marsh's Seedless' (engl. seedless = kern- oder samenlos) als die zuletzt reifende und meistverbreitete aller erwerbsmäßig angebauten Sorten. Frucht mittelgroß bis groß, rund, blaß- bis hellgelb, bei Ernteverzögerung dunkler. Schale verhältnismäßig dünn, glatt. Fruchtfleisch hellbeige, weich, sehr saftig, mit meist 13 Samenfächern, aber fast immer kernlos. Importe aus Israel (September-Mai), Zypern (Januar-März), Türkei (Januar-März), USA (August-Oktober und Dezember-Mai), Südafrika (Mai-September), Argentinien (Mai-Oktober), Uruguay (Mai-Oktober), Honduras (August-Oktober). Israel hat diese Sorte in Anpassung an die verschiedenen Klimazonen züchterisch verbessert und ihr neue Sortennamen gegeben: 'Yarden River', 'Autumn Selection', 'Regular', 'Royal' und 'Spring'.
'Duncan', kleiner als vorige, abgeplattet, Schale mitteldick, Fruchtfleisch mit meist 14 Samenfächern und zahlreichen Kernen. Spitzensorte in bezug auf Aroma und Vitamingehalt.
Neu und sehr aussichtsreich erscheint die Sorte 'Sunfruit' aus Swaziland. Steigender Beliebtheit erfreuen sich die rosafleischigen 'Marsh Pink' (engl. pink = rosa), 'Rosé' und 'Meat Pink' sowie die rotfleischigen 'Ruby Red', 'Yarden Red', 'Sunrise', 'Red Blush' und 'Star Ruby' (engl. red = rot, blush = Röte). Zwischen Mai und Juli gelangen 800 000 bis 1 Mio. Kollis 'Ruby Red' auf unsere Märkte. Diese Sorten erkennt man schon äußerlich an ihrer mehr oder weniger rötlich schimmernden Schale. Man nennt diese Tönung „russeting" (engl. russet = rostbraun, rotgelb) im Gegensatz zu den „bright" (engl. = hell), d. h. nicht getönten Sorten. Auch hört man gelegentlich die Bezeichnung „Grapefruit rosé". Alle diese rötlichen bzw. roten Sorten sind nicht

nur attraktiver für den Käufer, sondern auch aromatischer und lieblicher im Geschmack.

Verkauf

Grapefruiteinfuhren erreichen uns von Oktober bis April aus Ländern der nördlichen Halbkugel, hauptsächlich Israel, USA und Türkei, von April bis September aus der südlichen Hemisphäre, namentlich Südafrika, Argentinien, Honduras u. a. Die Frucht ist also ganzjährig auf den deutschen Märkten erhältlich. Verpackung und Versand aus den verschiedenen Anbauländern erfolgen in unterschiedlich großen Kartons in mehr oder weniger einheitlichen Maßen. Verkauf stückweise.

Da Grapefruits in der Regel mit fäulnishemmenden Zusatzstoffen oberflächenbehandelt sind, muß die Ware laut Zusatzstoff-Zulassungsverordnung vom 22.12.1981 entsprechend gekennzeichnet werden. Die Lagerfähigkeit von Grapefruits ist besser als die von Apfelsinen oder Zitronen. Eine gewisse Lagerung ist sogar vorteilhaft, weil Aroma und Milde zunehmen und sich das Fruchtfleisch besser von der Schale lösen läßt. Optimale Lagertemperatur: 8-15° C bei 85-90 % relativer Luftfeuchtigkeit; Haltbarkeit bis 3 Monate.

Manchmal zeigen Grapefruits aus tropischen Anbaugebieten in der Schale gewisse klimabedingte Unreinheiten, doch schmecken gerade solche Früchte bemerkenswert milde.

Verwendung

Grapefruits werden in erster Linie frisch verzehrt, mit Vorliebe auch in Obst- und Blattsalaten. In den angelsächsischen Ländern gelten sie als typische, erfrischende Frühstücksfrüchte. Man schätzt ihren leicht herb-bitteren Geschmack, der meist nur beim ersten Biß empfunden wird. Manche mildern diesen Geschmack, indem sie Zucker beigeben. Aber auch Salz soll in den Tropen, ähnlich wie für herbe Ananas, zur „Verbesserung“ des Geschmacks verwendet werden.

Und wie verzehrt man eine Grapefruit? Zunächst wird die ungeschälte Frucht quer durchgeschnitten, wobei die Kerne zu entfernen sind. Jede Hälfte legt man auf einen Teller und trennt mit einem Messer die einzelnen Fruchtfleischsegmente voneinander. Dann führt man – am besten mit einem speziell gezähnten und gekrümmten Grapefruitmesser – entlang der inneren Schale einen Rundschnitt aus, um das Fleisch von der Schale zu trennen. Jetzt lassen sich Fleisch und Saft bequem aus den beiden Fruchthälften herauslöffeln. Gourmets verfeinern den Geschmack mit ein wenig Rum, Cognac oder Maraschino und garnieren das Ganze mit einer Maraschinokirsche oder Muskattraube.

Große wirtschaftliche Bedeutung kommt der Grapefruit aber nicht nur für den Frischverzehr zu, sondern – und das geschieht vornehmlich schon in den Anbauländern – auch wegen ihrer Verarbeitung zu wohlschmeckenden, alkoholfreien Säften und Erfrischungsgetränken, zu Saftkonzentrat, Pulpe und Fruchtpulver. Diese Halbfabrikate werden für die Herstellung von Marmeladen, Konfitüren und Süßwaren gebraucht. Aus der Schale frischer Früchte schließlich gewinnt man das ätherische Grapefruitöl. Bezüglich der Verwendung von Grapefruits für Obstsalate, Speiseeis, Geflügelsalate („Rosé-Salat“) usw. sei auf Kochbücher verwiesen.

Guave *Psidium guajava,* Myrtaceae

Syn. Guayave, Guajave, Guayaba

Heimat, Anbau

Zu Hause ist die Guave in den tropischen Gebieten Amerikas. Heute wird sie in Südafrika, Südamerika, Mexiko, Westindien, Kalifornien, Florida, in Indien sowie in einigen Mittelmeerländern angebaut.

Beschreibung

Die Guave ist die Beerenfrucht eines immergrünen Strauches oder eines kleinen, 3-6 m Höhe erreichenden Baumes. Die Frucht ist rundlich, ei- oder birnenförmig, mißt 3-12 cm im Durchmesser und wiegt 25-50 g. Die etwas wachsartige, auf leichten Fingerdruck nachgebende Schale ist gelb mit einem Anflug von Weiß oder Rosa. Das Fruchtfleisch ist fest, weiß-grünlich, gelb oder – namentlich bei der konservierten Frucht – tiefrosa bis lachsfarben, ist saftig und enthält in 4-5 Kammern viele ein wenig scharfkantige, verholzte Kerne. Es gibt jedoch auch fast samenlose Sorten. Die Frucht duftet herrlich, fast penetrant, und schmeckt – etwas weniger intensiv – süßsäuerlich nach einer lieblichen Kombination aus Quitte, Birne, Feige, Stachelbeere und Erdbeere. Die Guave zählt zu den Vitamin C-reichsten Obstarten: im Durchschnitt 200-400 mg%, maximal in reifen Früchten bis 900 mg%. Als „Vitamin-Kraftpaket" unter den exotischen Früchten wird sie bezeichnet, als Frucht, die es eigentlich nur „auf Rezept" geben dürfte. Der bei uns erhältliche Guavennektar ist allerdings erheblich ärmer an Vitamin C. Von sonstigen stärker vertretenen Inhaltsstoffen seien noch Pektin, Provitamin A, einige Vitamine der B-Gruppe sowie die Mineralstoffe Eisen, Calcium und Phosphor genannt.

Der Vollständigkeit halber sei erwähnt, daß es neben der vorstehend abgehandelten Guavenart noch einige weitere Arten der Gattung *Psidium* gibt, deren Früchte ebenfalls verzehrt werden. Dazu zählen z. B. folgende Arten:

<u>Erdbeerguave *Psidium cattleyanum:*</u> Stammt aus Brasilien, ist außer in Südamerika besonders im Fernen Osten, z. B. in China, verbreitet. Von dieser Art gibt es einen dunkelroten und einen bleichgelben Typ. Die Früchte sind kugelrund, mit nur 3-4,5 cm Durchmesser. Das Fruchtfleisch ist meist rötlich, auch weiß, von ausgezeichnetem Geschmack. Verarbeitung zu Fruchtsaftgetränken und Gelee. Ebenfalls hoher Gehalt an Vitamin C. Verdiente bei uns stärkere Beachtung.

<u>Wildguave *Psidium guineense:*</u> Die bekannteste Guave-Wildform, ebenfalls in Südamerika heimisch und verbreitet. Die Früchte sind pflaumenförmig, hart, etwa 4 cm groß. Das Fruchtfleisch ist hellgelb, sauer und dient der Herstellung von Getränken und Speiseeis.

<u>Cas *Psidium friedrichsthalianum:*</u> Eine erst wenig bekannte Art aus Costa Rica und Guatemala. Frucht rund, hellgelb, etwa von der Größe einer Mandarine. Vollreif sehr weich, schlecht zu transportieren. Wird roh, ungeschält, wie ein Apfel gegessen. Aus dem orange-weißen Fruchtfleisch werden wohlschmeckende Getränke, Marmeladen, Eiscremes und Sorbets hergestellt. Der hohe Säuregehalt der Frucht kann Durchfall zur Folge haben. Trotzdem wird häufig zuviel davon verzehrt, denn

Guaven am Strauch

Guaven im Packstück

der phantastische Geschmack dieser köstlichsten aller Guavearten verführt dazu.

Sorten

Obwohl die Guave meist nicht nach Sortennamen gehandelt wird, seien genannt: 'Early Red', 'Madeira', 'Madeira Hybrid', 'Hugo Red', 'Supreme', 'Red Indian', 'Ruby', 'Centeno Prolific', 'Salmonsvley White', 'Smooth Green', 'Safeda', 'Chittidar', 'Behat', 'Rousseau', 'Frank Malherbe', 'Fan Retief' u. a. Die beiden letztgenannten sind besonders fleischig und eignen sich deshalb besonders für die Konservierung; außerdem gehören sie zu den Sorten mit dem höchsten Vitamin C-Gehalt.

Verkauf

Guaven können das ganze Jahr über importiert werden, ganzjährig aus Brasilien, von September bis November aus Südafrika, von Juni bis Dezember und Januar bis März aus Thailand usw. Transporte sind nur als Luftfracht möglich, denn die frischen Früchte verderben schnell. Für den Export bestimmte Früchte müssen ohnehin noch hart und erst grüngelb, d. h. vor der Vollreife geerntet und sorgfältig verpackt werden. Für den Händler sind Guaven ein heikler Artikel, sie müssen so rasch wie möglich – stückweise – verkauft werden. Wenn erforderlich, können sie zum Reifen bei 7-10° C und 90-95 % relativer Luftfeuchtigkeit kurzfristig gelagert werden. Konservierte, geschälte Früchte in Dosen kommen hauptsächlich aus Südafrika.

Verwendung

Für den Rohgenuß wird die Guave geschält, aus der Hand gegessen oder in Schnitzel zerteilt. Diese werden mit Zucker, Zitronensaft und eventuell Sahne genossen oder als Obstsalat zubereitet. Auch für Tortenbeläge und zu Speiseeis eignen sich Guaven. In den Anbauländern erfolgt die Verarbeitung zu Säften, Marmeladen, Konserven – ein beliebtes Dessert –, Nektar, Gelees, Fruchtpasten (Gojabade, Guavenkäse), Wein und Likör. Guavensaft gilt als einer der aromatischsten Fruchtsäfte überhaupt. Geschätzt wird die Frucht auch als Aromaträger für Joghurt.

H

Hagebutte *Rosa canina u. a.*, Rosaceae

Syn. Hiften

Hagebutten sind Wildfrüchte; es sind die roten Scheinfrüchte einer Reihe von Rosenarten, von denen – neben der Kartoffelrose *(Rosa rugosa)* – die Hundsrose *(Rosa canina)* die bekannteste ist. Ihr Verbreitungsgebiet sind verschiedene Länder Eurasiens, in denen Hagebutten gesammelt und teilweise auf dem Markt verkauft werden. Nur in einigen Ländern Osteuropas wird die Hundsrose kultiviert, bei uns wird ihr Anbau als unwirtschaftlich angesehen. Die Hagebutten dieser Art sind bis 3 cm lang, leuchtendrot, fleischig und von süß-säuerlichem Geschmack; Reife ab September. Der große ernährungsphysiologische und gesundheitsfördernde Wert der Hagebutte liegt in ihrem hohen Vitamin C-Gehalt: Mit 500-1700 mg% *(Rosa haematodes* bis 2900 mg%!) dieses Vitamins in der frischen Frucht wird in dieser Hinsicht sogar die Zitrone übertroffen.
Hagebutten werden vom Spätsommer bis in den Oktober/November hinein geerntet, solange sie noch fest sind. Die Früchte werden durchgeschnitten, von den Kernen im Innern befreit und in der Sonne zum Trocknen ausgelegt. Hagebutten sind nicht für den Rohverzehr bestimmt, sondern werden zu Trockenfrüchten, Mark (Hägenmark), Mus, Marmelade, Konfitüre, Wein und Likör verarbeitet. Dank der verschiedenen wertgebenden Inhaltsstoffe der Frucht wird Hagebuttentee in Krankenhäusern hoch geschätzt. Frische Hagebutten können kühl und trocken für einige Zeit aufbewahrt werden, länger sind sie getrocknet haltbar.

Hagebutten

Haselnuß *Corylus avellana* und *C. maxima*, Betulaceae

Heimat, Anbau

Sie wächst seit Urzeiten in Europa bis nach Kleinasien und damit auch bei uns als kleinfrüchtige Waldhasel wild, ist aber auch angepflanzt überall in Gärten, Parks und als Sichtschutzgehölz anzutreffen. Angebaut wird sie in den Mittelmeerländern Türkei, Griechenland, auf Zypern, in Italien (Sizilien, Neapel, Istrien, Livorno, Piemont, Catania), Frankreich, Spanien (Tarragona) usw. Bedeutender Anbau auch in den USA (Oregon) und in der Sowjetunion.

Beschreibung

Die Haselnuß ist die Frucht (botanisch eine Schließfrucht) des bis zu 7 m hohen, winterkahlen Haselnußstrauches. Die ab Mitte August reifende Nuß hat eine mehr oder weniger dicke, harte, verholzte Schale (etwa 55 % des Gewichts) und ist glänzend oder matt, glatt oder längsgestreift. Der Kern im Innern, der genießbare Teil, ist mehr oder weniger kugelig-rund, von einer bräunlichen Haut eingehüllt, hartfleischig und wohlschmeckend. Wie andere Nüsse auch, sind Haselnüsse mit ihrem relativ hohen Gehalt an Fett (ca. 60 %), Eiweiß (ca. 14 %), wertvollen Mineralstoffen (Kalium, Calcium, Phosphor, Eisen) und Vitaminen äußerst nahrhaft, aber auch kalorienreich.

Sorten

Wir unterscheiden die rundlichen Zellernüsse (abstammend von *Corylus avellana*) und die länglich-walzenförmigen Lambertsnüsse (abstammend von *C. maxima*). Zwischen beiden Sortengruppen gibt es zahlreiche Zwischenformen (Hybriden) mit teils mehr Zellernuß-, teils mehr Lambertsnuß-Eigenschaften. Ganz allgemein sind Lambertsnüsse geschmacklich den Zellernüssen überlegen. Als anbauwürdig werden heute folgende Sorten angesehen:

<u>Zellernüsse und Zellerhybriden:</u> ‘Hallesche Riesennuß‘, ‘Wunder von Bollweiler‘, ‘Frühe lange Zeller‘, ‘Daviana‘ (sehr guter Geschmack), ‘Cosford‘, ‘Englische Riesen‘ u. a.

<u>Lambertsnüsse und Lambertshybriden:</u> ‘Weiße Lambertsnuß‘, ‘Rote Lambertsnuß‘, ‘Lambert Filbert‘, ‘Webbs Preisnuß‘, ‘Nottingham Prolific‘ u. a.

Aus der Türkei kommen die dünnschaligen und sehr schmackhaften sogenannten Türkischen oder Levantiner Nüsse (‘Tombul‘), aus Sizilien und Catania die runden Sizilhaselnüsse, aus Neapel die langen, breiten Giovanni und Neapolitaner, aus Livorno die plattrunden Römischen Nüsse, aus Turin die Piemonteser; aus Spanien die Tarragona-Nüsse (‘Negretas‘, ‘Comunas‘), aus Frankreich die sehr gut schmeckenden ‘Segorbe‘ und ‘Fertile de Contard‘ und von Zypern die dünnschaligen ‘Mandolini‘. Nordamerika liefert ‘Barcelones‘ und ‘Royals‘ sowie die Oregon-Haselnüsse, die trotz ihrer Größe zart und von kernigem Geschmack sind. Aus ihnen werden Oregon-Pralinen, Honignüsse, Nuß-Karos, Nuß-Käsestangen und andere Leckereien hergestellt.

Verkauf

Haselnüsse aus inländischer Produktion, die den Bedarf des Marktes nur zu einem verschwindend geringen Teil zu decken vermag, werden meist mit der Schale gehandelt. Es überwiegen die während des ganzen

Lambertsnüsse, unreif im Hüllblatt

Haselnüsse

Jahres erfolgenden Importe aus den vorstehend genannten Anbauländern. Dort werden fast überall die Nüsse geschält, nach Durchmesser sortiert, z. B. 9/11, 11/13, 13/15 mm, und unter zahlreichen Sortengruppen-Bezeichnungen versandt. Der Verkauf im Laden erfolgt meist lose oder bereits in Cellophanbeuteln abgepackt.

Haselnußkerne sind gut einige Wochen lagerfähig bei 2-8° C und ca. 65 % relativer Luftfeuchtigkeit, ungeschält noch wesentlich länger, bis zu mehreren Monaten. Es besteht jedoch die Gefahr, besonders in Wohnräumen mit höheren Temperaturen, daß die stark fetthaltigen Kerne ranzig werden. Luftig lagern, die Kerne sind meist noch etwas feucht und können schimmeln.

Verwendung

Eine Frucht zum Knacken und Knabbern oder als Zugabe für Obstsalate. Als Rohkost werden besonders die italienischen Nüsse, die runden „Römerkerne" geschätzt, während die türkischen Nüsse von der Hausfrau für Backwaren bevorzugt werden. Der größte Teil der Haselnußproduktion geht jedoch zur Verwertung an die Süß- und Backwarenindustrie, und nur etwa 20 % in die Lebensmittelgeschäfte. Die Industrie verarbeitet Haselnüsse zu Lebkuchen, Makronen und anderen Dauerbackwaren, zu gesüßtem Haselnußmus, Haselnußmark, zu Haselnußöl als Ausgangsmaterial für Nougat und nougatartigen Brotaufstrich, zu Schokoladen und anderen Süßwaren, zu Puddings, Nußeis, Nußbutter u. a.

Heidelbeere *Vaccinium myrtillus,* Ericaceae

Syn. Waldheidelbeere, Blaubeere, Schwarzbeere, Bickbeere, Besinge

Heimat, Anbau

Kein erwerbsmäßiger Anbau, deshalb nur Angaben über das natürliche Vorkommen: Heimat und verbreitetes Wildvorkommen in den Kiefern- und Fichtenwäldern, Hochmooren und Heiden Eurasiens und Nordamerikas. Wichtigste Sammelgebiete in der Bundesrepublik sind der Bayerische Wald und die Oberpfalz; hier wachsen auch, bis in Höhenlagen hinein, die qualitativ besten Beeren heran. Geringere Vorkommen im Spessart, Odenwald und Schwarzwald, in der Rhön und in der Lüneburger Heide.

Waldheidelbeeren

Beschreibung

Heidelbeeren sind die etwa erbsengroßen, dunkel- bis schwarzblauen, mehr oder weniger bereiften Beeren eines niedrigen, bis 50 cm hohen, anspruchslosen, laubabwerfenden Halbstrauches. Die wohlschmekkende Frucht enthält einen stark färbenden, dunkelroten Saft, in 4-5 Fächern zahlreiche kleine Kerne und wertvolle Äpfel-, Zitronen- und andere Fruchtsäuren, Mineralstoffe (Eisen), Gerbstoffe und Vitamine.

Die Waldheidelbeere darf nicht verwechselt werden mit der ähnlichen, meist aber etwas größeren und stark bläulich bereiften Frucht der Rausch-, Sumpf- oder Moosheidelbeere *(Vaccinium uliginosum)* mit nicht färbendem Saft. Diese geschmacklich minderwertige Beere darf keinesfalls als Heidelbeere verkauft oder mit dieser vermischt angeboten werden.

Verkauf

Heidelbeeren kommen von Juni bis September auf den Markt. Bedauerlicherweise wird aber nur ein Bruchteil der in unseren Wäldern reifenden Heidelbeeren gesammelt.

Um den Bedarf des Marktes zu dekken, werden jährlich 3000 bis 4000 t aus Polen, der ČSSR, Österreich, den Balkanländern und Frankreich – überwiegend Ländern mit niedrigen Stundenlöhnen – importiert. Die Ware wird meist in Spankörben bis 3,5 kg, in Steigen oder als Preßware in Fässern angeliefert.

In den deutschen Sammelgebieten werden die tagsüber gepflückten Beeren noch am Abend zu den eingerichteten Aufkaufsstellen gebracht und von dort sofort oder noch in der Nacht vom Versandhändler abgeholt. Der Abtransport der Beeren erfolgt mit LKW, Kühlwagen oder besonders von der Bundesbahn während der Hauptsaison eingesetzten Beerenzügen („Heidelbeer-Expreß"), für weitere Entfernungen mit Kühlwaggons. Die Beeren sind druckempfindlich, nur kurze Zeit haltbar, werden bald bitter und müssen rasch verkauft werden. Dies geschieht lose, in 500-g-Schalen oder kleinen Spankörben. Die Lagerung erfolgt allenfalls für einige Tage bei 0° C und 90-100 % relativer Luftfeuchtigkeit.

Verwendung

Roh, mit Zucker oder auch Milch angemacht, sind Heidelbeeren ein herrlich erfrischender Genuß, ebenso gekocht als Kompott und als Belag auf Kuchen und Torten. Heidelbeeren lassen sich problemlos einfrieren. Industriell erfolgt die Verarbeitung zu Pulpe, Muttersäften, Naßkonserven, Marmelade, Wein, Likör und Heidelbeergeist. Die getrockneten, schwarz und runzelig aussehenden Beeren sind ein altes Volksheilmittel gegen Durchfall.

Himbeere *Rubus idaeus*, Rosaceae

Heimat, Anbau

Himbeeren wachsen wild im mittleren und nördlichen Europa, in Asien und im nordöstlichen Nordamerika in lichten Wäldern, Hecken und Gebüschen, von der Ebene bis ins Gebirge. In allen Ländern dieses riesigen natürlichen Verbreitungsgebietes werden sie auch erwerbsmäßig angebaut, in Deutschland hauptsächlich in Baden-Württemberg, Rheinland-Pfalz, Nordrhein-Westfalen, Niedersachsen und um Hamburg.

Beschreibung

Himbeeren sind die Früchte von bis zu 2 m hoch werdenden Halbsträuchern. Diese entwickeln im ersten Jahr kräftige Triebe, die im nächsten Jahr Blüte und Frucht bringen und dann absterben. In der Zwischenzeit sind neue Triebe als Tragruten für das darauffolgende Jahr entstanden usf. Nur bei einigen wenigen Sorten bringen im Herbst die im gleichen Jahr gewachsenen Ruten bereits erste Früchte. Himbeeren sind Sammelfrüchte, bei denen eine größere Zahl kleiner, mehr oder weniger behaarter, einsamiger Steinfrüchte auf einem zapfenförmigen, markigen Fruchtboden sitzen, von dem sie sich während der Reife leicht lösen. Die 1-2 cm großen Beeren sind rund bis länglich, bei der Mehrzahl der Sorten rotfrüchtig. Sie sind saftig, süß und von herrlichem Aroma. Die wenigen Sorten mit rosa oder gelben Beeren sind nur für den Gartenliebhaber von Interesse. Die wertgebenden Inhaltsstoffe der Beeren sind Zucker (ca. 7 %), Fruchtsäuren (hauptsächlich Zitronensäure), Pektin, Mineralsalze (Kalium, Calcium, Phosphor), das Provitamin A und die Vitamine B_1, B_2 und C (25 mg%). Der Himbeersaft ist ein beliebtes, kühlendes Getränk und häufiger und beliebter Bestandteil von Saftkuren.

Sorten

Das Himbeersortiment ist außerordentlich umfangreich und in ständiger Bewegung. Zur Zeit werden für den deutschen Erwerbsanbau u. a. folgende Sorten empfohlen (die Sorten sind in der zeitlichen Reihenfolge ihrer Reife aufgeführt):

'Glen Glova': Mittelgroß bis groß, länglich-kegelförmig,; hell- bis orangerot, aromatisch.

'Malling Promise': Groß, rund bis kegelförmig; hellrot, süßaromatisch; druckempfindlich; weniger für Tiefkühlung geeignet.

'Malling Exploit': Groß, gedrungen kegelförmig; hell bis mittelrot, fest, aromatisch; neigt zum Zerbröckeln der Frucht.

'Malling Jewel': Mittelgroß, kegelförmig; mittel- bis dunkelrot, mittelmäßig fest, angenehm im Geschmack.

'Multiraspa': Groß, kugelig bis kegelförmig; hellrot, fest.

'Zefa 1': Groß, spitzkegelig; mittelrot, fest, wohlschmeckend.

'Zefa 2': Mittelgroß bis groß, rundkegelig; dunkelrot, fest, fein säuerlich, aromatisch.

'Himbostar': Groß, kegelförmig; hellrot, fest, wohlschmeckend.

'Schönemann': Gute, überdurchschnittlich ertragreiche Spätsorte. Mittelgroß bis groß, länglich kegelförmig; dunkelrot, fest, säuerlich. Wichtige Sorte für Markt und Verarbeitung.

Verkauf

Die Ernte und damit die Verkaufszeit für frische Himbeeren fällt in die Monate Juni bis September. Trotz ihrer

Himbeeren

Druck- und Transportempfindlichkeit haben sie einen verhältnismäßig umsatzstarken Markt. Die besonders aromatischen Waldhimbeeren werden gewerblich gesammelt im Bayerischen Wald, in Polen, der ČSSR und in den Balkanländern. Trotz der beachtlichen Produktion – hauptsächlich für den heimischen Frischmarkt – überwiegen die Einfuhren an Rohware für die Verarbeitungsindustrie aus Holland, Italien, Frankreich, Belgien, Polen, Ungarn u. a. Der Verkauf von Himbeeren erfolgt in Pfundschalen, Pappschachteln (mit und ohne Cellophanfenster) oder Spankörbchen, in die auch oft gleich bei der Ernte gepflückt wird. Für die industrielle Verarbeitung wird in größere Behälter, Körbe, Fässer und Kübel umgefüllt. Eine längere Aufbewahrung der schnell verderblichen Weichfrucht ist nicht ratsam. Wenn überhaupt, dann nur wenige Tage bei 0-1° C und 85-90 % relativer Luftfeuchtigkeit. Bei zu langer Lagerung verlieren die Früchte Glanz und Farbe, werden weich und verderben. Die Ware deshalb möglichst täglich ausverkaufen. Besonders gute Preise erzielen die von August bis November auf den Markt kommenden Herbsthimbeeren.

Verwendung

Himbeeren – unsere aromatischste heimische Obstart – werden vorsichtig gewaschen und roh genossen oder rasch verarbeitet; sie zu trocknen ist bei uns nicht üblich. Die Hausfrau verwendet sie in Kaltschalen, Obstsalaten, Eis, Pudding, Roter Grütze, Kuchen und anderen Backwaren. Die Industrie verarbeitet die Beeren, die zu 70-90 % Saft ergeben, zu Naß- und Tiefkühlkonserven, Pulpe, Marmelade, Gelee, Sirup, Himbeeressig, Himbeerpulver, Likör, Wein, Himbeergeist und diversen anderen köstlich mundenden Spirituosen. Himbeeren lassen sich sehr gut einfrieren, so daß Konditoreien das ganze Jahr über Himbeertorte, Biskuitrollen mit Himbeerfüllung und dgl. anbieten können.

Holunderbeere *Sambucus nigra,* Caprifoliaceae

Syn. Schwarze Holunderbeeren, Holder, Hollerbeeren, Fliederbeeren (nicht identisch mit dem Zierstrauch Flieder)

Heimat, Anbau

Heimat ganz Eurasien, somit auch bei uns ein weitverbreiteter, in Wäldern, an Ufern, auf Ruderalplätzen, in Hecken usw. wildwachsender, aber auch angepflanzter anspruchsloser Strauch. In den letzten Jahrzehnten gewinnt diese altehrwürdige Obstart jedoch auch für den erwerbsmäßigen Anbau in größeren, geschlossenen Pflanzungen zunehmend an Bedeutung. Intensive Selektionsbemühungen, d. h. Auslesen aus dem Wildvorkommen, sind vor allem in Dänemark, Österreich, in der Schweiz und auch in der Bundesrepublik vorgenommen worden.

Beschreibung

Der Holunder ist ein raschwüchsiger, 6-8 m hoch werdender Strauch, der im Juni/Juli mit seinen zahlreichen in endständigen, schirmförmigen Trugdolden stehenden kleinen weißen bis gelblichweißen Blüten die Luft mit einem süß-aromatisch angenehmen Duft erfüllt. Diese Blütenstände dienen der Zubereitung der schmackhaften, in Eierkuchenteig fritierten „Hollerküchle". Die Beeren, botanisch kleine, 5-6 mm große, dreisamige Steinfrüchte, sind rund, glänzend, violett bis schwarz mit ebensolchem Saft und hängen an dunkelroten Stielchen in bei der Reife sich nach unten neigenden Fruchtdolden. Die Beeren schmecken herb-süßsäuerlich und haben einen eigentümlichen Geruch. In ihnen finden wir eine ganze Palette wertvoller Stoffe wie Zucker, Eiweiß, Öl, organische Säuren, Mineralstoffe (Kalium, Phosphor, Magnesium), Vitamine (Provitamin A, B_1, B_2, P und vor allem C). Die Frucht ist höchst wertvoll für im Wachstum befindliche junge Menschen, aber auch für ältere, vor allem mehr oder weniger gestreßte Leute. Holunderbeeren sind zugleich ein geschätztes Heilmittel mit vielseitiger Wirkung. Der Heilmittelhandel importiert sogar reife, getrocknete Beeren aus Polen und Südosteuropa. Unreife Beeren dürfen jedoch keinesfalls gegessen werden; sie enthalten das Blausäure abspaltende Sambunigrin und können – vor allem bei Kindern – Brechreiz und Verdauungsstörungen verursachen. Die vollreifen Beeren enthalten kein Sambunigrin mehr, auch verliert dieser Stoff durch Erhitzen seine Wirksamkeit.

Mit dem Schwarzen Holunder dürfen zwei weitere, ebenfalls in unseren Wäldern wild wachsende *Sambucus*-Arten nicht verwechselt werden: der Zwergholunder oder Attich *(S. ebulus),* eine 1–1,5 m hoch werdende Staude, und der Traubenholunder *(S. racemosa).* Der erstere hat ebenfalls schwarze, aber übelschmeckende, leicht giftige, ungenießbare Beeren, die auch in Mischung mit Holunderbeeren laut Lebensmittelgesetz – weil gesundheitsschädlich – nicht gehandelt werden dürfen. Der Traubenholunder dagegen hat korallenrote, in Trauben hängende, herb und sauer schmekkende Früchte, die sich zur Herstellung von Säften, Suppen, Marmeladen und preiselbeerähnlichen Produkten eignen, von denen die Kerne aber nicht mitverwendet werden dürfen, weil sie einen hohen Anteil von dem bereits erwähnten gefährlichen Sambunigrin enthalten. Beide Arten kommen bei uns im Walde nicht gerade häufig vor, doch sollte man sie kennen.

Holunder

Sorten

Die ersten aus dem Wildvorkommen als besonders wertvoll ausgelesenen Typen (= Sorten) waren 'Adams', 'Riese von Vosloch', 'Hamburg', 'Korsør', 'Allesøe', 'Sambu', 'Haschberg', 'Donau', 'Fränzi' u.a.

Verkauf

Die Ernte der Holunderbeeren fällt in den Herbst. An Importen sind besonders die Beeren aus Polen geschätzt, weil sie zu den farbintensivsten und qualitativ besten Herkünften zählen. Zur Ernte werden die Dolden abgeschnitten und in Steigen oder Körben dem Markt bzw. der Verarbeitungsindustrie zugeführt. Als Wildfrüchte – nur mit Ernte- und Transportkosten belastet – sind sie meist auch recht wohlfeil zu haben. Holunderbeeren verderben schnell und müssen so bald wie möglich verbraucht werden.

Verwendung

Ein altes Sprichwort lautet: „Vor einem Holunderbusch muß man den Hut ziehen" oder „Vor dem Holunder, den Hut herunter". Er verdient es in der Tat, denn vielfältig sind die Verwendungsmöglichkeiten der schmackhaften und zugleich arzneilich wertvollen Beeren. Frisch und roh wird sie wohl niemand verzehren wollen, es wird sogar vor dem Rohgenuß der Beeren gewarnt, doch können nach anderer Auffassung vollreife, tiefschwarze Beeren – ohne Stiele und Dolden – bedenkenlos verzehrt werden. Verwendet werden Holunderbeeren hauptsächlich zu Suppen, Kompott, Marmelade, Mus, Saft, Fruchtwein, Likör und Branntwein. Der dunkle Saft der Beeren dient vielfach als Färbemittel für Säfte, Wein und besonders die roten Mehrfrucht- und Multivitamin-Nektare.

J

Jaboticaba *Myrciaria cauliflora,* Myrtaceae

Syn. Jabuticaba, Baumstammkirsche

Heimat, Anbau

Die Jaboticaba stammt aus Brasilien und ist besonders in der Umgebung von Rio de Janeiro ein beliebter Obstbaum. Sein Verbreitungsgebiet erstreckt sich bis nach Paraguay und Nord-Argentinien, verstreut sogar bis Florida und Australien (Neusüdwales).

Beschreibung

Von der Jaboticabafrucht gibt es mehrere sich nicht wesentlich voneinander unterscheidende Varietäten. Sie wachsen auf 10-12 m hohen, sich schon dicht über dem Boden verzweigenden Sträuchern oder Bäumen. Eigenartig wie der Name ist auch die Art, wie der Baum seine Früchte hervorbringt. Schon der blühende Baum bietet einen reizvollen Anblick: Stamm und Äste sind mit Büscheln kleiner weißer Blüten übersät. Bereits 1-2 Monate nach der Blüte reifen die Früchte heran, d. h. es gibt mehrere Ernten (2-3) im Jahr. Wie es der Name „Baumstammkirsche" treffend zum Ausdruck bringt, sitzen die Früchte mit ihrem kurzen Stiel direkt an den Stämmen und Ästen. Sie sind kirschgroß (1-4 cm), rund oder oval, glänzend bräunlich-violett bis fast schwarz und besitzen eine dicke, sehr feste, ungenießbare Außenhaut. Darunter befindet sich saftiges, weiches, weiß schimmerndes Fruchtfleisch mit 1-4 kleinen rosa Kernen, die mitgegessen werden. Der Geschmack ist vorzüglich erfrischend, ähnlich einer Mischung von Johannisbeere und Kirsche.

Verkauf

Jaboticabas sind kein Welthandelsartikel. Die Frucht ist zwar dank ihrer festen Außenhaut gut transportfähig, doch leider ist das Fruchtfleisch nicht haltbar. Es verdirbt schon nach 1-2 Tagen und zeigt dies durch Rosaverfärbung an. Nur gelegentlich sind Früchte in gutem Zustand schon auf deutsche Märkte gelangt.

Verwendung

In Brasilien ißt man die Frucht am liebsten frisch und roh. Säuerliche Früchte werden vorwiegend zu Marmeladen, Gelees und Getränken (Sorbets) verarbeitet. Die Indianer benutzten sie früher zur Weinbereitung.

Jaboticaba

Jackfrucht *Artocarpus heterophyllus*, Moraceae

Syn. Nangka

Heimat, Anbau

Heimat der Jackfrucht sind Vorderindien und Sumatra; die Portugiesen verbreiteten sie als „Jaca" im gesamten südostasiatischen Raum. Heute finden wir sie – wenn auch außerhalb Indiens in nur unbedeutenden Mengen – in fast allen Tropenländern, hauptsächlich in Sri Lanka, Indonesien, Malaysia und Thailand sowie in Afrika.

Jackfrucht

Beschreibung

Die Nangka ist die Scheinfrucht des 10-25 m hohen, immergrünen Jackfruchtbaumes. Dieser ist einhäusig, aber getrenntgeschlechtig. Die weiblichen Einzelblüten haften im unteren Teil des Baumes unmittelbar am Stamm oder an den kräftigen Hauptästen, die männlichen, den Blütenstaub spendenden Blüten an den oberen äußeren Zweigen. Aus den weiblichen Blüten entwickeln sich nach der Bestäubung unregelmäßig geformte, Melonen ähnliche, wenn auch wesentlich größere Früchte: bis zu 90 cm lang, 50 cm dick und 10-40 kg schwer. Sie besitzen eine harte, hellgelbe bis grüne, warzige, mit zahlreichen 0,5 cm langen Ausstülpungen oder Noppen besetzte Fruchtschale und verbreiten einen unangenehmen Geruch. Im Innern dieser großen Frucht finden wir – nach Aufschneiden der kräftigen Schale – zahlreiche sechseckige, taubeneigroße, sackähnliche, an Birne oder Paprika erinnernde Einzelfrüchte. Diese enthalten einen etwa 2–3 cm großen, braunen Kern. Ihr goldgelbes oder zartlila Fruchtfleisch ist saftig, feinfaserig und angenehm süß oder – bei geringerwertigen Typen – weich und säuerlich; es erinnert an Durian und schmeckt feigenähnlich oder entfernt mild nach Honig. Von dieser Riesenfrucht ist etwa ein Drittel eßbar, zwei Drittel sind Abfall. Der eßbare Teil aber weist hohe Gehalte an Kohlenhydraten (Zucker) und Mineralstoffen (Calcium, Phosphor) auf.

Verkauf

Frischfruchtimporte erreichen uns nahezu während des ganzen Jahres auf dem Luftwege, vor allem aus Kenia von September bis Dezember und aus Brasilien von Januar bis Juni. Verkauf nach Gewicht. Dosenkonserven mit geteilter, entkernter und gezuckerter Ware kommen hauptsächlich aus Thailand, Malaysia und Indien.

Verwendung
Reife Jackfrüchte werden roh verzehrt. Dazu wird die harte Schale aufgeschnitten, wonach die die kleinen Einzelfrüchte umhüllende, gelatineartige Haut entfernt wird. Es wird empfohlen, die Frucht gekühlt zu genießen, in Obstsalaten zu verwenden und den durch Entfernen des Kernes entstandenen Hohlraum mit Vanilleeis zu füllen. Weitere in den Anbauländern übliche Verwendungsmöglichkeiten: Das Fruchtfleisch mit Milch zu einem melonenartigen Gelee kochen; oder die unreifen Früchte schnitzeln, trocknen, in Salzwasser kochen und als Gemüse essen; oder das von den Kernen befreite Fruchtfleisch in Sirup einlegen, trocknen, kandieren, mit Kokosmilch und Zukker kochen oder zu „pickles“ verarbeiten. Auch die maronenähnlichen Samen werden verwertet: Man ißt sie gekocht (das Kochwasser weggießen, es soll giftig sein) oder geröstet in Suppen oder Eintopfgerichten, oder man verwendet sie gemahlen zum Backen. In ihrer Heimat heißt die riesige Frucht auch „Brot des kleinen Mannes“.

Jambolan *Syzygium cumini,* Myrtaceae

Syn. Jambolanpflaume, Jambopflaume, Jambul, Javapflaume, Duhat (Philippinen)

Heimat, Anbau
Heimat der Jambolan sind Vorderindien und Sri Lanka bis zum Malaiischen Archipel, insbesondere Java, das tropische China und Ost-Australien. In diesen Gebieten wird auch ein mehr oder weniger systematischer Anbau betrieben.

Beschreibung
Der auch gern als Schattenspender gepflanzte, 10–20 m hohe Jambolan-Baum ist ein naher Verwandter des Rosenapfels *(Syzygium jambos).* Seine in kleinen Trauben hängenden Früchte sind oval, etwa 2,5 cm lang, bei den besseren Varietäten auch größer, in reifem Zustand kastanienbraun bis dunkel purpurrot und besitzen eine netzrunzelige Oberfläche. Das Fruchtfleisch ist rosaweiß, saftig, säuerlich-herb, adstringierend und birgt meist 1 Samen. Hervorzuheben ist der Vitamin C-Gehalt von ca. 31 mg%.

Verwendung
Jambolanpflaumen werden vorwiegend roh gegessen. Die sauren Früchte weniger wertvoller Varietäten werden auch zu Marmelade verarbeitet. In Indien stellt man auch Erfrischungsgetränke und aus unreifen Früchten Essig her.

Jambolan

Japanische Pflaume *Prunus salicina,* Rosaceae

Syn. Susine

Heimat, Anbau

Heimat: Japan und China. Als Südfrucht wird sie in den wärmeren Zonen in Japan, China, Kalifornien, Chile, Argentinien, Südafrika, Italien, Spanien, Südfrankreich, Algerien usw. angebaut.

Beschreibung

Japanische Pflaumen sind die Steinfrüchte eines mit unseren Pflaumen verwandten Obstbaumes. Die Früchte hatten ursprünglich eine ausgesprochene Herzform („Herzpflaume"), von der heute durch Bastardierung mit meist amerikanischen Wildarten wenig geblieben ist. Die Früchte sind gelb oder rot, doch niemals blau wie die Mehrzahl der bei uns kultivierten Pflaumensorten. Das Fruchtfleisch ist gelb bis dunkelrot, leider meist nicht steinlösend, doch von edlem Geschmack.

Sorten

Bedeutende Sorten sind 'Burbank', gelb mit goldgelbem, süßem Fruchtfleisch; 'Santa Rosa', rundlich, rot mit gelbem bis rotem, etwas herber schmeckendem Fruchtfleisch; sowie die Sorten 'Linda Rosa', 'Shiro', 'Shiro Rosa', 'Florentia', 'Methley', 'Golden Japan', 'Formosa', 'Goccia d'oro', 'Susine di Dro', 'Red Beauty', 'President', 'Friar', 'Nubiana', 'Simca', 'Laroda', 'Queen Ann', 'Gran Rosa' u. a.

Verkauf

Japanische Pflaumen werden von uns in nicht unbedeutenden Mengen im Juni bis August hauptsächlich aus Italien und Spanien importiert. Verkauf in Schälchen, Körbchen oder lose. Lagerfähigkeit s. Pflaumen. Der bedeutendste Pflaumenlieferant außerhalb der europäischen Saison aber ist Südafrika. Kurz vor Weihnachten treffen die ersten Susinen 'Santa Rosa' auf unseren Märkten ein, gefolgt bis Ende März von der roten 'Harry Pickstone', der gelben 'Songold', der 'Golden King', 'Gaviota', 'Ruby Nel' und den bereits

Japanische Pflaume 'Golden Japan'

genannten Sorten wie neuerdings von den späten roten Sorten 'Simka' und 'Caselman' (seit 1986) und von der neuen roten 'Laetitia' (seit 1987).

Verwendung
Susinen sind in erster Linie Früchte für den Frischverzehr. Bezüglich weiterer Verwendungsmöglichkeiten s. Pflaumen.

Johannisbeere, Rote *Ribes rubrum, Ribes petraeum* u. a., Saxifragaceae

Syn. Ribiseln

Heimat, Anbau
In Nordosteuropa und Nordwestasien heimisch. Anbau in allen Ländern der gemäßigten und kalten Zone der nördlichen und südlichen Halbkugel, in Deutschland vor allem in Baden-Württemberg, Rheinland-Pfalz, Hessen, Nordrhein-Westfalen, Niedersachsen und Hamburg.

Beschreibung
Johannisbeeren wachsen an winterkahlen, 1-2 m hohen mehrjährigen Sträuchern oder Hochstämmchen. Die an kurzen Stielen in Trauben zusammensitzenden Beeren sind 5-10 mm groß, rund, glatt, bei den meisten Sorten rot bis dunkelrot, mit mehr oder weniger herb-säuerlichem Aroma. In ihrem Innern befinden sich zahlreiche kleine Samen. Wertvolle Inhaltsstoffe: Kalium, Calcium, Phosphor, viel Pektin, reichlich Fruchtsäuren, besonders Zitronensäure, und vor allem Vitamin C. Rote Johannisbeeren gehören zu unseren säurereichsten Früchten und liefern wichtige Ballaststoffe.

Sorten
In der zeitlichen Reihenfolge ihrer Reife seien genannt:
'Jonkheer van Tets': wertvolle holländische Frühsorte, hoher Säuregehalt, etwas herber Geschmack; für Frischmarkt weniger, für Verarbeitung gut geeignet.
'Heros': früh bis mittelfrüh, mild aromatisch, süß-säuerlich; hervorragend für Frischverzehr.
'Rote Vierländer': mittelfrüh, sauer aromatisch; mehr für Verarbeitung als für Frischgenuß geeignet.
'Red Lake': mittelfrüh, mild säuerlich, aromatisch, hoher Vitamin C-Gehalt, transportgünstig, gut für Frischverzehr.
'Rondom': mittelspät, sauer, doch qualitativ hochwertig, hoher Vitamin C-Gehalt; gut für Verwertung.
'Heinemanns Rote Spätlese': extrem spät, Ende Juli, Anfang August, außergewöhnlich lange Trauben, etwas sauer, gut gelierfähig; für Frischverzehr und Verarbeitung gleich gut geeignet.
Die weißen – besser gelben – vorzüglich schmeckenden Sorten sind wohl für den Liebhaber interessant, erscheinen auf dem Markt jedoch nur sehr gelegentlich; sehr aromatisch und süß, gut für Süßmost. Marmelade von weißen Johannisbeeren färbt sich rötlich.

Verkauf
Erntezeit bei uns Anfang Juni („Johannis"-beere) bis Ende August. Importe hauptsächlich aus Holland und Belgien. Für den Frischmarkt eignen sich Rote Johannisbeeren besser als Schwarze Johannisbeeren, da diese transportempfindlicher sind. Der Verkauf erfolgt meist in

Rote Johannisbeeren

Pfundschälchen, Spankörben oder Flachsteigen. Die Preise liegen wegen der hohen Erntekosten verhältnismäßig hoch. Johannisbeeren sind nur kurze Zeit lagerfähig, bei 0-1° C und ca. 90 % relativer Luftfeuchtigkeit etwa 2-3 Tage, bei einigen Sorten auch länger. Bei zu langer Lagerung saften die Beeren und schimmeln. Schneller Verkauf empfehlenswert.

Verwendung
Johannisbeeren, von den Stielen gelöst, verlesen und gewaschen, sind – mit und ohne Zucker – eine beliebte, säuerlich-erfrischende Frucht für den Rohgenuß. Daneben finden sie sowohl in der Küche als auch in der Verarbeitungsindustrie eine höchst vielseitige Verwendung zu Kompott, Marmelade, Gelee, Grütze, Speiseeis, Sorbets, als Auflage zu Kuchen und Torten, zu Cumberlandsoße, Saft, Nektar, Limonade, Fruchtwein, Johannisbeergeist usw.

Johannisbeere, Schwarze *Ribes nigrum,* Saxifragaceae

Syn. Ahlbeeren, Schwarze Ribiseln, Gichtbeeren, Wanzenbeeren

Heimat, Anbau
Mittel- und Osteuropa sowie einige asiatische Länder. Weltweiter Anbau in den Ländern der gemäßigten Zone, in Deutschland vor allem in Baden-Württemberg, Rheinland-Pfalz, Hessen, Nordrhein-Westfalen und Niedersachsen.

Beschreibung
Schwarze Johannisbeeren sind die Früchte eines kräftig und aufrecht wachsenden, bis 2 m hohen, seltsam und unangenehm wanzenartig duftenden Strauches. Die 5-10 mm großen Beeren, in mehr oder weniger langen Trauben sitzend, sind durch ihren hohen Anthocyan-Gehalt in der Schale schwarz-violett gefärbt und reich an Kalium, Calcium, Phosphor, Pektin und Fruchtsäuren.
Ungewöhnlich hoch ist ihr Gehalt an Vitamin-C, 100-300 mg%, sowie an sogenannten P-Faktoren (P steht für Permeabilität, d. h. Durchlässigkeit der kapillaren Blutgefäße). Der hohe gesundheitliche Wert der Schwarzen Johannisbeere beruht auf der Gesamtheitswirkung all dieser wertvollen Inhaltsstoffe auf den menschlichen Organismus.

Sorten
Die wichtigsten Sorten, in der zeitlichen Reihenfolge ihrer Reife angeordnet, sind:

'Silvergieters Schwarze': verhältnismäßig wenig Säure, süß und mild im Geschmack. Gut für Frischverzehr, Saft, Konserve, Marmelade, Wein.
'Rosenthals Langtraubige Schwarze': Beeren groß, dünnschalig, säuerlich, herb, aromatisch. Wegen des hohen Säure- und Vitamin-C-Gehaltes von der Verarbeitungsindustrie geschätzt.
'Goliath': Beeren unterschiedlich groß und ungleichmäßig reifend. Mild, säuerlich, gut für Frischverzehr.
'Roodknop': Beeren uneinheitlich groß, weichschalig. Sehr hoher Säure- und Vitamin C-Gehalt. Gut für die Verarbeitung, trotz des wenig geschätzten braunen Saftes.
'Wellington XXX': Beeren groß, dickschalig, aromatisch; gut auch für Rohgenuß.
'Baldwin Hilltop': Große, dickschalige, wohlschmeckende Beeren. Sehr hohe Werte an Säure und Vitamin C. Gut für die Verarbeitung.
'Daniels September': Beeren mittelgroß, fest, aromatisch.
Weitere, neuere Sorten: 'Strata', 'Titania', 'Invigo', 'Lissil', 'Silgo'.

Verkauf

Reifezeit der Beeren ist Juli/August. Beträchtliche Importe aus Polen, Holland und Frankreich. Der Verkauf erfolgt in Pfundschalen, kleinen Spankörben oder Steigen, Anlieferung für die industrielle Verarbeitung in Fässern. Schwarze Johannisbeeren sind nur beschränkt lagerfähig: Bei 0-1° C und 90 % relativer Luftfeuchtigkeit lassen sich gesunde, trockene Beeren 2-3 Wochen lang halten.

Verwendung

Vom gesundheitlichen Standpunkt aus ist die Schwarze Johannisbeere die wertvollste Beerenobstart. Die milder schmeckenden Sorten können durchaus für den Rohgenuß empfohlen werden, z. B. in Quarkspeisen oder Puddings; ihr Hauptverwendungszweck jedoch liegt in der Verarbeitung zu Süßmost, der einen geradezu medizinischen Wert besitzt.
In den vergangenen Kriegs- und Notzeiten blieb Süßmost aus schwarzen Johannisbeeren in mehreren Ländern für Kranke, Kleinkinder und alte Leute in Krankenhäusern, Lazaretten usw. reserviert. Außerdem lassen sich aus Schwarzen Johannisbeeren köstliche Marmeladen, Konfitüren, Gelees, Sirup, Pulpen, Liköre (Cassislikör) und Cassisgeist herstellen.

Schwarze Johannisbeeren

Johannisbrot *Ceratonia siliqua,* Leguminosae

Syn. Karube, Carobe, Bockshörndl

Heimat, Anbau

Die Kultur des Johannisbrotbaumes ist im Orient uralt. Die Pflanze hat sich – z. T. verwildert – über alle Mittelmeerländer von Portugal bis zur Türkei ausgebreitet. In den USA ist Kalifornien ein bedeutendes Anbauland geworden. Den Namen „Johannisbrot" haben die Früchte erhalten, weil sie nach der Legende Johannes dem Täufer in der Wüste – neben Heuschrecken – als Nahrung dienten. Vermutlich stammt vom lateinischen Namen *Ceratonia* die Gewichtsbezeichnung „Karat" ab, da die Samen Apothekern und Juwelieren früher als Gewichte dienten. Sie wiegen äußerst gleichmäßig 0,18 g (1 Karat = 0,2 g).

Beschreibung

Johannisbrot ist die in Büscheln hängende Frucht des – wie unsere Erbsen und Bohnen – zur Familie der Leguminosen (= Hülsenfrüchte) gehörenden, immergrünen, bis 10 m hohen Johannisbrotbaumes, der im übrigen auch gern als Ziergehölz angepflanzt wird. Das Johannis„brot" ist die reife, gerade bis leicht gekrümmte, flache, dunkelbraune, glänzende, leder- bis hartschalige getrocknete Fruchthülse. Diese ist bis 20 cm lang, 2-4 cm breit, quergefächert, innen mit rötlichem, fleischigem Fruchtmark und nicht aufspringend. Sie riecht unangenehm, schmeckt aber angenehm süß. In ihrem Innern finden wir bis 12 oder mehr flacheiförmige, hartschalige, glänzendbraune Samenkörner. Johannisbrot enthält viel Zucker (30-50 %), Eiweiß, Pflanzengummi und Fett. Der unangenehme ranzige Geruch geht auf den Gehalt an Iso-Buttersäure zurück.

Sorten

Die nachstehend genannten Sorten kennt man meist nur in ihren Anbaugebieten. Spanien: 'Melas', sehr süß; 'Costolates', mit charakteristisch dickem Rand; 'Lindas', sehr lang, wenig fleischig. Italien: 'Sizil-Karobbe', dünne und trockene Hülsen; 'Puglieser Honig-Karobbe'; 'Massa'. Griechenland: 'Cipro'.

Verkauf

Haupteinfuhrzeit für Johannisbrot ist der Herbst, doch ist es das ganze Jahr über erhältlich. Von den nicht unbedeutenden Einfuhren – 5000-15 000 t jährlich –, hauptsächlich aus Spanien und Italien (Apulien, Sizilien, qualitativ beste Herkünfte) für den Frischmarkt, und aus der Türkei, Nordafrika, Portugal, Zypern und Griechenland für die industrielle Verarbeitung, besteht ein hoher Anteil aus bereits zu Kernmehl verarbeiteten Samen. Lagerung von Johannisbrot in trockenen, gut gelüfteten, kühlen Räumen über längere Zeit möglich. Verkauf nach Gewicht.

Verwendung

In den Anbauländern ist das Johannisbrot ein wichtiges Nahrungsmittel ärmerer Volksschichten, dient dort aber auch als nahrhaftes Viehfutter sowie zur Bereitung eines starken Branntweines. In einigen Ländern wird durch Auspressen aus den Früchten ein Sirup („kaftan") hergestellt, in den man andere Früchte einmacht. Auch benutzt man Johannisbrot als Hustenmittel (Brusttee) und verarbeitet es zu Rum und verschiedenen anderen Produkten, z. B. hochwertigen industriellen Klebstoffen. Aus den Samen der Hülsen wird durch Vermahlen das sogenannte

Johannisbrotkornmehl hergestellt, das als Quell- oder Dickungsstoff in Soßen, Suppen, Mayonnaisen, Speiseeis usw. verwendet wird. Geröstet dienen die Samen als Zusatz oder auch Ersatz für Kaffee („Karubenkaffee"). In unserem Obsthandel ist Johannisbrot – mit nur bescheidener wirtschaftlicher Bedeutung – nicht mehr als gelegentliches Naschwerk für Kinder. Die Hülsen werden gewaschen und roh gekaut. Um in den Genuß des süßen Fruchtmarks zu gelangen, muß man die Hülsen mitessen, denn schälen kann man die Früchte nicht.

Johannisbrot

Jostabeere *Ribes nidigrolaria,* Saxifragaceae

Nach 40jähriger Züchtungsarbeit im deutschen Max-Planck-Institut für Züchtungsforschung entstand aus Kreuzungen der Schwarzen Johannisbeere mit der Stachelbeere und *Ribes divaricatum* eine neue Beerenobstart, die Jostabeere. Um die Abstammung von **Jo**hannisbeere und **Sta**chelbeere zum Ausdruck zu bringen, wurde die neue Form „Jostabeere" getauft und nach 1975 in den Handel gegeben.

Beschreibung

Die stachellosen Jostabeeren-Sträucher wachsen stärker als jede Sorte der Schwarzen Johannisbeere und der Stachelbeere. Die Beeren hängen wie Johannisbeeren in Trauben am Strauch und sind größer als die der Schwarzen Johannisbeere, aber kleiner als großfrüchtige Stachelbeeren. Sie sind elliptisch bis oval, kurz gestielt und ähneln unreifen Stachelbeeren. Die reifen Beeren sind fast schwarz und glatthäutig, ohne die Öldrüsen, die den Schwarzen Johannisbeeren ihren charakteristischen Geruch verleihen. Geschmacklich ist die Jostabeere etwas völlig Neues. Man schmeckt die feine Säure und das köstliche Aroma der Stachelbeere, es kommt aber auch ein wenig der typische Geschmack der Schwarzen Johannisbeere durch. Hervorzuheben ist der hohe Vitamin C-Gehalt, mit 90-100 mg% zählt die Jostabeere zu unseren Vitamin-C-reichsten Obstarten.

Jostabeere

Sorten

'Jogranda' und 'Jostine'.

Verwendung

Die Frucht ist hervorragend geeignet zur Herstellung höchst aromatischer Konfitüren, Marmeladen und Säfte, aber auch zum Rohgenuß. Eine langfristige Frostung ist ohne Qualitätseinbuße möglich.

Auf jeden Fall stellt die Jostabeere eine wertvolle Bereicherung für den Beerenobstbau dar. Ihr Platz im Liebhabergarten ist ihr sicher, ob sie allerdings im Erwerbsobstbau und damit auf dem Obstmarkt einmal eine größere Rolle spielen wird, bleibt abzuwarten.

Dasselbe gilt im wesentlichen für die am Institut für Obstforschung in Dresden-Pillnitz ebenfalls aus einer Kreuzung Stachelbeere x Johannisbeere entstandenen „Jochelbeer"-Sorten 'Jochina" und 'Jocheline'. Auch bei diesen Früchten herrscht der Geschmack der Stachelbeere vor.

Da auch im Ausland gezüchtet wird, dürfen wir mit weiteren wertvollen Hybriden rechnen.

Jujube *Ziziphus jujuba,* Rhamnaceae

Syn. Chinesische Brustbeere, Indische Brustbeere, Judendorn, Chinesische Dattel, Rote Dattel

Heimat, Anbau

Von ihrer ursprünglichen nordchinesischen Heimat verbreitete sich die Jujube über ganz China, Nordwest-Indien, Japan, Westasien, Syrien bis in den Mittelmeerraum. Dort kommt eine weitere, kleinfrüchtigere Art vor – *Ziziphus lotus* –, die nicht mit der aus China stammenden Art verwechselt werden darf. In den Halbwüstengebieten Chinas wird die Jujube seit Jahrtausenden kultiviert und zählt auch heute noch zu den wichtigsten Obstarten.

Beschreibung

Die Jujube ist die Frucht eines 9-12 m hohen, knorrigen und dornigen, ziemlich frost- und hitzebeständigen Heckenstrauches oder Baumes. Die Früchte – botanisch Steinfrüchte – der europäischen Herkünfte sehen aus wie Oliven oder kleine Datteln, sind eiförmig-länglich, bis 3 cm, glänzend und rotbraun. Das Fruchtfleisch ist mehlig, gelblichweiß, etwas schleimig und enthält einen harten, zylindrischen Kern. Es schmeckt sehr süß, dattelähnlich, am besten dann, wenn die Frucht vollreif und etwas angewelkt oder runzelig ist. Die chinesische Jujube wird größer, etwa eigroß, hat aber ein weniger gutes Aroma. Die Früchte sind reich an Gesamtzucker (ca. 25 %), an den Mineralstoffen Kali, Phosphor, Calcium und Eisen sowie an Vitamin C (ca. 70 mg%). Aus den Früchten bereitet man in den Anbauländern einen Brusttee („Brustbeere") zur Behandlung von Katarrhen.

Verkauf

Die außerordentlich reich tragenden Bäume der zahlreichen Sorten werden im Herbst abgeerntet. In Westeuropa wird die Jujube von August bis Oktober gehandelt, meist als italienische „Giuggiole" oder „Französische Jujuben". Verkauf nach Gewicht. Eine größere Bedeutung für unsere Märkte haben sie bisher jedoch nicht erlangt.

Jujube

Verwendung

Jujuben verzehrt man entweder frisch vor der völligen Reife, wenn sie noch fest sind, oder auch nach der Reife, wenn sie schon schrumpfen. In Südeuropa gelten Jujuben als Tafelfrucht, im Winter werden sie getrocknet gegessen. Man bereitet aus ihnen auch Marmelade oder macht sie in Honig ein. In China werden sie von alters her entkernt und getrocknet, um sie wie Rosinen zu verwenden; oder man kocht sie auf und verzehrt sie mit Reis und Honig vermischt. Auch eine Art Brot wurde früher aus ihnen hergestellt. Mit Zucker und Honig kandierte Früchte ähneln Datteln und sind in Asien ein bedeutender Handelsartikel. Die Blätter werden ähnlich wie die des Maulbeerbaumes als Seidenraupenfutter geschätzt.

K

Kaki *Diospyros kaki,* Ebenaceae

Syn. Kakifrucht, Kakipflaume, Kakiapfel, Kakidattel, Chinesische Dattelpflaume, Japanische Aprikose, Japanische Persimone

Heimat, Anbau

Die Heimat ist in Japan, Süd-Korea, China. Anbau in allen wärmeren Ländern: Indien, Japan, Australien, Kalifornien, Florida, Brasilien, Israel; in Europa in Italien, Südfrankreich und Spanien.

Beschreibung

Kakis, botanisch Beerenfrüchte, wachsen an Sträuchern oder 3-15 m hohen Bäumen. Die Früchte reifen sehr spät, oft erst nach Blattfall im Herbst. Die blattlosen Bäume, voll mit leuchtend-orangeroten Früchten behangen, bieten einen wundervollen Anblick. Die Früchte, mit 4 großen Kelchblättern am Stielansatz, messen 6-8 cm im Durchmesser, sind ungerippt und wiegen 100-400 g. Ihre Farbe ist bei einigen Sorten gelb, bei den meisten jedoch orange bis tomatenähnlich tiefrot; der griechische Gattungsname *Diospyros* (= göttliches Feuer) ist eine treffende Bezeichnung. Die Schale ist dünn, glatt und glänzend. Bei der Reife wird die Frucht weich und saftig. Das geleeartige Fruchtfleisch enthält bis 8, zuweilen auch mehr Kerne, doch sind die kommerziell angebauten Sorten meist samenlos. Kakis schmecken anfangs, infolge ihres hohen Gehalts an Gerbstoff (Tannin), herb und zusammenziehend, bei voller Reife aber angenehm süßlich, doch ohne ausgeprägtes Aroma, bei einigen Sorten leicht nach Vanille. Der Geschmack liegt etwa zwischen Tomate und Aprikose. Die Früchte enthalten – als rasche Energiequelle – 13-19 % Glucose und sind reich an Vitaminen, insbesondere an Provitamin A (2000 I. E.). In dieser Beziehung sind sie als Babynahrung mit Möhren in etwa gleichwertig.

Sorten

Von den zahlreichen Kakisorten seien nur folgende genannt: 'Kaki Mazeli', 'Kaki Hotchiya', 'Kaki Costata', 'Kaki Lycopersicum' (muß zum Verzehr überreif werden), 'Kaki Vanille' (ist auch noch hart und unreif schon süß und genießbar); alle vorstehend genannten Sorten werden im wesentlichen in Italien angebaut. Weitere, meist aus dem ostasiatischen Raum stammende Sorten: 'Fuyugaki', 'Hadriya', 'Hyakume', 'Okame', 'Tampan' (wie 'Kaki Vanille' s. o.), 'Tsuru' (schmal, länglich), 'Tane Nashi' u. a. m. Eine bemerkenswerte Neuzüchtung stellt die in Israel gewonnene „Sharon" dar. Wie die anderen Kakifrüchte ähnelt diese orangefarbene, vierkantige Baumfrucht einer Tomate, besitzt aber eine weichere Schale und schnittfestes, süß-saftiges, kernloses Fruchtfleisch. Geschmacklich erinnert die Frucht an Quitte, Birne und Aprikose, ohne den bitteren Nachgeschmack, wie er bei der Kakifrucht gelegentlich

Kaki

Kakifrüchte im Packstück

vorkommt. Die Frucht wird roh verzehrt, man beißt einfach in sie hinein oder schneidet sie in Stücke.

Verkauf
Importe von Kakis, in Kisten und Körben verpackt, kommen von Oktober bis Dezember aus Italien und Spanien, Mitte November bis Ende Februar aus Israel ('Sharonfrucht'), von März bis Juli hauptsächlich aus Brasilien. Vermutlich werden die Anlieferungen der 'Sharonfrucht' noch erheblich zunehmen. Kakis werden hart und unreif geerntet und müssen auf dem Transport und im Lager nachreifen. Zu früh auf den Markt gebrachte Früchte sind hart, ohne Geschmack. Richtig reif sind sie, wenn das Fruchtfleisch glasig-glänzend durch die dünne Haut schimmert. Dann muß man jedoch vorsichtig mit den weichen Früchten umgehen. Verkauf nach Stück oder Gewicht am besten in festen Schälchen und so rasch wie möglich. Noch nicht ganz reife Früchte können allenfalls bei 0-3° C und 90-95 % relativer Luftfeuchtigkeit bis zu 14 Tage aufbewahrt werden.

Verwendung
Daß nicht allein das gute Aussehen einer Frucht den Geschmack bestimmt, ist bei keiner anderen Obstart so ausgeprägt wie bei der Kaki. Sie entwickelt in einem Stadium, in dem andere Früchte bereits als überreif abgelehnt werden, erst ihren vollen köstlichen Geschmack. Sicher ist dies ein Grund für die anfängliche Geringschätzung der Frucht. Kakis ißt man roh, indem man die Frucht zerteilt und die dünne Schale abzieht, oder man löffelt das Fruchtfleisch aus der Schale, eventuell unter Zusatz von ein wenig Likör, Weinbrand oder Rum. Zahlreich sind aber auch die Verwendungs- und Verarbeitungsmöglichkeiten zu Obstsalaten, Kompotten, Konfitüren, Mus, Sirup, Speiseeis, Quarkspeisen, Pulpen u. a. In Ostasien werden Kakis als Trockenobst sehr geschätzt. Zu diesem Zweck trocknet man die Früchte in der Sonne, wobei sie sich – wie gedörrte Feigen – mit auskristallisiertem Zucker bedecken. Als „Kakifeigen" werden sie dann in alle Welt exportiert. Im Orient sind Kakis sogar als Fruchtmehl im Handel.

Kaktusfeige *Opuntia ficus-indica*, Cactaceae

Syn. Kaktusfrucht, Kaktusbirne, Feigen-Opuntie, Indische Feige, Stachelfeige, Stachelbirne, Distelfeige, Tuna u. a.

Heimat, Anbau

Es gibt viele Kakteenarten, deren Früchte als Obst genutzt werden und die sogar, wie z. B. einige Säulenkakteen (*Cereus*-Arten), eigens zur Fruchtgewinnung angebaut werden. Auf dem internationalen Obstmarkt spielt jedoch nur die hier behandelte Kaktusfrucht eine Rolle.

Als Heimat der Kaktusfeige gelten Mexiko und das tropische Amerika. Heute ist sie in allen Trockengebieten der Tropen und Subtropen eingebürgert. In vielen Ländern ist sie sogar zu einem lästigen, undurchdringliche Dickichte bildenden Unkraut geworden. Manchmal wird sie gerade deswegen als Einzäunung angepflanzt. Systematischer Anbau erfolgt in Mittel- und Südamerika, in Kalifornien, Australien, Südafrika, Algerien, Tunesien, Ägypten, Israel und einigen weiteren Mittelmeerländern.

Beschreibung

Der bis 4 m hohe und manchmal ebenso breite Opuntienkaktus besteht aus mehr oder weniger mit Stacheln versehenen, bis 2 cm dicken, scheibenförmigen oder ovalen Gliedern oder Sproßachsen. Es sind dies gewissermaßen Wasserspeicher für die langen Trockenzeiten in den ariden Gebieten, in denen es oft nur eine kurze Regenzeit im Jahr gibt. Bei etwas älteren Pflanzen bildet sich ein kurzer verholzender Stamm. An den Rändern der Glieder erscheinen gelbe Blüten, aus denen die Früchte hervorgehen. Diese sind 4-10 cm lang, eiförmig, leicht abgeplattet, mit warzenartigen Erhebungen auf der Haut, auf denen Stacheln sitzen. Unreif sind die Früchte grün, mit zunehmender Reife verfärben sie sich gelblich bis lachsfarben oder dunkelbraun. Das gelbliche oder rötliche, etwas körnige Fruchtfleisch ist weich, geleeartig saftig und enthält viele kleine schwarze Samenkörnchen. Der Geschmack ist süß, leicht säuerlich, birnenähnlich, manchmal etwas fade, aber doch erfrischend. Wertgebende Inhaltsstoffe: 12-18 % Zucker, Calcium, Vitamine der B-Gruppe und Vitamin C.

Erwähnt sei noch, daß es auch stachellose Abarten gibt, deren Früchte in den Heimatländern auch als Viehfutter Verwendung finden. Außerdem kommen Formen mit runden, weißen oder roten Beerenfrüchten vor.

Verkauf

Kaktusfeigen liefern uns von September bis Dezember die Mittelmeerländer Italien (Sizilien) und Spanien und von Dezember bis April auf dem Luftwege Brasilien und Afrika. Die Früchte sind transportempfindlich und werden deshalb häufig in Papier eingewickelt und in mit Trenngittern versehene Steigen oder Kartons gelegt. Wegen der Bestachelung empfiehlt es sich, beim Umgang mit den Früchten Handschuhe überzuziehen. Verkauf stückweise, möglichst zügig, ohne lange Lagerung im Geschäft. Kurzfristige Aufbewahrung der Früchte ist möglich bei 6-10° C und 90-95 % relativer Luftfeuchtigkeit.

Verwendung

Für die Indianer sind Kaktusfeigen auch heute noch ein unentbehrliches Nahrungsmittel, leben doch manche von ihnen drei Monate lang fast ausschließlich davon („Brot der trockenen Gegenden"). Einen Teil

Kaktusfeigen

der Früchte verwenden sie auch zur Herstellung einer Art Sirup, einen weiteren Teil schneiden sie durch und lassen ihn an der Sonne trocknen.

Wie ißt man nun Kaktusfeigen? Zunächst erscheinen sie wegen ihrer Bestachelung unnahbar. Die großen Stacheln werden zwar oft schon auf der Plantage abgebürstet oder maschinell entfernt, trotzdem verbleiben am Grunde der groben Stacheln noch zahlreiche winzige, feine, fast unsichtbare Stachelhärchen mit Widerhaken, die beim Anfassen der Früchte leicht „unter die Haut gehen" und einen unangenehmen Juckreiz und Entzündungen hervorrufen. Deshalb Vorsicht beim Hantieren mit Kaktusfeigen und ihrer Zubereitung! Fassen Sie die Früchte, auch wenn Sie sie schon abgebürstet haben, nur mit Küchenhandschuhen oder Serviette an. Haben Sie aber einmal Stacheln in die Haut bekommen, dann träufeln Sie warmes Kerzenwachs auf die betroffene Stelle, lassen es erkalten und hart werden und entfernen es mit den Stachelhärchen.

Auf jeden Fall wird von der Kaktusfeige nur das Fruchtfleisch gegessen. Dazu wird die Haut mit dem Messer eingeritzt und abgezogen, oder die Früchte werden aufgeschnitten und ausgelöffelt. Empfehlenswert ist auch die mexikanische Art: An beiden Enden je eine Scheibe abschneiden, die Frucht der Länge nach aufschlitzen und die Hälften auslöffeln oder auf einem Teller servieren; die Kerne kann man mitessen. Der Genuß läßt sich steigern, wenn man die Früchte vorher gut kühlt und das Fruchtfleisch zuckert oder mit Zitronensaft, Eierlikör, Himbeerschlagrahm, Marmelade, heißer Schokoladensoße oder Likör übergießt. Win-

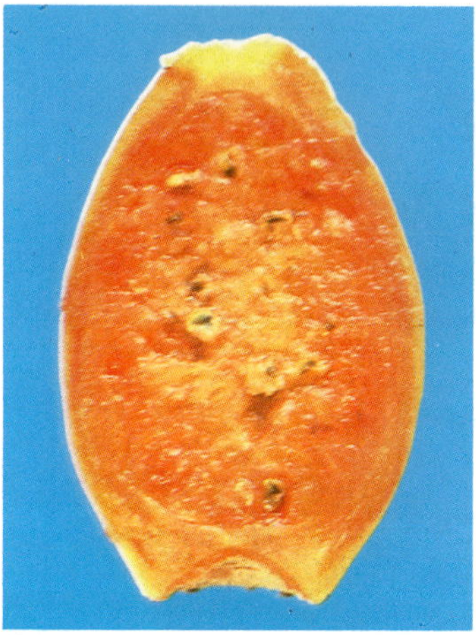

Kaktusfeige, Längsschnitt

zige Oxalatkristalle im Fruchtfleisch hinterlassen bei manchen Menschen ein leichtes Brennen auf der Zunge und den Mundschleimhäuten; auch kann sich nach dem Genuß von Kaktusfeigen der Urin rötlich färben. Beides ist aber unbedenklich und geht vorüber.

Vielfältig sind die Möglichkeiten, Kaktusfeigen noch anderweitig zu verwenden, z. B. für Obstsalate aus heimischen oder exotischen Früchten (obwohl der zarte Geschmack der Kaktusfeigen darin meist untergeht), Salate mit Schinken, Geflügel, Räucherforellen, Scampis (jeweils mit den passenden Gewürzen), für Soßen, Feingebäck, Gelee und Sirup aus dem Saft u. a. m.

Kap-Stachelbeere *Physalis peruviana,* Solanaceae

Syn. Ananaskirsche, Erdkirsche, Blasenkirsche, Goldbeere, Inkapflaume, Andenbeere, Peruanische Judenkirsche u. a.

Heimat, Anbau

Heimat der Kap-Stachelbeere sind die südamerikanischen Länder Peru, Chile, Brasilien, Venezuela, Kolumbien und die Antillen. In Südamerika wird sie auch kultiviert, in größerem Umfang jedoch in Südafrika, wo sie Anfang des 19. Jahrhunderts am Kap der guten Hoffnung, dem Vorgebirge an der Südspitze Afrikas, eingeführt wurde und dort großen Anklang fand. Von hier stammt auch die Bezeichnung „Kap"-Stachelbeere (engl. cape gooseberry = Kap-Stachelbeere oder wörtlich Kap-Gänsebeere). Weitere heute bedeutende Anbauländer sind Kenia, Indien, Australien, Neuseeland u. a. m.

Beschreibung

Zunächst eine Klarstellung: Mit unserer Gartenstachelbeere *Ribes uva-crispae)* hat die Kap-Stachelbeere nichts zu tun, sie ist auch nicht verwandt mit der Chinesischen Stachelbeere oder Kiwi *(Actinidia chinensis),* vielmehr gehört sie – wie Kartoffel, Tomate, Aubergine, Paprika und Tamarillo – zur Familie der Nachtschattengewächse und weist in Aussehen und Pflanzenaufbau weitgehende Übereinstimmung mit unserer Juden- oder Blasenkirsche oder auch Lampionpflanze *(Physalis alkekengi)* auf, die mit ihren leuchtendroten Kelchen in unseren Gärten und Blumenvasen eine Dauerzierde darstellt.

Die Kap-Stachelbeere ist eine 1-2 m hohe, einjährige, krautige Pflanze. Nach der Blüte und mit dem Fruchtansatz vergrößert sich der Blütenkelch, ist aufgeblasen und bildet eine papierdünne, gelbliche bis hellbraune, stark gerippte, eintrocknende Hülle. Darin sitzt geschützt die 1,6-2 cm große und etwa 5 g

Hülle der Kap-Stachelbeere

Kap-Stachelbeeren

schwere, fast kugelige, ein wenig klebrige Frucht. In ihrem gelben, saftig-fleischigen Innern beherbergt sie viele kleine, weiche Kernchen, die Samen. Der Geschmack ist angenehm und erfrischend, fein süß, leicht säuerlich, entfernt an Ananas („Ananaskirsche") oder eine Mischung aus Passionsfrucht und Stachelbeere erinnernd. Das Fruchtfleisch ist reich an Phosphor und Eisen sowie an Provitamin A (700-4000 I. E.), Vitaminen der B-Gruppe und Vitamin C (30 mg%).

Sorten der Kap-Stachelbeere sind nicht bekannt.

Nahe verwandt mit der Kap-Stachelbeere und ihr ähnlich, auch in der Nutzung, sind die Erdbeertomate *(Physalis pruinosa)* aus dem östlichen Nordamerika und die mexikanische Tomatillo *(Physalis ixocarpa)* mit walnußgroßen, gelben Beerenfrüchten.

Verkauf

Da in den Anbauländern Kap-Stachelbeeren fast das ganze Jahr über zur Reife kommen, erfolgen auch die Einfuhren – allerdings in geringen Mengen – ganzjährig. Oft nur als „Physalis" gekennzeichnet, kommen Frischfrüchte auf dem Luftwege hauptsächlich aus Kenia, Kolumbien, Südafrika, Madagaskar und Neuseeland. Schwerpunkte der Einfuhren: Dezember bis Juni. Ein Teil der Ernte wird in den Erzeugerländern eingemacht – gezuckert und als ganze Frucht – und kommt, ebenfalls in nur unbedeutenden Mengen, in dieser Form auf die europäischen Märkte.

Kap-Stachelbeeren sind von Natur aus wie Luxuspralinen verpackt, jede Frucht steckt in einer winzigen bastfarbenen Tüte, in der man sie auch bis zum Verkauf und Verbrauch lassen sollte. Verkauf nach Gewicht. Es empfiehlt sich ein möglichst rascher Verkauf, doch kann man sie bei 10-15° C und in trockener Luft auch einige Zeit aufbewahren. Die Hüllen schimmeln leicht und sollten deshalb öfter verlesen werden. Auch zum Tiefgefrieren sind die Beeren geeignet.

Verwendung

Kap-Stachelbeeren lassen sich leicht aus der Hülle lösen, werden gewaschen und können roh verzehrt werden; die kleinen Samenkerne darf man mitessen. Auch leicht grünliche, noch etwas unreife Beeren kann man genießen, sie sind nur noch ein wenig sauer. Gerade gelb und vollreif geworden, schmecken sie am besten. Bei der Zubereitung von Obstsalat sollte man die Beeren anstechen oder durchschneiden, damit der zugegebene Zucker eindringen kann.

Beliebt ist die Verarbeitung der Früchte zu Marmeladen, Gelee, Kompotten, Speiseeis sowie ihre Verwendung zu Cocktail oder als Belag für Torten, Torteletts, Kuchen – köstlich und farbenfreudig zusammen mit Kirschen, Erdbeeren, Bananen usw.

Kara

Eine Zitrusfrucht, entstanden aus einer Kreuzung der Mandarinensorte 'King' x Satsuma. Anbau hauptsächlich in Kalifornien, Spanien. Die mittelgroße, ein wenig abgeflachte Frucht besitzt eine mäßig dicke, grobporige, in reifem Zustand orangefarbene Schale. Das Fruchtfleisch ist dunkelorange, zart, saftig, mit nur wenigen Kernen und einem angenehmen kräftigen Geschmack. Ernte von Februar bis Mai. Nur geringe Importe, hauptsächlich aus Spanien im März/April.

Kara

Karambola *Averrhoa carambola,* Oxalidaceae

Syn. Baumstachelbeere, Kantiger Gurkenbaum; namentlich für Konserven: Sternfrucht.

Heimat, Anbau

Ihre Heimat ist vermutlich Südostasien, Indien und Malaysia. Heute in vielen Ländern der Tropen und Subtropen eingebürgert und – meist nur in geringem Umfang – kultiviert, so in China und Indonesien, in Sri Lanka, auf den Trauminseln der Karibik, in Südamerika, Florida und einigen afrikanischen Ländern.

Beschreibung

Wohl die einzige Obstart aus der Familie der Sauerkleegewächse (Oxalidaceae), eine auf kleinwüchsigen Bäumen oder Sträuchern wachsende Beerenfrucht. Sie ist 6-12 cm lang und weist 5-6 tiefe, längsverlaufende Furchen bzw. Kanten oder Längsrippen auf, die der Frucht beim Durchschneiden ein sternförmiges Aussehen verleihen („Sternfrucht"). Es lassen sich zwei Typen unterscheiden: Der eine hat etwas größere, meist goldgelbe, nach Jasmin duftende Früchte, mit einem durch seine Süße und feine pikante Säure herrlich aromatischen, an Quitten

Karambola

Karambolas im Packstück

oder Stachelbeeren erinnernden Geschmack. Die Früchte sind reif, wenn das knackige, sehr saftige Fruchtfleisch bernsteinfarben durchschimmert; es enthält kleine, beim Essen kaum spürbare Samenkernchen. Diese Frucht ist vorzüglich für den Frischverzehr geeignet. Der andere Typ bringt kleinere, hellgelbe bis blaßgrüne, daher weniger attraktive, säuerlich (Oxalsäure) schmeckende Früchte, die überwiegend in die industrielle Verarbeitung gehen. Die Karambola enthält reichlich wichtige Mineralstoffe (Calcium, Magnesium, Phosphor, Eisen), Provitamin A und Vitamin C (um 35 mg%) – eine wertvolle Frucht für Kranke und Genesende.

Verkauf

Importe in die Bundesrepublik gibt es seit 1975. Für den Frischverzehr liefert uns Malaysia die Frucht ganzjährig auf dem Luftweg; weitere, geringere Einfuhren aus Israel, Brasilien, Kolumbien und Thailand. Die Sternfruchtkonserven kommen aus Taiwan und Malaysia. Kurzfristig kann man die Karambola auch lagern, optimal bei 8-10° C und ca. 85 % relativer Luftfeuchtigkeit. Dabei werden die Längskanten der Frucht rasch braun, doch mindert dies ihren Wert nicht, wenn die Kanten zum Verzehr mit einem Messer etwa 2 mm tief weggeschnitten werden. Besser als Lagerung ist rascher Verkauf, der meist nach Gewicht erfolgt.

Verwendung

Die Karambola ist frisch genießbar und kann wie ein Apfel gegessen werden. Sie ist reif, wenn das durchscheinende Fruchtfleisch nicht mehr grün, sondern bernsteinfarben ist. Die dünne Haut der reifen Frucht läßt sich leicht abziehen, kann aber ebenso mitgegessen werden. Meist jedoch wird die Frucht quer in sternförmige Scheiben geschnitten und zu Obstsalaten, Süßspeisen, für Torteletts usw. verwendet. Die frischen Scheiben nehmen sich auch gut aus in Sekt, Bowlen, Cocktails oder erfrischenden Mixdrinks, selbst zum Garnieren von Fleischgerichten. Eine beliebte, hocharomatische, auch für das Auge gefällige, vielseitig verwendbare Zutat. Verarbeitet werden die Früchte zu Marmeladen, Konfitüren, Kompotten, Gelee, Mus und durststillenden Erfrischungsgetränken. Die Chinesen legen die saure, unreife und noch nicht voll ausgewachsene Frucht gern in Essig ein – chinesische Mixed Pickles. In Indien werden Karambolas sogar gebraten. Die Malaien salzen die Früchte ein oder kochen sie in Sirup. Eine vielseitig verwendbare Frucht.

Ganz nebenbei: Sternfruchtscheiben sind ein vorzügliches Putzmittel für Messinggegenstände: Diese damit einreiben, eine kurze Zeit einwirken lassen und polieren.

Kirsche *Prunus sp.*, Rosaceae

Heimat, Anbau

Heimat der an der Entstehung der zahlreichen Kultursorten beteiligten verschiedenen *Prunus*-Arten – in erster Linie die Vogelkirsche *Prunus avium* und Wildformen der Sauerkirsche *Prunus cerasus* – ist Eurasien. Anbau weltweit in der gemäßigten Zone, in Europa von Süditalien bis Südschweden. Bundesdeutsche Anbaugebiete: Baden-Württemberg, Nordrhein-Westfalen, Niedersachsen, Bayern, Rheinland-Pfalz, Hessen. Spätfröste verursachen gelegentlich beträchtliche Ertragsschwankungen.

An der Weltproduktion von Kirschen ist Europa mit über 75 % beteiligt. Innerhalb der EG stehen Italien und die Bundesrepublik an der Spitze der Erzeugerländer. Bedeutsam ist ferner – mit steigender Tendenz – der Anbau in der Schweiz und in den osteuropäischen Staaten.

Beschreibung

In der Systematik der Kirschen wird unterschieden:

Süßkirschen	
Herzkirschen, weichfleischig	bei beiden dunkle
Knorpelkirschen oder Kracher, festfleischig	(mit färbendem Saft), gelbe und bunte Sorten
Brennkirschen	

Sauerkirschen	
Weichseln, dunkel	beide weichfleischig
Amarellen, hell, gelb oder bunt	mit färbendem Saft

Bastardkirschen, Kreuzungen zwischen Süß- und Sauerkirschen
Süßweichseln, dunkel mit färbendem Saft
Glaskirschen, gelbe oder bunte, mit nicht färbendem Saft

Für die Praxis des Fruchthandels genügt vollauf die Einteilung in Süßkirschen, Sauerkirschen und die weniger bedeutende Gruppe der süßsauren Bastardkirschen.

Kirschen gehören zum Steinobst. Kirschbäume sind – je nach Art, Sorte und Veredlungsunterlage – niedrig (und vom Boden aus abzuernten) oder bis zu 20 m hoch. Die

Süßkirschen

Sauerkirschen

Früchte sind rundlich bis oval und zeigen viele Farben: gelb, rötlich bis tief dunkelrot, manchmal fast schwarz. Geschmacklich gibt es innerhalb der drei vorgenannten Hauptgruppen keine sehr großen Unterschiede. Kirschen sind reich an Phosphor, Eisen und den Vitaminen B_1, B_2, B_6 und C. Die Steine der Sauerkirschen sind leicht blausäurehaltig.

Sorten

Die Zahl der im Anbau und Handel befindlichen Kirschen-Sorten ist unübersehbar. Nachstehend die wichtigsten der in der Bundesrepublik zur Zeit empfohlenen Sorten, wobei die in Klammern hinter dem Sortennamen stehende Zahl die Reifezeit – 1.-7. Kirschenwoche – angibt.

Süßkirschen: 'Burlat' (1.-2.), 'Kassins Frühe' (2.), 'Meckenheimer Frühe Rote' (2.-3.), 'Souvenir des Charmes' (2.-3.), 'Teickners Schwarze Herz' (3.), 'Große Prinzessin' (4.), 'Hedelfinger Riesen' (4.-5.), 'Büttners Rote Knorpel' (5.), 'Große Germersdorfer Knorpel' (5.), 'Sam' (5.), 'Van' (5.), 'Große schwarze Knorpel' (5.-6.), 'Schneiders späte Knorpel' (5.-6.), 'Regina' (6.-7.).

Außer den vorgenannten für das gesamte Bundesgebiet empfohlenen Kirschensorten gibt es speziell bei dieser Obstart in den einzelnen Anbaugebieten Lokalsortimente mit z. T. marktmäßig sehr bedeutenden Sorten. Als Beispiel sei nachstehend das Altländer Süßkirschen-Sortiment aufgeführt (die Zahlen hinter dem Sortennamen geben auch hier wieder die Kirschenwoche an): 'Zum Feldes Frühe' und 'Schwarze' (2.), 'Rebecca' und 'Erika' (3.), 'Valeska', 'Rube' und 'Annabella' (4.), 'Sam' und 'Oktavia' (5.), 'Viola' und 'Alma' (6.-7.), 'Regina' und 'Bianca' (7.-8.).

Sauerkirschen: 'Ludwigs Frühe' (2.-3.), 'Diemitzer Amarelle' (3.), 'Schwäbische Weinweichsel' (3.-4.), 'Köröser Weichsel' (4.-5.), 'Heimanns Rubin' (5.), 'Beutelspacher Rexelle' (5.), 'Morellenfeuer' (5.-6.), 'Schattenmorelle' (6.-7.), 'Kelleriis Nr. 14' (7.).

Bastardkirschen: 'Rote Mai' (3.), 'Königin Hortense' (3.-4.), geschmacklich wohl die edelste aller Kirschensorten, leider nur wenig ertragreich und demzufolge kleine Anbauflächen und geringe Marktbedeutung, 'Schöne aus Chateney' (6.-7.) u. a.

Ausländische Kirschensorten: Süßkirschen: Italien, unser wichtigstes Kirschen-Importland, liefert von Ende Mai bis Ende Juli hauptsächlich 'Bigarreau', 'Francia Ferrovia', 'Bella Italia', 'Duroni Anella', 'Duroni Nera', 'Duroni More' und Duroni Marca'.
Frankreich liefert 'Burlat', 'Reverchon', 'Hedelfinger', 'Van', 'Cœur de Pigeon' und 'Napoléon'.
Griechenland: 'Burlat', 'Tragana'.
Ungarn: die große 'Germersdorfer Knorpel'.
Bulgarien: vorwiegend 'Erma'.
Argentinien: 'Bing', 'd'Annonay', 'Corazon de Paloma'.

Sauerkirschen: Unsere Sauerkirschen-Importe – als Frischware – sind verhältnismäßig gering. Aus Ungarn kommt die 'Pandy'-Weichsel und aus Dalmatien die 'Maraska'-Sauerkirsche (Maraschino-Likör). Im übrigen werden Sauerkirschen überwiegend als Konserven eingeführt, und zwar in erheblichen Mengen (1983: 17 454 t, 1986: 23 147 t).

Verkauf
Trotz hoher eigener Ernte von jährlich ca. 150 000 t Süßkirschen und knapp 100 000 t Sauerkirschen werden noch erhebliche Mengen Kirschen aus Italien, Frankreich, Griechenland, Ungarn, Jugoslawien, der Schweiz u. a. importiert.
Die Kirschenernte beginnt Anfang Mai in Italien, Jugoslawien und Frankreich, in der Bundesrepublik Mitte Mai. Hauptsaison für Kirschen ist bei uns Juni/Juli. Nachteilig ist die wegen der empfindlichen Fruchthaut vieler Sorten begrenzte Transport- und Handelsfähigkeit. Am günstigsten in dieser Hinsicht sind noch die auch vom deutschen Konsumenten bevorzugten festfleischigen Knorpelkirschen, die meist erst nach den empfindlicheren, weichen Herzkirschen reifen. Grundsätzlich sind Kirschen schnell zu vermarkten. Der Verkauf erfolgt meist lose, aber auch in Schalen, Kleinpackungen, Spankörben oder Flachsteigen, manchmal mit kalibrierten und in der obersten Schicht gelegten Früchten.
Die Lagerfähigkeit von Kirschen ist begrenzt: Bei 0-2° C und hoher relativer Luftfeuchtigkeit maximal 2 Wochen für Knorpelkirschen, 1-2 Wochen für Herzkirschen; bei –1-0° C 5-10 Tage für Sauer- und Bastardkirschen. Bei krassen Temperaturschwankungen geraten die Früchte ins Schwitzen.

Verwendung
Kirschen haben sowohl für den Obst-Frischverzehr als auch für die Verarbeitung eine enorme Bedeutung. Süßkirschen werden überwiegend frisch gegessen – „Tafelkirschen" sind stets nur Süßkirschen –, Sauerkirschen weniger. Im Haushalt erstreckt sich die Verwendung auf die Zubereitung von Kompotten, Obstsalaten, Desserts, Kaltschalen, Aufläufen, Marmeladen, Gelee, Saft. Die Hausfrau macht Kirschen ein und belegt ihre Kuchen und Torten damit (Schwarzwälder Kirschtorte). Die Industrie verarbeitet Kirschen zu Konserven (mit und ohne Stein), Marmelade, Konfitüren, kandierten Früchten, Pralinen, Eiscreme, Süßmost, Saftkonzentrat, Fruchtdessertwein, Likören (Cherry Brandy, Kirsch mit

Rum, Kirsch mit Whisky) u. a. Eine spezielle Verwendung finden die sogenannten Brennkirschen, das sind zumeist aus dem Wildvorkommen selektierte, kleinfrüchtige, aber sehr zuckerreiche Typen der Vogelkirsche; aus ihnen wird das begehrte Kirschwasser hergestellt (Schwarzwälder Kirschwasser).
Kirschen, ganz oder entsteint, eignen sich schließlich vorzüglich auch zum Tiefgefrieren in Folienbeuteln.

Kiwi *Actinidia chinensis,* Actinidiaceae

Syn. Chinesische Stachelbeere, Aktinidie, Affenpfirsich, Schafspfirsich u. a.

Heimat, Anbau

Heimat der Kiwifrucht sind die hochgelegenen Waldgebiete Chinas und Taiwans. Angebaut wird sie heute schwerpunktmäßig an den idealen Standorten Neuseelands, wo sie auch von den Maoris, den dortigen Ureinwohnern, nach dem putzigen, in Erdlöchern lebenden, flügellosen Waldvogel Kiwi-Kiwi, Neuseelands National- und Wappentier, ihren Namen erhielt. Anbau erfolgt außerdem zunehmend in Australien, Kalifornien, Südafrika, Chile, in Japan, in der UdSSR, aber auch in den Mittelmeerländern Spanien, Frankreich, Griechenland und vor allem Italien, ja sogar in den Niederlanden und in England. Die Pflanze ist auch bei uns anzutreffen, z. B. im klimamilden Rheingau, meist aber nur als Zierstrauch und weniger zur Fruchtgewinnung.
Ein paar Worte zum Kiwianbau in Italien: Seit Ende der 70er Jahre ist die Kiwiproduktion in einigen italienischen Obstbau-Regionen, in der Emilia-Romagna, in Piemont, Apulien, Venetien und Latium im Vormarsch. 1982 betrug die Anbaufläche 1862 ha, 1986 waren es bereits 8969 ha, und für 1991 schätzt die CIK (Consorzio Italiano Kiwi) sie auf 16 500 ha mit einem Ertrag von 185 000 t. Damit ist Italien heute schon nach Neuseeland der zweitgrößte Kiwiproduzent der Welt und der größte in Europa. Der wichtigste Exportkunde: die Bundesrepublik Deutschland. Sie bezog 1986 47 % des Kiwiexports.
Die weltweite Bedeutung der Kiwiproduktion – z. Zt. 160 000 t auf über 33 000 ha Anbaufläche mit vielen noch nicht im Ertrag stehenden Plantagen – hat die Internationale Gartenbauwissenschaftliche Gesellschaft (ISHS) veranlaßt, 1987 in Padua/Italien ein erstes Kiwi-Symposium mit Teilnehmern aus allen Erdteilen zu veranstalten.

Beschreibung

Mit der bei uns angebauten Stachelbeere *(Ribes uva-crispae)* hat die Chinesische Stachelbeere nichts gemein, von der Behaarung der Früchte vielleicht abgesehen. Kiwis sind die Beerenfrüchte einer mit meterlangen Ranken an Gerüsten oder Pfählen gezogenen, strauchartigen Pflanze. Sie ist zweihäusig, 7-8 weibliche Pflanzen brauchen 1 männliche zur Bestäubung und Befruchtung. Die Früchte hängen traubenartig an den Trieben, in manchen Jahren bis 70 kg pro Pflanze; je mehr, um so kleiner die Einzelfrucht. Diese ist länglich-oval, walzenförmig, 5-8 cm lang, bis zu 5 cm im Durchmesser und 65 bis 100 g schwer. Sie besitzt eine anfangs grüne, dann rostbraune dünne, aber harte, rauhe und zum

Schutz gegen übermäßige Verdunstung pelzig behaarte Haut. Darunter verbirgt sich grasgrünes, strahliges, saftiges, etwas glasiges Fruchtfleisch mit weißer Mitte und vielen kleinen, schwärzlichen Samenkernen. Geschmacklich werden Kiwis gern mit Stachelbeeren oder einer Mischung aus Stachelbeeren, Melone und Erdbeeren, d. h. mit sehr wohlschmeckenden Früchten verglichen. Von den Inhaltsstoffen verdienen Calcium, Kalium und Eisen sowie Vitamin C (120-300 mg%) hervorgehoben zu werden, aber auch Spurenelemente und wichtige Ballaststoffe. Amerikanische Untersuchungen haben ergeben, daß Kiwis doppelt soviel Vitamin E wie Avocados und über 25 % mehr Kalium als Bananen enthalten. Ihre Proleolytsäure soll das Cholesterin im menschlichen Körper abbauen und die Blutzirkulation verbessern.

Sorten

Hauptsorte, mit 80 % der Weltproduktion, ist 'Hayward'. Sie ist spät und bringt große Früchte mit einer braungrünen, ziemlich filzigen Haut. Mit einem Stückgewicht von 75-100 g entspricht sie voll den Anforderungen des deutschen Marktes und den Wünschen des Verbrauchers. Ihre ausgezeichnete äußere und innere Qualität sowie die gute Haltbarkeit der Früchte machen sie zur besten und gefragtesten Sorte (trotz gegenüber anderen Sorten geringeren Hektarerträgen). Weitere Sorten: 'Monty', klein, ein wenig bitter und sauer; 'Bruno', etwas süßer, nicht so bitter; 'Abbot', noch süßer, kaum bitter, ausgeprägter Stachelbeergeschmack; 'Allison' u. a.

Verkauf

Mitte der siebziger Jahre tauchten die ersten Kiwis als Rarität in unseren Obstgeschäften auf. Seitdem haben sie sich in einem einzigartigen Siegeszug einen festen Platz erobert und sind heute allerorts – selbst auf Wochenmärkten – zu haben. Von 1975 bis 1986 sind die Einfuhren in die Bundesrepublik von 100 t auf 20 000 t (!) gestiegen. Kiwis haben fast schon ihren Exoten-Charakter verloren, ihr Konsum gehört immer mehr zu den normalen Eßgewohnheiten der Verbraucher. Vielleicht haben diejenigen recht, die diesen fast sensationellen Markterfolg darauf zurückführen, daß das köstliche Aroma der Früchte den Konsumenten an bekannte, altvertraute Obstarten erinnert. Die Folge des stetig zunehmenden Angebotes aus immer mehr Erzeugerländern sind niedrigere Verbraucherpreise, so daß die Frucht von immer mehr Verbrauchern gekauft werden kann.

In Europa liegen Österreich und die Bundesrepublik in bezug auf den Kiwikonsum pro Kopf der Bevölkerung an der Spitze. In der ganzen Welt ist die Bundesrepublik der größte Absatzmarkt, der während des ganzen Jahres von beiden Hemisphären mit Kiwis beliefert wird. Zu über 65 % wird der Bedarf von Mai bis November aus Neuseeland gedeckt. In der übrigen Zeit des Jahres kommen die Einfuhren aus Italien, Frankreich, Spanien, Griechenland, Chile und Kalifornien. Die Erntephasen der beiden Erdhalbkugeln ergänzen sich in idealer Weise. Die gute Haltbarkeit der Früchte erlaubt auch den Transport mit Kühlschiffen. Auch als Konserven (in Scheiben), als Pulpe und tiefgefrorene Ware (Blockware oder Rollende Ware) werden Kiwis von uns importiert, z. T. sogar aus China. Verkauft werden Kiwis bisher meist stückweise, doch werden sie neuerdings auch zu 4 Früchten gleicher Größe geschützt in einer grünen, hochbordigen Kunststoff-Packung angeboten, die maschinell mit Klar-

Kiwi-Pflanzung

Kiwis, in Packstück gelegt

sicht-Dehnfolie verschweißt ist. Vorteile dieser Verpackung: Schonung der Früchte, sie können nicht mehr von jedem Käufer erst „probeweise" gedrückt werden; der Schwund ist dank der Folie minimal, und die Pakkungen sind stapelbar. Eine weitere Maßnahme zur Absatzförderung hat die „New Zealand Kiwi Fruit Authority" erst kürzlich eingeführt: Jede einzelne Frucht erhält ein Label, d. h. einen Aufkleber als Neuseeland-Markenzeichen. Nach langjährigen Versuchen und anfänglichen Schwierigkeiten ist es gelungen, eine Technik zu entwickeln, die „haarigen" Früchte dauerhaft mit dem Kennzeichen zu bekleben. Während der Ernte und Versandsaison müssen fast 100 Mio. Aufkleber auf die Früchte gebracht werden.

Kiwis sind auch – besonders nach einer schockartigen Abkühlung – gut haltbar, im Kühlschrank wenige Monate, bei 0-0,5° C und 90 % relativer Luftfeuchtigkeit sogar bis zu einem halben Jahr. Ausgezeichnet sind sie für das CA-Lager (3 % O_2, 3 % CO_2) geeignet. Wer Kiwis jedoch schnell zur Genußreife bringen will, bewahre sie im Zimmer auf, eventuell in einem Kunststoffbeutel oder einer Tüte, zusammen mit einigen Äpfeln, die bekanntlich reifeförderndes Äthylen ausscheiden.

Verwendung

Die vielseitig verwendbaren Kiwis sind zu einer echten Bereicherung unseres Speisezettels geworden. In neueren Kochbüchern nehmen Kiwirezepte einen breiten Raum ein. Reif und verwendungsfähig sind die Früchte, wenn sie leichtem Druck mit den Fingern nachgeben. Als Frischfrucht werden sie am besten gut gekühlt genossen. Dazu schneidet man die Frucht längs oder quer durch und löffelt sie aus; oder man schält sie, serviert sie in Scheiben geschnitten. Schließlich kann man sie, in kleine Stücke zerteilt, mit Erdbeeren, Melone, Kirschen usw. in Obstsalaten verwenden. Die feinen Samenkörner werden mitgegessen. Den Geschmack der Frischfrucht bzw. des Obstsalates kann man mit Zitronen- oder Orangensaft, Vanillesoße, Orangenlikör, Himbeergeist, Weinbrand oder Schlagsahne verfeinern. Gelegentlich wird darüber geklagt, daß Kiwi-Quark oder das morgendliche Müsli mit Kiwi oder Milch mit Kiwi leicht bitter schmecken. Der Grund: Kiwis enthalten das eiweißspaltende Enzym Actinidin, das in Verbindung mit Proteinen die Bitterkeit bewirkt und auch das Festwerden von Gelatine verhindert, die aus Eiweiß besteht. Abhilfe: Die geschälten Kiwis vor der Verwendung mit Milch und Milchprodukten wie Joghurt, Sahne oder Quark mit heißem Wasser übergießen und kurz ziehen lassen. Das Actinidin verliert dadurch seine Wirkung. Dies gilt auch, wenn Kiwis in Gelatinespeisen verarbeitet werden.

Die in Scheiben geschnittenen Kiwis werden gern zum Garnieren von Süßspeisen, Salaten, Käseplatten, Cocktails, Braten, Wild und Geflügel gebraucht, auch optisch eine appetitanregende Zierde. Konditoren belegen Kuchen und Torteletts mit Kiwi-Fruchtscheiben und bieten Kiwi-Torten an. Die Getränkeindustrie verwendet Kiwis für Limonaden, Liköre, Fruchtsaft- und Multivitamingetränke. In den Erzeugerländern verarbeitet man die Frucht zu Marmelade, Konfitüren, Gelee, Kompott (in Dosen), Pasten, Fruchtessenzen und diversen Getränken. Kiwis sind eine echte Bereicherung des Obstmarktes. In der Geschichte der Landwirtschaft gibt es nur wenige Beispiele für nicht heimische Pflanzen, die innerhalb weniger Jahre einen derartigen Bekanntheitsgrad erlangten und so beliebt wurden.

Kokosnuß *Cocos nucifera,* Palmae

Heimat, Anbau

Kokosnüsse treiben schwimmend Tausende von Kilometern auf dem Meer und bleiben dabei keimfähig. Ihre ursprüngliche Heimat ist daher ungewiß, wahrscheinlich aber ist es das tropische Melanesien, das sind Inselgruppen im südwestlichen Stillen Ozean. Heute sind Kokosnüsse eine wichtige Kulturpflanze in sämtlichen Tropen der Alten und Neuen Welt. Am besten gedeihen sie in Küstengebieten, d. h. in Meeresnähe, wo sie der Seebrise ausgesetzt sind. Die größten Kulturen finden wir in Südindien, Sri Lanka, auf den Philippinen, im gesamten Malaiischen Archipel, in Indonesien, der Elfenbeinküste, auf den Westindischen Inseln, in der Dominikanischen Republik und in Brasilien.

Beschreibung

Die Kokospalme, mit ihren 20-30 gefiederten, 4-6 m langen Blättern, ist ein stattlicher, 20-30 m hoch werdender Baum, der im Schnitt der Jahre rund 60 Nüsse trägt, die zu ihrer Reife 12 Monate und mehr benötigen. Genau genommen handelt es sich nicht um Nüsse, sondern um Steinfrüchte. Sie erreichen nicht selten Kinderkopfgröße und sind bis 2,5 kg schwer. Der Querschnitt durch eine Kokosnuß zeigt folgenden Aufbau: Die äußerste Schicht ist eine grüne oder hellbraune, wasserdichte, wachsartige oder lederige Haut, die sofort nach der Ernte entfernt wird. Es folgt eine 4-6 cm starke, trocken-schwammige Faserschicht, die gewissermaßen das bei anderen Früchten vorhandene

Fruchtfleisch ersetzt. Darunter befindet sich eine etwa 1/2 cm starke, sehr harte Schale, die den abgerundeten, mehr oder weniger dreikantigen Steinkern mit drei deutlichen Vertiefungen, den „Augen" oder Keimöffnungen, an der stumpfen Spitze bildet. Darunter finden wir eine zarte, rotbraune Samenschale. Der von diesen Schichten umhüllte Hohlraum ist angefüllt mit einer wasserhellen, genießbaren Flüssigkeit, die im Volksmund als Kokosmilch bezeichnet wird; doch sollte man korrekterweise von Kokoswasser sprechen. Das meiste Kokoswasser enthalten 6-7 Monate alte Früchte. Mit fortschreitender Reife verfestigt sich das Kokoswasser zu weißem Kern- oder Fruchtfleisch, dem Samen. Ist sämtliches Wasser fest geworden, bekommt dieses Fruchtfleisch einen seifigen Geschmack, wird ungenießbar und wertlos. Die zum Verkauf kommenden Kokosnüsse müssen also stets noch Kokoswasser enthalten, die man beim Schütteln („Schüttelprobe") durch ein deutliches Glucksen wahrnehmen kann. Das Kokoswasser hat einen angenehmen süßlich-säuerlichen, das weiße Kokosnuß-Fruchtfleisch einen nußartigen Geschmack. „Kokosmilch" ist, genau genommen, Kokoswasser, das mit dem Preßsaft aus dem geraspelten frischen Fruchtfleisch zu einer weißen Emulsion vermischt und dann filtriert wird. Sie enthält ca. 6,0 % Kohlenhydrate, 0,5 % Eiweiß, aber kein Fett.

Auf den Markt kommt in der Regel nur der Steinkern der Frucht mit dem von ihm umschlossenen Samen, ohne die den Steinkern umgebende Faserschicht.

Im übrigen bietet sich Kokosnuß-Essern die Chance, ein Naturwunder in der Welt der Früchte zu erleben: eine „Kokosperle", die den Wert eines Brillanten gleicher Größe übersteigen

Kokosnuß

soll, zu entdecken. Von den drei „Augen" am Ende der Nuß sind normalerweise zwei zugewachsen, das dritte aber nur mit einer dünnen Haut verschlossen, durch die der Keimling den Weg nach außen findet. Unter ca. 11 000 Kokosnüssen kommt es nur einmal vor, daß auch das dritte Auge fest verschlossen ist („blinde Nuß"). Der Keimling kann nicht nach außen gelangen, er bleibt in der Nuß und wird allmählich von einer kalkartigen, sich verhärtenden Substanz eingehüllt, die eine etwa erbsengroße weiße „Perle" bildet. Viel Glück also beim Verzehr von Kokosnüssen!

Sorten

Kokosnüsse werden in der Regel ohne Sortennamen geliefert. Bekannte Sorten sind: 'Blauer Elefant', 'Grüner Elefant', 'Roter Elefant' und 'Chikoo', oval, mit karamelartigem Geschmack.

Verkauf

Kokosnüsse werden ganzjährig gehandelt. Importe kommen vorwiegend aus Indonesien, Sri Lanka, von den Philippinen, der Elfenbeinküste, aus Ostafrika, Mittel- und Südamerika. Sie werden meist – ohne Größensortierung – als ganze Nüsse, aber auch in Stücke geschnitten oder geraspelt geliefert. Transportiert werden sie in Kokosfaser-Netzsäkken zu 60-100 Stück, geraspelte Ware – überwiegend aus Colombo – in Kisten. Verkauf im Einzelhandel stückweise. Die Aufbewahrung von Kokosnüssen muß im kühlen Troklenlager mit reichlich Luftaustausch erfolgen. Die Haltbarkeit ist aber begrenzt. Bei zu langer Lagerzeit tritt ein Seifengeschmack auf, die Nüsse werden ungenießbar.

Verwendung

Die die Nuß umhüllende Faserschicht läßt sich, wenn die reif geerntete Frucht einige Wochen gelagert wird, leicht lösen. Die Kokosfaser (coir) dient als Rohstoff zur Herstellung von leichten und bruchfesten Schnüren, Seilen, Matten, Wandbespannungen, Säcken, Besen usw. – ein in Indien wirtschaftlich bedeutender Industriezweig.
In den Anbauländern sind Kokosnüsse ein äußerst wichtiges Nahrungsmittel; sie werden vorwiegend roh verzehrt. – Doch wie „schlachtet" man nun eine Kokosnuß?
Zunächst schlägt man durch zwei der drei „Augen" des Steinkerns einen Nagel und läßt durch das eine Loch das Kokoswasser in ein Gefäß fließen, während durch die andere Öffnung zum Ausgleich Luft einströmt. Sodann nimmt man die Nuß in die linke Hand und zerschlägt mit einem Hammer die Schale. Das Fruchtfleisch wird in Streifen geschnitten oder geraspelt. Die Verarbeitungsindustrie verfügt über spezielle Raspelanlagen mit Trockenvorrichtungen. Geraspelte Kokosnüsse oder Kokosflocken sind Bestandteile schmackhafter Ananas-Kokosnuß-Salate oder anderer Obstsalate, sie werden (in Butter hell geröstet) zum Panieren von Fleisch, Fisch, Gemüse usw. wie Semmelbrösel verwendet, zu Speiseeis, Kokoskeks, Kokosmakronen verarbeitet, und sie verfeinern wie Mandeln Kuchen, Torten, bienenstichartige Aufstriche und andere Erzeugnisse des Back- und Süßwarengewerbes.
Ein besonderes Kokosnußprodukt ist Kopra. Dies sind in den Produktionsländern in Scheiben oder Streifen geschnittene und an der Sonne oder in Dörrapparaten getrocknete Kerne der Kokosnüsse, die in Säcken zum Versand kommen. Aus dem stark ölhaltigen Kernfleisch wird durch Auspressen oder Extraktion Kokosnußöl gewonnen, ein wichtiger Rohstoff für die Speisefett- und Süßwarenindustrie, aber auch für die Seifenherstellung. Die Preßrückstände dienen als Viehfutter und Dünger. Die harte Schale der Kokosnüsse schließlich wird zu Drechslerarbeiten benutzt.
Ein Wort noch zum Kokoswasser und zur Kokosmilch. Ersteres stellt eine weitgehend sterile Flüssigkeit dar, die in manchen Gebieten auch medizinisch verwendet wird; sie kann ohne Bedenken getrunken werden. Kokosmilch wird in den Erzeugerländern auch gern vergoren und zu Kokosnußlikör oder Branntwein verarbeitet.

Kulturheidelbeere *Vaccinium corymbosum,* Ericaceae

Heimat, Anbau
Die Kulturheidelbeere ist in Nordamerika heimisch; an der Entstehung der zahlreichen Kultursorten sind außer *Vaccinium corymbosum* noch einige andere *V.*-Arten beteiligt. In Nordamerika seit langem weit verbreitet, sehr beliebt und auch wirtschaftlich bedeutsam, wird sie in den letzten Jahrzehnten auch in zahlreichen anderen Ländern der Erde – in Deutschland seit Anfang der 30er Jahre – in zunehmendem Maße angebaut. Das größte deutsche Anbaugebiet befindet sich, bedingt durch günstige Bodenverhältnisse, in der Lüneburger Heide. Zunehmender Anbau ist auch in den Niederlanden und in Polen zu verzeichnen.

Beschreibung
Im Unterschied zu unserer heimischen Waldheidelbeere bilden Kulturheidelbeeren bis zu 2 m hohe kräftige Sträucher, die in ausgewachsenem Zustand Erträge von 10 kg und mehr bringen können. Die Beeren sind größer als die der Waldheidelbeeren, mit hell- bis dunkelblauer, mehr oder weniger blauweiß bereifter fester Schale, daher besser haltbar und transportfähig. Der blaue Farbstoff befindet sich nur in der Schale; Fruchtfleisch und Saft sind farblos, bei Genuß der frischen Beeren bekommt man daher kaum einen „blauen Mund". Erst beim Kochen tritt der Farbstoff aus der Schale aus.
Verbraucher sind mitunter enttäuscht, wenn Kulturheidelbeeren nicht den Geschmack von Waldheidelbeeren aufweisen. Dies wird jedoch verständlich, wenn man weiß, daß der botanische Verwandtschaftsgrad zwischen den beiden nicht näher ist als z. B. zwischen Kirsche, Pflaume und Pfirsich – gleiche Gattung, aber verschiedene Arten, die auch unterschiedlich schmekken. Der ernährungsphysiologische Wert der Beeren, d. h. ihr Gehalt an Inhaltsstoffen, entspricht in etwa dem der Waldheidelbeeren; und auch in bezug auf den Diätwert und die Bedeutung der Kulturheidelbeere als Heilpflanze dürfte Übereinstimmung mit der Waldheidelbeere bestehen. Als sehr angenehm beim Verzehr wird der geringe Kernanteil der Beeren empfunden.

Sorten
Die ersten Kulturheidelbeersorten entstanden 1909 in Nordamerika; es waren Auslesen wertvoller Typen aus dem verbreiteten Wildvorkommen. Das heute umfangreiche Sortiment ist das Ergebnis intensiver systematischer Züchtung, die in den USA und seit Anfang der 30er Jahre auch in Deutschland betrieben wurde. Die heute am stärksten angebauten amerikanischen und deutschen Sorten sind:
'Ama', 'Berkeley', 'Bluecrop', 'Bluetta', 'Blueray', 'Coville', 'Darrow', 'Dixi', 'Earliblue', 'Elliot', 'Gila', 'Gretha', 'Heerma', 'Lateblue', 'Patriot', 'Spartan'

Verkauf
Erntezeit für Kulturheidelbeeren ist bei uns Mitte Juli bis September. Verpackung, Versand und Verkauf erfolgen fast ausschließlich in meist weißen Pfundschälchen, bei größeren Mengen auch in Spankörben. Teilweise ist die Ware größensortiert. Nur ausnahmsweise wird der Sortenname angegeben. Kulturheidelbeeren kann man ohne Bedenken im Kühlschrank oder in einem kühlen Keller – bei 0° C sogar bis zu 3 Wochen – aufbewahren.

Kulturheidelbeeren

Verwendung
Kulturheidelbeeren sind Früchte für den Frischverzehr. In Obstsalat, zu Speiseeis, Puddings, Omeletts, in Fruchtkaltschalen oder auch nur gezuckert – mit Milch, Schlagsahne, Quark oder Joghurt – sind sie eine köstliche, erfrischende Delikatesse. Besonders gut lassen sich Marmelade oder Gelee zubereiten, denn die Kulturheidelbeere ist zuckerhaltiger als die Waldheidelbeere und ihr Saft besonders gut gelierfähig. Auch für Torten, Kuchen und andere Backwaren finden sie Verwendung, und selbst Getränke wie Süßmost, Wein und Likör lassen sich aus Kulturheidelbeeren herstellen. Der Phantasie sind keine Grenzen gesetzt; in den USA finden wir selbst auf dem Cellophan-Papier, mit dem die Kleinpakkungen abgedeckt sind, Rezepte aufgedruckt. Dort wird ein beträchtlicher Anteil der Ernte tiefgefroren, damit die Frucht während des ganzen Jahres zur Verfügung steht.

Kumquat *Fortunella japonica,* Rutaceae

Syn. Marumi-Kumquat, Cumquat, Zwergorange, Goldorange, Zwergpomeranze u. a.

Heimat, Anbau
Die Heimat der Kumquat sind das südöstliche China und Indochina, von wo der englische Botaniker Robert Fortune 1846 diese Art – wohl in erster Linie als Zierpflanze – nach Europa brachte. Sie gedeiht in all jenen subtropischen Gebieten, in denen auch Orangen wachsen, wird aber hauptsächlich in China, Japan (als „Nagami"), in Nord- und Südafrika, Nord- und Südamerika sowie in einigen Mittelmeerländern angebaut.

Beschreibung
Die Kumquat, bei uns nicht selten als kleines Orangenbäumchen mit leuchtenden Zierfrüchten im Blumentopf auf dem Fensterbrett oder als bis zu 2 m hohe Kübelpflanze anzutreffen, wächst in traubigen Fruchtständen auf immergrünen, nur

Kumquat

wenig dornigen Sträuchern. Die Früchte – Miniaturausgaben von Orangen – erreichen die Größe von kleinen Mandarinen (2,5-4 cm lang, 2-3 cm im Querdurchmesser), sind länglich oder oval (pflaumenförmig) und wiegen nur 12-15 g. Es gibt auch eine zweite runde Form. Kumquats sind die kleinsten bekannten Zitrusfrüchte. Sie besitzen eine dünne, glatte, rötlich-gelbe, oft rot punktierte, duftende, eßbare, süß schmeckende Schale. Kumquats gehören zu den wenigen Früchten der umfangreichen Zitrusfamilie, die mit der Schale gegessen werden. Das hellorangefarbene Fruchtfleisch, aufgeteilt in 4-7 Fächer, hat einen süßen, mitunter etwas säuerlichen, kräftig-würzigen Orangengeschmack und enthält meist 2 Kerne. Der leicht säuerliche Geschmack des Saftes und die würzige Süße der Schale ergeben eine höchst aromatische Geschmackskombination. Die Frucht ist reich an Calcium und Vitamin C (ca. 35 mg%).
Es gibt Abarten bzw. Hybriden (Kreuzungsprodukte mit anderen Zitrusarten), die als Limequat, Citrangequats oder Orangequats bekannt sind, aber alle in der gleichen Weise verwendet werden.

Sorten
Die bekanntesten Sorten sind 'Meiwa' (bis mandarinengroß, rund, dunkelschalig) und 'Nagami', Synonym 'Oval-Kumquat' (nur 4 cm lang, 2 cm breit, goldgelb).

Verkauf
Kumquatsaison sind die Herbst- und Wintermonate. Lieferungen kommen Anfang Dezember bis Ende Februar aus Israel, Mai bis Juli aus Südafrika, September bis Dezember aus Italien und Marokko, Dezember bis März aus Spanien und von November bis April aus den USA und Brasilien (runde Sorte). Die Importe aus China und Japan sind z. Zt. noch gering. Insgesamt aber nehmen die Frischfruchtimporte zu. Verkauf nach Gewicht. Kumquats werden nicht behandelt, d. h., man kann sie unbesorgt – allerdings gewaschen – mit Schale essen. Die Haltbarkeit beträgt bei 10-15° C und 90 % relativer Luftfeuchtigkeit etwa 4 Wochen. Erwähnt seien noch die Importe von in Sirup eingelegten Kumquats.

Verwendung

Kumquats sind, vor allem in den Anbauländern, eine beliebte Frischfrucht, die – wie erwähnt – samt Schale und den winzigen weichen Kernen gegessen wird. Sehr beliebt sind aber auch die in Zuckersirup eingemachten Früchte. Frisch oder aus dem Glas werden sie – halbiert oder weiter zerkleinert – verwendet für Obstsalate, Cremes, Süßspeisen, Torten, zur Garnierung von Wild- und Geflügelbraten, kalten Buffets, als Zugabe – auch tiefgefroren anstelle von Eiswürfeln – zu Apéritifs, Bowlen, Campari, Gin, Wermut, Whisky, Rum (Rumtopf) und Mixgetränken. Kumquats als Gewürz zu Kuchen und anderen Backwaren zu verwenden, lohnt sich allerdings nicht, da Orangeat wesentlich billiger ist. Schließlich kann man die Früchte zu Kompott, Marmelade, Konfitüren und Gelee verarbeiten, und auch zum Kandieren sind sie gut geeignet. In den USA sind Kumquatfrüchte und fruchtbehangene Zweige sogar beliebter Weihnachtsbaumschmuck.

L

Langsat *Lansium domesticum,* Meliaceae

Syn. Lansibaum, Duku

Heimat, Anbau

Verbreitet im südostasiatischen Raum, in Burma, Thailand, Malaysia und auf den Philippinen. Hier wird die Langsat im tropischen Tiefland auch angebaut.

Beschreibung

Die im Verbreitungsgebiet vorkommende heimische Wildform ist die eigentliche Langsat; eine verbesserte, durch Züchtung gewonnene Varietät heißt Duku. Der Baum wird 10-20 m hoch und entwickelt am alten Holz in langen Trauben hängende Beerenfrüchte. Sie sind 2-4 cm lang, rund oder länglich-oval, gräulich-gelb bis braun mit einer samtartig behaarten Haut. Das aus 4-5 Segmenten bestehende Fruchtfleisch ist weiß, saftig, durchscheinend, fest mit bis zu 3 grünen Samen verwachsen. Diese sind sehr bitter und können auch dem Fruchtfleisch einen bitteren Geschmack verleihen. Es soll aber auch samenlose, vorzüglich nach Grapefruit, nur milder und süßer schmekkende Formen geben. Die Beeren enthalten einen milchigen, durststillenden Saft. Die Früchte der Duku-Varietät sind größer, ca. 5 cm, rund, gelblich bis gräulich, süß und sehr wohlschmeckend.

Verkauf

Obwohl zu den besten Früchten Südostasiens zählend, sind Langsats nur sehr selten auf unseren

Langsat

Märkten zu finden und demzufolge noch weitgehend unbekannt.

Verwendung
In ihrer Heimat werden die süßen Langsats meist roh verzehrt, doch gibt es auch Spielarten mit sauer schmeckenden Früchten, aus denen Gelee, Sirup und erfrischende Getränke zubereitet werden. Die Langsat gilt als eine der besten Früchte Südostasiens.

Limequat *Citrus aurantiifolia* x *Fortunella margarita*, Rutaceae

Syn. Zwergzitrone, Zwergorange

Entstehung und Anbau
Limequat ist, wie es die beiden Wortbestandteile andeuten, aus einer Kreuzung (1909) der höchst kälteempfindlichen Limette mit der kälteresistenteren Kumquat entstanden. Das Kreuzungsprodukt ist weniger kälteempfindlich und auch sonst robuster und gesünder. Sie wird in fast allen tropischen und subtropischen Ländern angebaut.

Beschreibung
Im Wildvorkommen wachsen Limequats an hohen, dornigen Sträuchern, im Plantagenanbau kultiviert man sie auch auf kleinen, bis zu 2,5 m hohen, sehr ertragreichen Bäumen. Die Früchte haben Größe und Form von Kumquats oder Limetten, eine dünne, glatte, gelbe bis grüne, eßbare, aromatische Schale und hellgelbes, saftiges, herbsäuerliches, doch wohlschmeckendes Fruchtfleisch. Die Frucht ist reich an wichtigen Mineralstoffen und Vitamin C.

Verkauf
Limequats werden uns von Oktober bis April angeboten. Importe kommen aus Israel (November – Dezember), den USA, Italien und Südafrika (Juni – Juli). Die Früchte vertragen keine krassen Temperaturschwankungen und sind außerdem druckempfindlich. Sie sind vorsichtig zu behandeln und sollten schnell verkauft werden. Verkauf nach Gewicht. Aufbewahrung ist kurzfristig möglich bei 10° C und 90 % relativer Luftfeuchtigkeit.

Verwendung
Da Limequatfrüchte nicht behandelt werden, können sie nach dem Waschen ohne Bedenken mit der Schale verzehrt werden. Außerdem finden sie Verwendung zum Verfeinern von Fleisch- und Fischgerichten und Desserts, für die Herstellung von Marmeladen, Konfitüre, für Cocktails und Longdrinks sowie zum Einlegen in Alkohol. Auch zur Dekoration von Torten sind sie beliebt.

Limequats

Limette *Citrus aurantiifolia,* Rutaceae

Syn. Saure Limette, Limonelle, Limonette, Lumie

Limetten werden bei uns vielfach auch als Limonen bezeichnet, doch sind Limonen in fast allen Sprachen Zitronen. Deshalb der Vorschlag, es bei Limette zu belassen.
In Ägypten und Asien baut man auch süße Limetten *(Citrus lemetta)* an, die aber im Welthandel kaum eine Rolle spielen. Für die europäischen Märkte sind lediglich die sauren Limetten von Interesse.

Heimat, Anbau

Die Heimat der Limette ist der südostasiatische Raum, insbesondere Malaysia. Als kälteempfindlichste Zitrusart ist sie ein reines Tropengewächs. Daher wird sie in vielen feuchten Tropengebieten ihrer Heimat angebaut, ferner in Sri Lanka, Indien, Ägypten, Kenia, Mexiko, auf den Westindischen Inseln, in der Dominikanischen Republik, Brasilien, Florida usw.

Beschreibung

Die bei uns erst wenig bekannten Limetten wachsen auf immergrünen, mit kurzen scharfen Dornen bewehrten Sträuchern oder 4-5 m hohen Bäumen. Die Früchte sind klein 4-5 cm groß, birnenförmig, ohne endständige Warze mit einer weichen, dünnen, anfangs dunkelgrünen, vollreif glänzenden, grüngelben bis gelben, leicht aufreißenden und den Transport erschwerenden Schale mit mehr oder weniger ausgeprägten Längsrillen. Das grünliche Fruchtfleisch ist äußerst saftig, etwa doppelt so saftig wie das der Zitronen, hocharomatisch und meist kernlos. Es ist stark sauer und reich an Kalium, Calcium und Phosphor sowie an aromatischen Ölen. Der Vitamin-C-Gehalt ist zwar geringer als bei der Zitrone, mit 27-30 mg% aber doch so hoch, daß Limetten – ähnlich wie die amerikanische Cranberry – früher von den Seefahrern auf ihren Schiffen als Vorbeugungsmittel gegen Skorbut mitgeführt wurden.

Sorten

Unter den zahlreichen Spielarten der Limette können wir zwei Hauptformen unterscheiden:

1. Mexikanische, Westindische oder Key-Limette: Früchte klein, rund bis oval, Fruchtfleisch mit zahlreichen Samen. Sorten: ‘Palmetto‘, ‘Everglade‘, ‘Mexican‘.

2. Tahiti- oder persische Limette: Früchte mittelgroß (etwa Eigröße), zitronenähnlich. Fruchtfleisch kernlos, mit etwas schwächer ausgeprägtem Aroma. Hauptanbau in Florida, Kalifornien, Mittel- und Südamerika und Kenia. Sorten: ‘Bearss‘ und ‘Idamar‘. Diese Limettengruppe wird in der Bundesrepublik bevorzugt.
Besondere Ziele der züchterischen Bearbeitung: Kernlose Früchte und dornenlose Sträucher bzw. Bäume.

Verkauf

Dank der unterschiedlichen Reifezeiten in den einzelnen Anbauländern haben Limetten das ganze Jahr über Verkaufszeit. Importe erreichen uns hauptsächlich von Januar bis Dezember aus Brasilien, Ecuador, Honduras, Mexiko, dem karibischen Raum, Florida, Südafrika und aus Israel von Juni bis August. Die Frischfruchteinfuhren sind zwar noch ziemlich unbedeutend, aber zunehmend. Saure Limetten sind im Geschmack milder als Zitronen und besitzen ein eigenständiges, bei vielen Menschen beliebtes Aroma.

Limetten

Tahiti-Limetten werden geerntet, wenn sie ihre volle Größe erreicht haben, aber noch grün sind. Grüne Früchte werden wegen ihres höheren Säuregehaltes bevorzugt. Mexiko-Limetten erntet man meist gelbgrün. Die Früchte werden sofort nach der Ernte gereinigt, verpackt und auf dem See- und Luftweg versandt. Überreife, intensiv gelbe Ware sollte nicht mehr gehandelt werden. Verkauf stückweise.

Die Lagerfähigkeit der Limetten ist deutlich schlechter als die der Zitronen. Die dünne Schale schrumpft leicht, die Frucht verliert viel Wasser. Bei einer optimalen Temperatur von 10° C und 90 % relativer Luftfeuchtigkeit kann man sie 6-8 Wochen aufbewahren.

Verwendung

So wie für unsere Küche die Zitrone unentbehrlich ist, so spielt die Limette für die Küche in den Tropen eine bedeutende Rolle. Sie ist die „Zitrone der Tropen“, denn man kann die – in der Regel unbehandelte – Schale und den im Kühlschrank gut haltbaren Saft in der gleichen Weise wie Zitronen verwenden. Aber auch bei uns gewinnt die Geschmacksrichtung der Limette immer mehr Freunde, und der Konsum frischer Limetten als Beigabe zu Fleisch- und Fischgerichten oder zur Verwendung in Kaltschalen, Salatsoßen, Quarkspeisen und spritzigen Mixgetränken an der Bar ist im Zunehmen begriffen. Die Masse der Früchte jedoch geht – und dies vor allem in den tropischen Anbaugebieten selbst – in die Verarbeitungsindustrie zur Herstellung von Saftkonzentrat, von mehr oder weniger pulpehaltigen und trüben Rohsäften sowie geklärten Säften (Lime juice). Saft und Saftkonzentrat sind beliebte Zusätze zu den verschiedenartigsten alkoholischen Fruchtsaft- und Cola-Getränken. Pulpe liefert Sirup, Marmeladen und Speiseeis. Industriell werden Limonaden hergestellt. Durch Destillation oder Kaltpressen wird Öl gewonnen. Schließlich werden Limetten auch für Kosmetikprodukte wie Parfüm, Eau de Toilette, Seife usw. gebraucht. Wir dürfen erwarten, daß diese vielseitig verwendbare Frucht sich bei uns noch stärker einführen wird.

Litchi *Litchi chinensis,* Sapindaceae

Syn. Litschi, Litschipflaume

Heimat, Anbau

Es wird heute nicht mehr bezweifelt, daß die Heimat der Litchi Südchina ist, wahrscheinlich auch Cochinchina (seit 1949 ein Teil der Republik Vietnam) und der Archipel der Philippinen. Schon im 3. Jahrhundert unserer Zeitrechnung wird diese Frucht von chinesischen Schriftstellern erwähnt. In der „Geschichte des großen Reichs China", einem Werk des spanischen Schriftstellers Gonzales de Mendoza aus dem 16. Jahrhundert, heißt es, die Litchi sei „eine Art äußerst wohlschmeckender Pflaume, deren man nie überdrüssig wird, die den Magen nicht beschwert, soviel man auch davon essen mag . . .". Im alten China mußten die Provinzen ihre Steuern an manche Herrscher in Litchis zahlen. Und auch heute noch gilt im chinesischen Riesenreich die Litchi („Lee Chee") – frisch, konserviert oder getrocknet – als feinste, hochgelobte Frucht. Ihre Süße und ihr Aroma haben ihr Bezeichnungen wie „Liebesfrucht" und „Spenderin der Lebensfreude" eingebracht.

Die Litchi ist eine Pflanze der Subtropen auf der ganzen Erde. Sie gedeiht zwar auch in den Tropen, bleibt dort aber merkwürdigerweise unfruchtbar. Sie braucht das Klima zwischen dem 15. und 30. Breitengrad. Die Länder mit der stärksten Produktion sind neben China, Indien, Australien, Neuseeland, die Inseln Madagaskar und Réunion, die Hawaii-Inseln, Südafrika, Kenia, Brasilien sowie Florida und andere subtropische Gebiete.

Beschreibung

Litchis sind die Früchte eines 10-12 m hoch werdenden Baumes, der – ausgewachsen – bis zu 300 kg Früchte bringt, die in Rispen bis zu 30 Stück zusammenhängen. Die kiefernzapfenähnlichen Früchte sind 2,5-4 cm lang, oval bis rund und besitzen eine zarte, fast kirschrote Haut. Diese ist schuppig mit lauter winzigen Fünf- oder Sechsecken gefeldert, mit je einer kurzen zipfeligen Spitze in der Mitte. Die Haut verfärbt sich allmählich zu einer stumpf-braunen bis nahezu schwarzen, trockenen Schale („Chinesische Haselnuß"). Darunter befindet sich das feste, saftige, zwiebelfleisch- oder perlmuttartig durchscheinende, geleeartige, weiße, zart nach Rosen duftende Fruchtfleisch. Dieser Mantel ist der genießbare Teil der Frucht. Das Fleisch schmeckt süßsauer, rosinenartig, ähnlich einer Sauerkirsche, mit ein wenig Muskatbeigeschmack. Es birgt in sich einen glänzenden, dunkelbraunen, ungenießbaren Kern von der Größe einer Haselnuß. Hervorzuheben sind der Zukker- und der hohe Vitamin-C-Gehalt der Frucht (ca. 42 mg%).

Sorten

China kennt davon über hundert. Die in der Welt am meisten gehandelten Sorten – wenn überhaupt Sortennamen verwendet werden – sind 'Purple', 'Brewster' und 'Mauritius HLH', letztere hauptsächlich aus Südafrika, u. a.

Verkauf

Unsere Frischfruchtimporte von Litchis kommen Anfang Dezember aus Kenia, anschließend bis April aus Südafrika, Mozambique, Mauritius und Madagaskar, von Mai bis Juli aus China, Indien, Indonesien, Pakistan, abhängig vor allem von den verschiedenen, in den jeweiligen Ländern an-

Litchis

gebauten Typen bzw. Sorten. Es besteht somit für die europäischen Märkte während der meisten Zeit des Jahres die Möglichkeit, sich mit frischen Litchis zu versorgen und die verhältnismäßig bescheidene Nachfrage zu befriedigen.
Litchis müssen ziemlich reif geerntet werden, da sie nicht mehr nachreifen. Unreif geerntete Früchte sind zwar etwas haltbarer und besser zu transportieren, aber dies geht auf Kosten des Fruchtfleischaromas. Die Importe gelangen zu uns daher auf dem Luftwege. Litchis sind empfindliche Früchte; in Pappkartons erhalten sie meist nicht genügend frische Luft und schimmeln. Besser geeignet sind Holzkisten. Der Verkauft erfolgt nach Gewicht. Eine begrenzte Lagerung – 2-3 Wochen – vertragen die Früchte bei 10° C und 90 % relativer Luftfeuchtigkeit (etwa 1 Woche bei Zimmertemperatur); auch Tiefgefrieren ist gut möglich.

Verwendung
Litchis werden vorwiegend roh gegessen. Zu diesem Zweck befreit man sie – wie ein gekochtes Ei – von der spröde abspringenden Schale; oder man öffnet die Schale am Ende der Frucht und drückt sich das Fruchtfleisch – mit dem Kern – in den Mund. Besonders attraktiv sind Früchte, deren Kern man entfernt und durch ein Stück Ananas oder eine andere Obstart ersetzt hat. Auch sonst sind Litchis vielseitig verwendbar: zu Obst- und anderen Salaten, Kompotten, Süßspeisen, zu Reis-, Fleisch- und Fischgerichten, zu Bowlen, Cocktails und anderen alkoholischen Getränken. Selbst zur Weinbereitung sind die Früchte geeignet.
Wegen ihrer begrenzten Haltbarkeit und Transportfähigkeit wird ein großer Teil der Litchiernte in den Erzeugerländern zum Export konserviert. Hauptlieferanten für Litchikonserven sind Taiwan und die Volksrepublik China. Die Früchte werden ohne Schale und Samenkern als löffelfertiges Kompott konserviert oder auch getrocknet („Litchinüsse"). Dies geschieht an der Sonne oder durch künstliche Wärme. Dabei schrumpft das Fleisch zu einer zähen Haut um den Kern zusammen. Leider verlieren Litchis dabei etwas von ihrem ursprünglichen Aroma, sie schmecken dann fast wie Rosinen. Litchinüsse sind wenige im Handel.

Loganbeere *Rubus loganobaccus,* Rosaceae

Hauptsächlich in den USA angebaute Beerenobstart (Loganberry), bei uns leider nicht winterhart und ertragreich genug. Entstanden ist sie vermutlich 1881 in Kalifornien aus einer Kreuzung von Himbeere x Brombeere. Reifezeit Sommer bis Frühherbst. Früchte groß, bis 5 cm, länglich, weinrot, einer übergroßen Himbeere ähnlich, saftig, süß-säuerlich, sehr aromatisch, ziemlich fest, aber nicht lange haltbar. Hervorragend geeignet zum Rohgenuß, nach Belieben mit Schlagsahne zum Nachtisch. Vorsicht: Die Früchte haben einen tiefen Kelch, der Insekten anlockt; beim Verzehr deshalb darauf achten, daß die Früchte frei von Ungeziefer sind. Weitere Verwendungsmöglichkeiten: Marmelade, Gelee, Tortenbelag, Wein u. a. Die Loganbeere wird auf unseren Märkten nur gelegentlich in geringen Mengen angeboten.

Longane *Dimocarpus longan,* Sapindaceae

Syn. Longanpflaume, Drachenauge

Heimat, Anbau

In China heimisch, finden wir die Longane heute als Obst- und Zierbaum verbreitet in den Tropen und Subtropen der Alten und Neuen Welt. Schwerpunkte des Anbaues sind Südchina, Taiwan, Thailand, Vietnam und Indien.

Beschreibung

Die Longane – botanisch verwandt mit der Litchi und der Rambutan (Familie der Sapindaceae) – ist eine auf bis zu 20 m hohen Bäumen wie Trauben in Büscheln wachsende, nußartige Schließfrucht. Sie sieht aus wie eine fast glattschalige Litchi, ist aber nur halb so groß, etwa wie eine Haselnuß. Sie ist rund bis oval, anfangs grün bis orange-gelb, vollreif und – so kennen wir sie auf dem Markt – bräunlich verfärbt. Das Fruchtfleisch ist hellglasig, ähnlich dem einer Stachelbeere oder Kirsche, duftet süß und angenehm und schmeckt aromatischer als Litchi und Rambutan, wenn auch weniger süß als diese. Es umschließt einen ziemlich großen, dunkelbraunen, nicht eßbaren Kern. Die Frucht hat einen bemerkenswerten Gehalt an Mineralstoffen und Vitamin C.

Verkauf

Longane-Frischfrüchte kommen aus den vorgenannten Erzeugerländern in vorerst nur unbedeutenden Mengen von Juni bis September auf dem Luftwege zu uns. Ganzjährig dagegen liefern uns Taiwan und die Volksrepublik China Konserven in Dosen mit ganzen, geschälten, entkernten und gezuckerten Früchten. Frischfrüchte werden nach Gewicht verkauft und müssen wegen ihrer geringen Haltbarkeit rasch abgesetzt werden. Eine kurzfristige Aufbewahrung

Longane

ist möglich bei 10-12° C und 80 % relativer Luftfeuchtigkeit, oder 1-2 Tage bei Zimmertemperatur.

Verwendung
In den Erzeugerländern werden die Longanefrüchte in großen Mengen als Frischobst – wie Kirschen – verzehrt („Kirsche Asiens"). Ihre spröde braune Schale kann man leicht aufknacken oder mit einem scharfen Messer aufschlitzen. Die Beeren bestreut man nach Belieben mit Zucker, Vanille- oder Zimtzucker und serviert sie kalt; oder man entfernt die Kerne und verwendet sie zu Obstsalaten und ähnlichen Desserts. Manche lieben sie mit Eierlikör übergossen oder zu mehreren in perlenden Sekt gegeben. Vielseitig sind auch die Möglichkeiten bei der Zubereitung von Kompott oder Sirup, eventuell im Gemisch mit Grenadine (Sirup aus Granatäpfeln), Ananassaft und dergleichen. Taiwan bietet sehr milden, nach Portwein, Sherry oder Madeira schmeckenden Longanelikör auf dem Weltmarkt an. In China werden Longanebeeren – wie Litchis – auch getrocknet und zu Tee verarbeitet, der als wirksames Stärkungsmittel gilt.

Loquat *Eriobotrya japonica,* Rosaceae

Syn. Japanische Mispel, Wollmispel, Brasilianische Aprikose

Heimat, Anbau
Als Heimat gelten China und Japan. Anbau in diesen Ländern, außerdem in Nordindien, Thailand, in den Mittelmeerländern Algerien, Israel, Libanon, Spanien, Süditalien und Südfrankreich sowie in Kalifornien, Florida, Mittel- und Südamerika.

Beschreibung
Die Japanische Mispel, eine sogenannte Scheinfrucht, wächst auf einem 5-10 m hohen, immergrünen Baum. Der Name „Wollmispel" rührt von den wolligen, traubigen Blütenständen und dem wollig-silberweißen Neuaustrieb her. Die Früchte sind länglich-eiförmig, je nach Sorte apfel- oder birnenförmig, aber nur 3-8 cm groß. Sie besitzen eine dünne, zähe, hellgelbe bis tieforange gefärbte, mehr oder weniger behaarte Haut. Das nach Apfel duftende lachsorange- oder aprikosenfarbene Fruchtfleisch ist fest, saftig und von angenehm süß-säuerlichem Geschmack; es enthält 2-5 große, bohnenförmige, glänzend-rehbraune Samenkerne.

Sorten
Die Zahl der Sorten ist groß, denn die Japanische Mispel wird auch züchterisch intensiv bearbeitet. Einige der besten Sorten sind: 'Tanaka', eine späte, japanische Sorte; 'Advance' aus Kalifornien, eine leuchtend gelbe, in großen dichten Trauben hängende Sorte; 'Champagne', mehr oval-birnenförmig, soll die bestschmeckendste Sorte sein; 'Premier', oval, etwas kleiner; 'Early Red', reift schon frühzeitig im Januar; 'Nespoli', kleinfrüchtig und 'Nesponi', großfrüchtig.

Verkauf
Frischfruchteinfuhren erreichen uns aus Spanien, Italien und der Türkei im Mai/Juni, auf dem Luftwege aus Brasilien von Januar bis Mai. Konserven – ganze, geschälte, entsteinte und gezuckerte Früchte – kommen aus Taiwan und China.

Loquats

Loquats haben eine sehr empfindliche Schale und sind nicht gut transportfähig; wahrscheinlich sind sie deshalb bei uns auch so rar und teuer. Eine Aufbewahrung einwandfreier Früchte bis zu 2 Wochen ist bei 4-6° C und 90-95 % relativer Luftfeuchtigkeit möglich.

Verwendung
Sie werden wie Pflaumen oder Kirschen gegessen. Für den Rohgenuß verwende man jedoch nur völlig reife Früchte, die ihre starke Säure verloren haben. Zum Verzehr wäscht man sie und zieht die gerbstoffhaltige Haut ab. Weitere Verwendung finden Japanische Mispeln in Obstsalaten, Säften, Mus, Gelees, Kompotten, Cremes, Trockenfrüchten. Die Samen ähneln im Geschmack Mandeln und werden auch wie diese verwertet.

Lotusfrucht *Diospyros lotus,* Ebenaceae

Syn. Lotosfrucht, Lotuspflaume, Dattelpflaume (Synonym für sämtliche *Diospyros*-Arten), Schwarze Dattel

Heimat, Anbau
Ihre Heimat erstreckt sich vom westlichen Asien bis nach China, Korea und Japan; auf dem Balkan und im Mittelmeergebiet ist sie eingebürgert, in Italien kultiviert zu finden. Eine in Ostasien sehr verbreitete und beliebte Frucht.

Beschreibung
Die Lotusfrucht und die mit ihr verwandten Kaki und Persimonen sind drei wichtige Obstarten der etwa 200 Arten umfassenden Gattung *Diospyros.* Die Lotusfrucht, botanisch eine Beere, ist die Frucht eines bis 12 m hohen Baumes. Sie ist 1-2 cm groß, gleicht einer kleinen Kirsche, ist anfangs gelb, in voller Reife bläulichschwarz, und schmeckt sehr süß.

Verkauf und Verwendung
Die Einfuhr von Lotusfrüchten in die Bundesrepublik ist unbedeutend. Wenn auf dem Markt angeboten, sollten sie wegen ihrer beschränkten Haltbarkeit möglichst bald verkauft werden. In den Ursprungsländern werden die Beeren auch getrocknet und zu Sirup und Wein verarbeitet.

Lucuma *Pouteria lucuma*, Sapotaceae

Heimat, Anbau

Die Lucuma, nachweisbar seit Jahrtausenden in den Ländern der südamerikanischen Westküste, in Nordchile, Peru bis Ecuador bekannt und geschätzt, gilt sogar als die Nationalfrucht der Chilenen. Dort liegt seit jeher der Schwerpunkt der Produktion dieser Frucht. Sie gedeiht aber auch in den Tropen Mexikos, Afrikas, Indiens und Südostasiens sowie in Neuseeland.

Beschreibung

Lucumas sind die Früchte eines großen, 8-12 m hohen Baumes mit runder, dichter Krone. Sie sind so groß wie kleine Äpfel oder große Tomaten (nicht Fleischtomaten), deren Form sie in etwa auch haben. Die Schale besteht aus einer sehr dünnen, glänzenden, cellophanähnlichen Haut und einer darunterliegenden dunkelgrünen oder dunkelbraunen Hülle mit rötlichen Flecken. Unter der Schale befindet sich das eigelbe bis orangefarbene, trockene, fetthaltige Fruchtfleisch, das sich in Schichten abziehen läßt. In die Fruchtmasse sind 1-5 große, glänzende, roßkastanienähnliche Kerne eingebettet. In Duft und Geschmack erinnert die Lucuma an die Walnuß, mit einem schwer zu beschreibenden vanille-, mango- und kaffeeähnlichen Aroma.

Verkauf

Lucumas müssen nach der Ernte noch etwas lagern, bevor sie genußreif sind. Diese Zeitspanne läßt sich gut für den Lufttransport auf die entfernten Märkte nutzen. Eßreif ist die Frucht dann aber nur noch 2-3 Tage haltbar.

Verwendung

Die Lucuma ist eine Frucht für den Roßgenuß. Wer sie kennenlernt, ist von ihr begeistert. Ihr Wohlgeschmack läßt sich noch steigern, wenn man die Frucht mit Schlagsahne oder Speiseeis serviert. Leider bereitet das Konservieren der Frucht einige Schwierigkeiten: Das Fruchtfleisch verfärbt sich dunkelbraun, und die Dosen sind schlecht haltbar. Lucumamarmelade jedoch ist ein köstliches, wenngleich teures Erzeugnis. Aber auch eine völlig andere Zubereitung, das gesalzene und pikant gewürzte Fruchtfleisch, ist höchst begehrt.

Lucumas

Lulo *Solanum quitoense*, Solanaceae

Syn. Quito-Orange (Quito = San Francisco de Quito: Hauptstadt von Ecuador), Naranjilla (= kleine Apfelsine)

Heimat, Anbau

Die Heimat der Lulo liegt in den nördlichen Anden von Südamerika. Kultiviert wird sie in subtropischen, feuchten Höhenlagen in Ecuador, Kolumbien, Peru, Panama, Costa Rica und Guatemala. Von Ecuador wurde die Naranjilla erstmalig 1939 auf der Weltausstellung in New York vorgeführt.

Beschreibung

Lulos wachsen als Beerenfrüchte an immergrünen, bis 3 m hohen Sträuchern. Es sind 2-6,5 cm große, runde bis paprikaförmige, orangen- oder tomatenähnliche Früchte, die anfangs grün sind, sich aber, wenn sie ihre volle Größe erreicht haben und reif werden, orangefarben bis rot verfärben. Ihre dicke und lederige Schale ist mit kurzen, harten Härchen wie auch mit feinen, dünnen Stacheln besetzt. Diese werden arbeitsaufwendig durch Schütteln auf Sieben entfernt, woraufhin man die Früchte mit einem trockenen Tuch poliert. Es laufen Versuche, die Früchte maschinell zu enthaaren oder unbehaarte Sorten zu züchten. Das Fruchtfleisch ist hellgrün, geleeartig, angenehm duftend und schmeckt säuerlich-süß, aromatisch, ananas- oder erdbeerähnlich. Es beherbergt viele kleine, eßbare Samen. Wesentliche Inhaltsstoffe: reichlich Zitronensäure, Calcium, Phosphor, Eisen, Provitamin A, Vitamine der B-Gruppe sowie ca. 65 mg% Vitamin C.

Verkauf und Verwendung

Lulofrüchte sind sehr empfindlich und nur wenig haltbar. Sie werden deshalb schon halbreif geerntet. Trotzdem gibt es praktisch keinen Frischfruchtexport. In den Erzeugerländern wird die Frucht zu Pulpe, Nektar (versetzt mit karotinreicher Aprikosenpulpe), Marmelade, Konfitüre, Saft und verschiedenen köstlichen Erfrischungsmixgetränken verarbeitet. In Kolumbien gilt der Saft als „königliches Getränk". Man verwendet die Frucht vielseitig zu Sorbets, Cocktails, Speiseeis, Quark, Joghurt, diversen Cremes usw. Haltbarkeit etwa 8 Tage, bei Kühlung bis zu 1 Monat.

Lulos

M

Macadamianuß *Macadamia ternifolia* und *Macadamia tetraphylla,* Proteaceae

Syn. Australische Nuß, Australnuß

Heimat, Anbau

Ihre Heimat liegt im Osten Australiens, in den Regenwäldern von Queensland, 1857 wurde sie von dem Wissenschaftler Dr. John Mc Adam entdeckt und nach ihm benannt. Seit 1982 auf Hawaii angebaut; in neuerer Zeit größere Anpflanzungen in Australien, in Süd- und Ostafrika, in Teilen Süd- und Mittelamerikas, in Südkalifornien usw.

Beschreibung

Macadamianüsse sind die Früchte eines bis zu 5 m hohen, immergrünen, langsam wachsenden und oft nur schlecht tragenden Baumes. Die Früchte sind 2-3 cm groß und ähneln Kastanien. Es gibt Nüsse mit dicker, rauher *(M. tetraphylla)* und solche mit glatter Schale *(M. ternifolia).* Letztere werden bevorzugt, ihre Schale ist dünner, sie lassen sich leichter schälen und eignen sich besser zum Rösten. Wie alle Nüsse weisen sie einen hohen Fett- bzw. Ölgehalt auf. Weitere Inhaltsstoffe: Calcium, Eisen, Phosphor, Vitamin B. Macadamianüsse gelten als die feinsten und wohlschmeckendsten aller Nußarten, einschließlich der Mandeln.

Sorten

Die ersten auf Hawaii angebauten Sorten waren 'Keauhou', 'Ikaika' und 'Kakea'; sie werden auch heute noch angepflanzt. Für Neuanlagen werden in letzter Zeit aber auch immer mehr auf Hawaii gezüchtete neue Sorten verwendet, die durch Veredlung auf der Sämlingsunterlage herangezogen werden. Einige dieser Sorten, die man ausschließlich der Art *M. ternifolia* zurechnet, sind 'Keaau' und 'Kau'. Weitere Sorten sind als Ergebnisse systematischer Züchtungsarbeit zu erwarten.

Verkauf

Macadamianüsse reifen von Juli bis November, die späte Ernte bringt die besten Qualitäten. Man läßt die Nüsse am Baum reifen, abfallen und liest sie vom Boden auf. Sie werden zunächst in gutgelüfteten Räumen in 3-4 Lagen auf Drahtgestellen etwa 1 Monat lang gelagert, dann geschält, eingesackt und nochmal 2 Monate lang im Trockenraum belassen. Die Feuchtigkeit ist ihnen nunmehr bis auf 2 % entzogen. Die Macadamiakerne des Handels sind die geschälten, in Kokosnußöl gebratenen oder im Ofen gerösteten und meist noch gesalzenen Nüsse. Der Versand erfolgt in Vakuumdosen oder Schrumpfpackungen zu 10 kg. In der Vakuumverpackung sind die Nüsse bis zu 2 Jahre haltbar. In frischer Form werden Macadamianüsse überhaupt nicht gehandelt.

Die vom Handel zu den Trockenfrüchten gezählten Nüsse haben seit einigen Jahren den Weltmarkt er-

Macadamianüsse in der Schale

Macadamianüsse, geschält

obert. Die Nachfrage ist stärker als das Angebot, trotz steigender Exporte aus Australien und von Hawaii. Entsprechend der hervorragenden Qualität der Kerne erzielen Macadamianüsse die höchsten Preise unter allen Nußarten.

Verwendung
Macadamiakerne sind eine Delikatesse. In Australien werden sie vorwiegend frisch verzehrt, auf Hawaii röstet man sie zur Verfeinerung des Geschmacks und konserviert sie in Dosen oder glasiert sie mit Zucker. Werden frisch wegen des hohen Fettgehaltes leicht ranzig. Kenner verwenden sie zu feinen Leckereien: Macadamianüsse in Schokolade oder Karamel, Macadamiakekse, Macadamianüsse auf Butterbrot mit Lachs oder Schinken usw. Natürlich ist auch die Süßwarenindustrie am Bezug von Macadamianüssen interessiert.

Malaquina

Diese in Uruguay entstandene Kreuzung aus Mandarine x Orange erschien erstmalig 1963 auf dem deutschen Markt. Mit ihrer abgeflachten Form und der leichten Schälbarkeit dominieren die Merkmale der Mandarine. Die Frucht ist jedoch größer und weist eine weniger glatte, mehr rauhe und wulstige Schale auf. Das Fruchtfleisch ist saftreich und wohlschmeckend. Es enthält auch weniger Kerne als die Mandarine. Sonst wie diese.

Malaquina

Mammiapfel *Mammea americana*, Guttiferae

Syn. Mameyapfel

Heimat, Anbau

Der Mammiapfel entstammt der Karibik und den nördlichen Gebieten Südamerikas. Er ist in den amerikanischen Tropen und auf den Westindischen Inseln sehr verbreitet und geschätzt, aber auch in Florida anzutreffen. Außerhalb seines Heimatgebietes wird er kaum angebaut.

Beschreibung

Der nahe mit der Mangostane verwandte Mammiapfelbaum ist ein prächtiges, 18-25 m hohes Gehölz. Seine Früchte – in der Größe (7-15 cm) zwischen Entenei und kleiner Melone schwankend – sind kugelig oder abgeflacht, mit einer rauhen, rötlich-gelben bis braunen Oberfläche. Unter der dicken, sehr bitteren Außenschale befindet sich hellgelbes bis leuchtend dunkelgelbes, butterartiges, saftiges Fruchtfleisch und in diesen 1-4 große Samen, die von einem schmutzig-weißen Häutchen umhüllt sind, das abgezogen werden kann. Der Geschmack des Fleisches ist süß-säuerlich aromatisch, etwas an Aprikosen erinnernd.

Verkauf

Die Frucht reift in den Sommermonaten, hat aber in ihrem Anbaugebiet nur eine begrenzte ökonomische Bedeutung. Auf unseren Märkten ist sie kaum irgendwo anzutreffen.

Verwendung

Zum Frischverzehr wird der Mammiapfel aufgeschnitten, das Fruchtfleisch aus der Schale gelöst, und die weißen Fasern werden aus dem gelben Fleisch entfernt, da sie – wie die Schale – bitter sind. Das Fleisch kann man wie einen Apfel roh verzehren oder zerschneiden und mit anderen Früchten daraus Obstsalat zubereiten oder mit Wein, Zucker oder Sahne servieren. Die Frucht wird auch gern gekocht und zu Kompott, Marmelade, Konfitüre oder als Soße zu Vanille-Eis und Puddings verarbeitet. Zerkleinerte und durchgesiebte Früchte ergeben einen Saft, der pur oder mit Mineralwasser getrunken oder mit Milch zu einem Milchshake gemischt wird. Aus Saft und Mark wird sogar Mammey-Wein hergestellt.

Mammiapfel

Mandarine *Citrus reticulata,* Rutaceae

Die Systematik der Mandarinen bzw. der Mandarinengruppe ist schwierig und nur schwer überschaubar. Wir wollen in diesem Buch unterscheiden: die eigentliche, gewöhnliche Mandarine *(Citrus reticulata)* und die „Mandarinen-Gruppe" als Sammelbegriff für die verschiedenen Varietäten, Formen und Kreuzungen. Es hat sich nämlich bei dieser Zitrusfrucht im Laufe der Zeit durch zahllose zufällige Kreuzungen und Mutationen sowie durch systematische Züchtungen eine außerordentlich große Zahl von deutlich voneinander unterscheidbaren Formen entwickelt, die mit eigenem Namen, z. T. mit Nennung der Eltern (soweit bekannt), geführt werden. Nachstehend seien die zwei wichtigsten Mandarinenvarietäten genannt, und anschließend einige der zahlreichen Hybriden, die im Rahmen einer „Warenkunde" erwähnt zu werden verdienen.

Die eigentliche, gewöhnliche Mandarine *(Citrus reticulata)*:
Varietäten

Satsuma *(Citrus reticulata* var. *unshiu)*

Tangerine *(Citrus reticulata* var. *tangerina)*

Mandarine, Satsuma und Tangerine können vielfach unter- und miteinander gekreuzt werden, auch mit Orangen (Oberbegriff Tangor) oder Grapefruit (Oberbegriff Tangelo). Die wichtigsten derartigen Kreuzungen sind:

Hybriden

Clausellina	(= Clauselina) vermutlich Clementine x Satsuma
Clementine	vermutlich Mandarine x Pomeranze
Ellendale	vermutlich Mandarine x Tangerine x Orange
Fortuna	Clementine x Tangerine
Kara	King x Satsuma
King	vermutlich Satsuma x Orange oder Mandarine x Orange
Lee	Clementine x Orlando
Malaquina	Mandarine x Orange
Mapom	Grapefruit x Mandarine
Michal	Clementine x Tangerine
Minneola	Grapefruit x Tangerine
Murcott	Tangerine x Orange
Orlando	Grapefruit x Tangerine
Ortanique	Tangerine x Orange
Suntina	Clementine x Orlando
Tambor	Tangerine x Orange
Temple	Mandarine x Orange oder Mandarine x Grapefruit
Topaz	Orange x Tangerine
Ugli	vermutlich Tangerine x Grapefruit x Orange
Wilking	vermutlich Mandarine x Temple oder Mandarine x King

Mandarinen am Baum

Die meisten der vorstehend genannten Kreuzungsprodukte werden in diesem Buch unter einem eigenen Stichwort näher erläutert. Nachstehend wird die eigentliche, gewöhnliche Mandarine behandelt.

Heimat, Anbau

Heimisch sind die Mandarinen in Südostchina, Nordostindien und auf den Philippinen. Angebaut wird diese wichtige Südfrucht heute weltweit, so in den Mittelmeerländern (schon seit 1805) Italien (Sizilien), Spanien, Marokko, Algerien, Ägypten, Israel, Libanon und Türkei, in den USA (nach 1840), in Südamerika, Südafrika, Australien und vor allem in ihrer südostasiatischen Heimat.

Beschreibung

Mandarinen – botanisch Beerenfrüchte – wachsen auf immergrünen Sträuchern oder 4-6 m hohen Bäumen. Sie sind meist nur mittelgroß, kleiner als Apfelsinen, und auch früher reif als diese. In der Form sind sie mehr oder weniger abgeflacht und besitzen eine sehr dünne, dem Fruchtfleisch nur lose anhaftende Schale, die sich von der reifen Frucht mühelos entfernen läßt. Das Fruchtinnere ist in 9-12 Fruchtfächer aufgeteilt, die sich leicht voneinander trennen lassen. Das Fruchtfleisch ist zart und saftig, farbkräftig, süß, aromatisch-orangenähnlich. Es enthält zahlreiche, bis zu 25 Kerne. Besonders interessante Inhaltsstoffe sind das Provitamin A, Vitamin C und reichlich Zucker, der die Mandarine zu einer der süßesten Südfrüchte macht.

Sorten

Obwohl Mandarinen nur gelegentlich nach Sorten gehandelt werden, seien folgende genannt: 'Emperor' (Hauptanbau in Australien); 'Ponkan' (in Tropengebieten) und 'Nagpur Santra' (Santra = Mandarine, in Indien verbreitete, großfrüchtige Sorte, mit einem Nabel versehen); 'Avana', 'Palazzelli' (frühreif) und 'Tardivi' (oder 'Ciaculli' oder 'Tardivo de Ciaculli' auf Sizilien); 'Paterno' (Catania, Italien); 'Paterminatos' (an den Südabhängen des Ätna); 'Yusef Effendi' (Ägypten).

Verkauf

Wegen der Vielfalt des Angebots an anderen „kleinen" Zitrusfrüchten über das ganze Jahr hat die Einfuhr der Mandarinen stark nachgelassen, da der Verbraucher sie wegen ihrer vielen Kerne ablehnt. Nur in den Wintermonaten werden sie noch in kleinen Mengen aus Italien eingeführt. Der Versand erfolgt in Steigen und Kartons. Gelegentlich sind die Früchte in Seidenpapier gewickelt. Mandarinen sind auch dann schon genußreif, wenn die Schale noch leicht grün oder grünfleckig und daher vielleicht ein wenig unansehnlich ist. Verkauft wird nach Gewicht oder Stückzahl. Eine Lagerung der

Mandarinen

Früchte bis zu 6 Wochen ist möglich bei 6-8° C und etwa 90 % relativer Luftfeuchtigkeit.

Verwendung
Mandarinen sind in erster Linie für den Frischverzehr bestimmte Früchte. In den Erzeugerländern verarbeitet man sie zu Konserven, Pulpe, Konfitüren, kandierten Früchten und anderen Süßwaren, zu Saft, Likör und anderen Getränken. Frisch und aus der Dose gibt man diese beliebten Früchte gern in Obst- und andere Salate, in Sahnequark, Nachspeisen, zu Fleisch-, Fisch-, Geflügel- und vielerlei anderen Gerichten sowie zu Backwaren verschiedener Art. Aus den an Ölzellen reichen Schalen wird Mandarinenöl gewonnen, das zur Parfümherstellung benutzt wird.

Mandel *Prunus dulcis,* Rosaceae

Heimat, Anbau
Als Heimat der Mandel gelten Vorder- und Zentralasien. Die Länder mit dem stärksten Anbau sind die Mittelmeerländer Italien (Apulien, Sizilien), Spanien, Portugal, Griechenland, Zypern, Israel, Marokko sowie Kalifornien, der Iran u. a. Bittere Mandeln kommen speziell aus Avola (Italien), Malaga (Spanien) und als Prinzeßkrachmandeln aus der südfranzösischen Provence. In Westdeutschland werden geringe Mengen nur in sehr geschützten Lagen am Oberrhein und in der Pfalz geerntet.

Beschreibung
Mandeln gehören zum Steinobst. Die Steinfrüchte des Mandelbaumes sind 4-5 cm lang und enthalten etwa 2 cm lange, von einer hellbraunen Samenhaut umschlossene Samen-

Unten: Früchte des Mandelbaumes; oben: Krachmandeln

kerne, die eigentlichen Mandeln. Nach dem Geschmack der Samen unterscheiden wir „Süße Mandeln" und „Bittere Mandeln" oder „Bittermandeln".

Süße Mandeln: Dies sind die reifen Samen des Mandelbaumes *Prunus dulcis* var. *dulcis* (lat. *dulcis* = süß). Zu ihnen gehören auch die Krach- oder Knackmandeln der Unterart *Prunus dulcis* var. *fragilis* (lat. *fragilis* = zerbrechlich) mit einer porösen, leicht zerbrechlichen Schale. Sie gelangen im wesentlichen aus Südfrankreich, Spanien, Italien, Zypern, Griechenland, Portugal und den USA zu uns. Um ihnen eine weiche, hellere Schale zu geben, werden sie mit schwefliger Säure behandelt (geschönt).
Mandeln besitzen einen hohen Nährwert: ca. 20 % Eiweiß, 40-55 % fettes Mandelöl und 13-16 % Kohlenhydrate, außerdem wichtige Mineralstoffe (Kalium, Phosphor, Eisen, Calcium, Magnesium) und Vitamine (B_1 und B_2).

Bittermandeln: Früchte des Bittermandelbaumes *Prunus dulcis* var. *amara* (lat. *amarus* = bitter) kommen meist aus Italien. Äußerlich von den Süßen Mandeln kaum zu unterscheiden, vielleicht ein wenig kleiner und spitzer. Enthalten das Glykosid Amygdalin, das sich durch Einwirkung von Wasser und dem Enzym Emulsin in Traubenzucker, Bittermandelöl und die sehr giftige Blausäure aufspaltet. Für Kinder können schon 5-10 roh verzehrte Bittermandeln tödlich sein! Beim Kochen oder Backen verflüchtigt sich jedoch die Blausäure. Bittermandelöl, in geringer Menge verwendet, verursacht den bekannten Bittermandelölgeschmack. Es wird auch in der Pharmazie verwendet. Der Anbau von Bittermandeln ist im Abnehmen begriffen, da Bittermandelöl in lohnenderer Ausbeute und billiger aus Aprikosenkernen gewonnen werden kann.

Sorten

Mandelsorten gibt es in den Anbauländern in großer Zahl, z. B. 'Sizil Juno' in Italien oder 'Peerless' in den USA, ferner 'Portugiesische Hartschalige', 'Ibiza Weichschalige', doch werden sie kaum nach Sorten gehandelt.

Verkauf

Mandelfrüchte mit harter Steinschale werden schon im Erzeugerland maschinell aufgeschlagen, es kommen nur ihre Samen zum Versand. Krachmandeln dagegen werden mit ihrer dünnen, leicht zerbrechlichen Schale exportiert. In unseren Geschäften tauchen Mandeln der neuen Ernte Ende August auf. Die größten Importe kommen aus den Mittelmeerländern und Kalifornien. Mandeln guter Qualität sind groß, gleichmäßig, trocken, aber nicht ausgetrocknet, und mit Runzeln, ohne Bruch, Staub, Schalenreste und sonstige Rückstände. Der Handel bietet unsortierte und nach Größe sortierte Kerne an. Verkauf nach Gewicht. Unter den süßen Mandeln findet man gelegentlich einzelne Bittermandeln, maximal 5 % werden noch als gesundheitlich unbedenklich angesehen. Unsachgemäße Behandlung und Lagerung verursachen weiche, gummiartige Samen, oft mit glasigem Kern. Zu hohe Temperaturen lassen sie ranzig werden.

Verwendung

Süße Mandeln können roh verzehrt werden. Die braune Haut kann man mit warmem Wasser leicht vom Kern entfernen. Mandeln finden vielseitige

Süße Mandeln, geschält

Verwendung bei der Herstellung von Backwaren, im Haushalt sowie in der Süßwaren- und Puddingpulverindustrie (Marzipan). Grüne Mandeln mit noch weicher Schale finden in der Zuckerbäckerei und als Konserven – in Salzwasser eingelegt – Verwendung.
Eine besondere Köstlichkeit sind Gebrannte Mandeln – das sind mit Zukker und verschiedenen Gewürzen geröstete Mandeln.
Bittermandeln dienen in geringen Mengen der Kräftigung des Aromas, sind aber – wie bereits erwähnt – in größerer Menge gesundheitsschädlich. Sie werden gebrüht, geschält, halbiert, geschnitten oder gehackt in Grieß- oder Raspelform gehandelt.
Industriell werden Mandeln zu Mandelöl, Mandelkleie, Mandelmilch u. a. verarbeitet.

Mango *Mangifera indica,* Anacardiaceae

Heimat, Anbau

Heimat der Mango ist Ostasien, d. h. Indien, der Malaiische Archipel mit den Philippinen sowie Südchina. In Indien wurden Mangos schon vor über 4000 Jahren an den fruchtbaren Ufern des Ganges kultiviert. Für die Inder gilt die Mango als die beste Obstart der Welt, sie ist ihre Nationalfrucht, der man sogar geheimnisvolle Kräfte zuschreibt. Indien besitzt ca. 800 000 ha Mangopflanzungen und produziert mehr Mangos als alle anderen Länder der Welt zusammen. Über den ostasiatischen Raum hinaus finden wir verbreiteten Anbau in Südafrika, Kenia, Gambia, Israel, Florida, Zentralamerika, im tropischen Südamerika, in Australien usw. sowie viele botanisch verwandte Arten.

Beschreibung

Mangos sind die Steinfrüchte eines gigantischen, 10-30 m hoch werdenden, immergrünen Baumes. An diesem hängen – ein eigenartiges Bild – an langen Stielen, die je nach Herkunft, Typ und Sorte in Größe und Farbe sehr unterschiedlichen Früchte. Ihre Größe reicht von der einer Pflaume bis zu der einer Melone: 5-10 x 10-18 cm. Sie sind rundlich, ei- bis walzenförmig oder von der Gestalt einer Niere oder verbeulten Zitrone. Mangos wiegen im Mittel etwa 300 g, können aber auch bis zu 2 kg schwer werden. Ihre Farbe reicht von grün über grüngelb, orange bis rot. Viele Sorten zeigen diese mehrfache Farbtönung an den Früchten eines Baumes gleichzeitig nebeneinander. Unter einer lederigen, ungenießbaren Schale befindet sich das mehr oder weniger faserige, zarte, aprikosenfarbene, sehr saftige Fruchtfleisch. Man bezeichnet die Mango scherzhaft auch als „Badewannenfrucht“, weil man eigentlich in der Badewanne sitzen müßte, um bei der Saftfülle der Frucht nicht fortzuschwimmen. Der Geschmack der Frucht ist einmalig, die oft gebrauchte Bezeichnung „pfirsichähnlich“ reicht längst nicht aus. Der köstliche Geschmack der Mango hat ihr die Bezeichnung „Königin der Früchte“ eingebracht. Im allgemeinen schmecken die grünlich-braunen Früchte besonders süß, die rötlichen Sorten dagegen ein wenig saurer, doch bestehen hier gewisse Herkunftsunterschiede. Gelegentlich tritt, namentlich bei wildgewachsenen oder unreifen Früchten, ein harziger oder leichter Terpentin-Beigeschmack auf, der uns unangenehm, den Indern aber ganz willkommen ist. Das Fruchtfleisch birgt einen langen, faserigen, vom Fruchtfleisch nur schwer löslichen Kern. Das Verhältnis Fruchtfleisch Kern ähnelt dem der Zwetsche. Die Frucht enthält relativ viel Calcium und Eisen, ca. 45 mg% Vitamin C (etwa wie die Grapefruit) sowie vor allem über 6000 I. E. Provitamin A. Damit hat die Mango den höchsten Provitamin-A-Gehalt sämtlicher Obstarten (Karotten 12 000 I. E.). Diese wertvollen Inhaltsstoffe machen die Mango zu einer vorzüglichen Baby- und Krankenkost. Außerdem gilt das Fruchtfleisch als verdauungsfördernd und als mildes Laxativ. Ein wertvolles Nahrungsmittel für die Menschen in heißen Ländern.

Sorten

Die Zahl der Mangosorten ist außerordentlich groß, es sind über tausend. Mangos besitzen eine komplizierte genetische Struktur, was zur Folge hat, daß eine Sorte leicht noch in verschiedene weitere Formen aufspalten kann. Die meisten Mango-

Mango, Längsschnitt

Mango

sorten sind Zufallssämlinge oder Mutationen und nicht durch planmäßige Züchtung entstanden. Im internationalen Handel sind derzeit folgende Sorten von Bedeutung: 'Alphonso' (Westindien), mittelgroß, oval bis nierenförmig, gelb, entspricht dem europäischen Geschmacksempfinden, besonders gut haltbar; 'Alphonso'-Abkömmlinge: 'Bennet', 'Irwin' u. a. (Mittel- und Südamerika, Ostafrika); 'Mulgoba' (Florida, Ägypten, Zentralindien), groß, entfernt herzförmig, gelb, Durchschnittsqualität; von ihr stammen u. a. ab: die besonders gut gefärbte 'Haden' (Hawaii, Südafrika), 'Kent' (Mittelamerika, Südafrika, Kenia), 'Thommy Atkins' (Mittel- und Südamerika, besonders Kolumbien), und 'Peach' (Australien, Südafrika); 'Totapuri', Syn. 'Bangalora' (Vorderindien), länglich-oval, gelb; 'Neelam' (Südindien), mittelgroß, herzförmig, gelb-orange, gut transport- und lagerfähig; 'Raspuri', Syn. 'Pairi', (Westindien), mittelgroß, apfelförmig, gelb-rot, sehr gute Qualität; 'Dusheri' (Nordindien), klein bis mittelgroß, länglich-oval, gute Qualität, 'Bourbon' (Brasilien); 'Zele' (Südafrika, Kenia); 'Pathiri', Syn. 'Perie' (Thailand, Sudan); 'Julie' (Karibik); 'Manila' (Philippinen, Mexiko, Venezuela, Karibik); 'Sangra', sehr feiner Geschmack; neu, seit 1981, 'Sensation', dunkelrot u. a. m.

Verkauf

Mangos gibt es in unseren Geschäften während des ganzen Jahres. Die ersten Frischfruchtimporte kommen von Ende Januar bis Juni aus Thailand. Von Mai bis September folgen Einfuhren aus Mexiko und Florida; diese sind wegen der starken Konkurrenz in dieser Jahreszeit mit zahlreichen anderen Obstarten verhältnismäßig billig. Kenia liefert Mangos von November bis Juni und Südafrika von Dezember bis Mai. Indien exportiert nahezu ganzjährig. Erst der Möglichkeit, die transportempfindlichen Mangos per Luftfracht zu versenden, haben wir die ganzjährige Versorgung unserer Märkte zu verdanken. Denn, gemessen am Ver-

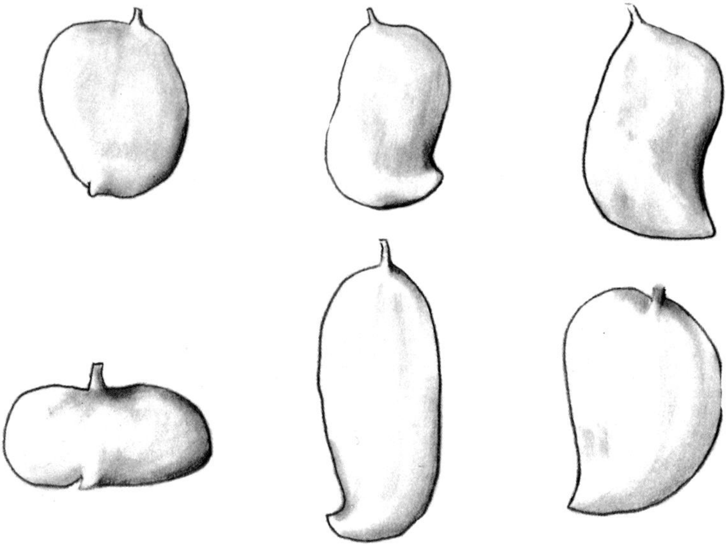

Formenvielfalt bei Mangofrüchten

brauch ist die Mango nach der Banane die bedeutendste Südfrucht in den Anbauländern selbst, doch in der Rangfolge der exportierten Südfrüchte steht sie, eben wegen ihrer Transportempfindlichkeit, mit an letzter Stelle. Der Versand der Mangos erfolgt – nach Größen- bzw. Gewichtssortierung – in gepolsterten Spezialgebinden oder in Kartons mit Holzwolle-Unterlage. Geerntet werden Mangos bei beginnender Gelbfärbung, noch unreif und festfleischig. Wenn man sie an der Pflanze voll ausreifen läßt, geliert das Fruchtfleisch um den Stein herum. Hart gekaufte Früchte lasse man 6-8 Tage im Zimmer nachreifen, bis sie allseitig einem leichten Druck nachgeben. Die Reife der Früchte kann man gewissermaßen riechen, sie entwickeln einen angenehmen, kräftigen Duft. Kleine braune oder schwarze Flekken sind ein Zeichen der Reife, jedoch nicht qualitätsmindernd. Die Abgabe an den Verbraucher erfolgt stückweise. Mangos sind nur kurzfristig lagerfähig. Bei der Aufbewahrung der kälteempfindlichen Frucht ist größte Sorgfalt angezeigt. Temperaturen von 8-10° C bei 90 % relativer Luftfeuchtigkeit sollten nicht unterschritten werden. Mangos produzieren im Lager das reifebeschleunigende Gas Äthylen; sie sollten also nicht mit späten Obstsorten oder mit Gemüsen, z. B. Gurken zusammen gelagert werden.

Verwendung

Mango ist in erster Linie eine Frucht für den Frischverzehr. Doch wie tranchiert man sie zünftig? – Man kann die ungeschälte Frucht nach Belieben längs oder quer durchschneiden und führt das Messer rings um den Kern, löst diesen heraus und löffelt aus den auseinandergeteilten Hälften das Fruchtfleisch heraus oder schabt es aus; übrig bleibt nur die dünne, äußere, ungenießbare Schale. Oder man schneidet die Frucht bis zum harten Kern auf, zieht die Schale ab und trennt das Fruchtfleisch vorsichtig um den Kern herum ab. Es wird roh gegessen oder auch mit Zucker, Vanillezucker, Schlagrahm oder auch Curry serviert, gut gekühlt, jedoch nicht eiskalt. Des weiteren wird die Frucht verwendet für Obstsalat, Kompott, Marmelade, Mus, Cremes, Sorbets, Speiseeis, Suppen, Pickles, Kuchen, Torten usw. Eine Spezialität für Kenner ist Mango-Chutney: Man entfernt den Kern und würzt das Fleisch mit Essig, Zucker, Ingwer, Pfeffer, Zimt und Rosinen. Das Ganze gibt man zu Reis- und anderen Fertiggerichten, zu Käse, Schinken, Lachs u. a. Äußerst schmackhaft ist auch Mango-Soße: Darunter versteht man ein Gemisch von Mango, Sultaninen und Zucker, verfeinert mit Curry und anderen Gewürzen. Diese Soße ist eine Spezialität der indischen und chinesischen Küche, insbesondere für Geflügelgerichte. Weitere Mangoprodukte: Püree, Saft und Trockenpulver. Mango-Saft, mit 50 % Wasser verdünnt, ist in Indien ein Volksgetränk. In den Erzeugerländern Indien, Taiwan und auf den Philippinen werden in modernen Verarbeitungsanlagen Konserven in Dosen mit geschälter, entkernter und in Scheiben geschnittener Ware hergestellt und in steigendem Umfang exportiert. Indien liefert auch Mango-Pulpe in Dosen.

Und noch ein paar allgemeine Hinweise für den Verzehr von Mangos: Den bereits erwähnten harzigen oder terpentinartigen Beigeschmack kann man verhüten, wenn man die Frucht vor dem Verzehr für kurze Zeit in den Kühlschrank legt und sie kalt ißt. Es wird ferner empfohlen, zwei Stunden nach dem Verzehr von Mangos weder Milch noch Alkohol zu trinken, weil ernste Magenbeschwerden auftreten können. Diese Warnung gilt auch für konservierte Ware. Und schließlich: Mangos vorsichtig verzehren, der Fruchtsaft verursacht nur schwer entfernbare Flecken. Trotz allem: eine wertvolle Südfrucht!

Mangostane *Garcinia mangostana,* Guttiferae

Syn. Mangostene, Mangosteen, Mangostanapfel, Mangu, Mangis (nicht verwechseln mit Mango) u. a.

Heimat, Anbau

Heimat ist die Inselwelt des Malaiischen Archipels. Anbau in den südostasiatischen Ländern, in Mittelamerika und Brasilien.

Beschreibung

Die Mangostane ist die Beerenfrucht eines immergrünen, 12-15 m hohen Baumes. Die Früchte, etwa von der Größe einer kleinen Orange (ca. 4 cm hoch, 5 cm breit), sind kugelförmig – oben und unten leicht abgeflacht – und besitzen eine bis 8 mm dicke, feste, lederartige, rotbraune bis blaue oder dunkelviolette, oft rotgefleckte Außenschale mit einem Kranz von 4 kräftigen Kelchblättern am Stielansatz und einer blütenförmigen Narbe am anderen Fruchtende. Die Fruchtschale enthält einen gelben, harzigen, bitteren Saft (7-13 % Tannin). Bei längerem Liegen trocknet sie holzig-hart aus und ist dann nur noch schwer zu öffnen. Das Fruchtinnere läßt 4 oder mehr abgeteilte Fächer oder Segmente unterschiedlicher Größe erkennen, in denen sich

Mangostane

schneeweißes, weiches Fruchtfleisch mit länglichen, gelbgrünen, eßbaren Kernen befindet. Mangostane werden zu den köstlichsten Obstfrüchten der Erde gezählt. Der erlesene Geschmack ist fein, mild, süß-zartsäuerlich, erfrischend und an eine Mischung von Pfirsich, Weintrauben, Ananas, Aprikose und Orange erinnernd. Die Frucht ist reich an Calcium und Vitamin C.

Sorten
Mangostane werden nicht nach Sorten gehandelt, obwohl es deren an die 200 geben soll.

Verkauf
Die Mangostane ist eine etwas heikle Frucht, schon ihr Anbau ist nicht problemlos. Die Früchte dürfen nur reif geerntet werden, da sie nicht nachreifen. Sie verderben schnell, wenn sie nicht sogleich gekühlt werden. Sonst wird das Fruchtfleisch braun, wässerig und ungenießbar. Diese Schwierigkeiten sind der Grund für die vorerst noch geringen Einfuhren dieser Frucht. Sie kommen von Mai bis November aus Thailand und anderen asiatischen Ländern und von November bis März aus Westindien, Mittelamerika und Brasilien. Die Ware ist meist kalibriert und wird stückweise oder nach Gewicht verkauft. Die Preise der seltenen Frucht sind verhältnismäßig hoch, zumal der Anteil an Fruchtfleisch bei der einzelnen Frucht nicht groß ist. Optimale Aufbewahrung bei 4-6° C und 90-95 % relativer Luftfeuchtigkeit bis 7 Wochen.

Verwendung
Die Mangostane ist in erster Linie eine Frischfrucht. Zum Verzehr die feste Schale mit einem Messer aufschneiden, das Fruchtinnere heraus-

nehmen und – wie bei Mandarinen – in die Fruchtfleischsegmente zerteilen. Vorsicht, beim Aufschneiden der Schale tritt ein Saft aus, der nur schwer entfernbare purpurfarbene Flecken verursacht. Auf jeden Fall sollte die Frucht möglichst frisch und gut gekühlt verzehrt werden, mitsamt den Kernen. Eine Aufbewahrung ist zwar möglich, doch verliert die Frucht rasch ihr vorzügliches Aroma. Man kann die Mangostane aber auch – ähnlich wie Kiwis – vielseitig zu Süßspeisen, Fleischgerichten, Gewürzsoßen, als Dekorationsfrucht oder – im Mixer zerkleinert – in Puddings, Cremes, Speiseeis, Cocktails, Gebäck usw. verwenden und dazu noch den Geschmack nach Belieben mit Aromen variieren. Mangostanekompott – in Sirup eingelegte Fruchtsegmente – wird zwar hergestellt, hat aber längst nicht mehr den Geschmack der Frischfrucht. Beim Erhitzen verliert die Frucht schnell ihr Aroma. Auch zur Herstellung von exotischen Cocktails und anderen Getränken sind Mangostane nur wenig geeignet. Die zusammenziehend wirkende Schale wird als Heilmittel genutzt; abgekocht gilt sie als ein Wirkstoff gegen Ruhr.

Manna *Cassia fistula,* Leguminosae

Syn. Röhrenkassie, Puddingröhrenbaum

Heimat, Anbau

Unter „Manna" versteht man im allgemeinen von den Pflanzen selbst ausgeschiedene oder abgezapfte Säfte verschiedener tropischer, insbesondere orientalischer Eschen- und Nadelholzarten mit dem Hauptbestandteil Mannit. Mit diesem Pflanzenprodukt, das in der Kinderheilkunde als mildes Abführmittel und zur Herstellung von Süßstoff für Diabetiker benutzt wird, hat die hier behandelte Mannafrucht nichts zu tun.
Gleich dem botanisch verwandten Johannisbrotbaum ist die Röhrenkassie eine Baumart von biblischem Alter. Die aus Südasien stammende Pflanze ist im Wildwuchs und Streuanbau überall in den Tropen anzutreffen; sie wird oft als Ziergehölz angepflanzt und wegen ihrer langen gelben Blütentrauben als „Indischer Goldregen" bezeichnet. Zur Fruchtgewinnung wird die Art im tropischen Südostasien, in Indien, Afrika (Ägypten) und Amerika kultiviert. Vereinzelt ist der Baum auch in den Mittelmeerländern anzutreffen.

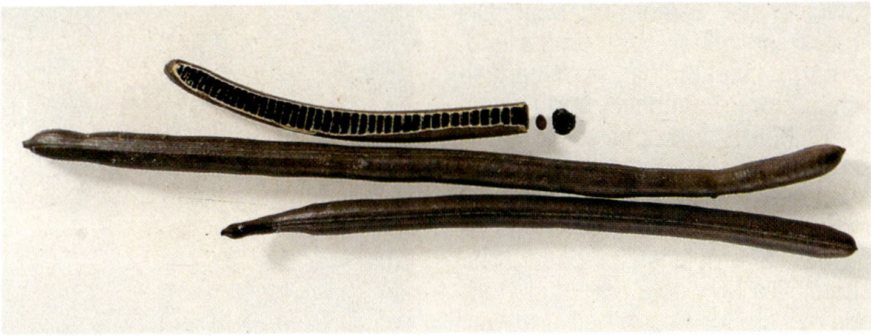

Manna

Beschreibung
Manna, eine der 400 tropische Pflanzen umfassenden Gattung *Cassia,* bildet bis 9 m hohe, breitkronige Bäume. Ihre Früchte sind 30-60 cm lange, 2-3 cm breite, röhren- oder hohlstabartige, schwarzbraune Stangen von holzartiger Beschaffenheit. Darin befinden sich zahlreiche, durch dünne, fast kreisrunde Blättchen oder Querscheidewände wie in Etagen voneinander getrennte Fächer, die mit einem dunkelbraunen, klebrigen, angenehm süßlich schmeckenden Fruchtmark angefüllt sind. Jedes dieser Fächer birgt einen flachgedrückten, glänzend-ockergelben Samen. Im Gegensatz zum Johannisbrot ist die äußere Hülse der Mannafrucht nicht eßbar.

Verkauf
Mannafrüchte reifen während des ganzen Jahres heran. Importe kommen im wesentlichen aus Indonesien, vereinzelt auch aus Indien. Der Absatz erfolgt bei uns auch über Gewürzhandlungen und Reformhäuser sowie Apotheken. Verkauf nach Gewicht. Wenn trocken, kühl und luftig gelagert, ist Manna viele Wochen lang haltbar.

Verwendung
Mannafrüchte dienen hauptsächlich als beliebtes Naschwerk, insbesondere für Kinder. Die Stangen werden aufgebrochen und ausgelutscht. Das aus den Röhren herausgekratzte und in Kanistern gelieferte Mark dient der Herstellung milder Abführmittel und der Fabrikation von Kautabak.

Maracuja → Passionsfrucht

Melone → Zuckermelone → Wassermelone

Minneola

Zitrusfrucht, entstanden aus einer Kreuzung von 'Duncan'-Grapefruit x 'Dancy'-Tangerine (Überbegriff Tangelo). Sie wird hauptsächlich in Israel, Südafrika, Uruguay, in den USA sowie in der Türkei angebaut. Die Frucht ist mittel- bis großfallend, kernarm bis kernlos, sehr zartfleischig, extrem safthaltig und von einem höchst aromatischen Geschmack. Die Fruchtschale ist orangerot bis rot, glatt, feinporig. Charakteristisch ist der höckerartig ausgebildete Stengelansatz, das „Näschen". Die Minneola erfreut sich allgemein großer Beliebtheit und wird vermehrt eingeführt.

Minneola

Mispel *Mespilus germanica,* Rosaceae

Heimat, Anbau
Heimisch in Südosteuropa und Vorderasien, eingebürgert in Süd-, Mittel- und Westeuropa, in Kalifornien, Japan, in der Türkei, im Iran u. a. Ein begrenzter Erwerbsanbau in Italien und bemerkenswerterweise auch in Großbritannien (Grafschaft Worcestershire), bei uns dagegen nur Liebhaberfrucht, nur gelegentlich als Obstbaum kultiviert.

Beschreibung
Die Mispel ist die zum Kernobst zählende Scheinfrucht eines bis zu 5 m hohen, laubabwerfenden Baumes oder Strauches. Die walnußgroßen Früchte ähneln Paradiesäpfeln, sind kugelig-flachgedrückt und an ihrem Ende nicht geschlossen. Um die Öffnung stehen 5 auffallend lange Zipfel eines hochgezogenen Kelches, in dem man zahlreiche Kernchen erkennen kann. Anfangs sind die Früchte rostrot bis grünlich-braun, später, nach Frosteinwirkung, bekommen sie eine lederige, dunkelbraune Schale. Das Fruchtfleisch besitzt einen hohen Gehalt an Gerbstoff (Tannin) und Pektin.

Sorten
Sorten von Mispeln sind nicht bekannt, wohl aber unterscheidet man eine Reihe verschiedener Typen. Man kennt kurzgestielte Apfelmispeln und langgestielte Birnenmispeln, auch größerfrüchtige (bis 5 cm), recht wohlschmeckende und sogar Zuchtformen ohne Kerne: die sog. italienische Oktober-Mispel.

Verkauf
Mispeln haben eine nur sehr geringe Marktbedeutung, selten werden sie auf unseren Märkten angeboten. In Spanien, Südfrankreich, Italien, Griechenland, in der Türkei und im Iran erreichen die Früchte die Größe von Feigen, dort schmecken sie weniger herb und werden auch auf den Märkten gehandelt.

Verwendung
Trotz völliger Reife sind Mispeln zunächst fest und schmecken bitter und herb wie sehr saure Äpfel. Das bräunliche Fruchtfleisch wird erst weich, teigig und genießbar, wenn die ersten leichten Herbstfröste über die Früchte am Strauch oder Baum hinweggegangen sind oder sie etwa zwei Wochen lang kühl und trocken liegen und nachreifen konnten. Es kommt zu einem gewissen Gärungsprozeß: Die Früchte duften mostartig, bekommen einen süß-säuerlichen, weinigen Geschmack und enthalten tatsächlich Spuren von Alkohol. Frost und Überreife bewirken den Abbau der Gerbsäure, d. h. die Frucht wird jetzt erst reif zur Verwendung. Frischverzehr scheidet praktisch aus.
Die Haut läßt sich leicht vom Stiel her

Mispel

abziehen. Mispeln werden verarbeitet zu Marmelade, Mus oder (mit sehr viel Zucker) zu hocharomatischem Gelee. Die Verarbeitung ist mühsam, weil man viele Früchte braucht, die nur wenig Fruchtfleisch besitzen und hauptsächlich aus Schalen und Kernen bestehen. Früchte waschen, kochen und durchsieben. Vereinzelt wird aus Mispeln auch Obstwein hergestellt. In der Praxis spielen Mispel-Produkte heute in unserer Ernährung – im Gegensatz zu vergangenen Notzeiten – kaum noch eine Rolle.

Moltebeere *Rubus chamaemorus,* Rosaceae

Syn. Arktische Brombeere, Multbeere, Torfbeere, Kranichbeere

Moltebeeren sind die Früchte einer in Skandinavien beheimateten und in den arktischen Mooren Europas und Amerikas verbreiteten, niedrigwachsenden Staude. Die Früchte sind brombeerähnlich, rot bis gelb und angenehm im Geschmack. Ähnlich wie die Früchte der verwandten Nordischen Himbeere oder Mamurabeere *(Rubus arcticus)* werden sie roh gegessen, ergeben aber auch, mit Zucker eingemacht, eine beliebte Marmelade, Eiskrem und ein delikates Dessert. Im Fruchthandel bisher kaum von Bedeutung, nur ganz gelegentlich auf dem Markt.

Monreales

Zitrusfrucht gleichen Ursprungs wie die Clementine, aber mit zahlreichen Kernen. Sie ist im allgemeinen etwas größer und früher reifend als die Clementine. Sie wird von Spanien und den Maghrebländern von November bis etwa Mitte Februar exportiert. Anbau geht wegen der Kernhaltigkeit zurück, praktisch kein Import in die Bundesrepublik.

Monreales

Moosbeere *Vaccinium oxycoccus*, Ericaceae

In Skandinavien, Rußland, Nordasien und Nordamerika, aber auch in deutschen Heide- und Moorgebieten sowie im Alpenvorland wildwachsende nahe Verwandte der Preiselbeere und der Cranberry. Die mit dünnen Stengeln am Boden kriechenden, immergrünen Pflanzen tragen runde, blaßrote bis rote Beeren, die ein wenig größer als Preiselbeeren sind und einzeln an etwas längeren Stielen sitzen. Sie werden an den Plätzen ihres Wildvorkommens gesammelt und auf den lokalen Märkten der Umgebung lose zum Verkauf angeboten. Kein Anbau. Verarbeitet werden sie wie Preiselbeeren, hauptsächlich zu Kompott, Marmelade, Gelee, Saft und Branntwein sowie einem vorzüglich schmeckenden Likör. Größenvergleich mit verwandten Beerenarten siehe Abbildung unten.

Cranberries, Moosbeeren, Preiselbeeren

Murcott

Syn. Murcott Honey Orange, Smith Tangerine, Honey Tangerine

Von dem Farmer Charles Murcott Smith in Florida durch Kreuzung von Tangerine x Orange gezüchtete Zitrusfrucht. Die Murcott ist mittelgroß, abgeplattet und besitzt eine dünne, dunkelorangefarbene Schale, ähnlich einer Tangerine. Das sehr zarte Fruchtfleisch – wie auch der Saft – ist orange bis tiefrot und schmeckt angenehm süß. Es enthält aber etwa 20 Kerne. Seit 1957/1958 auf dem Markt.

N

Nashi *Pyrus pyrifolia* und *Pyrus ussuriensis,* Rosaceae

Syn. Asian Pear, Japanese Pear (engl. pear = Birne), Japanische 20. Jahrhundert Nashi, Chinesische Birne, Sandbirne

Heimat, Anbau

Die Heimat der obengenannten zwei *Pyrus*-Arten dürften Nordchina, Korea und Japan sein. Unbenannte, minderwertige Sämlinge sind auch an vielen Plätzen in Neuseeland zu finden. Intensive Selektions- und Züchtungsarbeit ist in unserem Jahrhundert vor allem in Japan betrieben worden; viele neue Sorten wurden hier entwickelt. Kultiviert werden Nashis heute in Japan, Korea, China, Taiwan, Neuseeland, Australien, Chile und seit wenigen Jahren in den Obstbaugebieten der westlichen US-Staaten Kalifornien und Washington. In Australiens größtem Obstbaugebiet, in der Goulbourn Valley Region in Zentral-Viktoria, werden derzeit etwa 200 ha und weitere 150 ha in Neusüdwales erwerbsmäßig angebaut. Die ersten japanischen Nashibirnen wurden 1964 am deutschen Markt angeboten.

Beschreibung

Nashisträucher werden – ähnlich wie Kiwis – plantagenmäßig als 1,8-2 m hohe Spaliere („Japanisches Pergola-System") gezogen. Wir kennen zwei verschiedene Fruchttypen: Der eine, der chinesische Typ mit den Sorten 'Tsuli' und 'Yali', ist birnenförmig und ähnelt einer übergroßen 'Williams Christ'-Birne. Der andere, der japanische Typ, hat runde Früchte, die der Apfelsorte 'Golden Delicious' ähneln. Zu diesem Typ gehören die nachstehend unter „Sorten" erwähnten Varietäten. In den USA werden beide Typen auf dem Markt gehandelt. Die neueren japanischen Sorten haben eine dünne, gelbe bis hellgrüne, eßbare Schale und helles, festes, saftiges Fleisch mit nur wenigen der Steinzellen, die für die älteren Sorten und die vielen namenlosen Sämlinge charakteristisch sind. Während unsere europäischen Birnen schmelzendes Fleisch und einen ausgeprägten, sortentypischen Geschmack aufweisen, haben die modernen Nashis eher ein mildes Aroma und festes Fleisch, das mehr an einen saftigen Apfel erinnert. Manchmal wird die Frucht aus diesem Grunde auch als „Apfel-Birne" bezeichnet. Der Name „Sandbirne" rührt von den besonders bei den älteren Sorten häufig vorhandenen Körnungen im Fruchtfleisch her.

Sorten

Nashisorten gibt es bereits in stattlicher Zahl; die wichtigsten sind (in den Sortennamen steht die Endung „seiki" für Glattschaligkeit und die Endung „sui" für eine rauhe Oberfläche):

'Nijiseiki' (bedeutet „20. Jahrhundert"): Die Frucht ist mittelgroß, glattglänzend, gelbgrün, sehr saftig und frei von harten Steinzellen. Im heißen

Nashi

Nashis im Packstück

und feuchten japanischen Sommer entwickelt sich manchmal eine unerwünschte gelbgraue bis gelblich-rötliche Verfärbung, im milden Klima Neuseelands hofft man, davon verschont zu bleiben. Die Japaner tüten die Früchte – auch zum Schutz gegen tierische Schädlinge – deshalb gern an der Pflanze in Wachspapier ein, was natürlich die Gestehungskosten und den Verkaufspreis ein wenig erhöht. Wichtig ist ferner ein kräftiges Ausdünnen des Fruchtbehangs, um die erforderliche Fruchtgröße zu erzielen. In Japan ist 'Nijiseiki' die verbreitetste Sorte; sie liefert den größten Anteil der 200 000 t betragenden japanischen Nashiproduktion und Ausfuhr.
'Hoshi': Eine mittelfrühe Sorten mit runden, mitunter etwas gelb-rötlichen, festen, süßen und saftigen Früchten. Ihr Anbau nimmt stark zu, sie wird bald eine der führenden Sorten sein.
'Kosui': Eine frühreifende Sorte mit etwas abgeplatteten, ebenfalls teilweise gelbrötlich verfärbten, festen, sehr saftigen und süßen Früchten. Hervorragende Qualität, eine der besten japanischen Handelssorten.
'Shinsui': Eine weitere wertvolle, mittelgroße Frühsorte mit flachrunden, saftigen Früchten und besonders hohem Zuckergehalt sowie ausgezeichnetem Geschmack. 30 % der neuen Plantagen in Tottori Prefecture, dem japanischen Hauptanbaugebiet, bestehen aus dieser Sorte.
Weitere Sorten: 'Hayatama', sehr früh; 'Chojuro', eine ältere Sorte; 'Kikusui', ausgezeichnete Eßqualität, in den USA stark angepflanzt; 'Shinseiki', wichtiger, besonders guter Pollenspender u. a. m.
Insbesondere die ersten vier Sorten bildeten in Neuseeland die Grundlage für den Aufbau einer neuen Fruchtindustrie. Die ersten Erwerbspflanzungen entstanden hier 1984.

Verkauf

In Amerika beginnt die Nashiernte Ende Juli mit den japanischen Varietäten, sie endet Mitte September mit den chinesischen Sorten. In Japan kommt die Frucht von September bis Januar auf den Markt, und in der südlichen Hemisphäre (Neuseeland) dauert die Saison von Januar bis März. Für den Transport erhält dort jede einzelne Frucht eine Schaum-

Nashis, eine weitere Verpackungsart

stoffhülle, um die weite Reise gut zu überstehen. – Bei uns ist die bis jetzt weitgehend unbekannte Nashi dabei, sich einen sicheren Platz auf dem Markt zu erobern. Importe erhalten wir aus Japan und Neuseeland. Verkauft werden die Früchte stückweise. Eine Aufbewahrung über einen längeren Zeitraum ist bei 2-4° C und 80 % relativer Luftfeuchtigkeit möglich.

Verwendung

Die Nashi ist eine Frucht für den Rohgenuß. Die Früchte werden gewaschen und geschält verzehrt. Anders als unsere heimischen Birnen wird die Frucht nicht weich, wenn sie genußreif ist. Sie wird, in mundgerechte Scheiben geschnitten, wie ein Apfel gegessen und besitzt dennoch einen ausgeprägten Birnengeschmack. Man kann die Nashi aber auch vorsichtig schälen, sie ist dann noch saftiger und süßer.

Auch für Obstsalate, Süßspeisen und als Marmelade zubereitet kann man sie verwenden.

In den letzten Jahren haben immer mehr Menschen in den neuen Anbaugebieten Neuseelands und der USA, aber auch in Europa den köstlichen Geschmack der Nashi entdeckt. Schon heute wird sie vermutlich von mehr Menschen in der Welt gegessen als unsere europäische Birne.

Abschließend sei hier noch die chinesische Shandong-Apfelbirne erwähnt, eine mit der Nashi botanisch verwandte und vermutlich auch an ihrer züchterischen Entstehung beteiligte Fruchtart. Erste Lieferungen (10 000 Kartons) dieser Apfelbirne aus der nordchinesischen Provinz Shandong erreichten Europa (Rotterdam) erst in jüngster Zeit, im Dezember 1987. Abweichend von der japanischen und koreanischen Nashi ähnelt diese Frucht tatsächlich in der Form einer Birne mit einem 4-6 cm langen Stiel. Sie besitzt eine ansprechende grün-gelbliche Farbe und läßt sich geschmacklich mit der Nashi vergleichen. Verpackung und Präsentation dieser Neuheit sind mustergültig: Wie die Nashi ist jede einzelne Frucht in 15 kg-Kartonpackungen durch ein Schaumgumminetz vor Stoß und Druck geschützt. Ihre Haltbarkeit beträgt 6-8 Monate nach der Ernte, d. h., sie werden bis April/Mai angeboten. Die Chinesen hoffen, die Exporte nach Europa in den nächsten Jahren erheblich steigern zu können.

Nektarine *Prunus persica* var. *laevis,* Rosaceae

Syn. Nacktpfirsich, Glattpfirsich, Nußpfirsich, Brünelle

Heimat, Anbau

Über die Herkunft bzw. Entstehung der Nektarinen gibt es widersprüchliche Theorien. Nach einer Version handelt es sich um eine Mutation des Pfirsichs, nach einer anderen ist die Nektarine als Bastard aus Kreuzungen von Mandel x Pflaume, Pfirsich x Mandel oder, noch am ehesten glaubwürdig, Pfirsich x Pflaume entstanden. Diese lange Zeit vernachlässigte Obstart hat ihren Siegeszug und kommerziellen Aufschwung erst in den letzten Jahrzehnten durch verbesserte Züchtungen erlebt. Ihr stark zunehmender Anbau wird hauptsächlich in Italien, Frankreich, Spanien, Griechenland, Kalifornien, Chile und Südafrika (für die Zeit von Oktober bis März) betrieben.

Beschreibung

Von den Pfirsichen unterscheiden sich die Nektarinen durch die glatte, nicht flaumbedeckte Fruchthaut und festeres Fleisch. Dieses schmeckt bei manchen Sorten süß wie Pfirsiche, bei anderen pikant säuerlich, mehr wie das der Pflaumen. Nektarinen besitzen auch eine gute Steinlöslichkeit (freestone nectarines).
Erwähnt seien hier noch die Brugnolen (Brygnolen oder Brügnolen), die ebenfalls aus einer Kreuzung von Pfirsich x Pflaume entstanden sein sollen. Auch sie sind glatthäutig und festfleischig, unterscheiden sich von den Nektarinen aber durch den nur schwer herauslösbaren Stein (clingstone nectarines). Auf dem deutschen Markt sind Brugnolen nur selten anzutreffen.

Sorten

Über 40 Nektarinensorten sind bekannt. In alphabetischer Reihenfolge seien hier nur genannt: 'Armking', 'Crimson Gold', 'Early Sungrand', 'Fantasia', 'Flavortop', 'Goldmine' (eine der Hauptsorten in Südafrika), 'Independence' (wichtige Sorte in Italien), 'Late le Grand' (eine der Hauptsorten in Kalifornien), 'May Grand', 'Mayred', 'Nectared 4', 'Red June', 'Ruby Gold', 'Stark Red Gold', 'Stark Sungloo', 'Sunlite'.

Verkauf

Wie beim Pfirsich. Einfuhren aus den genannten, klimatisch begünstigten Anbauländern.

Verwendung

Ähnlich wie beim Pfirsich, hauptsächlich aber Frischverzehr.

Nektarinen

O

Orlando

Eine Zitrusfrucht. Wie die Minneola ein Kreuzungsprodukt aus Grapefruit x Tangerine (Überbegriff Tangelo).

Ortanique

Eine aus einer Kreuzung Tangerine und Orange entstandene Zitrusfrucht. Der Name setzt sich zusammen aus **Or**-ange, **Tan**-gerine und der erzielten Einheit un-**ique**. Bedeutende Anbauländer sind Westindien, Israel und Südafrika, neuerdings auch Uruguay. Für Jamaika eine bedeutende Exportfrucht. Der Name „Ortanique“ soll für Jamaika warenzeichenrechtlich geschützt sein. Deshalb werden solche Früchte in Uruguay als „Urunique“ und in Kuba als „Cubanique“ bezeichnet. In Israel laufen sie unter dem Namen „Topaz“ (s. S. 241) und in Südafrika unter „Tambor“ (s. S. 237). Die Frucht ist abgeplattet, gelblich-orange, dünnschalig und besitzt ein orangefarbenes, saftiges, aromatisch und kräftig schmeckendes Fruchtfleisch, hat aber bis zu 10 sehr dicke Kerne.

Ortanique

P

Pampelmuse *Citrus maxima,* Rutaceae

Syn. Shaddock, Pummelo u. a.

Heimat, Anbau

Die Urheimat der Pampelmuse ist das tropische und subtropische Südostasien, das Gebiet von Indien über Malaysia bis nach China und Japan. Heute ist sie darüber hinaus in zahlreichen Formen verbreitet in Westindien, Florida, Kalifornien, im Kapland und in einigen Mittelmeerländern (Israel).

Beschreibung

Die Pampelmuse wächst auf bis zu 15 m hohen Bäumen. Mit einem Gewicht bis 6 kg und einem Durchmesser bis 25 cm ist sie die größte aller Zitrusfrüchte. Pampelmusen sind rund, platt oder birnenförmig, gelb oder rosa getönt und besitzen eine dicke, pappige Schale. Das in Segmente geteilte Fruchtfleisch ist grüngelb oder rot und enthält große gelbweiße Kerne. Geschmack: süß-säuerlich, würzig, leicht bitter. Die Frucht ist reich an Provitamin A und Vitamin C. Die Malaysier und Chinesen benutzen die Frucht auch als Heilmittel.

Sorten

In Malaysia schätzt man besonders die Sorten 'Banda Navel', 'Cassomba' und vor allem 'Djeroek Bali',

Pampelmusen

drei sehr saftige, süße, fast samenlose Sorten. Auf Java sind es 'Pandan', 'Beuer' und 'Pandan Wangi', drei Sorten mit rotem Saft; in Indien 'Bombay Red' mit tiefrotem Fruchtfleisch; in Japan 'Hirado'; in China 'Sungma'.

Verkauf
Importe in die Bundesrepublik ganzjährig, aber ohne nennenswerte Marktbedeutung. Verkauf stückweise. Bei Zimmertemperatur etwa 2 Wochen haltbar.

Verwendung
Frucht schälen und frisch verzehren. Industrielle Verarbeitung – zum Teil auch der fleischigen Schalen – zu Marmelade, Gelee und Fruchtsirup.

Papaya *Carica papaya*, Caricaceae

Syn. Melonenbaum, Baummelone, Papaw oder Pawpaw, Mammao, Papaifrucht, „Melone der Tropen" u. a.

Heimat, Anbau
Als Urheimat der Papaya werden das tropische Mittelamerika und Süd-Mexiko angesehen. Kultiviert wird die beliebte Frucht in den feuchten Tropen bis in die frostfreien Subtropen. Den stärksten Anbau finden wir in Mittel- und Südamerika, Florida, Westindien, Hawaii, Indien und Afrika.

Beschreibung
Papayas hängen traubenartig an 3-10 m hohen, hohlstämmigen Bäumen, die wie Palmen kerzengerade ohne Äste und Seitenzweige in den Himmel wachsen. Ein Blattschopf und die darin wie Kokosnüsse herabhängenden Früchte bilden oben am Stamm eine Krone. Die Frucht, eine fleischige Beere, ähnelt einer Melone und wird bis 80 cm lang und bis 9 kg schwer. Zu uns kommen sie aber nur in kleineren, 400-600 g schweren Exemplaren. Papayas sind rund, eiförmig-länglich bis zylindrisch, einer plumpen Birne ähnlich, mit 5 Längsrippen. Sie haben unreif eine grüne, später gelbgrüne bis gelbe, glatte, lederige, empfindliche Haut. Unter dieser und durch sie hindurchschimmernd befindet sich in einer 2,5-5 cm dicken Schicht butterweiches, blaßgelbes, goldgelbes oder orangefarbenes bis lachsrotes Fruchtfleisch von melonen- oder kürbisartiger Konsistenz. Während die unreife Frucht noch sehr herb schmeckt, hat

Papaya-Jungfrüchte am Baum

Papaya

Papaya, Längsschnitt

die reife Papaya einen melonenartigen, an Himbeeren, Aprikosen oder Waldmeister erinnernden Geschmack; sie ist sehr süß, wird aber oft, da Fruchtsäure fehlt, als leicht fade beurteilt. Die rotfleischigen Früchte schmecken besser als die gelben. Das Fruchtfleisch enthält einen großen Hohlraum, der mit vielen pfefferkorn- bis kirschkerngroßen, schwarzgelackten Kernen angefüllt ist, die von einer Art Gelee umgeben sind. Sie schmecken beißendscharf wie Kresse und sind für den Europäer ungenießbar, werden aber in den Tropen als wirksames Mittel gegen Darmparasiten geschätzt. Die Papaya ist sehr reich an Provitamin A, Vitamin B_2 und C (60-70 mg%).

Der ganze Baum, besonders aber die unreife Frucht, enthält einen dicken Milchschleim, der durch Anzapfen der Frucht am Baum gewonnen wird. Der getrocknete Extrakt dieses milchartigen Saftes heißt Papain. Dieses enthält ein pepsinartig wirkendes, d. h. eiweißspaltendes Ferment, das sogenannte Papayotin. Die Nutzung der Frucht als Quelle für Papain ist von großer wirtschaftlicher Bedeutung. Papayotin wirkt verdauungsfördernd, leicht abführend und wird zur Herstellung von Pepsinwein verwendet. Papain ist außerdem bekannt als Fleischzartmacher, der selbst das härteste Fleisch sehr schnell mürbe macht. Setzt man dem Wasser, in dem das Fleisch zubereitet wird, nur eine geringe Menge des Papains zu, so genügt schon eine Temperatur von 70-80° C, um das Fleisch vollständig weich zu machen, ja zum Zerfallen zu bringen. Außer in der Medizin und als Weichmacher für Fleisch wird Papain auch in anderen Industriebranchen verwendet.

Sorten

Etwa 50 Papayasorten werden kommerziell verwertet. Die neueren bil-

Papaya, eine andere Fruchtform

Die gleiche Frucht im Längsschnitt

den nicht so hochstämmige Bäume und tragen kleinere, aber aromatischere Früchte. Die wichtigste Sorte im Welthandel ist 'Solo'. Weitere Sorten: 'Hortus Gold', eine ausgezeichnete südafrikanische Sorte; 'Dr. Peter Allen's Honeygold', ebenfalls aus Südafrika; 'Betty', Florida, sehr wohlschmeckend; 'Graham', beste Sorte im Rio Grande-Tal in Texas; 'Bluestem', Brasilien und Florida, vorzügliches Aroma; 'Red Panama' u. a.
Da sich die Papaya leicht kreuzen läßt, gibt es eine Vielzahl von Varietäten, wobei in jeder Klimazone und in jedem Mikroklima typische Lokalsorten entstehen. Die kurze Lebensdauer (4-6 Jahre) und die leichte Kreuzbarkeit haben in der Vergangenheit oft dazu geführt, daß neue Sorten nach kurzer Zeit schon nicht mehr kultiviert wurden und wieder verschwanden.

Verkauf

Größter Absatzmarkt für Papayas sind die USA, gefolgt von Japan. Aber auch in Europa erfreuen sich die Früchte und Papaya-Saft steigender Beliebtheit. Einfuhren kommen von Oktober bis März aus Brasilien und Südafrika, von Oktober bis Mai aus den USA und ganzjährig von der Elfenbeinküste, aus Kenia, Hawaii und Thailand. Die Früchte werden im Grüngelbstadium, d. h. halbreif geerntet und müssen vorsichtig transportiert, schnell umgeschlagen und verkauft werden. Zu früh gepflückte Papayas bleiben grün, reifen nicht mehr nach und können höchstens noch als Gemüse gekocht werden.
Die Frucht kommt in der Regel eßreif auf den Markt und hat nur eine kurze Verzehrdauer. Sie ist zwar sehr druckempfindlich, doch bedeuten kleine braune Flecken keine Qualitätsminderung. Verkauf stückweise. Lagerung, bis maximal 2 Wochen, bei 10-15° C und 85-95 % relativer Luftfeuchtigkeit; die Frucht produziert Äthylen. In den letzten Jahren werden Papayas auch geschält, entkernt und gewürfelt als Konserven in Dosen aus Taiwan, Indien, Malaysia, Thailand und Australien eingeführt.

Verwendung

In den Anbauländern werden Papayas unreif als ziemlich teures Gemüse gekocht oder reif wie Grapefruits zum Frühstück roh gegessen.

Wenn die Schale sich gelb verfärbt und die Frucht leichtem Fingerdruck nachgibt, ist sie reif. Zum Rohgenuß werden die Früchte der Länge nach halbiert, die Kerne werden ausgeschabt und das Fleisch zur Geschmacksverbesserung mit Zitronensaft beträufelt, bevor die Hälften ausgelöffelt werden. Oder man schält die Frucht, schneidet sie in Streifen, Spalten oder Würfel und würzt mit Zucker und Zitronen- oder Limettensaft. Oder man gießt Orangen- oder Eierlikör, Himbeersaft oder Weinbrand darüber. Beliebt sind Papayas als Vorspeise mit rohem Schinken oder Bündner Fleisch. Weitere Verwendungsmöglichkeiten: Fruchtsalat, zusammen mit anderen Obstarten, Mandeln und Erdnüssen, pikante Salate mit Geflügelfleisch, Wurst, Senfgurken, Krabben, Joghurt, Mayonnaise u. a. Papayas kann man auch wie Paprika mit Fleisch füllen. Der Rezepte gibt es zahllose, der Phantasie sind keine Grenzen gesetzt. Industriell werden Papayas zu Konserven, Marmelade, Gelee, Mus, Mark, Flocken, Eiscreme verarbeitet. Die Getränkeindustrie verwendet sie in den heute sehr erfolgreichen Mehrfrucht-Nektaren und zur Herstellung von Likören. Eine wertvolle, äußerst vielseitig verwendbare Frucht.

Paranuß *Bertholletia excelsa,* Lecythidaceae

Syn. Brasilnuß, Brasilianische Kastanie, Amazonasmandel, Tucanuß, Yuvianuß u. a.

Heimat, Anbau

Die Paranuß ist benannt nach Para, amtlich Belém, der Hauptstadt des brasilianischen Bundesstaates Para. Para ist der Ausfuhrhafen für Paranüsse. Brasilien, Peru, Bolivien, Venezuela, die Urwälder am Amazonas (4,7 Mio. km^2) und Orinoco sind die Heimat und das Verbreitungsgebiet der Paranüsse, die fast ausschließlich aus dem Wildvorkommen und nur zu einem sehr geringen Teil von kultivierten Bäumen stammen.

Beschreibung

Ein 20-60 m hoher, prächtiger, den allgemeinen Urwaldwuchs überragender Baum („König der brasilianischen Wälder"), mit wie Stricke zur Erde herabhängenden Wurzeln, der gleichzeitig blüht, Früchte trägt und im August/September sämtliche Blätter abwirft. Dann zeigt der Baum die zu erwartende Ernte – die großen, „Pots" oder „Qurico" genannten, kugeligen, dunkelbraunen, holzartig harten und dickschaligen Kapselfrüchte. Diese messen ca. 30 cm im Durchmesser und werden 2-3 kg schwer. Durch Einwirkung von Wasser, Wind und Sonne werden die Fruchtstiele mürbe, so daß die Früchte abfallen. Das Einsammeln der Paranußpots dauert von November bis März. In ihnen befinden sich – wie Orangensegmente fächerförmig angeordnet – 10-40 Samen: unsere Paranüsse. Diese sind 3-5 cm lang, scharf dreikantig, am Rücken gewölbt, mit einer dünnen, steinharten, graubraunen, querrunzeligen äußeren und einer rotbraunen, weichen inneren Samenschale. Der Kern ist weiß bis hellgelb, halbweich bis hartfleischig und hat einen nuß- oder mandelartigen Geschmack. Die Samen enthalten bis zu 70 % wertvolles Nußfett, Kohlenhydrate, relativ viel Phosphor, Kalium, Calcium und Eisen sowie einige Vitamine.

Paranüsse

Sorten

Eigentliche Sorten sind nicht bekannt. Man unterscheidet nach Anbaugebieten, z. B. 'Belémi', 'Manaos', 'Jarys', 'Tocantius' usw. Obwohl nur geringe Unterschiede bestehen, gilt 'Manaos' als die wohlschmeckendste Herkunft.

Verkauf

Die von den Sammlern aufgelesenen reifen Früchte springen von selbst auf, oder es werden mit einem Buschmesser (Machete) die Deckel der Kapseln abgeschlagen und die Nüsse freigelegt. Die Sammler bringen sie zu den Sammelstellen, von wo sie – manchmal erst noch nach Größe sortiert – in Säcke abgefüllt und in alle Welt verfrachtet werden. Je größer die Nuß, desto höher der Preis; Jahresexport ca. 50 000 t. Der europäische Haupthandelsplatz für Paranüsse ist Hamburg. Importe kommen in der Hauptsache aus Brasilien und Peru; sie sind verhältnismäßig gering, das Angebot auf dem Markt jedoch ist ganzjährig. Gehandelt werden Paranüsse mit Schale, geschält, als Schnitzel (chipped) oder Bruch (broken). Mitunter werden auch polierte Nüsse mit attraktiv-glänzendem Aussehen exportiert. Verkauf im Laden nach Gewicht. Paranüsse kommen schließlich auch geschält – in Dosen luftdicht verschlossen – in den Handel. Lagerung der Nüsse muß luftig, trocken und vor allem kühl sein; Wärme verursacht Ranzig- und Öligwerden.

Verwendung

In Südamerika sind Paranüsse ein nicht unbedeutendes Nahrungsmittel. Man knackt sie und ißt die Kerne roh; sie haben einen hohen Nährwert, sechs Nüsse entsprechen einem Steak von 200 g. Im übrigen werden sie wie Haselnüsse oder Mandeln verwendet. Paranüsse eignen sich vorzüglich als Bestandteil von Nuß- und Knabbermischungen sowie von Fruchtkörben. Die Zubereitungsempfehlungen reichen von Paranüssen auf Butterbrot über delikate Paranußhappen, Kuchen und – fein gemahlen – auch für andere Backwaren bis zu Paranuß-Matjesfilets. Industriell werden die Nüsse zu Mehl und Speiseöl verarbeitet.

Die holzartig harten, dickschaligen, die Paranüsse enthaltenden Kapselfrüchte

Passionsfrucht *Passiflora edulis, P. ligularis,* Passifloraceae

Syn. Granadilla, Maracuja

Heimat, Anbau

Heimat der verschiedenen Passionsfruchtarten sind die Länder Mittel- und Südamerikas. Verbreiteten Anbau finden wir, außer in Südamerika, vor allem in Australien, Neuseeland, Südafrika, Kenia, Senegal, Kamerun, Elfenbeinküste, in Kalifornien, auf Hawaii, Sri Lanka, Madagaskar. Versuchsweiser Anbau an der Riviera.

Beschreibung

Mehr als 400 Arten umfaßt die Gattung *Passiflora,* von denen einige zauberhaft schöne Blüten hervorbringen (Passionsblume), in deren Staubgefäßen und Stempeln viele Menschen das Kreuz und die Dornenkrone der Passion Christi symbolhaft zu erkennen glauben. *Passiflora*-Pflanzen ranken und werden mit ihren bis zu mehreren Metern langen Trieben zu den Lianen gezählt. Die Früchte der verschiedenen Arten sind unterschiedlich groß, rund, oval, in der Farbe gelblich, weinrot, purpurviolett bis dunkelbraun. Ihre Schale ist glatt oder mehr oder weniger schrumpelig. Meist besitzen sie ein großes Kerngehäuse, das bis zu 200 schmale, schwärzliche Kerne enthält und mit einer dünnen, weißen bis gelblichen gelee- oder gallertarti-

Passionsfrucht

Passionsfrucht, eine andere Art

Passionsfrucht, Längsschnitt

gen Masse gefüllt ist. Das Fruchtinnere hat einen erfrischenden, süßsäuerlichen, an ein Gemisch aus Himbeeren, Pfirsichen und Erdbeeren erinnernden Geschmack mit intensivem, ausgesprochen exotischem Aroma.

Von den zahlreichen weiteren Passionsfruchtarten sei noch die ebenfalls in Südamerika heimische und im Anbau auf Westindien, Australien und das tropische Amerika beschränkte Riesengranadilla *(Passiflora quadrangularis)* erwähnt, deren Früchte jedoch nur sehr sporadisch auf größeren Obstmärkten angeboten werden. Sie werden bis 25 cm lang und sind damit die größten aller Granadillaarten. Sie ähneln einem kurzen, dicken, roten Eierkürbis. Von ihnen wird nicht nur das rote Fruchtfleisch verzehrt, auch die dicke, fleischige Fruchtschale wird als Kompott oder Gemüse gegessen. Geschmacklich erreicht die Riesengranadilla aber nicht die Qualität anderer Passionsfrüchte.

Verkauf

Passionsfrüchte werden bei uns hauptsächlich im Frühsommer und Sommer als Frischobst angeboten. Aber auch während der übrigen Zeit im Jahre erhalten wir die Früchte auf dem Luftwege, insbesondere aus Kenia und Südamerika. Insgesamt sind die Einfuhren jedoch gering, wenn auch im Zunehmen begriffen. Verkauf stückweise. Bei 5-10° C und 95 % relativer Luftfeuchtigkeit können die Früchte etwa 14 Tage gelagert werden; dabei produzieren sie Äthylen. Charakteristisch für die Passionsfrucht ist das Einschrumpfen der Haut während der ersten Woche nach der Ernte. Dies ist jedoch kein Zeichen von Verderb, sondern im Gegenteil ein Zeichen des Nachreifens. Es verleiht der Frucht einen volleren, süßeren Geschmack.

Verwendung

Zum Rohverzehr die Früchte halbieren und das Fruchtfleisch auslöffeln, eventuell ein paar Tropfen Zitronensaft oder Sahne dazugeben. Die vielen Kerne werden mitgegessen, die Schale aber ist ungenießbar. Weitere Verwendung in Obstsalaten, eventuell mit einem Schuß Maracujalikör verfeinert, zu Speiseeis, Quarkspeisen, Pudding und anderen Süßspeisen. Passionsfrüchte sind transportempfindlich und werden deshalb zu einem großen Teil schon in den Anbauländern in modernen industriellen Großanlagen zu Marmelade, Gelee, vor allem aber zu Saft und Nektar verarbeitet. Hauptlieferant des Maracujasaftes ist Brasilien. In den Importländern wird er – unter Hinzufügung von Zucker und Aromastoffen – in der Regel im Verschnitt mit anderen Säften zu köstlichen Erfrischungsgetränken und Likören weiterverarbeitet.

Pecannuß *Carya illinoensis,* Juglandaceae

Syn. Pekannuß, Illinois-Nuß, Hickory-Nuß (der zusammenfassende Begriff für mehrere Nußarten der Gattung *Carya*)

Heimat, Anbau

Heimat der Pecannuß sind die wärmeren Zonen des nordamerikanischen Kontinents, die Staaten Indiana bis Iowa, südlich bis Alabama, Mississippi, Louisiana, Texas und Oklahoma sowie Mexiko. Mit dem Anbau in den Südstaaten – Schwerpunkt Georgia – und einer jährlichen Produktion von 95 000 t sind die USA heute der größte Pecannußproduzent der Welt. Hier ist der Verbrauch an Pecannüssen etwa so hoch wie der von Walnüssen, während bei uns z. Zt. einer Menge von 20 000 t Walnüssen nur 400 t Pecannüsse gegenüberstehen. Trotz großer Anlagen und verfeinerter Anbau-, Verarbeitungs- und Lagermethoden bestand eine Saisonabhängigkeit, die dadurch aufgehoben wurde, daß seit 1968 in Australien, also auf der südlichen Halbkugel, in einem standortmäßig günstigen Gebiet riesige Plantagen angelegt wurden. Weitere Anbauländer: Südafrika, Israel, Süd-China, die Subtropen Indiens, in geringem Maße auch Italien (Sizilien).

Beschreibung

An großen, stattlichen, 20-50 m hohen, winterkahlen Bäumen (Hickorybäumen, Edelholzgewinnung), deren entwicklungsgeschichtliche Spuren sich bis in die Steinzeit verfolgen lassen, entwickeln sich – wie bei den botanisch verwandten Walnußbäumen (gleiche Familie der Nußbaumgewächse = Juglandaceae) – die Pecannüsse als Steinfrüchte mit fleischiger, ungenießbarer Außenhülle. Sie sind länglicher und dünnschaliger als Walnüsse und ähneln eher übergroßen Haselnüssen oder großen Bohnenkernen. In Form und Größe variieren sie, teils sind sie zylindrisch, an einem Ende zugespitzt, teils kurz

Pecannüsse

und abgerundet, teils sind es Zwischenformen. Ihre Schale ist glatt, hell- bis dunkelbraun, kakaofarben; ca. 40 % des Nußgewichtes entfallen auf die Schale. Die Nüsse enthalten einen – ebenfalls den Walnüssen ähnlichen – vollen, viergeteilten, braunen, sehr wohlschmeckenden Kern. Wie alle Nußfrüchte sind auch Pecannüsse reich an energetischen Bestandteilen, d. h. an Eiweiß, Fett und Kohlenhydraten. Außer Mandeln hat keine Frucht einen höheren Fettgehalt, über 70 %. Hoch ist auch der Gehalt an Mineralien, besonders an Phosphor, Calcium, Magnesium und Eisen. An Vitaminen sind besonders Provitamin A und die der B-Gruppe vertreten.

Verkauf
Pecannüsse reifen, da sie beiderseits des Äquators angebaut werden, während des ganzen Jahres, in Australien z. B. ab Anfang Mai, zu Beginn des dortigen Herbstes. Die Bäume werden mit Erntemaschinen geschüttelt und die abgefallenen Nüsse – ebenfalls maschinell – eingesammelt. Sie werden von Blättern, Stengeln und Schmutz befreit, gewaschen und anschließend mit Carnauba-Wachs poliert. Hierdurch erhalten sie ein schönes, attraktives, braunglänzendes Aussehen. Solche Nüsse werden gegenüber der gebleichten amerikanischen Ware – trotz ihres etwas höheren Preises – vom Verbraucher bevorzugt. Etwa 90 % des Pecannußverbrauchs in der Bundesrepublik werden daher z. Zt. von australischer Ware abgedeckt. Der stärkste Absatz fällt in die Weihnachtszeit. Versandt werden Pecannüsse teils ungeschält in Säkken, teils aber auch geschält in kleineren Mengen in Kartons oder Beuteln. Der Handel nimmt von der Schale befreite Nüsse gern auf und füllt sie zum Verkauf nach Gewicht in kleinere Beutel ab. Pecannüsse lassen sich im kühlen Trockenlager gut aufbewahren, ohne ranzig zu werden.

Sorten
Von den mehr als hundert Sorten sind die besten und bekanntesten die eiförmige 'Schley' und die spitzovale 'Stuart'. Weitere Sorten sind die großfrüchtigen 'Dalmas' und 'Burket' sowie die mittelgroße 'Moneymaker' und 'Desiree'. Früher nannte man die Pecannuß wegen ihrer besonders harten und schwer zu knackenden Schale die „krachende Nuß". Inzwischen sind Neuzüchtungen, die sogenannten „Papershells", gelungen, deren Schale so dünn ist, daß man sie mit der bloßen Hand öffnen kann, und die zudem einen größeren, süßlich aromatischen Kern besitzen.

Verwendung
Lange bevor der weiße Mann nach Amerika kam, waren Pecannüsse ein wichtiges Nahrungsmittel der Indianer („Geschenk des Himmels"). Mit ihnen überlebten viele ihrer Stämme die strengen Winter Nordamerikas. Die optimale Mengenkombination von Vitaminen, Mineralstoffen und Eiweiß macht Pecannüsse zu einer Idealkost, auf die selbst die Astronauten der Apolloflüge zum Mond nicht verzichteten. Pecannüsse waren die einzige frische Nahrung im Speiseplan der Weltraumexpeditionen. Die dünne, zerbrechliche Schale läßt sich mühelos entfernen, leichter als bei der Walnuß. Der Kern ist beliebt als leckere Knuspernuß, dient aber auch – ganz, zerkleinert oder gemahlen – als Zutat zu Fruchtsalaten, Pudding und anderen Süßspeisen; ebenfalls zur Verfeinerung vieler Gerichte und zur Erhöhung des Aromas beim Kochen und Backen von Kuchen, Nußtorten usw. In den USA gilt die Pe-

cannuß als absolute Geschmackskrönung von „Appetizern“ (appetitanregenden Gerichten) und „Dessertzaubereien“. Die Süßwarenindustrie verwendet sie für Knabbermischungen sowie zur Herstellung besonderer Spezialitäten, wie mit Zuckerguß glasierte Nüsse usw.

Pepino *Solanum muricatum,* Solanaceae

Syn. Mellowfrucht, Melonenbirne, Birnenmelone

Heimat, Anbau

Beheimatet ist die Pepino in den warmen, 1700-2500 m hoch gelegenen Gebirgstälern Perus und Kolumbiens. Angebaut wird sie auch in den anderen Ländern Südamerikas, in Ecuador, Bolivien, Chile (hauptsächlich im Longotoma Valley, ca. 300 km nördlich von Santiago), Venezuela und darüber hinaus auch in den USA, Neuseeland (erst 1979 eingeführt), Äthiopien, in der UdSSR und seit 1971 sogar im Mittelmeerraum (Südspanien).

Beschreibung

Die Pflanze ist ein 0,3-1 m hoher Halbstrauch mit holziger Stammbasis. Die Früchte der Wildform sind 6-8 cm, die der Kulturformen 10-20 cm lang, ihr Durchmesser beträgt 5-10 cm. Sie sind ei- oder eichelförmig zugespitzt, hellweiß-cremefarbig bis zitronengelb, mehr oder weniger intensiv rot bis lila gestreift. Das Fruchtfleisch ist gelb, saftig, wohlriechend und enthält viele kleine Samen oder ist samenlos. Der Geschmack, einer Mischung aus Birne und Melone ähnlich, ist süß, aber nur wenig ausgeprägt, vielleicht sogar etwas fade. Es handelt sich um eine uralte indianische Pflanze, die man durch Selektion ständig zu verbessern sucht.

Sorten

Die Hauptsorte ist die aus Peru stammende und nach Chile und Neuseeland eingeführte 'Toma'.

Verkauf

Bisher nur geringe Importe in die Bundesrepublik, hauptsächlich von März bis Mai aus Neuseeland und Chile, meist als Luftfracht, obwohl die Früchte auch eine 2-3wöchige Seereise vertragen würden. Die Frucht ist gut lagerfähig; beste Aufbewahrung bis zu 7 Wochen bei 2-5° C und ca. 90 % relativer Luftfeuchtigkeit.

Verwendung

Pepinos sollte man erst verzehren, wenn die Fruchtfarbe von grünlich auf cremefarben übergegangen ist und die Frucht auf sanften Druck leicht nachgibt. Man ißt sie am besten roh und gekühlt wie einen Apfel, d. h., man schält sie und entfernt die Kerne. Fruchtstücke kann man mit Zucker, Zitronensaft, ein wenig Ingwer oder auch mit Likör würzen und

Pepino

als delikate Nachspeise servieren. Angeschnittene Früchte verfärben sich rasch, deshalb sollte man sie erst kurz vor dem Verzehr zerteilen. Pepinos eignen sich aber auch zur Herstellung von Marmeladen und Konfitüre, doch geht beim Kochen viel vom besonderen Aroma verloren. Weitere Zubereitungen: Füllungen mit Matjesfilets, Krabben oder Schinkenwürfeln, in dieser Form beliebte Vorspeisen.

Persimone *Diospyros virginiana,* Ebenaceae

Syn. Persimonpflaume, Persimonn, Persimonne, Dattelpflaume (Syn. für die Früchte sämtlicher *Diospyros*-Arten)

Heimat, Anbau

Die Heimat der Persimone liegt in den USA, in den Staaten Connecticut und New York bis Kansas, südlich bis Florida, Kalifornien und Texas, nach anderen Angaben in China. Verbreitet ist sie auch in Japan. Anbau hauptsächlich in Kalifornien mit den größten Plantagen im Sacramento-Tal.

Beschreibung

Persimonen sind die Beerenfrüchte eines in den Wäldern des Südens bis zu 40 m hoch wachsenden Baumes. Es sind Früchte von der Größe und dem Aussehen einer Kakifrucht, blaß-orangefarben, oft mit roter Backe. Die normal ausgebildete Frucht hat dunkelfarbenes Fruchtfleisch mit meist 4 oder mehr Kernen, doch gibt es auch parthenokarp (jungfernfrüchtig) entstandene, kernlose Früchte mit hellgelbem Fruchtfleisch. Diese haben einen sehr hohen Gerbstoffgehalt (Tannin) und adstringierenden Geschmack, der sich aber bei voller Reife wieder verliert. Bemerkenswert ist der hohe Provitamin A-Gehalt: 2250 I. E.

Sorten

Es gibt ein gutes Dutzend Sorten. Die Hauptsorte in den Plantagen Kaliforniens ist die am Ende der Frucht etwas zugespitzte ‘Hotchija‘.

Verkauf

In Amerika reifen die Persimonen je nach Sorte zwischen August und Dezember. Bisher kaum Frischfruchteinfuhren in die Bundesrepublik.

Verwendung

In den Anbauländern werden Persimonen überwiegend frisch verzehrt. Während aber die kernlosen, herbsauer schmeckenden Früchte erst noch nachreifen müssen, sind die dunkelfleischigen, samenhaltigen Früchte ohne Vorbehandlung genießbar. Dennoch gibt es Sorten, die weder durch Sonne oder Wärme noch – wie man früher meinte – erst durch Frosteinwirkung genießbar werden. Ein beliebtes Produkt der Verarbeitung ist ein vortrefflicher Branntwein.

Persimone

Pfirsich *Prunus persica,* Rosaceae

Heimat, Anbau

Aus China stammend. Anbau in allen Ländern der Erde mit warm-gemäßigtem Klima, im subtropischen Sommerregengebiet wie in höheren Lagen der Tropen. Hauptanbauländer sind Italien („Pfirsichgarten Europas"), Frankreich, Spanien, Griechenland, USA, Südamerika, Australien, Südafrika u. a. Wirtschaftliche Bedeutung in Deutschland nur in Gebieten mit Weinklima: Baden (Bergstraße), Rhein-Main-Pfalz, Rheinland; aber auch hier immer wieder erhebliche Ernteausfälle durch Blütenfrost.

Beschreibung

Pfirsiche sind Steinobstfrüchte kleiner Bäume, die allein schon durch den regelmäßigen, in den Plantagen üblichen Fruchtholzschnitt in der natürlichen Kronenentfaltung behindert werden. Die Einteilung der Früchte erfolgt zweckmäßigerweise nach der Beschaffenheit der Schale und der Löslichkeit des Steines vom Fruchtfleisch. Wir unterscheiden:

1. Früchte mit schwacher, samtartiger, flaumiger Behaarung
   a) Früchte mit leicht herauslösbarem Stein (engl. freestone): meist die weißfleischigen frühen, z. T. auch mittelfrühen Sorten
   b) Früchte mit schlechter Steinlöslichkeit (engl. clingstone): die späteren, gelbfleischigen Sorten
2. Früchte mit glatter Haut –▷ Nektarinen (S. 181)

Die Pfirsichfrucht ist rundlich, manchmal gespitzt mit einer mehr oder weniger deutlichen Längsfurche und einem vertieften Stielansatz. Die Schale ist grünlich-gelb oder kräftig gelb bis rot, besonders auf der Sonnenseite, und seidig behaart. Das Fruchtfleisch ist weiß bis gelb, bei einigen Sorten auch rot („Blutpfirsiche"), saftig, süß und höchst aromatisch. Es enthält einen je nach Sorte leicht oder schwer herauslösbaren, 3-4 cm langen, ovalen, etwas abgeflachten, tief gefurcht-runzeligen, sehr harten Stein, der den ölreichen Samen einschließt.

Die große Beliebtheit des Pfirsichs beruht auf seiner Fülle an Saft und Aromastoffen bei gleichzeitigem Fehlen von Ballaststoffen. Daneben spendet die Frucht viel Calcium, Phosphor, Kali und Eisen und ist reich an Provitamin A und den Vitaminen B_1, B_2 und vor allem C. Der Pfirsich ist als wertvolles Nahrungsmittel einzustufen, denn sein Fruchtfleisch ist nahrhaft und erfrischend, seine Wirkung harntreibend und leicht abführend.

Sorten

Es ist unmöglich, die riesige Zahl der Pfirsichsorten – und seien es nur die aus den wichtigsten Anbaugebieten – hier anzugeben oder gar zu beschreiben. Wir nennen nachstehend die heute in Deutschland empfohlenen Sorten sowie einige der auf unseren Märkten am stärksten vertretenen ausländischen Sorten (die römischen Ziffern hinter dem Sortennamen geben die Reifemonate an):

In der Bundesrepublik empfohlene Sorten: 'Mayflower' (VI-VII), 'Früher roter Ingelheimer' (VII), 'Amsden' (VII), 'Alexander' (VII), 'Cumberland' (VII-VIII), 'South Haven' (VIII), 'Madame Rogniat' (VIII), 'Rekord von Alfter' (VIII-IX), 'Friedelsheimer Konservenpfirsich' (VIII-IX), 'Kernechter vom Vorgebirge' (= 'Roter Ellenstädter') (IX), 'Wassenberger' (IX).

Dixired

Royal April

Ausländische Sorten: Italien, der Hauptlieferant, bringt 'Maycrest', 'Springcrest', 'Springtime' (weißfleischig), 'Junegold', 'Earlygold', 'Early Coronet', 'Dixired', 'Suncrest', 'Red Haven', 'Glo Haven', 'Hale'.
Spanien liefert 'Starcrest', 'Royal April', 'Springtime', 'Springcrest', 'Maycrest', 'Armgold', 'Royal Gold'.
Griechenland: 'Springcrest', 'Springtime', 'Junegold', 'Dixired', 'Red Haven', 'Red Skin'.
Frankreich liefert geringere Mengen, aber meist in vorzüglicher Qualität: 'Maycrest', 'Flavorcrest', 'July Lady', 'Red Robin' (weißfleischig), 'Mireille' (weißfleischig), 'Merill Franciscan', 'Suncrest'.
Südafrika: 'De Wet' (November bis Januar), 'Culemborg' und 'Rhodes' (Dezember/Januar, beide weißfleischig), 'Peregrine' (ab Januar).
Nur selten erscheinen auf dem Markt rotfleischige Sorten, z. B. 'Admira'. Erwähnt seien schließlich die 'Percochen', das sind gelbfleischige Pfirsiche für die Industrie, die hauptsächlich in der Region Emilia-Romagna angebaut werden, zumal die Betriebe der Verarbeitungsindustrie in diesem Gebiet plaziert sind.

Verkauf

Die Einfuhrsaison beginnt Mitte Mai mit spanischen Pfirsichen. Das stärkste Angebot von Juni bis September setzt sich zusammen aus der Inlandsernte von Juli bis September und enormen Einfuhren aus Italien und Griechenland. Als erste kommen die frühen Sorten mit weißem Fleisch und schwer löslichem Stein, gefolgt ab Juli von den gelbfleischigen, saftigen und aromatischeren Sorten mit leicht löslichem Stein, die vom deutschen Konsumenten auch bevorzugt verlangt werden.
Im Winter bis März werden Pfirsiche aus Südafrika, Argentinien und Chile importiert, und im Mai/Juni kommen noch geringe Mengen Treibhauspfirsiche zu uns. Diese Einfuhren zusammen machen jedoch kaum 1/2 % der jährlichen Gesamteinfuhren aus.
Pfirsiche sind gegen Stoß und Druck empfindliche Früchte. Für den Transport müssen sie daher hart und grünreif geerntet werden. Leider reifen solche Früchte nicht völlig nach und erreichen auch nicht ihr volles sortentypisches Aroma. Wenn man sie länger am Baum reifen läßt, kommen

Merill Franciscan

sie nur noch für den Verkauf auf nahen Märkten bzw. für kurze Transporte in Betracht. Nur wenige Sorten sind robuster und für längere Transporte – auch in Kühlwagen – geeignet.

Der Verkauf erfolgt nach Gewicht in loser Schüttung, aus Steigen (5-10 kg) mit Nesteinlagen oder in Schalen (0,5-1 kg).

Pfirsiche sind nur kurzfristig lagerfähig: im maschinengekühlten Lager bei –1 bis 0° C 2-4 Wochen, im CA-Lager bei –1 bis 0° C, 2-3 % CO_2 und 2 % O_2 bis zu 6 Wochen, relative Luftfeuchtigkeit um 90 %. Kühllagerfähig sind besonders die späten Sorten, mit ihnen kann man die Verkaufssaison um Wochen verlängern.

Verwendung

Pfirsiche sind feines Tafelobst und werden überwiegend roh verzehrt. Bedeutend ist aber auch ihre Verwendung in Obstsalaten, Kompotten, Marmeladen, Konfitüren, Fruchteis, Kaltschalen, Bowlen oder gar für den Rumtopf, als „Pfirsich Melba" (Dessert aus Vanilleeis, schichtweise Pfirsichhälften, Schlagsahne, Erdbeerkonfitüre und Johannisbeergelee), als „Kullerpfirsich" (Pfirsich häuten, rundherum einstechen, im Sektglas mit Sekt auffüllen), für Torten und andere Backwaren, als Dekorfrüchte u. a.

Unter den Dosenfrüchten nimmt die Pfirsichkonserve einen der ersten Plätze in der Welt ein. Kalifornien, Südafrika, Australien und Japan beherrschen den europäischen Markt. Wegen ihres ausgeprägteren Aromas werden die spätreifenden Sorten für die Naßkonservierung bevorzugt. Konserviert werden die Früchte geschält und gesüßt als ganze Frucht, als halbe Frucht, als Viertel, in Scheiben, Stücken oder Würfeln.

Weitere Produkte der Verarbeitungsindustrie sind Pulpe, Nektar, Saft, Wein, Branntwein, Likör u. a. Ein nicht unerheblicher Teil der Pfirsich-Weltproduktion wird getrocknet, fast ausschließlich in den Winterregengebieten, wo die Trocknung in der Sonne erfolgen kann. Lieferanten von Trockenpfirsichen sind Kalifornien, Chile, der Iran, Südafrika und Australien. Die Früchte werden zum Trocknen halbiert, entsteint, in 1/2 cm dicke Ringe geschnitten, in Salz- oder Zitronenwasser getaucht und der Sonne ausgesetzt. Später erfolgt noch eine Sortierung nach Größe und Farbe. Als Nebenprodukt in der verarbeitenden Industrie fallen die ölhaltigen Steine an. Sie dienen der Herstellung von Likör, z. B. „Persico", sowie als Mandelersatz zur Zubereitung von marzipanähnlichem Persipan.

Pflaume *Prunus domestica* ssp. *domestica*

Zwetsche *Prunus domestica* ssp. *domestica*

Syn. Zwetschge, Zwetschke

Reneklode *Prunus domestica* ssp. *italica*

Syn. Reineclaude, Edelpflaume, Ringlotte

Mirabelle *Prunus domestica* ssp. *syriaca,* alle Rosaceae

Heimat, Anbau

Die Kultur dieser Obstarten (die Japanische Pflaume oder Susine ist eine weitere botanische Art) reicht bis in das Altertum zurück; ihre ursprüngliche Heimat dürften Vorderasien, Turkestan und der Kaukasus sein. Der Anbau erfolgt weltweit in allen Erdteilen, vornehmlich in den Mittelmeer- und Balkanländern (Italien, Spanien, Jugoslawien, Bulgarien) und in den USA (Kalifornien). Bundesdeutsche Anbaugebiete liegen in Baden (Bühl), Rheinland-Pfalz, Niedersachsen und Bayern. Der Mirabellen-Anbau spielt nur im Weinklima eine Rolle.

Beschreibung

Die vier botanisch eng zusammengehörenden Obstarten wachsen auf sommergrünen, bis zu 4 m hohen, dichtkronigen Bäumen. Obwohl – besonders bei Neuzüchtungen – gewisse Übergangsformen existieren, wollen wir bei der nachstehenden, bewährten Einteilung bleiben:

Zwetschen: Länglich-oval, etwas plattrund, mit spitzem Ende, ohne Furche oder Naht, meist blau, schwarzblau oder violett, mehr oder weniger bereift. Dieser weiße Reif oder „Duftfilm", ein Belag der „Mutter Natur" zum Schutz der Frucht vor dem Austrocknen, entsteht durch wachsartige Hautausscheidungen und ist abwischbar, sollte jedoch bis zum Verkauf der Früchte erhalten bleiben. Fruchtfleisch weißlich-grüngelb, fest, beim Kochen nicht zerfallend, saftig, süß, aromatisch, mit einem leicht lösenden, länglichen, flach zusammengedrückten, beiderseits zugespitzten Stein, der den Samen einschließt.

Pflaumen: Meist etwas früher reifend als Zwetschen, rundlich bis oval, mit Furche, rot bis blau, meist stärker bereift. Fruchtfleisch weich, beim Kochen zerfallend, grünlichgelb bis goldgelb, sehr saftig, süß und sehr edel gewürzt, leider nicht immer steinlösend; der Stein rundlich und bauchig.

Renekloden: Mittelgroß bis groß, rund mit Bauchnaht, grünlich, grünlichgelb, violett oder rotschalig. Fruchtfleisch fest, grün bis gelb, saftig, süß, sehr aromatisch, schlecht steinlösend.

Mirabellen: Meist klein, kugelrund, wachsgelb mit roter Punktierung oder Backe. Fruchtfleisch fest, grünlichgelb bis orangegelb, besonders süß, gut steinlösend.

Bezüglich der Inhaltsstoffe der Früchte sei der Gehalt an Zucker, Provitamin A und den Vitaminen B_1, B_2 und C hervorgehoben. Von altersher bekannt ist eine gewisse die Darmtätigkeit fördernde und abfüh-

Hauszwetsche

rende Wirkung. Diese wohltätige Wirkung üben die Früchte auch in gedörrtem Zustand aus.
Der Vollständigkeit halber sei hier noch – allerdings bisher ohne Marktbedeutung bei uns – genannt:

Spilling, Hafer- oder Kriechenpflaume *(Prunus domestica* ssp. *insititia):* Aus dem Orient stammend, in Europa und Nordamerika eingebürgert und in Südeuropa angebaut und häufig verwildert. Früchte rund, klein, schwarzblau, Fleisch gelbgrün, schwer steinlösend. Gelegentlich gedörrt als „Katharine" im Handel. Früchte werden eingemacht.

Sorten

In den Anbaugebieten der Welt zählt man weit über 2000 Sorten. Marktfähig sind vor allem Zwetschen und blaue Pflaumen. Grün- und gelbfrüchtige Sorten sind auf dem Frischmarkt nur begrenzt absatzfähig. Wir nennen nachstehend die heute im deutschen Anbau verbreitetsten und einige ausländische Sorten:

Sorten aus heimischem Anbau (Ziffern in Klammern = Monate der Reifezeit):
'Ruth Gerstetter' (VII), 'Lützelsachser Frühzwetsche' (VII-VIII), 'Frühe Fruchtbare' (VII-VIII), 'Ersinger Frühzwetsche' (VII-VIII), 'The Czar' (VIII), 'Zimmers Frühzwetsche' (VIII), 'Bühler Frühzwetsche' (VIII), 'Magna Glauca' (VIII), 'Mirabelle von Nancy' (VIII), 'Oullins Reneklode' (VIII), 'Große grüne Reneklode' (VIII-IX), 'Wangenheims Frühzwetsche' (VIII-IX), 'Italienische Zwetsche' (IX), 'Hauszwetsche', verschiedene Typen (IX), 'Ortenauer' (IX) u. a.
Die 'Bühler Frühzwetsche' ist im übrigen die einzige Sorte, die in größerem Umfang exportiert wird, hauptsächlich nach Frankreich und in die Schweiz.

Ausländische Sorten:
Italien: 'Agostana', 'Blufre', 'Sangue di drago', 'Sorriso di Primavera', 'Stanley'.
Jugoslawien (Bosnien, Serbien): 'Pozegaza'.

Victoriapflaume

Große grüne Reneklode

Ungarn: 'Beszterce'.
Bulgarien: 'Guljaeva', 'Kjustendil'.
Rumänien: 'Tuleu Gras'.

Verkauf

Die eigene Ernte fällt von Juli bis Oktober an. Vorher schon, ab Mai, beliefern uns Italien, Frankreich, Jugoslawien, Rumänien und Spanien, im Winter Südafrika und Argentinien, und von Februar bis April die USA.

Auf dem deutschen Frischmarkt nimmt das Interesse an dieser Früchtegruppe offensichtlich ab, wohl als Folge der starken Konkurrenz durch Tafeltrauben, Pfirsiche usw. Auch das Selbsteinkochen in den Haushalten ist nicht mehr so verbreitet. Zweifellos wird die Nachfrage auch dadurch geschwächt, daß häufig viel zu früh geerntete, unreife und schlecht ausgefärbte (insbesondere rotfuchsige 'Hauszwetschen') auf den Markt kommen; und gerade bei dieser Frucht ist eine gute Ausreife am Baum so wichtig.

Transport und Verpackung erfolgen in Flachsteigen, Spankörben oder 0,5-kg-Schalen. Nochmals: Vorsicht mit dem Reif (Duftfilm)! Beim Sortieren die Früchte möglichst wenig mit der Hand berühren und sorgfältig umschütten. Verkauf nach Gewicht, vielfach in Schalen.

Die rasch verderblichen und möglichst bald zu verkaufenden Reneklođen und Mirabellen können im Kühlhaus bei 0-1° C und 90 % relativer Luftfeuchtigkeit, mit Ölpapier abgedeckt, wohl einige Wochen frisch gehalten werden. Besser lagerfähig sind die festfleischigen 'Hauszwetschen', sie kann man bei –1-0° C und der gleichen hohen Luftfeuchtigkeit bis zu 8 Wochen aufbewahren.

Verwendung

Kaum eine andere Frucht besitzt eine derart vielseitige Verwendbarkeit. Sie reicht vom Frischverzehr, wozu sich die frühen Sorten und die Pflaumen mehr als die Zwetschen eignen, über Kompott, Mus (Powidl in Österreich), Marmelade, Kuchenbelag („Zwetschendatschi"), „Zwetschenknödel" usw. bis hin zur Verarbeitung zu Süßmost, im Rumtopf (Mirabellen) oder zu diversen alkoholischen Getränken wie Zwetschenwasser (Slivovitz, Quetsch in Baden und im Elsaß), Weinbrand (Armagnac), Branntwein aus Renekloden (Prunelle), Mirabel-

Mirabelle

lengeist u. a. Auch Einfrieren ist gut möglich.
Zum Konservieren eignen sich – neben den beliebten festbleibenden Mirabellen – in erster Linie die späten Zwetschen. Konserven werden hergestellt – sortenrein oder als Sortengemisch – aus ganzen Früchten mit Stein, halben Früchten ohne Stein, mit und ohne Größensortierung, mit und ohne Schale, mit und ohne kleine Fehler, in sehr verschiedenen Qualitätsstufen.
Ein wichtiger Handelsartikel sind Trockenpflaumen, von denen bedeutende Mengen importiert werden. Süß-säuerliche Trockenpflaumen, die sich besonders für Kompott eignen, kommen aus Jugoslawien und anderen Balkanländern. Herrlich süß sind die Trockenpflaumen aus Kalifornien und Südamerika, geringere Mengen stammen aus Frankreich, Chile, Argentinien und Australien. Auch deutsche Früchte – aufgeschnitten, entsteint und getrocknet – sind gut, besonders wenn man fast überreife, am Stiel schon leicht schrumpfende Früchte später Sorten verwendet.
Besonders große, süße und entsteinte Früchte bezeichnet man auch als Kurpflaumen. Sie sind meist mit Sorbin haltbar gemacht. Trockenpflaumen sind nicht nur ein wohlschmeckendes, schonendes und natürliches Abführmittel, sie sind auch – weil extrem natriumarm – eine ausgezeichnete und wohlbekömmliche Diätfrucht.

Pinienkerne *Pinus pinea,* Pinaceae

Syn. Pignolien (Österreich, Schweiz, teilweise in Süddeutschland), Piniennüsse, Piniolen u. a.

Heimat, Anbau

Die ursprüngliche Heimat der Pinienkiefer ist wahrscheinlich Kleinasien, ihr heutiges Verbreitungsgebiet sind die Mittelmeerländer von Spanien bis zur Türkei sowie Südamerika. Bevor-

Pinienzapfen und -kerne

zugte Standorte: die Küstengebiete am Mittelmeer, die Insel Madeira im Atlantischen Ozean und die Kanarischen Inseln. Die beste Qualität kommt aus den Pinienhainen der italienischen Toskana. Kaum irgendwo plantagenmäßiger Anbau.

Beschreibung

Die auch als Schirmpinien bezeichneten, bis zu 30 m hohen Bäume sind die charakteristische Kiefernart der Mittelmeerländer; mit 40 Jahren erreichen sie ihr Vollertragsalter. Die Fruchtstände – eiförmige, 8-15 cm lange und ebenso dicke Zapfen – sind nach drei Jahren reif, öffnen sich und lassen die Samen fallen; oder sie werden mit besonderen Stangen, die in einem Haken enden, vom Baum abgestreift. Sie bleiben auf der Erde in der Sonne liegen, bis sie sich öffnen, und werden dann zum Entkernen eingesammelt. Die Samen (botanisch keine Nüsse) sind bis 2 cm groß, hell- bis dunkelbraun, mit dikker, harter Schale. Sie enthalten unter einer braunen, trockenhäutigen, inneren Samenhaut einen länglich-spindeligen, anfangs weißen, später grau-gelblichen, weichen, eßbaren Kern. Dieser besteht aus einem ölig-fleischigen Nährgewebe (30-50 % fettes Öl) und schmeckt leicht süßsäuerlich, ein wenig duftig-harzig, angenehm mandelartig. Auch in ihren Inhaltsstoffen ähneln sie den Mandeln, d. h., sie weisen einen hohen Gehalt an Eiweiß, Fett und Kohlenhydraten (Stärke) auf, sind also recht nahrhaft. Beachtlich ist auch ihr Gehalt an Mineralstoffen (Calcium, Phosphor, Eisen) und an Vitaminen (Provitamin A, Vitamin B_1 und etwas B_2).

Verkauf

Reifezeit ganzjährig. Importe aus Italien und Portugal, in kleineren Mengen aus Spanien, Südfrankreich und in letzter Zeit auch aus China. Pinienkerne gelangen meist unter der Bezeichnung „Pignoli“ in den Handel; Versand in Säcken. Verkauf nach Gewicht. Die Gewinnung ist kostspieliger als die der Mandeln oder anderer Nüsse, dementsprechend werden auch höhere Preise verlangt. Ungeschält sind die Samen viele Monate haltbar, geschält sollten sie in 2-3 Monaten verzehrt sein. Für die Lagerung ist wichtig: trocken, luftig und vor allem kühl. Wärme schadet, die Kerne werden schnell ranzig und oft auch wurmig.

Verwendung

Pinienkerne spielen – im Gegensatz zur orientalischen Küche – bei uns keine große Rolle. Sie werden in erster Linie roh verzehrt. Das Auskernen aus den Zapfen erfolgt von Hand oder maschinell; zuletzt wird auch die dünne, den Samenkern umgebende Haut entfernt. Gerieben werden sie zum Aromatisieren und Garnieren von Backwerk – Pinienkern-Torte, Pignoli-Makronen usw. – wie Mandeln benutzt. Ferner verwendet man sie als Zutat zu Soßen und Schwitzen sowie zum Überstreuen, d. h. zum Garnieren von pikanten Fleischspeisen, Reisgerichten, Süß- und Obstspeisen (Pignoli-Müsli) sowie als Beimischung zu „Studentenfutter". Auch geröstet sind Pinienkerne im Handel. Schließlich werden sie als Kanarienvogelfutter geschätzt, das die Sangeskunst der Vögel steigern soll.

Pistazie *Pistacia vera,* Anacardiaceae

Syn. Echte Pistazie, Pistazienmandel, Grüne Mandel, Pimpernuß

Heimat, Anbau

Beheimatet in Syrien, im Irak zwischen Euphrat und Tigris, im Iran und am Schwarzen Meer. Verbreitet wildwachsend, aber auch plantagenmäßig angebaut im Iran, in der Türkei, in Italien, in Tunesien und anderen Mittelmeerländern sowie in den USA.

Beschreibung

Pistazien sind die Früchte immergrüner, bis 10 m hoher, dichtkroniger Bäume, die mehrere hundert Jahre alt werden können. Sie sind mit der Cashewnuß verwandt und zählen wie diese zum Schalenobst. Die Frucht ist 10-20 mm groß, oval und besitzt eine harte, glatte, weißlich-hellbraune Schale mit einer scharfen Kante und einem schief-herzförmigen Querschnitt. Pistazien besitzen die ideale Nußschale, die den Kern schützt, aber bei der Reife aufspringt und sich ohne Nußknacker öffnen läßt.

Das Innere der Frucht bildet ein 7-18 mm langer, 3-7 mm dicker, länglicher, abgerundet drei- oder vierkantiger, fast glatter und von einer dünnen, in der Farbe uneinheitlichen Samenhaut umschlossener, je nach Sorte gelber bis hellgrüner oder rötlicher Kern. Dieser hat einen angenehmen, delikataromatischen, nuß- oder mandelartigen Geschmack und enthält an wertvollen Inhaltsstoffen ca. 45 % fettes Öl, 22 % Eiweiß, die Mineralien Kalium, Calcium, Phosphor, Eisen und Magnesium sowie das Provitamin A und etwas Vitamin B_1.

Sorten

Die verbreitetsten Sorten sind:
Italien: Sizilianische Nüsse 'Femminella' und 'Minnulara', außen violett, innen grün, besonders zur Würze von Würsten gebraucht.
Syrien: 'Aleppönüsse', die beste Herkunft, besonders groß, innen gelb.

Pistazien

Tunesien: ‘Tunis-Nüsse‘, außen rot, innen grün.
Türkei: ‘Uzun‘, ‘Kirmizi‘, ‘Halebi‘.
Die kalifornischen Pistazien sind rund und klaffen weiter auf als andere, meist ovalere Sorten.

Verkauf
Pistazien werden als Trockenfrüchte gehandelt und sind – geröstet und gesalzen – ganzjährig auf dem Markt. Hier zählen sie zu den teuersten Nußfrüchten. Importe kommen aus der Türkei, Syrien, Italien (Sizilien), Griechenland, dem Iran und den USA. Sie sind aber insgesamt nicht sehr bedeutend. Pistazien werden teils mit der Schale gehandelt, teils im Erzeugerland schon geschält und enthäutet. Der Versand erfolgt in Kisten und Blechdosen, der Verkauf nach Gewicht, meist in kleinere Beutel abgefüllt. Die geröstete und gesalzene Nuß kann kühl, luftig und trocken bis zu drei Wochen gelagert werden, im Winter einige Zeit länger. Wegen ihres hohen Ölgehaltes werden die Nüsse leicht ranzig; auch verlieren sie bei längerer Lagerung rasch ihre frische grüne Farbe unter dem Samenhäutchen.

Verwendung
Im Orient und in Südeuropa werden Pistazienkerne vielfach roh gegessen; wir genießen sie geröstet und gesalzen. Zum Verzehr läßt sich der Kern aus der meist schon von selbst aufgesprungenen Schale leicht herauslösen. Die Kerne sind beliebte Bestandteile von Knabbermischungen, Nußsortimenten und Snackartikeln. Man kann sie auch wie Mandeln kurz überbrühen, in Scheiben schneiden oder fein hacken. In dieser Form werden sie gern für Kuchen und Feingebäck sowie als Zutat zu Obstsalaten, Müsli und Pudding verwendet. Eine besonders delikate Spezialität ist Pistazieneis. Größere Mengen Pistazien gehen in die Süßwaren- und Fleischwarenindustrie (für Schokolade, Pralinen oder auch als Gewürz, z. B. für die Mortadellawurst).

Pitahaya *Hylocereus triangularis,* Cactaceae

Heimat, Anbau
Die in den Tropen und Subtropen Südamerikas heimische Pitahaya wird hauptsächlich in Kolumbien – von der Küste bis in die Höhenlagen – angebaut.

Beschreibung
Die Pitahaya ist die Frucht einer Kakteenart mit langen, dreikantigen Trieben und Zweigen. Bizarr wie die Pflanze selbst sind auch ihre Früchte. Diese sind oval bis eiförmig, ca.

Pitahayas im Packstück

10 cm lang. Ihre Haut ist gelb und mit warzenartigen Auswüchsen und Wülsten besetzt. Das weißliche Fruchtfleisch enthält – gleichmäßig verteilt – zahlreiche kleine dunkle Samen. Es schmeckt erfrischend und einzigartig aromatisch und wirkt – in größerer Menge genossen – stark verdauungsfördernd. Neben der gelbfrüchtigen Art gibt es auch eine mit roten, glatthäutigen Früchten, deren leuchtendrotes Fruchtfleisch jedoch weniger schmackhaft ist.

Verkauf
Importe aus Kolumbien erreichen uns vor allem von Dezember bis März sowie im Juli/August. Pitahayas können ohne besondere Kühlung bis zu 12 Tage aufbewahrt werden.

Verwendung
Eine Frucht für den Rohgenuß. Man schneidet sie längs durch und löffelt das Fleisch aus. Auch für Obstsalate ist sie vorzüglich geeignet.
Eine zunehmende Beliebtheit und Verbreitung der Pitahaya liegen durchaus im Bereich der Möglichkeiten. In Kolumbien ist man davon überzeugt, daß sowohl der Konsum im Inland als auch die Nachfrage auf den ausländischen Märkten in der Bundesrepublik, Japan, England, Frankreich, in der Schweiz und anderen europäischen Ländern noch erheblich steigerungsfähig sind und daß diese köstliche Frucht auf den Märkten in die Fußstapfen der bekannten Exoten Mango, Ananas usw. treten wird.

Pitanga, Surinamkirsche *Eugenia uniflora,* Myrtaceae

Heimat, Anbau
In ihrer Heimat Brasilien seit langem eine sehr beliebte Frucht, ist die Pitanga, durch die Portugiesen verbreitet, heute in den Tropen und Subtropen vieler Länder zu finden.

Beschreibung
Die Surinamkirsche ist ein schöner, immergrüner, besonders in Florida und auf Hawaii gern als Zierstrauch und Heckengehölz gepflanzter, 5-7 m hoher Strauch oder Baum, der

Pitanga

fast das ganze Jahr über blüht und fruchtet. Die einzeln oder in kleinen Trauben stehenden Früchte sind 2-3 cm groß, kirschrot, mit einer dünnen, achtfach gerippten Haut. Das Fruchtfleisch ist weich, saftig, schmelzend, und je nach Varietät, hellrot bis fast schwarz. Die hellfleischigeren Arten schmecken angenehm säuerlich, die dunkelfleischigen sind besonders sauer. Im Fruchtfleisch befinden sich 1 runder oder 2 halbrunde Kerne. Wichtige Inhaltsstoffe: Calcium, Eisen, ca. 30 mg% Vitamin C.

Verkauf
In Brasilien blüht die Pitanga zweimal: im September und Januar. Jeweils nach 2 Monaten kann geerntet werden. Auf dem deutschen Fruchtmarkt ist sie jedoch noch eine weitgehend unbekannte Frucht.

Verwendung
Die Pitanga wird roh gegessen, meist aber zu Marmelade, Gelee, Chutney, Erfrischungsgetränken, Wein, Pitanga-Cocktail u. a. verarbeitet. Auch in Essig oder Salz wird die Frucht gern eingelegt.

Pomelo

In den angelsächsischen und romanischen Ländern ist Pomelo auch die Bezeichnung für Grapefruits und Pampelmusen.

Heimat, Anbau
Die Pomelo ist in Israel aus einer Kreuzung von Pampelmuse x Grapefruit entstanden, ein interessantes Ergebnis der intensiv betriebenen Zitrus-Forschung. Hier wird die „Jaffa"-Pomelo in zunehmendem Maße kultiviert, und man beschäftigt sich auch züchterisch erfolgreich mit ihr. Neue, verbesserte Züchtungen werden auf die Bäume bestehender Grapefruitpflanzungen aufgepfropft. 1974 wurden die ersten 1000 Kollis Pomelo in die Schweiz und die Bundesrepublik exportiert, seit 1978 stehen erheblich größere Mengen für den Export zur Verfügung.

Beschreibung
Die Pomelo ist kleiner als die Pampelmuse, aber größer als die Grapefruit, birnenförmig oder spitz rundlich. Sie besitzt eine ziemlich glatte, weißgelbe bis grünliche, grobporige, sehr dicke Schale, die fest das hellgelbe Fruchtfleisch umschließt. Neuerdings hat die Forschung 'Rosa Pomelos' entwickelt, kernlose Früchte mit weißem oder rosafarbenem Fruchtfleisch und angenehmem Geschmack. Export 1987: 2000 Kartons. Größere Marktbedeutung ist in einigen Jahren zu erwarten. Das Fruchtfleisch der Pomelos ist in Segmente aufgeteilt und schmeckt an-

Pomelo

genehm säuerlich. Es mundet um so besser, je pappiger und schrumpeliger die Schale wird. Die weiße Haut unter der Schale schmeckt bitter. Inhaltsstoffe wie bei Grapefruit.

Verkauf

Pomelos liefern Israel von Anfang November bis April und Südafrika von Juli bis September. Von unseren Märkten wurden sie gut aufgenommen, und eine weitere Absatzsteigerung liegt durchaus im Bereich der Möglichkeiten. Die Früchte sind genußreif, wenn die Schale leichtem Druck nachgibt. Stückverkauf. Optimale Bedingungen für eine kurzfristige Lagerung: 10-15° C, 90 % relative Luftfeuchtigkeit; Haltbarkeit bei Zimmertemperatur ca. 2 Wochen.

Verwendung

Pomelos können roh verzehrt werden, wenn die Früchte durch viel Sonne die notwendige Süße erlangt haben (es empfiehlt sich aber, die Außenhaut der einzelnen Segmente vorher zu entfernen). Auch für Obstsalate, Marmelade, Süßspeisen und Eis ist die Frucht gut verwendbar. Besonders geschätzt wird ihr süß-säuerlicher Saft, der gern zur Herstellung erfrischender Getränke Verwendung findet. Aus den mit großen Öldrüsen versehenen, dicken und unbehandelten Schalen reifer Früchte wird Öl gewonnen, kandiert werden sie als Backzutat verwendet. Im übrigen können die bei Grapefruits und Orangen üblichen Zubereitungen auch mit Pomelos erfolgen.

Pomeranze *Citrus aurantium* ssp. *aurantium,* Rutaceae

Syn. Bitterorange, Bigaradie, Sevilla-Orange

Heimat, Anbau

Die Heimat der Pomeranze sind China, die Südhänge des Himalaja und Indien. Sie stellt höhere Ansprüche an das Klima als die verwandten Apfelsinen und wird angebaut in den Mittelmeerländern Spanien (Sevilla), Italien (Sizilien), Frankreich, in den Tropen und Subtropen Südostasiens, Indiens, Süd- und Ostafrikas, Süd- und Mittelamerikas sowie auch in den US-Staaten Florida und Georgia.

Beschreibung

Pomeranzen sind die Beerenfrüchte eines immergrünen, bis zu 13 m hohen Baumes. Selbst unveredelt, wird dieser weltweit als Veredlungsunterlage für Zitrusfrüchte der verschiedensten Art verwendet. Die apfelsinenähnlichen Früchte sind kugeligrund und besitzen eine sehr dicke, rauhe, mehr oder weniger höckerige, juchtenlederähnliche, orangefarbene bis rötliche Schale mit tiefeingesenkten Öldrüsen. Unter dieser aromatisch-bitteren Schale befindet sich das saure, zum unmittelbaren Verzehr kaum geeignete Fruchtfleisch. Der Frucht fehlt die zentrale Marksäule, sie ist im Innern hohl.

Verkauf

Im Mittelmeergebiet reifen die Pomeranzen von Januar bis März, in Spanien schon Ende Oktober. Unter den Mittelmeerländern besitzt Spanien das Qualitätsmonopol; Ernte über 20 000 t/Jahr. Die nicht sehr bedeutenden Einfuhren (400-600 t jährlich) erreichen uns außer aus Spanien aus Italien und Südafrika. Der Transport erfolgt in der Regel in Kisten. Auf dem Markt wird sie als Frischfrucht nur selten angeboten, die Nachfrage ist zu gering.

Verwendung

Pomeranzen sind zwar zum Rohgenuß ungeeignet, spielen aber in der Verarbeitungsindustrie eine nicht geringe Rolle. Die Früchte werden meist schon in den Anbauländern zu Pulpe verarbeitet, die der Herstellung bitterer Orangenmarmeladen („Sevilla-Marmelade“) und Konfitüren sowie köstlicher Liköre, beliebter Bittergetränke und Limonaden dient. Zur Herstellung der Getränke werden auch unreife, erbsen- bis walnußgroße Früchte – die sogenannten bitteren Pomeränzchen – wegen ihrer Bitter- und spezifischen Geschmacksstoffe als Würzdroge verwendet. Die Schalen der Pomeranzen werden kandiert, d. h. mit Zucker eingekocht und bilden, meist gewürfelt, aber auch in halben Schalen – glasiert oder nicht glasiert – Orangeat, eine beliebte Backzutat. Durch Auspressen der Schalen reifer Früchte wird Pomeranzenöl gewonnen, das in der Parfümherstellung gebraucht wird. Dem gleichen Zweck dient das aus den Blüten gewonnene Neroliöl. Selbst die Blätter liefern ein für kosmetische Zwecke (Parfüm und Seife) verwendetes Öl, das Petitgrainöl.

Preiselbeere *Vaccinium vitis-idaea,* Ericaceae

Syn. Preißelbeere, Kronsbeere

Heimat, Anbau

Die Heimat der Preiselbeere ist Eurasien, mit dem Hauptvorkommen in den Wäldern der skandinavischen Länder – in Schweden spricht man vom „roten Gold des Landes“ –, in Finnland, Österreich, auf dem Balkan und bei uns wächst sie verbreitet in Wald, Moor und Heide. Die Preiselbeere ist eine der wenigen Fruchtarten, die bisher ausschließlich an den Plätzen ihres natürlichen Wildvorkommens gesammelt werden, und tatsächlich bildet die mühsame und teure Ernte der Beeren im Walde das Hauptproblem dieser Obstart.

Fast gleichzeitig wurden Anfang der 70er Jahre in Schweden, Finnland und in der Bundesrepublik Deutschland (auf Initiative des Autors) die ersten Versuche zur Inkulturnahme der Preiselbeere, d. h. zum Anbau auf dem Felde durchgeführt. Inzwischen ist die Anbautechnik – Anzucht, Pflanzweise, Düngung usw. – soweit entwickelt worden, daß bereits zunächst in der Lüneburger Heide die ersten geschlossenen Preiselbeer-Erwerbspflanzungen angelegt wurden. Die Arbeiten zur Konstruktion einer Erntemaschine sind angelaufen. Die Wirtschaftlichkeit des Anbaues darf als gesichert gelten.

Beschreibung

Preiselbeeren sind die in kleinen Trauben hängenden Früchte von bis zu 30 cm hoch werdenden Zwergsträuchern; sie sind z. T. bis über 1 cm groß, kugelig bis oval, anfangs weiß, vollreif hell- bis scharlachrot, glänzend, mit wenig saftigem, rotem Fruchtfleisch und vielen kleinen Samen. Sie enthalten im wesentlichen Äpfel-, Zitronen-, China-, Oxal-, Benzol- und Gerbsäure, die ihnen einen herbsauren Geschmack verleihen, außerdem wichtige Mineralstoffe, Pektin und das Provitamin A, die Vitamine B_1 und besonders C. Ihrem relativ hohen Gehalt an Benzoësäure verdanken die Beeren, ebenso wie das Kompott, ihre oft erstaunlich lange Haltbarkeit.

Sorten

Zielbewußte Selektionen wertvoller Typen aus dem Wildvorkommen durch Baumschulen und Anbauer haben auch bereits zu einigen „Sorten“ geführt: 'Koralle', 'Erntedank', 'Erntekrone', 'Erntesegen', 'Ammerland' u. a. Der Weg zum sortenreinen Preiselbeer-Angebot auf dem Markt dürfte jedoch noch sehr weit sein.

Verkauf

Preiselbeeren reifen von Ende August bis in den Oktober hinein. Die große Nachfrage auf dem deutschen Markt kann nur durch Importe von Wildfrüchten aus den vorstehend genannten Ländern befriedigt werden (ca. 3000 t frische Beeren pro Jahr). Verpackung und Transport, z. T. nach Beseitigung schlechter Beeren auf Verlesebändern, meist in Flachsteigen oder Kisten bis 25 kg Inhalt. Der Verkauf der Beeren an den Kunden erfolgt lose. Bei ca. 2° C und 90 % relativer Luftfeuchtigkeit halten sich Preiselbeeren 5-8 Wochen und länger frisch. Bei zu langer Lagerung schrumpfen sie und werden gummiartig.

Verwendung

Dank ihres hohen Säuregehaltes schmecken Preiselbeeren herb-säuerlich zusammenziehend und werden aus diesem Grunde kaum roh verzehrt. Sie werden zu Kompott,

Preiselbeeren

vorzüglich gelierendem Mus, Marmeladen und Konserven, aber auch zu köstlichem rotfarbigen Preiselbeerlikör, zu Wein, Branntwein oder auch Saft verarbeitet. Zu diesem Zweck wird – neben den Frischbeeren – auch Preiselbeerpulpe als Faßware importiert. Eine besondere Köstlichkeit stellen Mischkompotte, z. B. Preiselbeeren mit Cranberries, mit Moosbeeren oder anderen Obstarten wie Birnen und Äpfeln dar. In jedem Falle sind Preiselbeerprodukte mit ihrem vorzüglichen Geschmack ein besonderer Genuß. Für die Gastronomie und die gepflegte Küche sind Preiselbeeren unentbehrlich, vor allem als Beilage zu Wildbraten, Geflügel, Sauerbraten und anderen Fleischgerichten.

Q

Quitte *Cydonia oblonga,* Rosaceae

Syn. Kido (Österreich), Kütten (Schweiz)

Heimat, Anbau

Die Quitten sind in Zentralasien, im östlichen Kaukasus, auf Kreta (bei den Römern „Kretischer Apfel"), in Turkestan, Iran, Südost-Arabien, Japan und in den gemäßigten, klimamilden Zonen Nordamerikas beheimatet. Angebaut werden sie – mehr oder weniger intensiv – hauptsächlich in Spanien, Portugal, Italien, Nordafrika und auf dem Balkan. Auch wir erzielen in sonnigen, geschützten Lagen, vor allem im Rheinland und in Baden-Württemberg, eine gute Fruchtqualität, doch gibt es kaum irgendwo einen erwerbsmäßigen Anbau. Quitten stehen bei uns fast ausschließlich beim Liebhaber und Gartenfreund.

Beschreibung

Quitten sind die Früchte eines winterkahlen, bis zu 6 m hohen, dichtkronigen Baumes oder Strauches. Nach der Form der Früchte unterscheiden wir Apfel- und Birnenquitten. Erstere haben ein mit zahlreichen Steinzellen durchsetztes, knorpelig-holziges, hartes, trockenes, mehr oder weniger rötliches und wenig aromatisches Fruchtfleisch, letztere sind etwas weicher, aromatischer, mit höchstens hellrotem Saft. Größe und Gewicht variieren je nach Sorte, über 1000 g schwere Früchte sind keine Seltenheit. Die Fruchtschale ist meist glatt, lederig-hart, in der Farbe grün bis goldgelb, bei voller Reife leuchtend zitronengelb, mit einem leichten weißgrauen, abreibbaren oder von selbst abfallenden Flaum bedeckt. Reife Früchte strömen einen angenehmen, zitronenähnlichen, intensiven Duft aus, weshalb Hausfrauen früher gern eine Quitte unter die Wäsche legten, wie es heute mit Lavendel geschieht. Im Innern der Frucht befinden sich in einem pergamentartigen Kerngehäuse abgeteilte Fächer mit 8-16 flachen, rotbraunen, miteinander verklebten, in Wasser schleimig aufquellenden und bittermandelartig schmeckenden Samen. Inhaltsstoffe: Weinsäure, Äpfelsäure, Zukker, Tannin, die Mineralstoffe Kalium, Calcium, Phosphor, Vitamin C (ca. 13 mg%) und – besonders wichtig – viel Pektin als ausgezeichnetes Geliermittel.

Sorten

Apfelquitten: 'Konstantinopler', Früchte hellgelb, mit deutlich hervorstehenden Wülsten und Rippen; 'Riesenquitte von Leskovac', serbische Frucht, ungewöhnlich groß, goldgelb mit ausgeprägten Furchen, Fruchtfleisch verfärbt sich – im Gegensatz zu den meisten anderen Sorten – beim Kochen nicht rötlich, sondern bleibt reinweiß, sehr wohlschmeckend, wertvolle Einmachfrucht.

Birnenquitten: 'Bereczkiquitte', spätreifende ungarische Sorte mit sehr großen, tiefgelben und stark gefurch-

Quitten am Baum

ten Früchten, an warmem Standort hoher Zuckergehalt, für Verarbeitung im Haushalt bestens geeignet, Fruchtfleisch verfärbt sich beim Kochen etwas rötlich, gute Einmachfrucht, wohl die wertvollste Sorte. 'Champion', nordamerikanische Sorte, groß, sehr gleichmäßig, zitronengelb, geschmacklich hervorragend, geeignet zum Einmachen, gut lagerfähig. 'Meech's Prolific', ebenfalls aus Amerika stammend, sehr große, schwach gerippte Früchte, goldgelb mit kräftig-filziger Schale, Geschmack aromatisch-herb, sehr angenehm; 'Portugiesische Quitte', groß bis sehr groß, leuchtend- bis strohgelb, eine gute Sorte für alle Verwendungszwecke, sehr aromatisch.

Verkauf

Geerntet werden Quitten von September bis November, meist nach den ersten Nachtfrösten. Auf dem Markt ist das Angebot bei geringer Nachfrage verhältnismäßig bescheiden, es dominieren Importe, hauptsächlich aus Italien und Jugoslawien. Der Käufer verlangt gutgeformte Früchte, ohne Risse, Flecken oder andere Fehler. Verkauf nach Gewicht. Quitten sollten möglichst bis Ende Oktober verkauft und auch verarbeitet sein. Die Früchte halten sich zwar bei 0° C und 90-100 % relativer Luftfeuchtigkeit 2-3 Monate lang frisch, doch hat die Lagerung – von einer kurzfristigen Nachreifelagerung abgesehen – in der Praxis keine Bedeutung. Auch im Lager verbreiten Quitten einen starken Geruch, der sich leicht auf anderes Lagergut – Äpfel, Birnen, Butter, Wurstwaren – überträgt. Bei langer Lagerung verfärbt sich das Fruchtfleisch braun. Druckstellen vermeiden, da die Früchte dann schnell faulen.

Verwendung

Es gibt zwar in südlichen Ländern Quittensorten, deren Früchte so weich sind, daß man sie wie Äpfel aus der Hand essen kann, unsere Sorten jedoch sind wegen ihres festen und körnigen, herb-säuerlich bis bitter

schmeckenden, zusammenziehenden Fruchtfleisches kaum roh genießbar. Wir müssen die Früchte erst kochen und durch ein Sieb drücken, bevor wir sie weiter verarbeiten können. Ihre herrliche Aromafülle entfalten Quitten aber auch in ihren Produkten. Hervorragend sind sie für folgende Zwecke der Verarbeitung geeignet: Rein als Kompott, wegen ihres hohen Pektingehaltes für Gelee (mit der Schale verarbeiten), Marmelade, Pasten (= schnittfeste Marmelade), Speiseeis, Quittenbrot und andere Backwaren, Quittenkonfekt, Süßmost, Likör, Wein usw. Vor allem das Quitten-Gelee (allerdings mit hohem Zuckerzusatz) ist eine Köstlichkeit ersten Ranges.
Reife Früchte – geschält, ohne Stiel, Kelch und Kernhaus, in Stücke oder Schnitten zerteilt – werden auch als Konserven angeboten. Der Inhalt darf nicht holzig oder steinig sein, die Zuckerkonzentration muß mindestens 23 % betragen.
Neu auf dem Markt sind getrocknete

Quitte

Quitten – in erster Linie australischer Herkunft. Wegen des langen Transportweges dürfen sie mit maximal 2 g/kg Schwefeldioxyd behandelt in den Verkehr gebracht werden.

R

Rambutan *Nephelium lappaceum,* Sapindaceae

Syn. Behaarte Litchi, Falsche Litchi

Heimat, Anbau

Ein echtes Tropengewächs, beheimatet in den feucht-warmen Gebieten Indiens, Süd-Vietnams und des Malaiischen Archipels. Dort finden wir den Rambutan in Gärten, an Straßen und in Kultur. Angebaut wird er inzwischen aber auch – über sein südostasiatisches Verbreitungsgebiet hinaus – im tropischen Afrika, auf Madagaskar, in Costa Rica, Ecuador und Australien.

Beschreibung

Mit Litchi und Longane gehört der Rambutan in die gleiche Pflanzenfamilie (Sapindaceae). Die immergrünen, buschigen, 15-20 m hohen Bäume bieten mit ihren zahllosen in Büscheln an langen Stielen hängenden, leuchtendroten Früchten ein ungewöhnlich schönes Bild. Die einzelne Frucht, kastaniengroß bis 8 cm lang und 2-5 cm dick, besitzt eine pergamentartige, an der Oberfläche gefelderte, weinrote Schale. Auf jedem Feld sitzen lange, wellige, wollig-weiche bis borstige, rote oder weiß-gelbe Haare oder Stacheln (lat. lappaceus = klettenartig, malaiisch rambut = Haar). Auch in ihrem Inneren ähnelt die Frucht der Litchi. Das exotisch duftende Fruchtfleisch ist milchig-weiß durchsichtig und saftig – es ähnelt dem von Weintrauben und schmeckt wie diese süß-säuerlich und erfrischend. Die Frucht enthält einen länglichen, schmalen, mandelähnlichen Kern, der fest am Fleisch hängt. Hierdurch wird die industrielle Verarbeitung der Frucht erschwert, die äußere Haut des Samenkerns bleibt gern am Fleisch haften. Die Frucht ist reich an wichtigen Mineralstoffen und Vitamin C. In der Heimat kennt man einige Typen, die eine bessere Steinlöslichkeit besitzen.

Rambutan

Verkauf

Rambutanbäume tragen zweimal im Jahr. Die Haupternte fällt in die Monate Juni bis Oktober, die zweite, kürzere Saison ist von Dezember bis

Rambutan, aufgeschnitten

Rambutan, lose im Packstück

Februar. Zunehmende Frischimporte erreichen uns auf dem Luftweg aus Sri Lanka und Thailand. Rambutanfrüchte sind bei uns noch wenig bekannt, z. T. sicher auch deshalb, weil sie nur schlecht lagerfähig sind und schnell verkauft, verzehrt oder verarbeitet werden müssen. Beim Austrocknen der Fruchtschale verfärben sich die Haare und machen die Frucht unansehnlich. Der Verkauf der meist schon in der Heimat kalibrierten Frischware erfolgt stückweise oder nach Gewicht; bei hervorragender Qualität sind die Früchte verhältnismäßig teuer. Eine auf höchstens 1-2 Wochen begrenzte Aufbewahrung ist bei 5-10° C und 90-95 % relativer Luftfeuchtigkeit möglich. Rambutan werden aus Malaysia und Thailand auch als Konserven in Dosen mit geschälten und entsteinten, z. T. auch mit Ananasstücken gefüllten Früchten importiert.

Verwendung

Zum Frischverzehr die Früchte mit einem Messer seitlich leicht einschneiden oder auch mit den Fingern aufreißen und das Fruchtfleisch aus der Schale herausnehmen. Der Kern in der Mitte ist nicht eßbar. Zur Geschmacksverbesserung das Fruchtfleisch mit Zucker und Zimt oder Vanillezucker überstreuen oder auch Eierlikör darübergießen. Gut gekühlt servieren. Weitere Zubereitungs- und Verarbeitungsmöglichkeiten: Kompott, Marmelade, Konfitüre, Obstsalate, Desserts, Rambutan in Sekt oder in Cocktails u. a. Eine besondere Delikatesse ist Rambutan zu Mokkaeis und anderen Eisspezialitäten serviert.

Rosenapfel *Syzygium jambos,* Myrtaceae

Syn. Jambuse, Jambos, Malaienapfel, Aprikosen-Jambuse, Apfel-Jambuse u. a.

Heimat, Anbau

In Indien, Malaysia und Sri Lanka beheimatet. Eingebürgert und angebaut in den tropischen Gebieten Südostasiens und Südamerikas.

Beschreibung

Der Rosenapfel ist die Beerenfrucht eines mit dem Gewürznelkenbaum verwandten, immergrünen Gehölzes. Man unterscheidet zwischen der

Rosenäpfel

Aprikosen-Jambuse mit birnenförmigen, nach Aprikosen schmeckenden Früchten und der mehr runden Apfel-Jambuse mit apfelgroßen Früchten. Am Ende der Frucht sitzen in der Regel – wie eine Krone – die verdickten Kelchblätter. Ausgereift sind die Früchte grünlich oder mattgelb oder rosarot. Das Fruchtfleisch ist fest, mitunter etwas trocken, duftet nach Rosen und ist mit ca. 22 mg% verhältnismäßig reich an Vitamin C.

Verkauf

Rosenäpfel werden nur selten auf dem Markt angeboten. Dabei handelt es sich fast ausschließlich um sporadische Luftfrachtimporte aus Thailand.

Verwendung

In den Ursprungs- und Erzeugerländern werden Rosenäpfel frisch verzehrt, mit Zucker zu Kompott gekocht oder besonders gern mit anderen Früchten zu Marmelade und Gelee verarbeitet.

Rosinen

Herkunft

Die bedeutendsten Rosinenproduzenten der Welt sind die Länder Türkei (wo fast 90 % der Weintraubenernte zu Rosinen verarbeitet werden), Griechenland, Zypern, der Iran, Spanien, Australien, Südafrika und – mit an führender Stelle – in den USA Kalifornien.

Beschreibung

Rosinen sind getrocknete Weinbeeren verschiedener Rebsorten. Zu ihrer Gewinnung bleiben die Trauben bis zur Überreife am Rebstock und werden nach der Lese getrocknet. Dazu werden die Beeren von den Trauben abgestreift, jedoch nicht bei den sogenannten Traubenrosinen (s. u.). Das Trocknen geschieht meist an der Luft, auf Strohmatten oder in Kästen, im Schatten oder an der Sonne, oder auch in speziellen Trokkenanlagen. In der Sonne getrocknete Beeren sind weniger aromatisch als im Schatten getrocknete. Durch die Hitzeeinwirkung verlieren die Beeren an Wasser und schrumpfen zusammen.

Je nach Rebsorte sind die Rosinen klein oder groß, haben dünne oder festere Häute, sind hellgelb, rötlichgelb, bräunlich-rot, braun, dunkelbraun, braunviolett, blau bis fast schwarz, enthalten Kerne oder sind kernlos. Ein Teil der Rosinen wird gebleicht, d. h. nach dem Trocknen mit schwefliger Säure behandelt, um eine Verfärbung zu vermeiden und die Haltbarkeit zu erhöhen, ein Teil kommt ungebleicht (und daher etwas billiger) auf den Markt. Geschwefelte Rosinen müssen als solche gekennzeichnet sein („geschwefelt", „stark geschwefelt" oder „nicht geschwefelt" = „naturel"). Um ein Zusammenkleben der Rosinen zu vermeiden, werden sie z. T. mit einem zugelassenen Öl behandelt (z. B. Miglyol, Sultanöl, Durkex).

Der hohe Zuckergehalt der Rosinen – 65 bis über 70 % – bedingt ihren süßen Geschmack. Weitere wichtige Inhaltsstoffe sind: organische Säuren 1,5 %, Fett 0,5 %, die Mineralstoffe Calcium, Phosphor und Eisen sowie Vitamine.

Der Begriff „Rosinen" wird mitunter als Synonym für „Sultaninen" oder „Korinthen" gebraucht, wir folgen hier aber dem allgemein üblichen Brauch und verwenden „Rosinen" als Sammelbegriff für alle Arten getrockneter Weinbeeren und unterscheiden:

Korinthen,
Sultaninen oder Sultanas und
Traubenrosinen.

Korinthen: Korinthen sind abgestreifte und getrocknete, kleine bis erbsengroße, rötlichblaue, schwarzviolette bis braunschwarze, matte, zarthäutige, kernlose, ausgeprägt süß-säuerlich aromatisch schmeckende, nach der Stadt Korinth auf dem Peloponnes benannte Beeren. Sie kommen stets entstielt und ungeschwefelt in den Handel; einzelne kurzgestielte Beeren bei entstielter Ware sind nicht zu vermeiden. Erzeugt werden Korinthen fast ausschließlich in Griechenland auf dem Peloponnes und den vorgelagerten Ionischen Inseln Kephalonia und Zante, wo die Rosinenproduktion heute schon bedeutender ist als auf dem Peloponnes selbst.

Die Sortennamen der Korinthen sind zugleich Herkunftsbezeichnungen. Von besonders hervorragender Qualität sind die im Schatten getrockneten 'Vostizza'-Korinthen aus der Gegend um den Golf von Korinth (Aegion). Weitere Sorten sind: 'Amalias' (meistgehandelte Sorte), 'Patras' (gute Mittelqualität), 'Gulf', 'Kephalonia', 'Provinzial', 'Pyrgos', 'Zante' und 'Kalamita' (billigste Herkunft). Erwähnt sei auch noch die bekannteste kalifornische Sorte: 'Zante Currants' (engl. currant = Korinthe).

Sultaninen oder Sultanas: Sultaninen sind die abgestreiften und getrockneten, etwas größeren, rundlichen, kernlosen, goldgelben bis rötlichbraunen, dünnschaligen, vollfleischigen, saftigen, honigsüßen, sehr aromatischen Beeren der 'Sultana'-Rebe. Die meisten Sultaninen-Herkünfte sind an der Luft getrocknet und kommen ungeschwefelt, maschinell entstielt und gewaschen in den Handel. Elektronisch gesteuerte Sortiermaschinen sondern Beeren mit abweichenden Farbtönen aus. Einzelne Beeren mit kurzen Stielen und auch solche mit Kernen müssen toleriert werden.

Sultaninen wurden zuerst in der Türkei um Izmir produziert – 'Smyrna'-Sultaninen („Türkische Rosinen"). Hauptlieferant jedoch ist Griechenland. Die Kreta-Sultanas ('Candia'-Sultaninen) und die Ware vom Peloponnes sind dem Aussehen nach und geschmacklich absolute Spitzenqualität. Die zweite Stelle am deutschen Einfuhrmarkt nimmt der Iran ein. Auch hier tragen die Sultaninen als Sortennamen die Bezeichnung ihrer Anbaugebiete, z. B. 'Urmia' (nach dem Urmia-See) und

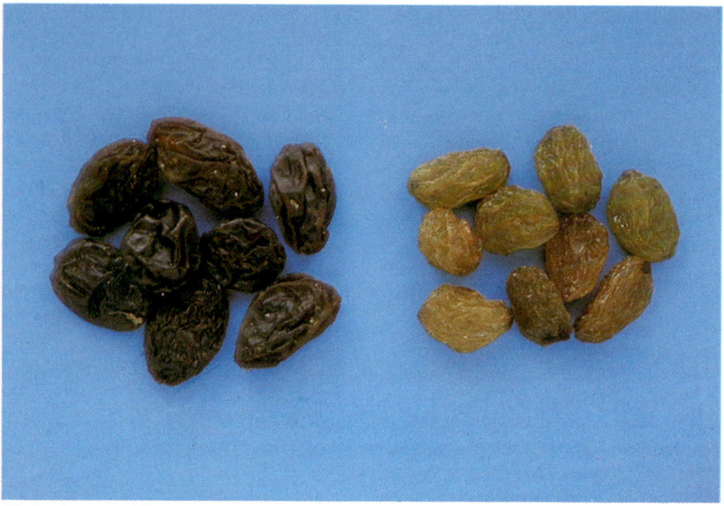

Korinthen und Sultaninen

'Kasmin'. Die in den persischen Provinzen Aserbeidschan und Chorasan gewonnenen Beeren sind den griechischen und türkischen Herkünften qualitativ unterlegen, sie schmecken – klimatisch bedingt – herber. Aus Kalifornien schließlich kommen hauptsächlich Rosinen der Rebsorte 'Thompson Seedless' (engl. seedless = kernlos). Diese sind gelbbraun, bläulich schimmernd, dünnhäutig und können ungewaschen gegessen werden, da sie nicht geschwefelt („natural") sind und sehr sauber behandelt werden; Qualitätsbezeichnungen: Von „Fancy" über „Extra choice" und „Choice" abnehmende Qualität.

Traubenrosinen: Dies sind Rosinen, die, wie es der Name sagt, nicht abgestreift oder abgerebelt wurden, sondern noch an der Traube hängen. Doch kommen gelegentlich neben den ganzen Trauben auch abgestreifte Einzelbeeren in den Handel. In Spanien (um Malaga) ergeben Muskattrauben die Muskatel-Rosinen. Diese sind groß, braun oder rötlich-braun bis schwarz, bläulich bereift, saftig, sehr süß und aromatisch, aber kernhaltig. Meist kommen die ganzen Trauben, ebenso wie die abgestreiften Einzelbeeren, nach Größe sortiert und flachgedrückt in den Handel. Sorten: 'Impériaux' (beste Qualität), 'Royau', 'Surchoix', 'Choit'. Die sogenannten Elemérosinen aus Griechenland und der Türkei sind getrocknete 'Rozaki'-Traubenrosinen; ihre wichtigsten Handelsklassen sind: 'Extra', 'Imperial' und 'Royal'. Kalifornien schließlich liefert aus Muskattrauben gewonnene 'Muscats'. Trauben-Rosinen werden bei uns mit Vorliebe für den weihnachtlichen „bunten Teller" gebraucht.
Außer den vorstehend beschriebenen Korinthen, Sultaninen und Traubenrosinen tauchen gelegentlich auf dem Markt noch auf: 'Zypro (Cypro)-Rosinen' von Zypern, Russische Sultaninen, 'Sizilianische Weinbeeren' von Sizilien und den benachbarten Liparischen Inseln und einige andere Herkünfte.

Verkauf

Unsere Rosineneinfuhren aus Südeuropa, Kleinasien und Kalifornien – fast durchweg nach Größe und Qualität sortiert – erfolgen hauptsächlich von Oktober bis Dezember, d. h. in der vorweihnachtlichen Zeit. Üblich ist der Verkauf in Cellophanpackungen mit 250 g, vor Weihnachten oft auch mit 500 g Inhalt. Wenn Rosinen kühl und trocken aufbewahrt werden, besitzen sie eine recht gute Haltbarkeit, im Sommer wenige Wochen, im Winter sogar mehrere Monate. Zu warm gelagert, verzukkern die Beeren. Auf Madenbefall achten!

Verwendung

Rosinen sollten vor jeder Verwendung, vor allem wenn sie geschwefelt oder mit einem der zugelassenen Ölpräparate zur Verhinderung des Zusammenbackens behandelt wurden, gründlich gewaschen werden. Sie sind roh – insbesondere die Malaga- und Muskateller-Rosinen – eine beliebte Naschware, ein natürlicher Ersatz für Süßigkeiten und werden allein für sich oder in Obstsalaten, Süßspeisen, süßen Suppen, Puddings, Reisbrei, Rohkostgericht u. a. genossen. Vielseitig ist auch ihre Verwendung als unentbehrliche Zutat zu Backwaren wie Napfkuchen, Apfelstrudel, Rosinenbrot, Weihnachtsstollen. Eine Spezialität sind „Rosinenbrötchen“, ein Fett, Zucker, meist auch Milch und Rosinen enthaltendes Kleingebäck. Selbst köstlich mundende Süßweine lassen sich aus Rosinen herstellen.

S

Salak *Zalacca edulis,* Palmae

Syn. Croton (Thailand)

Heimat, Anbau
Eine in Südostasien beheimatete Palmenfrucht mit zunehmender Verbreitung. Angebaut wird sie im tropisch-feuchten Klima Thailands und Indonesiens.

Beschreibung
Ähnlich wie die Banane entwickelt die Salakpalme keinen echten Stamm. Vielmehr bildet sie aus den alten Blattscheiden der 4-7 m langen Palmwedel einen Scheinstamm, der eine mächtige, bis 5 m hohe Krone trägt. Die Blätter sind mit großen scharfen, das Abernten der Früchte erschwerenden Stacheln besetzt. Die Salakfrucht ist rund, mehr oder weniger birnenförmig oder spitzoval, 2,5-10 cm lang, 5-8 cm breit und läuft in einen kurzen, geraden Dorn aus. Die Schale ist glänzend, rotbraun und schlangenhautähnlich mit dachziegelartig übereinanderliegenden Schuppen bedeckt. Es gibt von dieser Frucht auch weiße und rote Varietäten. Das feste, durchscheinend gelbweiße Fruchtfleisch besteht aus drei Teilen, die von einem durchsichtigen Häutchen umhüllt werden. In jedem Teil befindet sich ein 2-3 cm langer, runder bis ovaler, brauner, nicht eßbarer Kern. Die reife Frucht hat einen süß-sauren Geschmack, unreife Früchte dagegen verbreiten nicht nur einen unangenehmen Geruch, sondern schmecken auch sehr sauer.

Salak

Verkauf
Gelegentlich aus Einfuhren im Februar bis April auf unseren Märkten anzutreffen. Haltbarkeit im Kühlschrank einige Tage, Früchte platzen dann leicht auf. Reife Früchte kann man auch längere Zeit aufbewahren, wenn man sie in zuckerhaltiges Salzwasser einlegt. Die Salak gehört zu den bei uns noch wenig bekannten Exoten.

Verwendung

Im Fernen Osten eine hochgeschätzte Frucht, die auch in Europa hauptsächlich von Menschen aus den Erzeugerländern gekauft wird. Reife Früchte werden roh gegessen oder zu Obstsalaten und Desserts verwendet. Dazu werden die Früchte von der Spitze her eingeschnitten oder eingerissen, und die Schale wird entfernt. Die drei Teile des Fruchtfleisches werden herausgenommen und von den Häutchen befreit. Unreife Früchte werden in der gleichen Weise behandelt und mit Zucker in Wasser gekocht, bis sie weich sind; dann werden sie abgekühlt und serviert. Unreife Früchte kann man auch in Essig einlegen. In den Erzeugerländern erfolgt auch die industrielle Verarbeitung zu Konserven.

Sanddorn *Hippophaë rhamnoides,* Elaeagnaceae

Syn. Sandkreuzdorn, Seekreuzdorn, Sandbeere, Fasanbeere

Heimat, Anbau

Der in bezug auf den Standort anspruchslose Sanddorn ist wildwachsend verbreitet an den Küsten Nordwest-Frankreichs, Englands, in den Gebirgen Europas von den Pyrenäen bis zum Balkan, von Kleinasien bis Ostasien und bei uns an Nord- und Ostsee, in Alpennähe und in den Flußauen unserer Ströme und Nebenflüsse. Großanbau auf Hunderten von Hektaren (Hauptsorte 'Leicora') sowie systematische Sanddorn-Züchtung werden hauptsächlich in der Sowjetunion (Kasachstan) betrieben.

Beschreibung

Der 3-4 m hohe Strauch oder kleine, sparrige und kräftig bedornte Baum bietet mit seiner silbrigen, weidenähnlichen Belaubung und dem leuchtendroten Fruchtbehang auch als Ziergehölz einen reizenden Anblick. Die einzelnen Sanddornbeeren sind erbsengroß, rund, oval bis eiförmig, in voller Reife orangegelb bis rot, fleischig-weich und würzig im Geschmack. Die wichtigsten Inhaltsstoffe sind einige Fruchtsäuren, für Obst ungewöhnlich viel Fett (um 7 %), überdurchschnittlich viel Calcium und Magnesium und vor allem Provitamin A und die Vitamine E, B_1, B_2, B_6 und C. Von letzterem werden extrem hohe Werte erreicht, bis zu 1300 mg% in höheren Lagen, 200-300 mg% in Küstengebieten.

Arzneilich gesehen ist dieser „Vitamin C-Strauch“ ein Kleinod und mit

Sanddorn

Sanddorn

Recht eine naturgeschützte Pflanze, die weder ausgegraben noch beschädigt werden darf. Durch die zahlreichen Begleitstoffe ist das natürliche Vitamin C in der Frucht im physiologischen Wert den synthetischen Vitamin C-Präparaten weit überlegen. Sanddornpräparate wirken erfolgreich gegen alle Vitamin C-Mangelkrankheiten wie Zahnfleischbluten, verzögerte Wundheilung, Frühjahrsmüdigkeit u. a., sie steigern die Abwehrkraft gegen Infektionskrankheiten wie Grippe und Lungenentzündung und helfen bei Abgeschlagenheit, Appetitlosigkeit, in der Schwangerschaft und Stillzeit usw. Am wirksamsten ist der Saft aus frischen reifen Beeren, roh oder kurz gekocht und mit Zucker oder Honig gesüßt.

Verkauf

Sanddornbeeren werden nur sehr gelegentlich auf dem Markt angeboten. Sie reifen von Ende August bis Anfang Oktober und werden – mehr oder weniger mühsam – an den Orten ihres Wildvorkommens gesammelt. Zeitig geerntet, sind die Beeren besonders aromatisch, bei später Ernte ist der Vitamin C-Gehalt extrem hoch. Rote Beeren sind vitaminstärker als gelbe, Gebirgsbeeren sind kleiner als Beeren aus Küstengebieten, haben dafür jedoch einen weitaus höheren Vitamin-C-Gehalt. Mitunter Importe aus Polen. In kühlen Räumen kann man die Beeren kurze Zeit aufbewahren.

Verwendung

Am besten werden Sanddornbeeren gleich nach der Ernte verwertet, sie können aber auch getrocknet und tiefgefroren werden. Im Haushalt können sie mit Äpfeln, Birnen, Quitten, Hagebutten usw. zu köstlichen Marmeladen, Konfitüren, Gelees, Sirup, Sanddorn-Milch, Sanddorn-Joghurt, Quark, Eis, Müsli, Gebäck usw. verarbeitet werden. Die Industrie verwendet sie zur Vitaminisierung von Nähr- und Kräftigungsmitteln, Konserven und Suppenwürzen, ja sogar von Arzneimitteln und Kosmetika wie Hautcremes und Zahnpasten. Vor allem aber stellt sie Saft, Fruchtnektar und sogar Likör aus Sanddornbeeren her. Der Saft, der meist stark gesüßt zum Verkauf kommt, wird wegen seiner kräftigen Säuren auch gern anstelle von Zitronensaft oder als Zusatz zu anderen Säften verwendet. In den heute sehr aktuellen und zunehmend beliebten Mehrfrucht- und Multivitamin-Nektaren bilden Sanddornbeeren häufig die wertvollste „heimische Komponente".

Im übrigen: Nach den „Leitsätzen für Fruchtsäfte" darf bei Getränken, die mindestens 150 mg/l Vitamin C enthalten, der Hinweis „Vitamin C-haltig" verwendet werden, jedoch bei Schwarzen Johannisbeeren und Sanddorn erst bei 200 mg/l. Bei einem Gehalt von wenigstens 250 mg/l darf der Hinweis „reich an Vitamin C" lauten.

Sapodilla *Manilkara zapota,* Sapotaceae

Syn. Sapotillapfel, Breiapfel, Westindische Mispel, Kaugummibaum

Heimat, Anbau

Der Sapodillabaum stammt ursprünglich aus dem tropischen Zentralamerika, südlich bis Costa Rica, und wird dort auch heute noch kultiviert. Außerhalb seines engeren Heimatgebietes wird er im nördlichen Südamerika, in Süd-Florida, auf den Westindischen Inseln und in den Tropen Südostasiens gepflanzt.

Beschreibung

Die Sapodilla ist die Beerenfrucht eines immergrünen, bis zu 20 m hohen Baumes. Die Frucht ist nahezu apfelgroß, 3-8 cm im Durchmesser, veränderlich in der Form, Kartoffeln nicht unähnlich, rundlich oder länglich, an der Spitze schwach genabelt und am Grunde mit einem bleibenden Kelch versehen. Unter einer dünnen, aber festen, rauhen, anfangs grünen, bei reifen Früchten hellbraunen Schale befindet sich das geleeartige, durchscheinende, gelbbraune bis orangefarbene Fruchtfleisch. Es ist – wie alle Teile des Baumes – von Milchsaftkanälen durchzogen und enthält in Fächern bis zu zwölf 2 cm lange, harte, dunkel-glänzende, ungenießbare Kerne. Es schmeckt wegen Mangel an Säure für unsere Begriffe sehr süß, an Birnen und Aprikosen erinnernd. In Amerika gilt die Sapodilla als eine der besten Tropenfrüchte.

Sorten

Die Früchte der Sapodilla sind je nach Sorte derart variabel in bezug auf Größe, Form und Geschmack, daß mitunter Zweifel aufkommen, ob es sich um die gleiche Fruchtart handelt. Nachstehend einige Sorten mit kurzer Charakterisierung: 'Prolific', konisch-rund, 6-9 cm lang und dick, Haut schorfig braun; 'Russel', konisch-rund, 7,5-10 cm lang und 7,5-9 cm breit, Schale braun, graubraun gefleckt, Fruchtfleisch rosa-bräunlich, körnig, aromatisch-süß; 'Apfel-Bener', rund, 4 cm breit, dicke Schale, hellbraunes Fruchtfleisch, gut transportfähig; 'Apfel-Linin', mittelgroß, Fleisch rotbraun, sandig, süß; 'Betawi', groß, oval, dünne Schale, Fruchtfleisch rotbraun, süß, nicht gut über große Entfernungen zu transportieren; 'Kulon', oval, dicke Schale, Fleisch fest, klebrig süß.

Sapodillas

Verkauf
Angebot ganzjährig aus Thailand. Vor der Vollreife geerntet, ist die Sapodilla bis zu 5 Wochen transport- und lagerfähig. Trotzdem nur geringe Einfuhren und vereinzelte Marktangebote. Unreife Früchte muß man liegen und nachreifen lassen. Verkauf stückweise. Im Kühlschrank läßt sich die reife Frucht gut einige Tage aufbewahren, bei 4° C bis zu 1 Monat.

Sapodilla, Längsschnitt

Verwendung
In ihrer Heimat ist die Sapodilla ein beliebtes Speiseobst. Sie kann jedoch nur vollreif gegessen werden, da sie vorher sehr viel Gerbsäure und Milchsaft enthält. Letzterer – „Chicle" genannt – wird durch Anzapfen des Baumes gewonnen, enthält 20-40 % Gummi und bildet einen Grundstoff für die Herstellung von Kaugummi. Zum Rohgenuß wird die gewaschene Frucht der Länge nach halbiert, die Kerne werden herausgenommen, und das Fruchtfleisch wird mit Zitronensaft beträufelt und ausgelöffelt. Auch für Obstsalate und zur Bereitung von Marmelade, Konfitüre und Getränken ist die Frucht geeignet.

Sapote

Weiße Sapote *Casimiroa edulis,* Rutaceae

Syn. Mexikoapfel, Matasano

Große Sapote *Pouteria sapota,* Sapotaceae

Syn. Mammey-Sapote, Zapote, Marmeladenpflaume

Die zu zwei verschiedenen botanischen Familien gehörenden Sapote-Arten sind nicht zu verwechseln mit der vorstehend behandelten Sapodilla. Man findet auch die Bezeichnung „Schwarze Sapote", doch handelt es sich hier um etwas anderes, um eine der verschiedenen als „Dattelpflaume" bezeichneten Fruchtarten der Gattung *Diospyros* (Familie der Ebenaceae).

Heimat, Anbau

Die Heimat der Sapoten ist das tropische und subtropische Zentral- und Südamerika mit seinem feuchtheißen Klima. Plantagenmäßigen Anbau finden wir bis nach Südkalifornien, Florida, auf den Westindischen Inseln, auf den Philippinen, in Thailand und Malaysia.

Beschreibung

Die immergrünen Bäume der Weißen Sapote erreichen höchstens 15 m Höhe, die der Großen Sapote bis zu 30 m. Auch die Früchte sind verschieden. Die Weiße Sapote hat quitten- oder birnenähnliche, gelbe oder gelbgrüne Früchte mit membranartig dünner Haut und weichem, cremigem, schmelzendem Fruchtfleisch, dem ein eigenartig süßes Aroma mit einem Hauch von Bitterkeit eigen ist. Es enthält 2-5 große, ovale, hellgelbe Samenkerne. Die Frucht der Großen

Sapoten

Sapote ist größer – bis 21 cm lang – zum Ende hin verjüngt, mit einer harten, rauhen, erst grünen, später zimtfarbenen Schale. Das kräftig lachsrotgefärbte, melonenartige Fruchtfleisch enthält einen länglichen, spitzovalen, braunen, glänzenden Kern. Durch das Fruchtfleisch ziehen sich zahlreiche Milchsaftstränge. Da jede Säure fehlt, ist das Fleisch fast übersüß, im übrigen aber ziemlich geschmacklos. Es ist besonders reich an Magnesium und Vitamin C.

Verkauf
Alle Sapoten werden in der Zeit von Mai bis November unreif geerntet und müssen in einem kühlen Raum einige Tage nachreifen. Nur unreif sind die sonst weichen Früchte einigermaßen transportfähig. Auf unsere Märkte kommen – seit 1967 – nur sporadisch geringe Importe auf dem Luftweg aus Thailand, Malaysia, Brasilien, Kolumbien und Costa Rica. Verkauf stückweise. Bei 6-8° C und 80 % relativer Luftfeuchtigkeit lassen sich Sapoten einige Tage aufbewahren.

Verwendung
Sapoten werden meist roh gegessen. Dazu werden die Früchte gewaschen, halbiert und von den Kernen befreit. Das Fruchtfleisch wird – da jede Säure fehlt – zur Geschmacksverbesserung mit Zitronensaft beträufelt und ausgelöffelt; auch mit Salz wird die Frucht genossen (Puerto Rico). Vor dem Verzehr der Großen Sapoten wird empfohlen, die Früchte mehrmals anzuschneiden und sie einige Tage liegenzulassen, damit der Milchsaft (Latex) ausfließen kann. Geschält, entkernt und kleingeschnitten werden die Früchte für Obstsalate und zur Herstellung von Kompott, Marmelade, Sorbets usw. verwendet. Die ölhaltigen, leicht bitteren Kerne der Großen Sapote werden geröstet und wie Nüsse oder Mandeln zu Konfekt verarbeitet.

Satsuma *Citrus reticulata* var. *unshiu,* Rutaceae

Satsumas

Heimat, Anbau
Satsumas, entstanden als Mutation der Mandarine, stammen aus der Provinz Satsuma auf der japanischen Insel Kiuschiu. Nach einer anderen Version sind Satsumas eine spanische Neuzüchtung, erstmals 1952/53 am deutschen Markt. Angebaut werden sie in den Mittelmeerländern Spanien, Italien, Algerien, Ägypten, Griechenland, Türkei, ferner in Japan und in den USA (Kalifornien, Florida), neuerdings auch in Südamerika. Sie sind jedoch weniger geeignet für die eigentlichen Tropen.

Beschreibung
Satsumas wachsen wie Mandarinen

auf Sträuchern. Sie sind mittelgroß, abgeflacht, leuchtend orangefarben bis rot. Ihre dünne, etwas lederige Schale läßt sich – ähnlich wie die der Clementinen – leicht lösen. Gelegentlich grünlich-gelbliche Flecke auf der Schale. Das orangefarbene Fruchtfleisch ist zart, saftig, mit wenig Säure und einem guten, manchmal etwas faden Geschmack. Es enthält nur wenige, maximal 4 Kerne.

Sorten

Die bekanntesten Sorten sind 'Owari' (vor allem in den USA), 'Wase', 'Zairai' und einige andere.

Verkauf

Ernte- und Exportzeit für spanische Satsumas ist von Anfang Oktober bis Januar. Damit eröffnen Satsumas die Zitrussaison. Ihnen folgen auf dem Markt die Clementinen und diesen die gewöhnlichen Mandarinen. Satsumas erreichen ihre volle Reife schon vor der natürlichen Ausfärbung. Verkauf, Größensortierung und Lagerung wie bei Mandarinen.

Verwendung

Vorwiegend Frischverzehr. Die Teilstücke der Frucht – Segmente – werden in Zuckerlösung eingedost.

Schlehe *Prunus spinosa,* Rosaceae

Syn. Schlehdorn, Schwarzdorn, Schlehenpflaume, Dornschlehe

Heimat, Anbau

In Eurasien – von Zentraleuropa über Vorderasien bis Sibirien – beheimatet, ebenfalls in Nordafrika. Kein plantagenmäßiger Anbau, die Anlage und vor allem die mühsame Handpflücke sind zu kostenaufwendig.

Beschreibung

Schlehen sind die Steinfrüchte eines bis zu 3 m hohen, sparrig verzweigten, dichtbuschigen und mit spitzen Sproßdornen bewehrten Strauches, eines beliebten Windschutz- und Vogelschutzgehölzes. Die zwetschenähnlichen Früchte sind kugelig bis länglichrund, 10-15 mm groß, blauschwarz und graublau bereift, appetitlich aussehend. Doch das grünliche Fruchtfleisch schmeckt sauer, sehr herb, zusammenziehend, mitunter gallig-bitter. Es enthält einen nur schwer vom Fruchtfleisch zu lösenden, mehr oder weniger abgeflachten Stein. Erst die von etwas stärkerem Frost getroffenen Früchte werden weich und roh genießbar. Sie enthalten dann viel Zucker, Vitamin B_1 und C (10 mg%). Man sagt ihnen eine abführende, entgiftende, Blut und Nieren reinigende und eine kräftigende Wirkung nach.
Dem Schlehdorn ähnlich und mit ihm eng verwandt ist die aus dem Orient stammende, in Europa und Nord-

Schlehe

amerika eingebürgerte und in Südeuropa gelegentlich angebaute und häufig verwilderte Haferschlehe oder Kriechenpflaume, auch Spilling genannt *(Prunus insititia)*, deren Früchte eingemacht werden.

Verkauf
Schlehen sind nur seltene Gäste auf den Obstmärkten, und zwar nur auf solchen, die von der Landbevölkerung und Wildobstsammlern nach den ersten Herbstfrösten im Oktober/November damit beschickt werden. Die Früchte sind rasch vergänglich und lassen sich allenfalls in der Tiefkühltruhe einige Zeit aufbewahren.

Verwendung
Schlehen sind kein Frischobst, aber ein geschätzter Rohstoff für eine Reihe von Verarbeitungsprodukten wie Mischmarmeladen, Mus, Gelee, Saft; auch als Zusatz zu anderen Obstsäften, zu Wein, Schlehenlikör, Schlehengeist und anderen alkoholischen Getränken sind sie geeignet.

Stachelbeere *Ribes uva-crispa* var. *sativum,* Saxifragaceae

Syn. Heckenbeere, Krausbeere, Klosterbeere, Agrasel (Österreich)

Heimat, Anbau
Die Heimat der Stachelbeere ist Eurasien und Nordafrika. Angebaut wird sie in allen gemäßigten Klimazonen der Welt, in der Bundesrepublik vor allem in Baden-Württemberg, Rheinland-Pfalz, Nordrhein-Westfalen, Niedersachsen und Hamburg.

Beschreibung
Stachelbeeren sind die Früchte verhältnismäßig kleiner, höchstens 2 m hoch werdender, winterkahler, bedornter Sträucher. Die einzeln oder paarweise hängenden Beeren haben etwa die Größe von Kirschen, sind kugelig, länglichoval oder eiförmig. Ihre feine und feste Schale ist glatt oder mit mehr oder weniger borstigen Flaumhaaren bedeckt. Die Farbe der reifen Beeren ist weißlich-grün, goldgelb oder hellbraun bis rot, häufig durchscheinend und mit weißlichen Streifen durchzogen. Das weiche, sehr saftige Fruchtfleisch enthält viele kleine, eßbare Kerne. Es schmeckt je nach Reifezustand und Sorte sauer bis köstlich süß. Nach den Tafeltrauben weisen reife Stachelbeeren den höchsten Zuckergehalt aller einheimischen Beeren auf. Ihr angenehm säuerlicher Geschmack beruht auf dem Gehalt an Wein-, Äpfel- und Zitronensäure. Diese wirken appetitanregend und verdauungsfördernd. Weitere wesentliche Inhaltsstoffe: 20-70 mg% Vitamin C, ein hoher Gehalt an Pektin, d. h. die Frucht geliert leicht, sowie die Mineralstoffe Kalium, Natrium, Calcium und Phosphor.

Sorten
Die meisten der heute in aller Welt angebauten über 500 Sorten kommen aus England, dem Land, in dem die Stachelbeere seit jeher mit besonderer Liebe kultiviert wird. Nach der Fruchtfarbe unterscheiden wir:

<u>Rote Sorten:</u> 'Rote Triumph' (Syn. 'Whinhams Industry'), 'Maiherzog' (Sy. 'May Duke'), 'Mauks Frühe Rote', 'Rote Orléans', 'Rote Preis' u. a.

<u>Gelbe Sorten:</u> 'Hönings Früheste', 'Gelbe Triumph', 'Lauffener Gelbe' u. a.

Rote, reife Stachelbeeren

Grünreife Stachelbeeren

Grün-weiße Sorten: 'Weiße Neckartal', 'Weiße Triumph' (Syn. 'Grüne Hansa'), 'Grüne Kugel', 'Lady Delamare' u. a.

Verkauf

Die Stachelbeere ist die einzige heimische Beerenobstart, bei der es eine sogenannte Grünpflücke gibt; daher die lange Erntezeit von Mai/Juni bis August. Die grün und unreif gepflückten Beeren haben zwar nur ein Drittel ihrer endgültigen Größe, sind aber für die Verarbeitung bestens geeignet und auf dem Markt auch gefragt. Ergänzend zur heimischen Produktion erreichen uns Importe vor allem aus den Niederlanden. Verkauft werden die Beeren lose nach Gewicht, in 500-g-Schalen, Steigen oder Spankörben. Der Käufer bevorzugt im allgemeinen Sorten mit dünner, glatter und durchscheinender Schale. Während reife Früchte kurzfristig verkauft werden müssen, lassen sich grüne Beeren bei 0° C und 90 % relativer Luftfeuchtigkeit bis zu 3 Wochen lang aufbewahren. Auch zum Tiefgefrieren sind Stachelbeeren recht gut geeignet.

Verwendung

Reife, frische Früchte sind eine Delikatesse, sie eignen sich aber auch vorzüglich für Kompott, Marmelade, Konfitüre, Gelee, Kaltschalen, Kuchen- und Tortenbelag usw. Die Beeren der „Grünpflücke" sind ausschließlich für die Verarbeitung – auch die industrielle – geeignet. Allerdings sind meist hohe Zuckerzusätze erforderlich. Bei einigen Sorten tritt bei der Verarbeitung zu Kompott und dergleichen eine Braunfärbung auf, ein für die Konservenindustrie höchst unerwünschter und preisdrückender Nachteil, für den Selbstversorger jedoch nur ein Schönheitsfehler, der ihn nicht zu stören braucht; denn Geschmack und Haltbarkeit des Kompotts bzw. der Konserve leiden nicht darunter. Beliebte Getränke aus Stachelbeeren sind Süßmost Fruchtdessertwein, Likör und Stachelbeergeist.

Sternapfel *Chrysophyllum cainito,* Sapotaceae

Heimat, Anbau
Eine Pflanze, die nur in den Tropen gedeiht. Sie ist hauptsächlich in Mittelamerika und auf den Westindischen Inseln anzutreffen.

Beschreibung
Der bis zu 10 m hohe, äußerst dekorative Sternapfelbaum wird sowohl als Ziergehölz als auch seiner Frucht wegen angepflanzt. Die Frucht hat die Größe eines Apfels, ist kugelförmig bis leicht oval, grasgrün oder dunkelrot, wirkt attraktiv. Das Fruchtfleisch ist weich und gallertartig; es schmeckt angenehm süßlich, birnenartig, ohne ausgeprägtes Aroma, leicht zusammenziehend. Der Geschmack wird in den einzelnen Anbauländern sehr unterschiedlich beurteilt, je nach der dort wachsenden Spielart des Baumes. Das Kernhaus läßt einen neunstrahligen Stern erkennen, dem die Frucht ihren Namen verdankt. In ihm sind 4-6 dunkle, bis 2 cm lange, wie Segmente einer Halbkugel geformte Samen verborgen.

Verkauf
In seinen Heimatländern ist der Sternapfel eine allgemein beliebte Frucht, die man auch Besuchern und Hotelgästen gern anbietet. Bislang hat die Frucht aber nur regionale Bedeutung, auf dem Weltmarkt spielt sie keine Rolle.

Verwendung
Der Sternapfel wird überwiegend roh verzehrt. Zum Servieren wird die Frucht kreuzweise eingeschnitten, so daß sie in 4 Teile auseinanderfällt. Die Frucht wird aber auch zu Marmeladen verarbeitet und für Cocktails verwendet.

Sternäpfel

Suntina

Eine neue, bemerkenswerte Zitrusfrucht aus Israel, entstanden aus einer Kreuzung von Clementine x Orlando. Die Suntina hat ein zartes, süßes und saftreiches Fruchtfleisch und einen erfrischenden, fruchtig-aromatischen Geschmack. Sie gehört zu den immer beliebter werdenden leicht schälbaren Zitrusarten, den sog. „Easy Peeler". Die ersten Anlieferungen erreichten die deutschen Märkte im Januar 1987. Sicher eine Frucht mit Zukunft, zumal sie kernlos ist.

Sweetie

Eine interessante Novität auf dem Obstmarkt. Sie ist Anfang der 80er Jahre in Israel aus einer Kreuzung zwischen Grapefruit und Pomelo entstanden, mit wertvollen Eigenschaften beider Elternteile. Seit 1985 erfreut sie sich am bundesdeutschen Markt zunehmender Beliebtheit. Die Früchte reifen von September bis April und werden hauptsächlich aus Israel importiert. Die Sweetie ist eine große, ovale, 300 bis maximal 1500 g schwere Frucht. Sie verfügt über eine dickere Schale als die Grapefruit und über festere Segmenthäutchen, die die Frucht nicht so rasch austrocknen lassen; sie bleibt lange saftig. Eine Besonderheit unter den Zitrusfrüchten ist die grüne bis grünlichgelbe Farbe der feinporigen, glänzenden Schale der reifen Frucht. Das tiefgelbe Fruchtfleisch schmeckt ausgesprochen süß (engl. sweet = süß) und aromatisch – ein Geschmack, der Verbraucher anspricht, denen die Grapefruit zu säuerlich ist. Hoher Vitamin C-Gehalt. Die Haltbarkeit der Frucht ist recht gut; für die Aufbewahrung besonders geeignet ist die kühle Speisekammer – etwa 10° C und 95 % relative Luftfeuchtigkeit. Verkauf und Verwendung wie Orangen und Grapefruits, d. h. in erster Linie Frischverzehr, geschält oder gelöffelt. Stückverkauf. Sweeties sind vorzüglich auch zur Fruchtsaftgewinnung, für viele leckere Desserts, für Marmeladen usw. geeignet.

Sweeties

T

Tafeltrauben *Vitis vinifera,* Vitaceae

Syn. Weintrauben

Heimat, Anbau

Funde von primitiven Formen der Weinrebe reichen bis in die frühe Erdgeschichte zurück, bis ins Tertiär. Als Urheimat gelten Transkaukasien (Mingrelien) und Mittelasien. Heute werden Reben in allen Erdteilen angebaut, und Tafeltrauben gehören zu den auf dem internationalen Früchtemarkt wichtigsten Obstarten. Von der Trauben-Weltproduktion (50 Mio. t/Jahr) werden ca. 85 % zu Wein gekeltert, 5 % zu Rosinen getrocknet, und 10 % liefern Tafeltrauben. Von diesen werden mehr produziert als Äpfel, Bananen und Orangen zusammengenommen. Der eigentliche Weingarten der Welt ist Europa, das in Italien, Spanien, Frankreich, Westdeutschland und den Balkanstaaten zwei Drittel der gesamten Traubenernte der Welt produziert. Unsere heimischen Reben liefern fast nur Keltertrauben, die für den Frischgenuß meist zuviel Säure enthalten. Unsere Produktion an Tafeltrauben – nur in der Pfalz – ist sehr gering, unser Markt lebt ganz überwiegend von Importen, ca. 250 000 t/Jahr. Auf dem Weltmarkt ist Deutschland der größte Käufer von Tafeltrauben.

Beschreibung

Alle *Vitis*-Arten sind Kettersträucher. Die in Rispen („Trauben") angeordneten Beeren sind rund, grünlich, gelb, bernsteinfarben, rot, blau bis schwarzblau. Die „Blauen" enthalten in der Schale Anthocyanfarbstoffe (Oenin) und im Fruchtfleisch im allgemeinen mehr Gerbsäure als die „Weißen". Die Beeren vieler Sorten weisen auf der Schale einen weißen, mehlartigen und abwischbaren Reif auf („Nebeltau"), der als Kondensniederschlag beim Wechsel zwischen der Luftfeuchtigkeit nachts und der Zufuhr der wärmer werdenden Luft am Tage auf dem kalten Untergrund entsteht. Wenn dieser Belag später verdunstet, kommt eine natürliche Wachsschicht auf den Beeren zum Vorschein („Duftfilm"), die laut EG-Norm möglichst erhalten bleiben soll. Das Fruchtfleisch schließt bis zu 5 harte Samenkerne ein, doch gibt es auch eine Reihe – vom Handel und Konsumenten bevorzugter – kernloser Sorten.

Tafeltrauben sind ein gesundes Obst mit höchst wertvollen Inhaltsstoffen. Die dieser Frucht innewohnenden Heilkräfte sind seit langen Zeiten bekannt. Die Beeren enthalten sofort assimilierbare Kohlenhydrate wie Traubenzucker, der rasch ins Blut geht und Energie liefert, wichtige Mineralstoffe wie Kalium, Calcium, Phosphor und Eisen, die unentbehrliche Nerven-, Hirn-, Zahn- und Knochennahrung darstellen, Eiweiß, Fruchtsäuren, Aromastoffe sowie viel Vitamin B und C. Trauben regen die Darm- und Nierentätigkeit an und sind wirksam gegen Harnsäureablagerungen, Gicht, Arteriosklerose und

Italia

Red Emperor

andere Beschwerden. Bekannt ist die entschlackende Wirkung von medizinischen Traubenkuren, die auch zur Gewichtsreduzierung durchgeführt werden. Insgesamt besitzen Tafeltrauben Nährwerte und Heilkräfte wie kaum eine andere Frucht und stellen somit ein vollwertiges Nahrungsmittel dar.

Sorten

Entsprechend der weltweiten Verbreitung der Traubenkultur ist auch die Zahl der Sorten kaum überschaubar. In der nachstehenden Aufzählung können nur einige ganz wichtige der in den verschiedenen Erzeugerländern angebauten Sorten genannt werden. Tafeltrauben sind – im Unterschied zu den Keltertrauben – fast nur großbeerige, eigens für den Frischverzehr angebaute Sorten, wobei die „Weißen" dominieren.

Weiße (grüne, gelbe, bernsteinfarbene) Sorten: (Die römischen Ziffern in Klammern = Monate des Hauptangebotes).
'Aledo', Spanien (X-XII); 'Almeria' ('Ohanes'), Argentinien (III-IV), Chile (IV-VI), Südafrika (V), Spanien und Italien (X-XII); 'Bien Donne', Südafrika (II); 'Gros Vert', Frankreich (ab X); 'New Cross', Südafrika (III-V); 'Panse', Italien (VII-VIII); 'Regina' ('Rozaki' in Griechenland, 'Rosetti' in Spanien, 'Grappoloni' = besonders schwere Trauben in Italien), Italien (VIII-X), Griechenland (VIII-X), Spanien (IX-XI); 'Sultana', Südafrika (I-II), Zypern und Türkei (VII-VIII), Griechenland (VII-X); 'Waltham Cross', Südafrika (II-IV) u. a.

Dunkle (rötlichblaue bis blauschwarze) Sorten: 'Alphonse Lavallee' ('Ribier'), Südafrika (I-IV), Argentinien (III-IV), Chile (III-V), Spanien und Griechenland (VIII), Frankreich und Italien (VIII-IX); 'Barlinka', Südafrika (III-VI); 'Cardinal', Chile (II-III), Spanien, Italien, Frankreich und Griechenland (VII-IX), Meraner Kurtraube; 'Emperor' ('Red Emperor'), USA (XI-II), Chile (III-V); 'Napoleon', Spanien (IX-XI); 'Olivette', Frankreich (ab X) u. a.

Kernlose Trauben: 'Thompson Seedless', Kalifornien, Zypern, Ägypten; 'Sultanine', Portugal, Zypern, Griechenland, Türkei, Kalifornien; 'Perlette', Frankreich; u. a.

Datteltrauben: Bezeichnung für eine Gruppe von Tafeltraubensorten, so genannt nach der äußeren Form der Beeren. Diese hängen weniger dicht beieinander, sind groß, fester in der Schale und weniger anfällig für Verderb. Datteltraubensorten: 'Regina' (s. unter „Weiße" Sorten); 'Bolgar', Bulgarien u. a.

Muskattrauben: Bezeichnung für eine Gruppe von Tafeltraubensorten mit muskatartigem Duft und ganz charakteristischem Geschmack. Muskattrauben gibt es in weißen und in dunklen Sorten. Weiße Sorten: 'Alexandriner Muskat', Italien; 'Regina dei Vigneti' ('Queen of the Vineyards'), Südafrika, Italien, Israel; 'Italia', Italien, Spanien u. a. Dunkle Sorten: 'Hamburger Muskat', Jugoslawien; 'Othello', Ungarn; 'Oeillade', Frankreich u. a. Muskattrauben liefern den griechischen Samoswein, den spanischen 'Malaga', den portugiesischen 'Porto', den sizilianischen 'Marsala' und den französischen 'Frontignan'.

Gewächshaustrauben aus Holland und Belgien: Diese beiden Länder verfügen über einen hochspezialisierten Tafeltrauben-Unterglasanbau. Die Gewächshaustrauben, für die genannten Länder ein nicht unbedeutender Exportartikel, werden nahezu ganzjährig angeboten, sind aber in Anbetracht der hohen Produktionskosten verhältnismäßig teuer und gehen vorwiegend an Feinkostgeschäfte, Luxushotels und dergl. Nachstehend die wichtigsten Treibhaussorten:

Holland: 'Black Alicante', 'Frankenthal' und 'Maroc', alle drei blau, 'Golden Champion', weiß u. a.
Belgien: Auch hier überwiegen – zu 90 % – die blauen Sorten 'Royal', 'Colman'; eine gute weiße Sorte ist 'Muscat blanc d'Alexandrie'.
Soviel zu den wichtigsten Tafeltraubensorten. Eine weitere Aufgliederung der Importe nach Sorten mit näherer Beschreibung, Herkunftsland, Jahreszeit bzw. Monaten usw. verbietet sich, sie würde den hier vorgegebenen Rahmen sprengen.

Verkauf

Der weltweite Anbau von Tafeltrauben ermöglicht es dem Handel, sie das ganze Jahr über anzubieten. Von August bis Dezember – mit dem Höhepunkt der westdeutschen Einfuhren im September und Oktober – beliefern uns die europäischen Weinbauländer sowie – gewissermaßen als Übergang – von Mitte Juli bis Mitte August Algerien, Ägypten und Israel. In den ersten 6 Monaten des Jahres erhalten wir die Tafeltrauben der südlichen Hemisphäre, vorwiegend aus Südafrika, Chile und Argentinien. Das größte Angebot von Glashaustrauben aus Belgien und Holland erfolgt im Winterhalbjahr (Weihnachten), ist aber der Menge nach unbedeutend.
Gehandelt werden Tafeltrauben meist in Flachsteigen zu 5-10 kg; der Kleinverkauf erfolgt lose nach Gewicht und in 500-g- oder 1-kg-Schäl-

Alphonse Lavalleé

chen. Einer besonders aufwendigen Verpackung in feiner Holzwolle, Seidenpapier und dergleichen erfreuen sich die Glashaustrauben. Die Ware ist sorgfältig zu behandeln: Druckstellen vermeiden, unreife und faule Beeren mit spitzer Schere aus der Rispe herausschneiden, einzelne Beeren oder kleine Dolden sollen sich nicht lösen und den natürlichen Reif einiger Sorten sollte man erhalten. In der Auslage der Geschäfte sollten weiße und blaue Trauben in größerer Menge abwechselnd präsentiert werden, um die Attraktivität des Angebotes zu erhöhen.

Einwandfreie, unversehrte Tafeltrauben sind recht gut zu lagern. Bei 1-4° C und 90-95 % relativer Luftfeuchtigkeit bleiben sie bis zu 2 Monaten verkaufsfähig und können aus diesem Grunde auch aus wärmeren Ländern per Schiff transportiert werden. Unreif geerntete Trauben reifen aber nicht mehr nach, sie müssen daher schon ausgereift geerntet werden. Achten Sie bei der Lagerung auf Fruchtfäule *(Botrytis, Penicillium)!*

Verwendung

Die köstlichen und knackigen Tafeltrauben verzehrt man am besten roh, man gibt sie in Obstsalate oder grünen Salat oder verwendet sie als Kuchen- oder Tortenbelag, für Käsespieße, zur Dekoration kalter Aufschnitt- und Käseplatten usw. In jedem Falle sind sie vor dem Verzehr gründlich mit lauwarmem Wasser von Staub und eventuell anhaftenden Spritzmittel-Rückständen zu reinigen. Im Vergleich zum Frischverzehr spielt die Verwendung der Beeren zu Marmeladen oder zur Saftgewinnung nur eine untergeordnete Rolle. Wein bzw. Tafelwein kann selbstverständlich aus allen Trauben hergestellt werden, doch geschieht dies laut EG-Weinmarktordnung nur von im EG-Raum empfohlenen und zugelassenen Rebsorten, ist also von Tafeltraubensorten nur bedingt möglich.

Der wirtschaftlich höchst bedeutenden Verarbeitung von Weintrauben zu Rosinen ist ein eigenes Kapitel in diesem Buch gewidmet (s. S. 216).

Tamarinde *Tamarindus indica,* Leguminosae

Syn. Indische Dattel, Sauerdattel

Heimat, Anbau

Heimat der Tamarinde ist das tropische Sommerregengebiet in Ostafrika, doch hat sie schon sehr früh den Weg nach Indien gefunden. Der botanische Namen enthält zweimal dasselbe Wort: indisch. Heute wird sie hauptsächlich in Indien und vielen anderen tropischen und subtropischen Ländern der Erde angepflanzt, doch kann von einem plantagenmäßigen Anbau kaum die Rede sein.

Beschreibung

Tamarinden sind die Früchte eines schönen, 20-30 m hoch wachsenden Baumes mit gefiederten, zartgrünen Blättchen, der auch gern als Zierbaum und Schutzgehölz gegen Sturmwinde angepflanzt wird. Die Früchte, 10-20 cm lange, 1,5-2 cm breite, fingerdicke, graubraune bis zimtfarbene Samenhülsen (botanische Familie der Hülsenfrüchte), sehen aus wie krumme Erbsenschoten. Unter der matten, sehr spröden und brüchigen Schale befinden sich – in faseriges, musiges, bräunliches bis schwarzrötliches Fruchtmark eingebettet – 4-6 und mehr etwa 12 mm lange, flache, glänzende Kerne. Das Fruchtmark hat einen stark süß-säuerlichen Geschmack und enthält Pektin, Gummi, viel Kalium, wenig Calcium und Phosphor, etwas Provitamin A und kaum Vitamin C. Außergewöhnlich hoch ist mit ca. 35 % der Zuckergehalt. Unter den über 20 % organischen Fruchtsäuren dominiert mit ca. 97 % die Weinsäure; nur in geringen Mengen sind Äpfel-, Bernstein-, Zitronen- und Oxalsäure vertreten. Dem Säuregehalt dürfte auch die verdauungsfördernde, leicht abführende Wirkung der Tamarinde zuzuschreiben sein.

Verkauf

Tamarinden kennen keine begrenzte Reifezeit, sie werden weltweit ganzjährig geerntet. Die Schoten können voll am Baum ausreifen, sie bleiben noch monatelang an den Ästen hängen. Frische Tamarindenschoten – Importe aus Brasilien oder Thailand – werden nur gelegentlich auf unseren Märkten angeboten. Verkauf nach Gewicht. Lagerung bei 10° C im Trockenlager bei etwa 75 % relativer Luftfeuchtigkeit. Stärker als frische Schoten wird das Tamarindenmus, je nach Herkunft mit oder ohne Samenkerne, vermarktet.

Verwendung

In Indien und Afrika ist die Tamarinde ein wichtiges Nahrungsmittel. Junge Schoten und Blätter werden als Gemüse verzehrt, und auch die Kerne werden, geröstet oder gekocht, gegessen. Besonders empfohlen wird die Herstellung eines Tamarindensirups aus dem Fruchtmark: die Hülsen aufbrechen, die Kerne mit dem Fruchtmark in einer Schüssel mit kochendem Wasser übergießen, etwas ziehen lassen und durch ein Sieb rühren. Dieses Mus mit Zucker aufkochen und kühl stellen, es ist dank des hohen Säuregehaltes gut haltbar. Tamarindensirup dient u. a. folgenden Verwendungszwecken: für Erfrischungsgetränke, z. B. 1 Teil Tamarindensirup, 3 Teile Zucker, ein wenig Ingwerpulver oder -saft, 8 Teile Wasser oder Sodawasser; als beliebte Geschmacksabrundung vieler süßsaurer Soßen, z. B. der Worcestersauce; als würzige, besonders in Indien hochgeschätzte Zutat, zusammen mit Zimt, Muskat, Kardamom, Safran und dergleichen; untermischt mit Rosinen und gehackten Cashew-

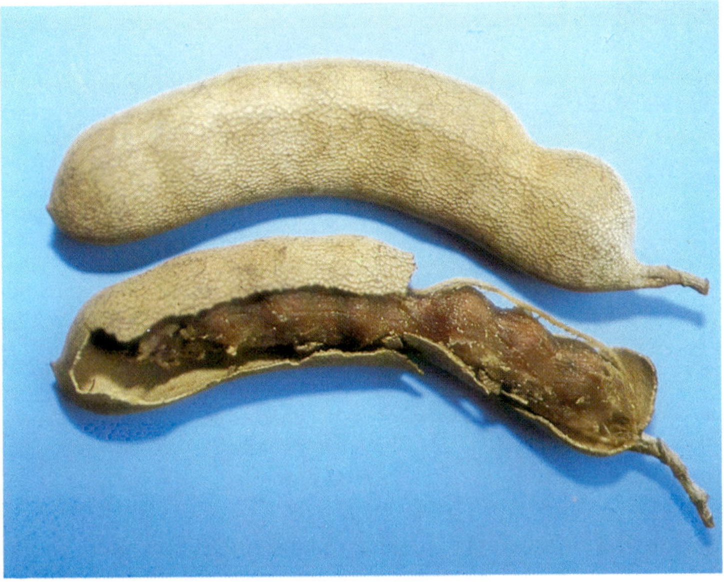

Tamarinde

nüssen zu Reis-, Gries-, Fleisch- und Fischgerichten; schließlich für Marmeladen, Chutney, Bonbons. Sogar als Würze im Kautabak findet die Tamarinde Verwendung. Interessant ist, daß die Kerne nicht nur Nahrungsmittel sind, sondern auch als Gummilieferanten dienen. Aus dem Endosperm (= vielzelliges Nährgewebe im Samen) wird nach Abtrennung von der Samenschale und vom Embryo sogenannter Endosperm- oder Tamarindensamengummi gewonnen. Die jährliche Produktion in Indien beträgt ca. 20 000 t. Verbrauch in der regionalen Textilindustrie, und nur ein geringer Teil wird exportiert.

Tambor

Eine Kreuzung zwischen Tangerine und Orange. Die Frucht ist rund bis flach und besitzt eine rötliche, extrem dünne Schale, oft mit einer Art Nabel. In dem tief orangefarbenen Fruchtfleisch befinden sich nur wenige weiße Kerne. Das Fleisch hat einen besonders fruchtigen Wohlgeschmack und ist ungewöhnlich saftreich. Der Vitamin C-Gehalt ist so hoch wie bei anderen Zitrusfrüchten. Importe erfolgen aus Südamerika, Swasiland, Zypern und den USA. Auf den deutschen Märkten finden wir Tambors von Juli bis Anfang Oktober. Kurzfristige Lagerung bei 5-6° C und 90 % relativer Luftfeuchtigkeit. Verwendung: Rohverzehr, Obstsalate; Saft auspressen und pur trinken oder für Mixgetränke verwenden; Fruchtstücke auch als Beilage für Wild- und Geflügelbraten.

Tangelo

Tangelo

Überbegriff für Kreuzungsprodukte aus *Tangerine* x Grapefruit (= in angelsächsischen Ländern Pomelo). Anbau vorwiegend in Florida, Mittelamerika, auf den Antillen, in Israel und Südafrika, in neuerer Zeit auch auf Sizilien und in Südamerika.

Tangelos sind apfelsinengroß, dünnschalig, leicht zu schälen, von schöner Farbe. Geschmack süß, erfrischend, aromatisch. Die Früchte sind saftreicher als Grapefruits und enthalten mehr Vitamin C. Hauptsorten in Amerika, Südafrika und Israel: Minneola und Orlando.

Tangerine *Citrus reticulata* var. *tangerina,* Rutaceae

Heimat, Anbau

Herkunft und Entstehung ungewiß. Der Name „Tangerine" rührt daher, daß die marokkanische Ernte über den Hafen Tanger verschifft wurde. Haupterzeugerländer sind die USA und Japan. Geringere Bedeutung haben Südafrika, Moçambique, China, Australien und die Mittelmeerländer Spanien, Libyen, Marokko und Israel.

Beschreibung

Die Tangerine, die Frucht eines immergrünen Baumes, ist die kleinste Art der Mandarinengruppe. Sie hat eine abgeflachte Form, einen mehr oder weniger eingedellten Kelch und eine – wie Clementinen – orangerote, leicht lösliche Schale. Das Fruchtfleisch ist zart, ebenfalls orangerot, ziemlich saftig, säurearm, mit wenigen Kernen und einem nicht besonders ausgeprägten Zitrusgeschmack. Trotzdem eine begehrte Marktfrucht.

Sorten

In den USA schätzt man am meisten die neuere aus Florida stammende 'Dancy' mit rot-orangefarbener Schale, die nur an wenigen Stellen das Fruchtfleisch berührt; die Frucht läßt sich daher besonders leicht schälen. Weitere Sorten: 'Beauty', 'Cleopatra' (besonders in Israel), 'Mikan' (in Japan).

Tangerine

Verkauf
Hauptsaison für Tangerinen sind die Wintermonate. Lieferländer sind von Dezember bis März Marokko und Spanien, im Januar Israel, von Juni bis August Südafrika. Import an Frischware zunehmend. Verkauf und Lagerung wie bei Mandarinen. Tangerinen in Dosen – als Scheibenware leicht gezuckert aus Japan, China, Florida und Spanien – haben sich als „Mandarinen-Orangen" gut eingeführt. Importe größer als Frischfrucht-Einfuhren.

Verwendung
Geschätzte Frucht für den Frischverzehr. Auf die Konservierung in den Erzeugerländern wurde bereits hingewiesen. Durch Destillation wird aus frischen Tangerinenschalen der Curaçaolikör hergestellt.

Tangor

Oberbegriff für Kreuzungsprodukte aus Mandarine x Tangerine x Orange, entstanden im Obstbau-Versuchsinstitut in Indio (Kalifornien). Der Wert dieser Zitrusfrüchte liegt zumeist in ihrer Eignung für den Anbau in sehr warmen Gebieten mit wüstenartigem Charakter. Angebaut werden sie in Israel und tropischen und subtropischen Gebieten Kaliforniens, Floridas, Arizonas, Afrikas, Australiens und der Westindischen Inseln. Hauptlieferant ist von Mitte März bis Mitte Mai Israel. Hauptsorte dieser Gruppe ist Ellendale.

Tangor

Taybeere

Eine 1962 im „Scottish Research Institute" (Institut für Gartenbau-Forschung) in Dundee/Schottland aus einer Kreuzung von Himbeere x Brombeere entstandene und 1977 herausgegebene neue Beerenobstart, benannt nach dem Fluß Tay, der bei Dundee ins Meer fließt. An 3-5 m langen, mit kleinen bis mittleren festen Stacheln besetzten Ranken bringt diese der Brombeere ähnliche Pflanze konisch geformte, 3-5 cm lange und 5-8 g schwere dunkel- bis weinrote Beeren. Ernte ab Mitte Juli. Leider sind die vollreifen Früchte sehr weich, doch erreichen sie erst in diesem Stadium ihr volles Aroma. Die Geschmacksmischung zwischen Himbeere und Brombeere regt nicht gerade zum Frischverzehr an, denn auch vollreif ist die Frucht noch ziemlich sauer, weshalb sie oft als für den Frischgenuß kaum geeignet beurteilt wird. Dagegen ist die Taybeere ideal zur Zubereitung von Gelee, Marmelade, Konfitüre und als Kuchenbelag. Die frisch pürierten und gezuckerten Beeren ergeben eine Fruchtsoße, die

Taybeere

zu Eis oder Pudding köstlich mundet. Auch die Eignung für Tiefkühlung ist – wie bei Himbeeren – gut. Eine Marktbelieferung kommt eigentlich nur in Betracht, wenn die Früchte vor der Vollreife geerntet werden, worunter allerdings das Aroma sehr leidet. In den Niederlanden wurde die Neuzüchtung bereits auf den Versteigerungen in Zeeland angeboten. Es erscheint jedoch fraglich, ob sich die weiche und transportempfindliche Frucht auch auf unseren Märkten durchsetzen wird.

Temple

Entstehung, Anbau

Eine Zitrusfrucht, das Ergebnis einer Zufallskreuzung aus Mandarine x Bitterorange, vielleicht auch Mandarine x Grapefruit; hier sind sich die Botaniker nicht einig. Der Anbau dieser Frucht erfolgt in den Tropen und Subtropen, hauptsächlich in Florida, Mexiko, Spanien und Israel.

Beschreibung

Die Temple, die Frucht eines 2-4 m hohen Baumes, ähnelt in vielem der Clementine. Sie hat die gleiche abgeflachte Form, eine sehr kräftige Schalenfärbung und eine dünne, sehr grobporige, rauhe und leicht zu lösende Schale („Easy Peeler"). Sie ist aber größer und schmeckt kräftiger und würziger (vermutlich vom Bitterorange- bzw. Grapefruitelternteil); auch reift sie etwas später. Das orangefarbene, zarte, sehr saftige Fruchtfleisch enthält zahlreiche hellgelbe Kerne, was ihrer Beliebtheit geschadet hat. Hoher Vitamin-C-Gehalt.

Verkauf

Erste Temple-Einfuhren erfolgten 1968 in die Bundesrepublik. Heute kommen sie von Januar bis Mai hauptsächlich aus Israel, wegen des Kernreichtums jedoch nur in geringen Mengen. Verkauf nach Gewicht oder Stückzahl. Lagerung wie Mandarinen, bis zu 6 Wochen.

Verwendung

Schälen und frisch verzehren. Wie auch die anderen Vertreter der Mandarinengruppe für Obstsalate, Desserts oder als Beilage zu Wild und Geflügel geeignet. Saft auspressen, pur oder in Mixgetränken trinken.

Temple

Topaz

Topaz

Die Topaz ist eine Kreuzung von Tangerine x Orange, die ihre Bewährungsprobe auf den Märkten bereits gut bestanden hat. Anbau in den Tropen und Subtropen zahlreicher Länder. Die Frucht hat eine runde bis flache Form, die Größe einer mittleren Orange und eine dünne, hell orangefarbene Schale. Sie ist leicht schälbar und gehört somit zu den „Easy Peeler" (leicht schälbare Früchte). Das Fruchtfleisch ist orangefarben, saftig, kernarm, sehr aromatisch und vitaminreich. Die Topaz reift von Mitte März bis Mai und wird aus Israel und den USA importiert. Lagerung bei 3-4° C und 90 % relativer Luftfeuchtigkeit. Verkauf nach Gewicht oder stückweise. Schale oft konserviert oder gewachst. Verwendung wie andere Zitrusfrüchte, d. h. roh, als Saft – pur oder in Mixgetränken – in Obstsalaten, als Beilage zu Geflügel und Wild u. a. Die Topaz gehört zu den Produkten, deren Umsatz in Zukunft wohl noch steigen wird. Die ersten Topaz gelangten um 1975 nach Deutschland, inzwischen sind es über 120 000 Kollis jährlich.

U

Ugli

Syn. Ugly

Heimat, Anbau

Entstanden ist diese Zitrusfrucht vermutlich aus einer Kreuzung von Tangerine x Grapefruit x Orange auf Jamaica (1915/1916). Anbau in einigen südamerikanischen Ländern.

Beschreibung

Die im Durchmesser bis zu 16 cm messende, mehr oder weniger runde Frucht besitzt eine rauhe, schrumpelig-höckerige, unregelmäßig gelbgrüne oder gelbbraune dicke Schale (engl. ugly = häßlich), die das Fruchtfleisch ziemlich lose umschließt und daher leicht abzulösen ist. Das orangegelbe Fleisch läßt sich gut in die leicht voneinander trennbaren Segmente teilen. Es ist sehr saftig, süßaromatisch und enthält nur wenige Kerne.

Verkauf

Importe von Februar bis Juni. Verkauf stückweise oder nach Gewicht. Haltbarkeit ungefähr 1 Woche bei Zimmertemperatur.

Verwendung

Schälen und frisch verzehren oder durchschneiden und auslöffeln.

Ugli

W

Walnuß *Juglans regia,* Juglandaceae

Syn. Welsche Nuß, Baumnuß (Schweiz)

Heimat, Anbau

Die Heimat der Walnuß sind das südliche Europa, die Gegenden um das Kaspische Meer, ferner Japan, Nordchina und wahrscheinlich auch das nordwestliche Indien. Heute finden wir die Walnuß in allen mild-gemäßigten Zonen der Erde, häufig verwildert oder kleine Wälder bildend, wie in einigen Balkanländern; im Streuanbau finden wir sie in den Haupterzeugerländern Kalifornien, Frankreich, Italien, Jugoslawien, Chile, China, dort auch in größeren geschlossenen Pflanzungen. Der größte Walnuß-Produzent der Welt ist Kalifornien, es erzeugt nicht nur über 90 % der amerikanischen Nußernte, sondern auch mehr als alle Mittelmeerländer zusammen.

Beschreibung

Walnüsse sind die Früchte stattlicher, breitgewölbter, winterkahler Bäume, die bis zu 30 m hoch werden. Die runde, glatte grüne Frucht besteht aus einer fleischigen, lederigen und ungenießbaren Außenschale, die sich – unregelmäßig aufreißend – bei der Reife von selbst ablöst bzw. sogleich nach der Ernte entfernt wird. Die Außenschale umhüllt eine rundliche oder ovale, stark netzig gerunzelte, hell- bis dunkelbraune Nuß mit beinharter, dicker bis papierdünner Schale („Papiernüsse", „Meisennüsse"). Die Nuß besteht aus zwei Schalenhälften, deren Verwachsungsnaht eine mehr oder weniger stark verdickte Nahtleiste bildet. In der Nuß befindet sich in einem viergeteilten Kerngehäuse ein unvollkommener 2-4lappiger gelblicher, innen weiß bis bernsteinfarbener Samenkern. Er ist von einem feinen gelblichen bis bräunlichen, oft dunkler geäderten, frisch bitter schmeckenden Häutchen umgeben, das gegen das Eindringen von Sauerstoff schützt. Bei Beschädigung dieses Häutchens nimmt der ölige Kern Sauerstoff auf und wird ranzig. Eine eventuelle spätere Vakuumverpackung der Kerne verhindert diesen Vorgang. Wesentliche Inhaltsstoffe des Kerns: nur 5-7 % Wasser gegenüber 70-80 % bei den meisten anderen Obstfrüchten, 40-65 % Fett, bestehend zu etwa 70 % aus essentiellen (lebenswichtigen) Fettsäuren, ein hoher Gehalt an Kohlenhydraten und Mineralstoffen (Kali, Calcium, Phosphor und Eisen, aber wenig Natrium), reichlich Provitamin A, Vitamin B_1 und C, etwas B_2. Insgesamt eine wohlschmeckende Frucht mit hohem Nährwert und einer beachtlichen Heilmittelwirkung und -bedeutung. Die Nüsse sind wegen ihrer extremen Kochsalzarmut (Natrium) auch diätetisch wertvoll („Vegetarisches Fleisch").

Sorten

Die wichtigsten Walnußsorten in den Hauptanbauländern sind:

Frankreich: Südfrankreich liefert die dünnschaligen 'Marbots' und die kleinen halbharten 'Cornes', Ostfrankreich die großen, dünnschaligen und hellkernigen 'Grenobles' aus dem Raum Grenoble. Von dort kommen auch die qualitativ hochwertigen Sorten 'Mayette', 'Franquette' und 'Parisienne'. Von geringerer Bedeutung sind die billigeren 'Régionales' (früher 'Communes'). Die Entwicklung im französischen Walnußanbau geht zielstrebig weiter. In den kommenden Jahren ist mit der Herausgabe neuer Sorten (Typ 'Lara') zu rechnen, die die Erträge um das Doppelte steigern sollen und zugleich eine geographische Verlagerung der Anbaugebiete in den Südwesten Frankreichs bringen werden.
Italien: Die edelsten Sorten sind die etwas kleinere, aber vollkernige 'Sorrento'-Nuß (Provinz Neapel), die Sorten 'Vesuvio' ('Corrente'), 'Piemonteser', die 'Bleggiana'-Nuß u. a.
Jugoslawien: 'Foca', 'Podrinje', 'Franket' (= 'Franquette'), 'Majet' (= 'Mayette') u. a.
Kalifornien und Oregon: 'Hartley', eine der ältesten Sorten, 'Eureka', ähnlich der italienischen 'Sorrento'-Nuß, ferner 'Franquette', 'Parisienne', 'Payne', 'Placentia', 'Trintas', 'Sirr', 'Concord' u. a. Nordamerikanische Nüsse sind qualitativ mit den französischen vergleichbar. Gewisse Herkünfte zeigen auf jeder einzelnen Nuß eine vom Obsthandel aufgebrannte Gütemarke.
Chile: 'California'.
Deutschland: Lange Zeit wurden Walnüsse bei uns ausschließlich durch Aussaat vermehrt. Man erhielt dadurch zwar kräftige Stämme (Nußbaumholz), aber erst spät, nach 12-15 Jahren, gab es die ersten Erträge von Nüssen mit unterschiedlichen, vorher unbekannten Eigenschaften. Die züchterische Bearbeitung der Walnüsse beschränkte sich bisher auf die Auslese (Selektion) wertvoller Typen als „Sorten" aus dem Streu- und Wildbestand und ihre Veredlung (auf die Schwarznuß *Juglans nigra* als Veredlungsunterlage). Veredelte Bäume bleiben zwar kleiner, bringen aber schon nach wenigen Jahren Erträge sortenreiner Nüsse. Nach langjähriger Wertprüfung durch die Bundesarbeitsgemeinschaft „Schalenobst" wurde 1960 die erste deutsche Bundessortenliste für Walnüsse mit folgenden, meist mit Nummern bezeichneten Sorten aufgestellt: 'Nr. 26', 'Nr. 120', 'Nr. 139', 'Sämling von 251', 'Nr. 286', 'Nr. 1247', 'Esterhazy II', 'Weinsberg 1'. Walnuß-Forschung wird vor allem an der Forschungsanstalt für Weinbau und Gartenbau, Geisenheim/Rhein, betrieben.

Verkauf

Walnüsse sind heute nahezu ein Ganzjahresartikel geworden, mit dem Hauptabsatz im Dezember (Nikolaustag und Weihnachten). Die inländische Produktion ist nur gering und hauptsächlich für die lokalen Märkte von Bedeutung. Die Masse der Walnüsse wird importiert: aus Frankreich, Italien, Kalifornien, China und Jugoslawien. Nebenlieferanten sind die Türkei, Indien, Chile, der Libanon und einige Balkanländer mit z. T. nur mittelmäßigen Qualitäten.
Die den Handelswert bestimmenden Fruchtmerkmale sind Größe, Form, das Verhältnis von Schale zum Kern, Aussehen von Schale und Kern, Anteile an schlechten und hohlen Nüssen, Geschmack. Das in der äußeren Fruchtschale reichlich enthaltene Tannin färbt bei der Reife nicht nur diese Außenschale schwarz, sondern auch die Nußschale, die dadurch unansehnlich wird. Deshalb werden die – zuvor gewaschenen, getrockneten und maschinell nach Größe sortierten und verlesenen –

Walnüsse

Nüsse häufig durch äußerliche Behandlung mit schwefliger Säure, Natriumlauge, Sulfitlauge oder dergleichen aufgehellt bzw. gebleicht. Nüsse mit Resten schwefliger Säure oder anderer Schönungsmittel dürfen jedoch nicht angeboten werden. Nicht geschwefelte Ware wird auch als „naturell" bezeichnet. Selbstverständlich dürfen Walnüsse weder ranzig, ölig oder schimmelig sein und höchstens zu 15 % – 10 % gelten als normal – hohl oder schlecht. Unzulässig ist ferner das Anbieten von Vermengungen einwandfreier mit schlechter Ware, ebenso die Beimischung alter Nüsse aus einer früheren Ernte. Alte Ware ist als solche zu kennzeichnen.
Verkauft werden Walnüsse lose nach Gewicht oder in Cellophan-Beuteln abgepackt. Je größer die Nuß, desto höher auch der Preis. (Handelsgrößen z. B. in den USA: Small oder Baby, Medium, Large, Jumbo).
Walnüsse sind nur begrenzt lagerfähig. Ihr hoher Ölgehalt läßt sie leicht ranzig, schimmelig oder gar wurmig werden. Die beste Haltbarkeit besitzen Walnüsse bei einem Feuchtigkeitsgehalt des Kernfleisches von 2-3 %. Deshalb müssen Walnüsse kühl, trocken und luftig gelagert werden. Säcke voller Nüsse sind offen zu halten, ihr Inhalt sollte öfter umgefüllt werden. Dann ist eine Lagerung im Winter von bis zu zwei Monaten, im Sommer von einigen Wochen durchaus möglich. Walnüsse sind, was nicht allgemein bekannt ist, auch geruchsempfindlich; deshalb sollten sie in reiner Lagerluft und nicht zusammen mit geruchsintensiven Lebensmitteln gelagert werden.
In den Geschäften werden auch Walnußkerne ohne Schale angeboten, meist als Importe aus Frankreich, den USA und Chile. Etwa 3 kg Nüsse ergeben 1 kg Kerne. Helle Kerne werden auch als „Cerneaux", dunkle als „Arlequins" und zerbrochene Kerne als „Invalides" gehandelt.

Verwendung

In manchen Gegenden werden Walnüsse noch unreif – in Zucker eingemacht – gegessen. Eine Spezialität sind auch sogenannte Frischnüsse, das sind Nüsse, die unmittelbar nach der Ernte ohne jede weitere Behandlung verzehrt werden, nachdem die ziemlich dicke, bitter schmeckende Haut entfernt worden ist. Sie munden vorzüglich zu frischem Most, Wein und knusprigem Brotgebäck.
Die große Masse der Nüsse jedoch wird – nach Waschen, Trocknen und Bleichen – in bekannter Manier geknackt und roh verzehrt. Oder sie werden zerkleinert für Obstsalate, Puddings, Cremes, Speiseeis, Geflügel- oder Waldorfsalat usw. verwendet. In dieser Form oder auch als Walnußmasse verarbeiten sie die Süßwarenindustrie, die Zuckerbäkkerei und Konditoreien zu Konfekt, Walnußkrokant, Nußlebkuchen, Walnußmakronen und zahlreichen anderen Produkten und Dauerbackwaren. Auch glasiert und karamelisiert werden Walnußkerne in Feinkostgeschäften angeboten. Schließlich wird aus Kernen gut ausgereifter Walnüsse durch kaltes Auspressen fettes Walnußöl, sogenanntes Nußöl, hergestellt. Frisches Nußöl ist eine der besten und teuersten Würzen für Salate, wird aber auch zur Herstellung von Farben verwendet.

Wassermelone *Citrullus lanatus,* Cucurbitaceae

Bezüglich der Zugehörigkeit zum Obst oder Gemüse gilt das für die Zuckermelone Gesagte. Auch die Wassermelone zählt – genaugenommen – zum Gemüse, wird aber meistens als Obst gehandelt.

Heimat, Anbau

Beheimatet in den Steppengebieten Süd- und Zentralafrikas, wird die Wassermelone heute weltweit angebaut: in Südeuropa, Ägypten, im Süden der UdSSR, in den USA, in Südamerika, Japan, China, d. h. in den Tropen und Subtropen der ganzen Welt. Besonderer Beliebtheit erfreut sich die fruchtig-erfrischende Wassermelone in der Türkei – die „karpuz". Überall wird sie in diesem Land in Scheiben, Stücken oder als ganze Frucht angeboten.

Beschreibung

Die Wassermelone ist eine weitläufige Verwandte der Zuckermelone, d. h., sie gehört zur gleichen Familie (Cucurbitaceae), ist jedoch eine andere Gattung und Art. Auch mit dem ebenfalls verwandten Kürbis hat das einjährige, kriechende Rankengewächs Ähnlichkeit. Die Frucht der Wassermelone ist rundlich, elliptisch oder walzenförmig, an den Enden meist ein wenig abgeplattet. Sie kann 15 kg und mehr an Gewicht erreichen. Ihre Schale ist glatt, sehr dick, hell- bis dunkelgrün, gelegentlich marmoriert oder gestreift. Das Fruchtfleisch ist rötlich oder kirschrot, seltener weißlich (oft nur unreif), knackig, mit vielen in 3 Fächern liegenden, harten, braunen bis schwarzen Samen. Ein deutlicher Unterschied zur Zuckermelone ist die nicht in einem Kernhaus konzentrierte, sondern über das ganze Fruchtfleisch verteilte Anordnung der Samen. Das Fruchtfleisch enthält noch mehr Wasser als die Zuckermelone – bis zu 95 % – und nur wenig Zucker. Es schmeckt wäßrig-süßlich, fade, nur schwach aromatisch. Ebenso ist

Wassermelone

der Gehalt an Mineralstoffen und Vitaminen nur gering.

Sorten

Im „Gemeinsamen Sortenkatalog für Gemüsearten" der EG vom 31.12.1985 werden 56 Sorten aufgeführt. Viele von ihnen sind einfach nach bestimmten Orten im Anbaugebiet benannt. Rotfleischige Sorten mit dunkelgrüner, glänzender Schale nennt man auch 'Arbusen'. Von den Sorten mit größerer Marktbedeutung seien genannt: 'Charleston Gray', groß, länglich, hellgrün gemasert, Fruchtfleisch mittelrot, besonders gut transportfähig; 'Crimson Sweet', rund bis leicht länglich, hellgrün mit breiten dunkleren Streifen, Fleisch rot, sehr saftig; 'Miyako', groß, rund, Schale dünn, hellgrün, deutlich dunkel gestreift, Fleisch lebhaft rot, süß, samenlos; 'Sugar Baby', klein bis mittelgroß, rund, fast gleichmäßig dunkelgrün, Fleisch rot, saftig, süß, bestens transportfähig; 'Der Riese', eine neue Sorte aus Israel, bis 9 kg schwer mit tiefrotem Fleisch; zwei nicht ganz so großfrüchtige und zudem kernlose Sorten sind die aus Ungarn stammenden 'Kernlose' und 'Kecskemeter Rote'. Die Züchtung führt auch hier zu aromatischeren und vor allem möglichst kernarmen oder kernlosen Sorten.

Verkauf

Entsprechend den unterschiedlichen Reifezeiten in den zahlreichen Anbauländern sind Wassermelonen das ganze Jahr über erhältlich. Die wesentlichsten Importe kommen von Mai bis Ende September aus Italien, Spanien, Ungarn, Jugoslawien, Israel und Florida. Für den Export werden die kleineren Größen um 2,5 kg bevorzugt. Der Versand erfolgt in loser Schüttung, der Verkauf meist nach Gewicht, im Kleinhandel aber auch nach Stück bzw. zerteilt. In der Verkaufsauslage lege man die Früchte auf Holzwolle oder eine andere gepolsterte Unterlage. Die Aufbewahrung der an sich ziemlich haltbaren Früchte erfolgt unmittelbar nach Eintreffen bei 0-3° C in einem trockenen Raum, zur Nachreife anschließend wärmer bei 7-10° C und 90 % relativer Luftfeuchtigkeit. Ob eine Frucht reif ist, kann man gewissermaßen hören: Wenn man mit dem Finger oder der flachen Hand auf sie klopft, klingt es hohl, die Melone „singt". Bei schlechtem Wetter hohe Wassermelonenumsätze zu erzielen, ist noch niemandem gelungen; die Preise liegen dann am Boden.

Verwendung
Wegen ihres hohen Wasser- und gleichzeitig geringen Zuckergehaltes sind Wassermelonen in den Tropen – ähnlich wie gewisse Kaktusfrüchte – von Mensch und Tier als Durstlöscher höchst begehrt. Für die Eingeborenen ist die Wassermelone – trotz ihres geringen Nährwertes – Nahrung, Erfrischung und Arznei zugleich. Auch bei uns sind sie keine Delikatesse, sondern dienen in erster Linie der Erfrischung an heißen Tagen. Zum Rohverzehr wird die Frucht in Segmente geteilt, und die nicht eßbaren Kerne werden entfernt. Ähnlich wie Zuckermelonen kann man Wassermelonen für Obstsalate, Kaltschalen, Sorbets, Desserts sowie als Beilage zu Schinken, Geflügelfleisch, Matjes, Käse usw. verwenden. Die großen Früchte reichen in der Regel für mehrere Zubereitungen; die Schnittflächen der angeschnittenen Früchte kann man – mit Klarsichtfolie bedeckt – mehrere Tage im Kühlschrank frisch halten. Solche, in Cellophan eingehüllte, halbierte Früchte im Geschäft präsentiert, wirken auch auf den Kunden kaufanregend. In manchen Ländern werden auch Säfte, Nektare und Fruchtsaftgetränke aus Wassermelonen hergestellt. Man sollte jedoch nicht zuviel von dieser Frucht verzehren; bei empfindlichen Personen können gewisse Bitterstoffe im Fruchtfleisch zu Leibschmerzen und Durchfall führen. Überreife Früchte sollte man auf keinen Fall zu sich nehmen, auch sie können Gesundheitsstörungen hervorrufen.

Wilking

Herkunft, Anbau
Einer der Zitrusfrucht-Bastarde, deren Abstammung umstritten ist. Nach der einen Version entstand die Wilking aus einer Kreuzung von Mandarine x Temple, nach einer anderen aus Mandarine x King. Angebaut wird sie seit 1938 in Marokko und später – in geringerem Umfang – auch in Algerien, Spanien und Israel.

Beschreibung
Die spätreifende Wilking ist mittelgroß bis groß, fast wie Apfelsinen und in der Form abgeflacht. Sie besitzt reif eine blaß-gelbliche, mitteldünne,

Wilking

etwas porige, stark duftende Schale, die sich ziemlich leicht lösen läßt. Darunter befindet sich ein orangefarbenes, sehr saftiges Fruchtfleisch mit Kernen – weniger als in der gewöhnlichen Mandarine. Der Geschmack ist kräftig aromatisch.

Verkauf
Auf dem deutschen Markt erschienen Wilkings erstmalig 1959 mit Importen aus Marokko. Heute gelangen geringe Einfuhren von November bis März auch aus Spanien.
Größensortierung, Verkauf und Lagerung (bis zu 7 Wochen) wie bei Mandarinen.

Verwendung
Wie die meisten Zitrusfrüchte dient auch die Wilking fast ausschließlich dem Frischverzehr.

Z

Zitronatzitrone *Citrus medica* var. *ethrog,* Rutaceae

Syn. Cedrat- oder Zedratzitrone, Zeder, Essrich, Ethrog-Zitrone u.a.

Heimat, Anbau

Die als Stammfrucht der gesamten *Citrus*-Familie angesehene Zitronatzitrone ist in Südostasien, Vorderindien und Südarabien beheimatet. Ihr heutiges Verbreitungsgebiet erstreckt sich über den asiatischen Raum hinaus bis in das Mittelmeergebiet und die Subtropen Nordafrikas, Nord- und Südamerikas. Die Hauptanbauländer sind Italien (Sizilien, Kalabrien, Kampanien), Korsika, Griechenland (Kreta), Spanien, Nordafrika, Puerto Rico, Kalifornien und Indien.

Beschreibung

Die Zitronatzitrone ist die Beerenfrucht eines stark bedornten kleinen Strauches oder eines 3-6 m hoch werdenden Baumes. Das immergrüne Gehölz hat bis zu 3 Blütezeiten im Jahr und dementsprechend auch mehrere Ernten. Die außen warzig-runzelige, von Wülsten und bißähnlichen Narben gezeichnete, glänzende Schale ist außergewöhnlich dick und macht 60-70 % der ganzen Frucht aus. Die Frucht ist süß, nicht so sauer wie die Zitrone. Ihr Geruch erinnert an Zedernholz, daher die Bezeichnung „Zedratzitrone". Das Innere der Frucht ist nur wenig entwikkelt. Das kaum ausgebildete, sehr saftige Fruchtfleisch schmeckt säuerlich-herb, zusammenziehend. Die Frucht ist reich an Provitamin A, an den Vitaminen der B-Gruppe, an Vitamin P und besonders C. Nach Plinius wurde sie schon im alten Rom als Medikament gegen allgemeine Mattigkeit benutzt (Artname medica lat. = heilsam) und kann auch heute noch bei Vitamin C-Mangelkrankheiten empfohlen werden.

Sorten

Das beste Zitronat soll die in Italien und Kalifornien angebaute Sorte 'Diamont' mit saurem Fruchtfleisch ergeben. Ebenfalls sauer ist die ähnliche Sorte 'Earle' aus Puerto Rico. Die auf Korsika und in Kalifornien angebaute 'Korsika' ergibt eine süße Pulpe.

Verkauf

Die Frischfrucht wird, sofern sie überhaupt auf unseren Märkten zu finden ist, stückweise abgegeben.

Verwendung

Für den Frischverzehr ist die Zitronatzitrone ungeeignet. Zur industriellen Verarbeitung werden die meist grün, unreif geernteten Früchte längs halbiert, das wäßrige Kerngehäuse wird entfernt und die gelbe, äußere Schale abgeschält. Die Fruchtschalenhälften werden in Fässern in Salz- oder Meerwasser bis zu 1 Monat eingelegt. So kommen sie auch zum Versand. Zur weiteren Verarbeitung – meist schon im Erzeugerland – wird das Salz aus den Hälften ausgewaschen, und die Schalen werden in

Zuckerlösung gekocht, d. h. kandiert. Abschließend glasiert man sie nach leichtem Austrocknen der Oberfläche mit einem Zuckerguß. Die Hälften kommen im ganzen oder unglasiert in Würfeln zum Verkauf. Das Endprodukt wird in Süddeutschland Zitronat, in Norddeutschland Sukkade genannt. Zitronat (bzw. Sukkade) ist – auch in Mischungen mit anderen kandierten Früchten – unentbehrliche Zutat und Gewürz insbesondere für viele Weihnachtsbackwaren wie Lebkuchen, Stollen und Früchtebrot. Des weiteren dienen Frucht bzw. Fruchtsaft zur Herstellung von Marmeladen, Sirup, Getränken (z. B. „Zedernpunsch": Saft der Zitronatzitrone + Zucker + Branntwein + heißes Wasser), Essenzen, auch in der Parfümerie.

Zitronatzitrone

Zitrone *Citrus limon,* Rutaceae

Syn. Limone (Italien, Spanien usw.), Sauerzitrone

Heimat, Anbau

Die Heimat der Zitrone liegt in den Ländern Westasiens, in Südchina und in Vorderindien. Sie verträgt weder Kälte noch Hitze und benötigt das temperierte Klima der Subtropen. Im Laufe der Jahrtausende hat sie in der ganzen Welt Verbreitung gefunden. Hauptanbauländer: Italien (Sizilien), die USA mit Kalifornien, Arizona und Florida, Spanien, Mexiko, Argentinien und andere Länder Mittel- und Südamerikas, die Türkei, Griechenland und andere Länder des Mittelmeeres, China, Südafrika (Transvaal), Australien u. a. Das bedeutendste Exportland für frische Zitronen mit steigender Tendenz ist Spanien. Neben der UdSSR, Frankreich und Japan ist die Bundesrepublik Deutschland Hauptabnehmer auf dem Weltmarkt.

Beschreibung

Zitronenbäume sind immergrüne, schwach bis stark bedornte Bäume unterschiedlicher Wuchshöhe bis zu 7 m. Die ovalen bis eiförmigen Früchte sind 5-12 cm lang, 4-8 cm breit, 50-125 g schwer und meist an beiden Enden wulstig gebuckelt oder zitzenförmig ausgezogen. Die Schale ist rauh bis fast glatt, grün bis gelb, innen weiß, schwammig-trocken. Das Fruchtinnere besteht aus 7-10 eiförmige Kerne enthaltenden Fächern. Das sehr saftige, wäßrige bis blaßgelbe Fruchtfleisch enthält u. a. organische Säuren, in erster Linie Zitronensäure (3,5-7 %), sowie – neben anderen Vitaminen – im Mittel 50 mg% Vitamin C. Es schmeckt ausgesprochen sauer. Die Schale mit zahlreichen Öldrüsen ist reich an ätherischem Zitronenöl. Der Saft der

Zitronenblüte

Reifende Zitrone am Baum

Zitrone hat einen hohen gesundheitlichen Wert. Er wirkt appetitanregend, bakterientötend, fiebersenkend und soll z. B. gegen „Kater"-Stimmung und bei Vitamin C-Mangelerscheinungen helfen. Heißer Zitronensaft ist ein altbewährtes Hausmittel gegen Erkältungen.

Sorten

Zitronenbäume können gleichzeitig Blüten, unreife und reife Früchte tragen. Aus nur zwei Blütezeiten ein und desselben Baumes können drei Jahreszeitenernten hervorgehen. In Italien z. B. sieht das so aus, daß die Früchte des gleichen Baumes nach der Jahreserntezeit bezeichnet werden:

Primofiori
Limoni
Verdelli

Primofiori (ital. = erste Blüte): erste Blüte im Februar/März. Ernte November bis Mitte April. Früchte noch grünglänzend, dickschalig, wenig saftig.

Limoni: Ernte im Winter und Frühjahr, Dezember bis Mai/Juni, ebenfalls aus der ersten Blüte. Limoni gelten als die besten Zitronen. Sie sind gelblich, dünnschalig, sehr saftig und gut haltbar.

Verdelli: Um auch in der übrigen Zeit des Jahres – von Juni bis September – ernten zu können, erzwingt man bei den Bäumen eine zweite Blütezeit, indem man sie ab August 40 Tage lang völlig trocken hält. Dies bewirkt, daß neben der normalen Blüte im Februar/März eine zweite „künstliche" im September/Oktober erscheint. Die daraus entstehenden Früchte ergeben im Juni bis September des nächsten Jahres die Verdelli-Zitronen (ital. verdelli = Grünlinge); sie werden grün geerntet. Verdellis haben weniger Saft und müssen nachreifen.

Italien, einst Inbegriff des Landes, „wo die Zitronen blühen", ist zwar noch weltweit das größte Produktionsland, die Exporte nehmen aber ständig ab. In der Bundesrepublik Deutschland liegt der Anteil am Gesamtimport bereits unter 10 %. Dagegen beherrschen spanische Zitronen heute den europäischen Markt, ihr Anteil an der deutschen Einfuhr liegt bereits bei rd. 85 %. Folgende Sorten werden in erster Linie angebaut und exportiert:

'Verna', im Anbau die bedeutendste Sorte, wird von Februar bis August/September exportiert. Frucht mittelgroß bis groß, oval bis länglich. Am Blütenansatz ist ein ausgeprägter „Nippel". Schale gelb, mitteldick bis dick (bei großen Früchten). Fruchtfleisch grünlichgelb, weniger saftig als andere Sorten, aber auch mit weniger hohem Säuregehalt. Meist nur wenige oder keine Kerne. 'Verdelli', aus der zweiten Blüte der Sorte 'Verna', Export von August bis Oktober.

'Primofiori', Export von etwa November/Dezember bis März/April, saftreicher als die 'Verna'.

Von den über 120 bekannten Zitronensorten haben noch folgende größere Bedeutung:

'Eureka': In den meisten Anbauländern – außer Italien und Spanien – die Hauptsorte. In Los Angeles entstanden, heute hauptsächlich in Marokko, Ägypten, Libanon, Griechenland, Chile und Südafrika angebaut. Frucht mittelgroß, oval bis länglich, seltener rund, meist mit kurzem Nakken am Stielende. Am Blütenansatz ein kleiner, spitz zulaufender, oft zur Seite gebogener „Nippel". Schale gelb, mitteldick bis dünn, mit eingesunkenen Öldrüsen, fest am Fleisch haftend. Fruchtfleisch weich, grünlichgelb, sehr saftig, mit hohem Säuregehalt. Meist nur wenig oder keine Kerne. Fast das ganze Jahr über reifend, mit Erntespitzen im späten Winter, Frühjahr und Frühsommer.

'Lisbon': Der vorigen sehr ähnlich. Wegen der hohen Fruchtbarkeit dieser Sorte und ihrer guten Qualität zählt sie ebenfalls zu den wichtigsten Sorten. In Portugal entstanden, dort aber nicht unter diesem Namen bekannt. Hauptanbau in Marokko, Ägypten, Zypern, Griechenland. Frucht mittelgroß, oval bis länglich, Stengelansatz mit großem hervorstehenden „Nippel", der von einer unregelmäßigen Furche umsäumt ist, die an einer Seite meist etwas tiefer ist. Schale mitteldick, glatt, gelb, hängt fest am Fleisch. Fruchtfleisch blaß, grünlichgelb, weich, saftig, sehr sauer. Haupterntezeit: Winter und zeitiges Frühjahr.

'Genua': Anbau in Ägypten, Argentinien und Chile.

Die Sorten 'Eureka', 'Lisbon' und 'Genua' werden insbesondere aus Israel, Zypern, Südafrika und neuerdings verstärkt auch aus Südamerika in die Bundesrepublik Deutschland eingeführt. In den wenigsten Fällen wird eine Sorte genannt; ihre Angabe ist auch nach den EG-Qualitätsnormen nicht vorgeschrieben. Zitronen aus diesen Ländern werden in der Regel deshalb z. B. als „argentinische Zitronen" bezeichnet.

'Interdonato' und 'Lamas', hauptsächlich in der Türkei angebaut und von daher importiert.

Verkauf

Zitronen sind ganzjährig erhältlich. Allgemein werden sie vor der Vollreife – d. h. noch nicht marktfähig – geerntet, wenn sie eine bestimmte Größe erreicht haben. Dazu bedienen sich die Pflücker in manchen Ländern eines Meßringes. Reif sind Zitronen, wenn die Schale gleichmäßig glänzend ist. Der Glanz zeigt die Reife an, nicht die Farbe, die kein sicheres Reifemerkmal ist. Trotzdem ist man bestrebt, die Früchte gelb werden zu lassen. Dies erreicht man durch Lagerung in gut ventilierten

Reife Zitrone

Zitronen, im Packstück gelegt

Räumen bei 10° C und 80 % relativer Luftfeuchtigkeit. Die grüne Farbe verlieren sie auch durch Lagerung in mit Äthylen angereicherter Atmosphäre. Mit Oberflächenbehandlungsmitteln versehene Früchte müssen entsprechend gekennzeichnet werden. Vor allem Früchte aus Italien und Spanien werden vielfach nicht behandelt. Bei behandelten Zitronen werden wie bei allen anderen Zitrusfrüchten Saft und Fruchtfleisch nicht beeinträchtigt. Falls die Schale für den direkten Verzehr verwendet werden soll, müssen unbehandelte Früchte genommen werden. Behandelte Zitronen müssen gekennzeichnet werden. Der Versand erfolgt in Steigen und Kartons; die Abgabe an den Kunden stückweise.

Zitronen können nicht nur einige Monate ohne Qualitätsverlust am Baum bleiben, sie besitzen dank ihres hohen Gehaltes an Säure auch im Lager eine gute Haltbarkeit über Wochen und Monate. Optimale Lagerung: luftig, kühl und trocken in Kisten oder Steigen, eventuell in Holzwolle verpackt, bei 3-4° C und 85-90 % relativer Luftfeuchtigkeit.

Verwendung

Der Frischverzehr von Zitronen spielt allenfalls in den Anbauländern eine gewisse Rolle. Sonst wird die frische Frucht hauptsächlich in der Küche gebraucht, gleichermaßen im kleinen Haushalt wie in den Großküchen der Gastronomie. Die außerordentlich vielseitige, vornehmlich industrielle Verwendbarkeit der Zitrone, des Saftes und der Schale sei durch folgende Stichworte kurz angedeutet:

Fruchtfleisch und Saft: Salatsoßen zu Fisch- und Fleischspeisen; Cremes, Kuchen, Torten und andere Backwaren, Konfitüren, Marmeladen, Sirup, Pulpe und Saftkonzentrat, Zitronenlimonaden und andere Erfrischungsgetränke, Zitrusliköre („Triple" oder „Triple sec") und weitere Spirituosen sowie Fruchtmilch.

Würzmittel für Backwaren, Süßspeisen und Soßen. Aus den Schalen reifer Zitronen gewinnt man in den Erzeugerländern ein stark duftendes Zitronenöl, das in der Essenzen-, Getränke-, Süßwaren-, Fleischwaren- und Fischwarenindustrie und auch in der Parfümerie und Pharmazie gebraucht wird.

Zuckermelone *Cucumis melo*, Cucurbitaceae

Als Früchte einjähriger krautiger Pflanzen zählen Melonen bei uns zum Gemüse. In vielen Ländern der Erde jedoch rechnet man Melonen zum Obst, sie werden als Obst gehandelt und vom Konsumenten auch als solches verzehrt. Aus diesem Grunde sollen sie auch in diesem Band der „Warenkunde" Aufnahme finden.

Heimat, Anbau

Ihre Heimat ist umstritten, entweder die subtropischen und tropischen Steppengebiete Afrikas oder Vorderasien und das südliche Asien. Anbau in allen wärmeren Ländern der Erde, namentlich in den Mittelmeerländern Spanien, Frankreich, Portugal, Italien, Israel, Marokko usw., aber auch in Ungarn, Bulgarien und in der Türkei. In der Bundesrepublik ohne wirtschaftliche Bedeutung; hier und in anderen Ländern der gemäßigten Klimazone (z. B. Holland) erfolgreicher Anbau nur unter Glas oder Folie möglich.

Beschreibung

Die Systematik der Zuckermelone mit ihren zahlreichen Varietäten, Sorten, Übergangsformen und Hybriden ist nicht einfach und wird auch unterschiedlich und widersprüchlich dargestellt. Wir dürften jedoch den Anforderungen der Handelspraxis und der dieser „Warenkunde" zugrundeliegenden Thematik vollauf genügen, wenn wir unterscheiden:

Glatte Melonen: Auch Malteser Melonen oder wegen ihres Duftes Ananasmelonen genannt. Frucht langrund, ohne ausgeprägte Rippen, höchstens leicht längs gerieft, Schale ziemlich glatt, grünlich bis ockergelb. Fruchtfleisch rötlichgelb, grün bis weiß, Kerngehäuse locker genetzt. Hierzu zählen vor allem die sogenannten Honigmelonen (engl. Honeydew) mit sektfarbenem, honigsüßem und aromatischem Fruchtfleisch. Sind manchmal hart und wirken unreif. Gute Haltbarkeit.

Netzmelonen: Mittelgroß, plattrund oder oval, gerippt. Schale rauh, rötlichgelb bis orange; hellbraune Korkleisten bilden eine mehr oder weniger grobe Netzstruktur auf der Schale. Fruchtfleisch grünlich, aprikosenfarben oder rötlichgelb, sehr aromatisch. Nicht gut haltbar.

Kantalupen (nach der Ortschaft Cantalupe, nahe Rom, benannt): Relativ kleine Früchte, trotzdem eine sehr geschätzte Zuckermelone. Rund bis platt, deutlich gerippt bzw. tiefe Längsrillen. Schale stark warzig-wulstig („Warzenmelone"), weiß bis gelblich oder blaugrün-grau mit dunkelgrünen Längsstreifen. Fruchtfleisch aprikosenfarben, gelborange oder rot; süß, sehr würzig und aromatisch. Geschmacklich den Netzmelonen überlegen, sind Kantalupen die begehrtesten und umsatzstärksten Melonen; allerdings auch die empfindlichsten, nur 6-7 Tage nach der Ernte haltbare Zuckermelonen.

Neben diesen drei Gruppen begegnet man noch folgenden Bezeichnungen: Pelikanmelonen, Wintermelonen, Togomelonen, Turkestanmelonen, Casabamelonen u. a.

Zuckermelonen sind – je nach Gruppe und Sorte – bis kopfgroße und bis zu 4 kg schwere, saftige Beerenfrüchte, die an einem rankenden, meist kriechenden Sproß aus den unterständigen Fruchtknoten

Honigmelone

Tendral

der weiblichen Blüten hervorgehen. Alle haben sie im Innern eine Höhlung, in der – eingebettet in drei oder mehr Fächer – zahlreiche eiförmige, plattgedrückte, glatte weiße Samen sitzen, die sich leicht herauslöffeln lassen. Der Nährwert der Zuckermelonen ist gering, sie bestehen zu ca. 90 % aus Wasser. Verhältnismäßig hoch ist noch ihr Gehalt an Zucker (5-10 %), Phosphor und Calcium sowie an Provitamin A und Vitamin C.

Sorten

Der Gemeinsame Sortenkatalog für Gemüsearten der EG vom 31.12.1985 nennt 271 Melonensorten. Daneben gibt es in den Hauptanbauländern noch zahlreiche Lokalsorten. Hier seien nur folgende Sorten genannt:

'Charentais', die feinste der Kantalupmelonen aus Frankreich, nach dem wichtigsten Marktort auch 'Cavaillon'-Melone genannt. Klein, bis zu 1 kg schwer, rund, grünlichgelb, Schale dünn, glatt, wenig deutliche Furchen. Fruchtfleisch orangegelb, süß, von erlesenem Geschmack, stark duftend. Die französische Melone!

'De Bellegarde', eine sehr frühe Kantalupe, mittelgroß, rundlich bis oval, Schale glatt, leicht gefurcht, grünlichgrau mit grünen Flecken. Fleisch orangegelb, saftig, duftend.

'Galia', eine Netzmelonen-Neuzüchtung aus Israel. Rundlich, Schale dunkel- bis grüngelb, an Blüte und Stiel ganz fein gestreift. Fleisch fest, grünlich bis weiß, zuckerreich, sehr würzig.

'Hales Best', kleine Netzmelone, oval, schwach dicht genetzt. Fleisch fest, orangefarben, süß, aromatisch, sehr transportfest.

'Ha on', grünschalig, sehr wohlschmeckend.

'Ma ja', Fleisch orangefarben.

'Ogen', entstanden in Israel aus einer Kreuzung von Netz- mit Kantalupmelone. Wie 'Galia' eine F_1-Hybride, d. h. Kreuzungsprodukt der 1. Generation, „Kind geheimgehaltener Eltern", d. h., Samen kann nur in Israel bezogen werden. Frucht relativ klein („Ein-Personen-Melone"), rund, leicht oval, etwas eingekerbte Segmente, Schale gelblich, grüngelb gestreift oder gefleckt. Fleisch duftend, hellgrün, schmelzend-süß. Empfindlich, Lufttransport erforderlich. Noch

Galia

Ogen, im Packstück

grüne Früchte einige Tage lagern. Wird in Israel höher eingeschätzt als die ältere 'Honey-Dew'. Diese hat in den letzten Jahren deutlich Marktanteile verloren, doch sind die Umsätze seit Anbau der neuen Hybridsorte 'Goldking' wieder im Ansteigen begriffen.

'Stratos Hybride', oval bis rund mit Netzzeichnung, Fleisch lachsfarben, kompakt, gut haltbar und transportfähig.

'Supermarket Hybride', oval, bis 2 kg schwer, netzartige Zeichnung und Furchen. Fleisch zartrosa, süß, angenehm. Verträgt Transport gut.

'Sweetheart', hell weißlichgrün, mit leichter Streifung. Fleisch lachsorange, sehr süß.

'Tamaris Hybride', glatt, silbrig, gelblichgrün, Fleisch lachsfarben. Gut für den Transport.

'Tendral', spät, für den Winterkonsum, kaum duftend, Geschmack etwas fremdartig, sehr haltbar.

'Vierländer Netzmelone' und 'Berliner Netzmelone', beides Unterglassorten mit orangefarbenem Fruchtfleisch.

'Weihnachtsfeuer', Neuzüchtung aus Israel für den Weihnachtsbedarf. Hellgrünes Fleisch.

Weitere Sorten: 'Rochet', 'Futuro', 'Piel de Sapo', 'Wiga', 'Marina' u. a.

Verkauf

Zuckermelonen werden ganzjährig angeboten, je nach Klima, Herkunftsland und Sorte; Hauptsaison sind die Sommermonate. Die heimische Ernte fällt von Ende Juli bis Frosteinbruch an. Importe erhalten wir von Januar bis März aus Südafrika, Israel, Neuseeland und dem Senegal, von Februar bis April aus Ecuador, Mexiko, Chile und Kolumbien, von April bis Mai aus Israel, im Juli/August aus Italien und Frankreich, im ganzen Sommer und Herbst aus Spanien und Zypern und von November bis Februar aus Südafrika. Mengenmäßig liegen die Mittelmeerländer und Südamerika an der Spitze. Die Niederlande liefern die meisten Melonen aus Unterglaskulturen. Der Versand erfolgt in loser Schüttung, in Körben, Steigen, Kisten und Kartons.

Zuckermelonen sollten möglichst an der Pflanze reif werden. Reif ist eine Frucht, wenn der Stiel zu schrumpfen oder aufzureißen beginnt – ein Zeichen dafür, daß die Frucht sich vom

Charentais

Stiel lösen will. Sie verbreitet dann einen herrlichen, oft ananasähnlichen Duft. Reif ist sie auch, wenn sie einem leichten Druck an der dem Stiel gegenüberliegenden Seite nachgibt. Die Farbe der Schale zeigt keinen Reifegrad an. Melonen sind meist sehr transportempfindlich und rasch verderblich. Deshalb werden sie leider oft zu früh geerntet und fast ausschließlich auf dem Luftweg zu uns verfrachtet. Wegen des raschen Qualitätsverfalls sollte man sie auch so rasch wie möglich vermarkten. Melonen stets vor Druck und Stoß schützen, am besten aus dem Originalgebinde abgeben. Verkauf stückweise oder nach Gewicht; der deutsche Kunde bevorzugt Früchte von ca. 1 kg Gewicht. An warmen Tagen verkaufen sich aber auch in Segmente zerschnittene Teilstücke – eisgekühlt und zum sofortigen Verzehr – recht gut. Für Zuckermelonen gibt es, ebenso wie für Wassermelonen, keine EG-Qualitätsnormen oder deutsche Handelsklassen.

Melonen, die hartreif eintreffen, sollte man zunächst in einem trockenen Raum bei 0-3° C lagern und die Temperatur zum Nachreifen langsam auf maximal 25° C steigern. Melonen faulen leicht, gelegentlich auftretende Kondensniederschläge sind mit einem sauberen Wolltuch abzuwischen. Im übrigen wird für die Lagerung empfohlen: glatte Melonen bei 7-10° C und 95 % relativer Luftfeuchtigkeit maximal 1 Monat; Netz- und Kantalupmelonen unter den gleichen Bedingungen höchstens 14 Tage. Zu beachten: Lagernde Melonen produzieren Äthylen, das berüchtigte, die Reifung anderer Obst- und Gemüsearten fördernde Gas.

Ein interessantes technologisches Verfahren zur Bestimmung des Erntezeitpunktes und der optimalen Genußreife von Melonen ist in Frankreich entwickelt worden. Es handelt sich um ein Instrument zur Prüfung des Zuckergehaltes jeder einzelnen Frucht. Zu diesem Zweck wird der Frucht ein winziges Stück Fruchtfleisch entnommen und auf den sogenannten Brix-Wert geprüft. Die mit bloßem Auge kaum wahrnehmbare „Operationsstelle" wird anschließend mit eßbarem Wachs ausgefüllt, so daß die Qualität der Frucht in keiner Weise beeinträchtigt wird. Bei dem inzwischen weiterentwickelten Verfahren wird diese „Nadelprobe" in den Verpackungsvorgang auf dem

Kantalup

Fließband – inklusive automatischer Markenauszeichnung – eingeschaltet. Stundenleistung 9000 Melonen. Eine größere Anzahl dieser Maschinen ist bereits an französische Melonenexporteure verkauft worden, und es ist zu erwarten, daß dieses Verfahren nicht nur von anderen Ländern übernommen, sondern auch für andere Fruchtarten – z. B. Ananas – Anwendung finden wird.

Verwendung

Melonen sind kühlende Warmwetter- und erfrischende Picknickfrüchte. Ihr hoher Wassergehalt macht sie vor allem in den heißen Ländern zu begehrten Durststillern. Man sollte sie grundsätzlich vollreif und kühl genießen, damit sie auch wirklich schmekken und erfrischen. Zum Rohverzehr werden die Früchte halbiert, mit einem Löffel von den Kernen befreit, in Segmente geschnitten und mit Messer und Gabel serviert. Etwa 20 % des Fruchtgewichtes müssen als Abfall gerechnet werden. Man verzehrt Melonen roh, als Vorspeise oder Dessert, aber auch zu Rauchfleisch oder Schinken, gepfeffert oder mit gemahlenem Ingwer gewürzt, zu Geflügel-, Krabben- oder Krebssalat, zu Gänseleberpastete, in Mayonnaise, Obstsalaten, Speiseeis, als Melonensorbet, auch überbacken oder kandiert, serviert mit Portwein oder Kirsch, Eierlikör, Cognac oder Weinbrand. Der Phantasie sind keine Grenzen gesetzt. In südlichen Ländern wird aus Zuckermelonen ein Branntwein hergestellt, der gelegentlich auch bei uns angeboten wird.

Rechtsgrundlagen

Im Rahmen dieser „Warenkunde“ ist es unmöglich, ausführlich auf die zahlreichen nationalen und internationalen gesetzlichen Bestimmungen, Verordnungen, Beschlüsse, Richtlinien und Entscheidungen einzugehen, die im Handel mit Obst und Gemüse zu beachten sind. Es kann nur eine unvollständige Übersicht gegeben werden. Ebenso muß auf den vollständigen Wortlaut der Gesetze und Verordnungen verzichtet werden. Wir können hier nur auf die jeweiligen wesentlichen, Obst und Gemüse betreffenden, Passagen eingehen.
Das Gemüse in die nachstehenden Ausführungen mit einzubeziehen, erscheint zweckmäßig, denn es gelten dafür grundsätzlich die gleichen Regelungen. Dies bedeutet, daß man in Band II der „Warenkunde Obst & Gemüse“, in dem das „Gemüse“ behandelt wird, auf ein Kapitel „Rechtsgrundlagen“ verzichten und den Leser auf die entsprechenden Ausführungen in Band I „Obst“ verweisen werden.

EG-Verordnungen

Verordnung (EWG) Nr. 1035/72 des Rates der Europäischen Wirtschaftsgemeinschaft vom 18. Mai 1972 über eine gemeinsame Marktorganisation für Obst und Gemüse

Die grundlegenden Vorschriften über die gemeinsame Marktorganisation für Obst und Gemüse sind in dieser und in mehreren weiteren, zu späteren Zeitpunkten erlassenen Verordnungen enthalten, von denen einige seit ihrer Annahme wiederum mehrfach geändert worden sind. Auf alle diese Texte kann hier nur kurz eingegangen werden.
Eine der Zielsetzungen dieser Verordnung ist die Festlegung gemeinsamer Qualitätsnormen (Handelsklassen) für Obst und Gemüse, das innerhalb der Gemeinschaft vermarktet oder in Drittländer versandt wird. Mit der Anwendung dieser Normen soll bezweckt werden, Erzeugnisse unzureichender Qualität vom Markt fernzuhalten, die Erzeugung so auszurichten, daß den Anforderungen der Verbraucher entsprochen wird, sowie die Handelsbeziehungen auf der Grundlage eines lauteren Wettbewerbes zu erleichtern und somit schließlich auch zur Verbesserung der Rentabilität der Erzeugung beizutragen.

Die Verordnung über eine gemeinsame Marktorganisation für Obst und Gemüse enthält folgende Titel:

Titel I: Gemeinsame Normen (11 Paragraphen)

Titel II: Erzeugerorganisationen (5 Paragraphen)

Titel III: Preis- und Interventionsregelung (13 Paragraphen)

Titel IV: Regelung für den Handel mit dritten Ländern (11 Paragraphen)
Angesichts der Aufnahme weiterer Agrar-Länder in die EG kommt dieser Verordnung besondere Bedeutung zu.

Titel V: Allgemeine Bestimmungen (12 Paragraphen)

Außerdem mehrere „Anhänge".

Weitere, hier nicht näher zu erläuternde EG-Verordnungen betreffen Schaffung und Geltungsbereiche von Erzeugerorganisationen und repräsentativen Erzeugermärkten für bestimmte Obst- und Gemüsearten.

Von großer Bedeutung für den Handel sind die EG-Verordnungen, die die Qualitätskontrolle von Obst und Gemüse regeln. Es sind dies im wesentlichen folgende Verordnungen, wobei die jeweils neueste Fassung gilt:

Verordnung (EWG) Nr. 80/63 vom 31. Juli 1963 über die Qualitätskontrolle von Obst und Gemüse aus Drittländern

Verordnung Nr. 93/67/EWG vom 3. Mai 1967 über erste Maßnahmen zur Qualitätskontrolle von Obst und Gemüse, das innerhalb der Gemeinschaft in den Verkehr gebracht wird

Verordnung Nr. 2638/69/EWG vom 24. Dezember 1969 über zusätzliche Bestimmungen der Qualitätskontrolle von Obst und Gemüse, das innerhalb der Gemeinschaft in den Verkehr gebracht wird

Diese die Qualitätskontrolle betreffenden Verordnungen wurden erlassen, um die Einhaltung der aufgestellten Qualitätsnormen zu gewährleisten und ihre einheitliche Anwendung zu erreichen. Sie sollen sicherstellen, daß der Verbraucher nur qualitativ hochwertige und einwandfreie Ware erhält und gegen Belieferung mit minderen, unzureichenden Qualitäten geschützt wird. Sie eröffnen schließlich die Möglichkeit, etwaige Zuwiderhandlungen zu ahnden.

Deutsche Gesetze und Verordnungen

Nachdem die vom Rat der Europäischen Gemeinschaft geschaffene gemeinsame Marktorganisation – nach Ablauf einer gewissen Übergangszeit – auf allen Stufen von der Erzeugung über die Vermarktung bis zur Abgabe an den Verbraucher voll in Kraft getreten war, wurde es notwendig, die deutschen Rechts- und Verwaltungsvorschriften an die EG-Verordnungen anzupassen. Wir befinden uns seitdem in einer Übergangszeit vom Nationalrecht zum EG-Recht. Die Folge ist, daß viele Verordnungen, Bestimmungen usw. schnell wechseln, ihre Gültigkeit verlieren und durch neue ersetzt werden.

Gesetz über den Verkehr mit Lebensmitteln, Tabakerzeugnissen, kosmetischen Mitteln und sonstigen Bedarfsgegenständen (Lebensmittel- und Bedarfsgegenständegesetz LMBG) vom 15.8.1974

Dieses Gesetz, kurz Lebensmittel- und Bedarfsgegenständegesetz LMBG genannt, ist das zentrale Gesetz des deutschen Lebensmittelrechts.
Das LMBG bringt in 9 Abschnitten und 47 Paragraphen allgemeine Bestimmungen; hier die wichtigsten:

1. Abschnitt. Begriffsbestimmungen

§ 1 Lebensmittel
§ 2 Zusatzstoffe
§ 5 Bedarfsgegenstände
§ 6 Verbraucher

§ 7 Sonstige Begriffsbestimmungen

2. Abschnitt. Verkehr mit Lebensmitteln
§ 8 Verbote zum Schutz der Gesundheit
§ 9 Ermächtigungen zum Schutz der Gesundheit
§ 10 Ermächtigung für Hygienevorschriften
§ 11 Zusatzstoffverbote
§ 12 Ermächtigungen für Zusatzstoffe
§ 13 Bestrahlungsverbot und Zulassungsermächtigung
§ 14 Pflanzenschutz – oder sonstige Lebensmittel
§ 15 Stoffe mit pharmakologischer Wirkung
§ 16 Kenntlichmachung
§ 17 Verbote zum Schutz vor Täuschung
§ 18 Verbot der gesundheitsbezogenen Werbung
§ 19 Ermächtigung zum Schutz vor Täuschung

5. Abschnitt. Verkehr mit sonstigen Bedarfsgegenständen
§ 30 Verbote zum Schutz der Gesundheit
§ 31 Übergang von Stoffen auf Lebensmittel
§ 33 Deutsches Lebensmittelbuch
§ 34 Deutsche Lebensmittelbuch-Kommission
§ 35 Amtliche Sammlung von Untersuchungsverfahren
§ 37 Zulassung von Ausnahmen

7. Abschnitt. Überwachung
§ 40 Zuständigkeit für die Überwachung
§ 41 Durchführung der Überwachung
§ 42 Probenahme
§ 43 Duldungs- und Mitwirkungspflichten

8. Abschnitt. Ein- und Ausfuhr
§ 47 Verbringungsverbote

9. Abschnitt. Straftaten und Ordnungswidrigkeiten

Das Lebensmittel- und Bedarfsgegenständegesetz ist als Rahmen- oder Dachgesetz anzusehen, das die Grundlage für eine Reihe von Rechtsverordnungen bildet. Es handelt sich um Spezialverordnungen für einzelne Lebensmittel, Lebensmittelgruppen, Zusatzstoffe usw. Nachstehend die wichtigsten Verordnungen für frisches Obst und Gemüse:

Verordnung über die Kennzeichnung von Lebensmitteln (Lebensmittelkennzeichnungsverordnung – LMKV) vom 22.12.1981.

Verordnung über die Zulassung von Zusatzstoffen zu Lebensmitteln (Zusatzstoff-Zulassungsverordnung – ZUulV) vom 22.12.1981

Verordnung über Höchstmengen an Pflanzenschutz- und sonstigen Mitteln sowie anderen Schädlingsbekämpfungsmitteln in oder auf Lebensmitteln und Tabakerzeugnissen (Pflanzenschutzmittel-Höchstmengenverordnung – PHmV) vom 24.6.1982.

Gesetzliche Bestimmungen über Qualitätsnormen (Handelsklassen) Bekanntmachung der Neufassung des Handelsklassengesetzes vom 23. November 1972.

Der oben erwähnten EG-Verordnung Nr. 1035/72 über eine gemeinsame Marktorganisation für Obst und Gemüse vom 18.5.1972 folgte in der Bundesrepublik das Gesetz zur Durchführung der gemeinsamen Marktorganisationen vom 31.8.1972. Aufgrund des § 44 dieses Gesetzes wird am 23.11.1972 die Neufassung des Handelsklassengesetzes bekanntgemacht.

Verordnung über Qualitätsnormen für Obst und Gemüse vom 9.10.1971.

Verordnung über gesetzliche Handelsklassen für frisches Obst und Gemüse vom 9.10.1971.

Diese beiden vorstehend genannten, aufgrund des Handelsklassengesetzes erlassenen und geänderten Verordnungen regeln die Anwendung der gesetzlichen EG-Qualitätsnormen bzw. deutschen Handelsklassen für Obst und Gemüse. Zweck und Ziel dieser Bestimmungen sind 1. Qualitätsverbesserung der landwirtschaftlichen Erzeugnisse; 2. Förderung der Marktübersicht und des Absatzes; 3. Aufklärung der Verbraucher über die Qualitätsstufen der Lebensmittel.
Die obligatorischen EG-Normen und die fakultativen deutschen Handelsklassen beziehen sich vorwiegend auf äußere Merkmale, daneben aber auch auf innere, von außen nicht erkennbare Eigenschaften. Der Handel ist verpflichtet, Obst und Gemüse nach den jeweils gültigen und im einzelnen festgelegten Qualitätsnormen oder Handelsklassen anzubieten. Bisher wurden für folgende Obst- und Gemüsearten EG-Qualitätsnormen bzw. nationale Handelsklassen eingeführt:

Obligatorische EG-Qualitätsnormen auf allen Handelsstufen
Gemüse: Artischocken, Auberginen, Bleichsellerie, Blumenkohl, Chicorée, Gemüsepaprika ohne brennenden Geschmack, Grüne Bohnen, Gurken, Knoblauch, Kopfkohl (Rot-, Weiß- und Wirsingkohl), Kopfsalat, Eissalat, Römersalat, Lollo Rosso, Bataviasalat, Eichblattsalat und andere „bunte“ Salate, Krause Endivie und Eskariol, Möhren, Pflückerbsen, Porree (Lauch), Rosenkohl, Spargel, Spinat, Tomaten, Zucchini, Zwiebeln.

Obst: Äpfel und Birnen, Aprikosen, Erdbeeren, Kirschen, Pfirsiche, Pflaumen (Zwetschen, Pflaumen, Mirabellen, Reneklođen), Susinen (Japanische Pflaumen), Tafeltrauben, Zitrusfrüchte (mit Ausnahme von Grapefruits und Kumquats).

Fakultative Handelsklassen auf allen Handelsstufen
Gemüse: Dicke Bohnen (Puffbohnen), Feldsalat, Knollensellerie, Kohlrabi, Kulturchampignons, Meerrettich, Radies, Rettiche, Rote Bete (Rote Rüben), Schwarzwurzeln.

Obst: Heidelbeeren, Preiselbeeren, Himbeeren, Brombeeren, Johannisbeeren, Stachelbeeren.

Werden diese Produkte unter einer Handelsklasse in den Verkehr gebracht, müssen die vorgeschriebenen Normen einschließlich der Kennzeichnung eingehalten werden.
Die für die einzelnen Obst- und Gemüsearten erlassenen Verordnungen können verständlicherweise hier nicht im Wortlaut gebracht werden. Sie haben – weitgehend einheitlich – folgenden Inhalt:

I Begriffsbestimmung

II Gütebestimmungen, Güteeigenschaften
 A Mindesteigenschaften für alle Klassen
 B Klasseneinteilung

III Bestimmungen betreffend die Größensortierung

IV Bestimmungen betreffend die Toleranzen
   A Gütetoleranzen
   B Größentoleranzen

V Bestimmungen betreffend die Aufmachung
   A Gleichmäßigkeit
   B Aufmachung
   C Verpackung

VI Bestimmungen betreffend die Kennzeichnung
   A Identifizierung
   B Art des Erzeugnisses
   C Ursprung des Erzeugnisses
   D Handelsmerkmale
   E Amtliche Kontrollstempel (wahlweise)

Anlagen: Sortenlisten, Beschreibung der wichtigsten Krankheiten, Schädlinge und sonstigen (nichtparasitären) Schädigungen, Kriterien für die Färbung, Kriterien über Berostung usw., z. T. mit Farbabbildungen.

Verordnung über gesetzliche Handelsklassen für Speisekartoffeln vom 6.3.1985
Diese deutsche Verordnung ist obligatorisch anzuwenden und regelt die Normung und Kennzeichnung von Kartoffeln einschließlich Speisefrühkartoffeln.

Allen denjenigen, die in irgendeiner Form mit dem Obst- und Gemüsehandel zu tun haben und sich eingehender über die EG-Qualitätsnormen, Handelsklassen und die angeführten Verordnungen informieren wollen, sei die Anschaffung der Loseblatt-Sammlung „Qualitätsnormen und Handelsklassen für Gartenbauerzeugnisse und Kartoffeln – Gesetze, Verordnungen, Kommentare", Heft Nr. 61 vom Verlag E. Appelhans & Co., Salzgitter-Lebenstedt, empfohlen. Die Form des Ringbuches erlaubt es, die in unregelmäßigen Zeitabständen erscheinenden Ergänzungslieferungen einzufügen und die entsprechenden inhaltlich überholten Seiten herauszunehmen. Ergänzend dazu hat die OECD illustrierte Erläuterungen in ihrer Schriftenreihe „Documentation in Agriculture and Food" (Hefte Nr. 47, 54 und 64) herausgebracht, die beim Verlag des Bundesanzeigers in Bonn erhältlich sind.

Sonstige internationale Qualitätsnormen
Neben den in den vorigen Abschnitten genannten „Gemeinsamen Qualitätsnormen der EG" und den deutschen „Handelsklassen" gibt es im internationalen Handel noch „Europäische Normen", die von der Wirtschaftskommission für Europa (ECE, Genf) der Vereinten Nationen festgelegt und den Mitgliedsländern der UNO zur Annahme empfohlen wurden. Als Empfehlungen sind die Europäischen Normen jedoch nicht verbindlich.
Da sie weder in der Europäischen Gemeinschaft verbindlich noch in der Bundesrepublik Deutschland verbindlich oder fakultativ eingeführt worden sind, dürfen sie nach den deutschen Handelsklassenbestimmungen in der Bundesrepublik nicht verwendet werden; ihr Gebrauch ist ausdrücklich verboten. Dies gilt z. B. für Grapefruits und Melonen, für die es bereits ECE-Normen gibt.

Kennzeichnung von Obst und Gemüse
Die gesetzlichen Bestimmungen über die Kennzeichnung der Obst und Gemüse enthaltenden, zur Abgabe an den Verbraucher bestimmten Packungen sind:

Verordnung über die Kennzeichnung von Lebensmitteln (Lebens-

mittel-Kennzeichnungsverordnung – LMKV) in der Neufassung vom 6.9.1984.

Gesetz über das Meß- und Eichwesen (Eichgesetz) in der Neufassung vom 22.2.1985.

Verordnung über Fertigpackungen (Fertigpackungsverordnung – FPV) vom 18.12.1981.

Die Lebensmittel-Kennzeichnungsverordnung und die Fertigpackungsverordnung gelten für die Kennzeichnung von Lebensmitteln in Fertigpakkungen. (Bei loser Ware von Obst und Gemüse gelten beim Einzelhandelsverkauf die Angabe der Sorte [ggf.], des Ursprungs und der Güteklasse des Erzeugnisse in Verpakkungen sind Erzeugnisse in Verpakkungen unterschiedlicher Art, die in Abwesenheit des Kunden abgepackt und verschlossen werden. Solche Verpackungen können sein: abgeklemmte Netze und Beutel, festverschlossene Tragetaschen, in Folien eingeschweißte Verkaufsschalen, geschlossene Kisten und Steigen usw.

Lebensmittel in Fertigpackungen müssen folgende Angaben tragen:

1. Die verkehrsübliche Bezeichnung, z. B. „Äpfel" oder „Birnen", Namen der Sorte bei den Klassen „Extra" und „I", oder „Tafeltrauben", Namen der Rebsorte usw.

2. Den Namen oder die Firma und die Anschrift des Herstellers, des Abpackers oder eines in der EG niedergelassenen Verkäufers.

3. Das Verzeichnis der Zutaten, bei frischem Obst oder Gemüse aber nicht erforderlich. Die Kennzeichnung der Zusatzstoffe Diphenyl, Orthophenylphenol, Thiabendazol und Wachs ist durch die Zusatzstoff-Zulassungsverordnung geregelt.

4. Das Mindesthaltbarkeitsdatum, ebenfalls bei frischem Obst und Gemüse nicht erforderlich, jedoch vorgeschrieben für Schalenobst, getrocknete Früchte, verarbeitetes Obst und Gemüse sowie gewisse Gemüsezubereitungen. Das Mindesthaltbarkeitsdatum ist mit den Worten „mindestens haltbar bis . . ." (Tag, Monat, Jahr) anzugeben. Der „Tag" braucht nicht angegeben zu werden, wenn die Mindesthaltbarkeit mehr als drei Monate beträgt (Schalenobst, getrocknete Früchte). In diesem Fall genügt die Angabe „mindestens haltbar bis Ende . . .". Die Bestimmung einer Haltbarkeitsfrist ist in der Praxis oft schwierig; man muß es daher dem Ermessen und der Verantwortung des Herstellers der Fertigpackung überlassen, das „richtige" Datum anzugeben.

5. Die Mengenkennzeichnung nach Gewicht oder Stückzahl. Die Angabe der Stückzahl ist üblich, wenn die Ware allgemein nur nach Stückzahl gehandelt wird, sie ist jedoch nicht notwendig, wenn alle Stücke sichtbar und zählbar sind. Unzulässig sind Angaben wie „ca. . . ." oder „ungefähr", ebenso die Angabe eines Füllmengenbereiches, z. B. „210-250 Gramm" sowie die Angabe „Füllgewicht 250 g, mindestens 210 g". Zulässig dagegen ist die Bezeichnung „mindestens . . . Gramm". Die Einheiten der Füllmenge sind „Gramm" (g), „Kilogramm" (kg) bzw. „Stück".

Die vorstehend unter 1. bis 4. genannten Angaben sind auf der Fertigpackung oder auf einem mit ihr verbundenen Etikett (Fahne) in deutscher Sprache deutlich sichtbar, lesbar und unverwischbar anzubringen.

Preisangaben
Zur Kennzeichnung von Obst und Gemüse gehört auch die Angabe des Preises der Ware. Die grundlegenden Bestimmungen über Preisangaben sind gesetzlich geregelt (Gesetz zur Regelung der Preisangaben vom 3.12.1984 und Preisangabenverordnung – PAngV – vom 14.3.1985). Die angegebenen Preise beziehen sich auf das Gewicht der Ware oder die Stückzahl. Bei loser Ware ist der Preis für 1 kg oder 100 g der Ware anzugeben. Es besteht jedoch keine bundeseinheitliche Regelung darüber, bei welchen Produkten der Preis pro kg und bei welchen er für 100 g anzugeben ist. Allgemein üblich ist es, den Preis auf 1 kg zu beziehen, wenn die Ware üblicherweise in größerer Menge abgegeben wird (z. B. Äpfel, Orangen), und pro 100 g anzugeben, wenn es sich um besonders teure Produkte handelt (z. B. Pfifferlinge).

Verordnung über die Zulassung von Zusatzstoffen zu Lebensmitteln (Zusatzstoff-Zulassungsverordnung) vom 22.12.1981 (Änderung vom 26.10.1982).

Auf die Bestimmungen dieser Verordnung soll besonders nachdrücklich hingewiesen werden. Zur Verhinderung von Schimmelbildung und ähnlichem Verderb nach der Ernte ist bei Zitrusfrüchten die Behandlung mit den Zusatzstoffen Diphenyl (Biphenyl), Orthophenylphenol, Natriumorthophenylphenolat und Thiabendazol erlaubt. Letzteres ist auch für die Oberflächenbehandlung von Bananen zugelassen. Da bei Zitrusfrüchten durch das Waschen die natürliche Wachsschicht weitgehend verlorengeht, dürfen auch bestimmte Wachse angewendet werden. Die Behandlung anderer Früchte mit den genannten oder ähnlichen Stoffen ist nicht gestattet.
Die Behandlung der Zitrusfrüchte mit den genannten Zusatzstoffen ist kennzeichnungspflichtig, die der Bananen mit Thiabendazol jedoch nicht. Die Kennzeichnung muß in allen Handelsstufen mit den Worten „mit Konservierungsstoff . . .“ oder besser einheitlich mit „konserviert mit . . .“ erfolgen. Bei der Behandlung mit Wachs ist die Kennzeichnung „gewachst“ vorgeschrieben. Der bisher übliche zusätzliche Hinweis „Schale nicht zum Verzehr geeignet“ ist nach den neuen lebensmittelrechtlichen Kennzeichnungsvorschriften nicht mehr notwendig. Doch wird allseitig empfohlen, diesen Zusatz auf freiwilliger Basis weiter zu verwenden, um damit den Verbraucher deutlich darauf hinzuweisen, daß es sich nicht um die Konservierung der ganzen Frucht, sondern nur um eine Behandlung der Schale handelt.

Lesern, die sich ausführlicher über die Kennzeichnung von Obst und Gemüse informieren wollen, sei die vom ISB-Institut für Selbstbedienung und Warenwirtschaft, Köln, herausgegebene und im Verlag Gesellschaft für Selbstbedienung-GSB-mbH, Köln, erschienene Broschüre „Kennzeichnung von Obst und Gemüse, eine praktische Anleitung“ mit einem Beitrag von Assessor Hans Joachim Moldenhauer, Hamburg, Auflage 1983, empfohlen. Auch sei auf die vom ISB-Arbeitskreis Obst und Gemüse verabschiedeten zehn Thesen zur Problematik der Hantierung, herausgegeben in einem Faltblatt „Der Warenfluß bei Obst und Gemüse“, verwiesen.

Codierung
Inwieweit sich die bei vielen industriellen Markenartikeln heute voll

eingeführte Strichcodierung in maschinenlesbarer Form im Obst- und Gemüsebereich in den kommenden Jahren durchsetzen wird, bleibt abzuwarten. Durch einen speziell ausgestalteten Strichcode ist es möglich, alle erforderlichen Informationen über die Ware – Artikelnummer, Herkunftsland, Lieferant, Gewicht bzw. Stückzahl, Preis usw. – zu erhalten und über alle Handelsstufen bis zum Kassiervorgang weiterzugeben. Der Anfang zur Einführung der Strichcodierung bei Obst und Gemüse ist bereits gemacht worden, einzelne große Handelsunternehmen im In- und Ausland haben damit zu arbeiten begonnen. Der Code wird als Schlüssel zum Warenwirtschaftssystem bezeichnet. Wir dürfen annehmen, daß der Zweck der Codierung, zu einer schnellen und klaren unternehmensübergreifenden Kommunikation zu kommen, auch bei Obst und Gemüse in absehbarer Zeit erreicht werden wird.

Nährwerttabellen

Die in den nachstehenden Tabellen angegebenen Werte für einige wichtige Obstarten sind dem Werk von Soucy-Fachmann-Kraut „Die Zusammensetzung der Lebensmittel, Nährwerttabellen" (s. Literaturverzeichnis) und einigen weiteren einschlägigen Werken entnommen. Die dort aufgestellten Tabellen sind – durch Aufgliederung der Kohlenhydrate, Mineralstoffe, Vitamine usw. – z. T. noch erheblich umfangreicher, doch dürfte die hier vorgenommene Beschränkung auf die wichtigsten Inhaltsstoffe für den praktischen Gebrauch ausreichen. Alle in den folgenden Tabellen angeführten Werte sind aus zahlreichen Untersuchungen ermittelte Durchschnittswerte. Viele von ihnen – z. B. die Vitamin-C-Gehaltszahlen bei Äpfeln und Zitrusfrüchten – schwanken, bedingt durch Unterschiede im Standort, in den Kulturmethoden u. a., in ganz erheblichen Bereichen, weshalb in manchen Werken auch von-bis-Werte angegeben sind.

Die Tabellen zeigen an, welche Nährstoffmengen im eßbaren Anteil von 100 g der jeweiligen Frucht enthalten sind. Außerdem werden der Energiegehalt in Kalorien bzw. Joule sowie der Küchenabfall von 100 g eingekaufter Rohware angegeben.

Die Abkürzungen bedeuten:

–	=	es liegen keine Analysenergebnisse vor
1 kcal	=	1 Kilokalorie
1 kJ	=	1 Kilojoule
(1 kcal	=	4,1 Kilojoule)
g	=	Gramm
mg	=	Milligramm

Obstart	Wasser g	Eiweiß g	Fett g	Kohlen-hydrate g	Roh-Faser g	Kal m
Acerola	89,2	0,2	0,2	9,1	0,4	83
Ananas	85,0	0,5	0,2	13,4	0,4	19
Apfel	85,3	0,3	0,4	12,6	1,0	13
Apfel, getrocknet	26,7	1,4	1,6	64,8	4,0	62
Apfelsine, Orange	85,7	1,0	0,3	9,1	0,5	17
Aprikose	85,3	0,9	0,1	12,3	0,7	28
Aprikose, getrocknet	17,6	5,0	0,5	70,2	3,2	11
Avocado	68,0	1,9	23,5	3,4	1,4	50
Banane	75,9	1,1	0,2	21,0	0,9	37
Baumtomate	86,0	1,9	1,2	7,4	–	32
Birne	84,3	0,5	0,3	12,8	1,8	12
Brombeere	84,7	1,2	1,0	8,6	4,0	18
Cashewnuß	4,0	17,5	42,2	32,0	1,4	55
Cherimoya	73,5	1,3	0,4	24,0	–	–
Cranberry	87,4	0,4	0,7	11,3	1,4	53
Datteln, getrocknet	15,0	2,0	0,5	64,0	8,7	65
Durian	60,0	3,0	1,0	–	–	–
Eberesche, süße	71,7	1,5	–	22,9	3,2	–
Erdbeere	88,7	0,9	0,4	8,0	1,4	14
Erdnüsse getrocknet und geröstet	2,8	26,5	46,6	19,0	2,4	67
Eßkastanie	50,1	2,9	1,9	42,8	1,4	70
Feige	80,2	1,3	0,5	15,7	1,6	24
Feige, getrocknet	24,6	3,5	1,3	61,5	2,4	85
Granatapfel	82,3	0,5	0,3	16,4	0,5	22
Grapefruit	88,6	0,7	0,2	9,8	0,3	18

e- n g	Calcium mg	Eisen mg	Phosphor mg	Vitamin C mg	kcal	kJ	Abfall %
-	12,0	0,2	0,8	1500	39	163	19
0	10,3	0,4	9,7	21	56	235	44
3	8,0	0,35	11,0	12,0	55	230	25
	30,0	1,2	50,0	12,0	279	1169	0
0	44,0	0,5	23,0	58	54	226	28
	13,2	0,6	22,3	9,0	54	226	7
	73,0	4,5	120,0	11,0	306	1282	0
0	10,0	0,6	38,0	13	241	1010	25
0	10,6	0,6	29,0	11	90	377	32
,0	11,0	0,6	39,0	30	–	–	–
,0	17,0	0,3	22,0	5,0	56	234	6
6	29,0	0,9	30,0	17,0	48	201	0
,0	31,0	2,8	373,0	–	604	2530	0
-	15,0	0,6	40,0	9	94	394	–
,0	14,0	0,6	12,0	30,0	48	201	0
,0	68,0	1,6	57,0	3	305	1278	13
-	6,0	1,0	28,0	40	–	–	–
-	–	–	–	98,0	98	411	–
,0	26,0	0,9	33,0	59,2	37	155	5
),0	67,0	2,0	411,0	0	631	2644	0
,0	33,0	1,3	87,0	27,0	211	884	20
-	54,0	0,6	32,0	3	73	306	0
,0	193,0	3,3	108,0	–	272	1140	1
,0	3,0	0,2	10,0	4	63	264	44
0	20,5	0,3	10,0	48	32	134	29

Obstart	Wasser g	Eiweiß g	Fett g	Kohlenhydrate g	Roh-Faser g	Ka… m…
Guave	80,0	1,0	0,4	13,0	5,5	2…
Hagebutte	48,7	3,6	–	22,0	22,9	
Haselnuß	6,2	13,9	61,8	12,6	3,1	6…
Heidelbeere	84,9	0,6	0,6	13,6	–	[illegible]
Himbeere	84,5	1,3	0,3	8,1	5,3	1…
Holunderbeere	80,9	2,5	–	9,1	6,8	3…
Jackfrucht	72,0	1,3	0,3	25,4	1,0	4…
Jambuse	84,5	0,6	0,3	14,2	0,4	
Japanische Pflaume	70,2	1,2	0,2	27,6	0,8	
Japanische Mispel	86,5	0,4	0,2	12,4	0,5	2…
Johannisbeere, Rote	85,4	1,1	0,2	7,9	4,8	2…
Johannisbeere, Schwarze	82,2	1,0	0,1	10,4	5,7	3…
Jujube	70,0	1,2	0,2	25,0	–	2…
Kakifrucht	78,6	0,7	0,4	19,7	0,6	1…
Kaktusfeige	85,0	0,8	0,7	12,0	–	9…
Kap-Stachelbeere	85,4	1,9	0,7	11,2	0,8	-…
Karambola	90,4	0,7	0,5	8,0	0,4	1…
Kiwi	85,0	0,8	1,0	12,0	–	2…
Kokosnuß	44,8	3,9	36,5	10,3	3,3	3…
Kulturheidebeere	84,7	0,8	0,5	13,4	0,9	80…
Kumquat	81,3	0,9	0,1	17,1	0,6	2…
Limette	90,0	0,4	0,1	0,7	–	1…
Litchi	81,9	0,9	0,3	16,4	0,5	1…
Litchi, getrocknet	22,3	3,8	1,2	70,7	2,1	
Longane	82,4	1,0	0,1	15,8	0,7	-…

ne- m g	Calcium mg	Eisen mg	Phosphor mg	Vitamin C mg	kcal	kJ	Abfall %
0	15,0	1,0	40,0	243	242	1014	3
	–	–	–	1250,0	102	427	–
,0	243,0	3,8	327,0	5,0	694	2908	35
4	10,0	0,7	9,1	8,3	62	260	3
,0	40,0	1,0	44,0	25,0	40	168	0
	35,0	–	57,0	18,0	46	193	30
	22,0	0,6	38,0	8	98	411	–
Mineralstoffe 1,1 g				22	56	235	–
Mineralstoffe 1,4 g				69	105	440	–
,0	20,0	0,4	20,0	1	48	201	–
1	25,0	0,9	32,0	32,5	45	188	2
,0	17,0	0,9	28,0	136,0	57	239	2
	29,0	0,7	37,0	70	–	–	–
0	6,0	0,3	20,0	11	77	323	17
	24,0	0,3	28,0	25	–	–	–
	9,0	1,0	40,0	30	53	222	–
	4,0	–	17,0	35	35	147	–
0	30,0	0,7	25,0	150	56	235	15
0	20,0	2,3	94,0	2	399	1672	27
0	16,0	0,8	13,0	16,0	57	239	0
	–	0,4	23,0	36	65	272	–
	7,0	0,2	10,0	30	–	–	–
0	7,5	0,4	30,0	42	64	268	–
Mineralstoffe 1,4 g				–	277	1161	–
	10,0	1,2	42,0	6	61	256	–

Obstart	Wasser g	Eiweiß g	Fett g	Kohlenhydrate g	Roh-Faser g	Kal… m…
Lulo	90,0	0,9	0,1	–	–	
Macadamianuß	3,0	8,0	72,0	16,0	–	2
Mammiapfel	86,0	0,5	0,5	11,0	–	
Mandarine	86,7	0,7	0,3	10,6	1,0	2
Mandeln, süße	5,7	18,3	54,1	16,0	3,3	8
Mango	87,0	0,4	0,1	7,0	0,7	1
Mangostane	80,0	0,7	0,8	17,0	–	
Mirabelle	82,4	0,7	0,2	15,5	0,7	2
Moosbeere	87,4	0,4	0,7	9,9	1,4	9
Nektarine	81,8	0,6	–	17,1	0,5	2
Netzannone	71,5	1,7	0,6	25,2	1,0	
Papaya	88,7	0,6	0,1	10,0	0,6	1
Paranüsse	5,6	14,0	66,8	7,3	2,7	6
Passionsfrucht, Rot	75,1	2,2	0,7	21,2	0,5	1
Pecannuß	3,4	9,2	71,0	15,0	–	6
Persimone	64,4	0,8	0,4	33,5	0,9	
Pfirsich	87,5	0,8	0,1	10,5	0,7	2
Pfirsich getrocknet	24,0	3,0	0,6	65,9	3,5	13
Pflaume, Zwetsche	83,7	0,6	0,2	14,5	0,6	1
Pflaume, Zwetsche getrocknet	24,0	2,3	0,6	69,4	1,6	8
Pistazien	5,9	20,8	51,6	16,4	2,6	10
Preiselbeere	87,4	0,3	0,5	1,0	1,7	7
Quitte	83,1	0,4	0,5	15,5	1,9	2
Rambutan	82,0	1,0	0,1	14,9	–	6
Reneklode	80,7	0,8	–	17,3	0,6	2

gne- um ng	Calcium mg	Eisen mg	Phosphor mg	Vitamin C mg	kcal	kJ	Abfall %
–	14,0	0,5	41,0	60	–	–	–
–	48,0	2,0	161	0	–	–	–
–	11,0	0,7	11,0	14	–	–	–
,0	33,0	0,3	20,0	40	48	201	35
0,0	252,0	4,1	454,0	1	651	2728	49
,0	11,0	0,4	9,0	45	44	185	34
–	18,0	0,3	11,0	2	–	–	–
,0	12,0	0,5	33,0	7,2	67	281	6
,2	14,4	0,9	9,9	11,0	48	201	8
–	4,0	0,5	20,0	13	64	268	–
–	27,0	0,8	20,0	22	101	423	–
,0	13,0	0,2	11,0	65	56	235	–
0,0	132,0	3,4	674,0	–	714	2992	51
,0	7,0	0,8	33,0	30	90	377	48
2,0	73,0	2,4	290,0	2	–	–	–
Mineralstoffe 1,5 g				66	127	532	–
,5	5,0	1,3	31,8	11,0	46	193	8
–	44,0	6,9	126,0	16,7	282	1192	0
,0	13,3	0,4	22,8	6,0	62	260	6
–	41,0	2,3	73,0	4,0	293	1228	15
8,0	136,0	7,3	500,0	7	642	2690	47
,5	14,0	0,5	9,7	12,0	46	193	6
,2	10,3	0,6	21,4	13,0	68	285	16
–	20,0	1,9	15,0	53	–	–	–
,6	13,3	1,1	24,8	5,8	72	302	4

Obstart	Wasser g	Eiweiß g	Fett g	Kohlenhydrate g	Roh-Faser g	Kali mg
Rosinen	24,2	1,1	0,5	64,2	7,0	63
Sanddorn	82,5	1,4	7,1	7,8	0,8	–
Sapote	64,9	1,8	0,6	31,6	1,1	–
Sapotillapfel	76,1	0,5	1,1	21,8	0,5	19
Sauerkirsche	84,8	0,9	0,5	13,0	0,3	11
Stachelanone	81,7	1,0	0,3	16,3	0,7	26
Stachelbeere	87,3	0,8	0,2	8,8	2,5	20
Süßkirsche	82,8	0,9	0,4	15,1	0,4	22
Tafeltraube	80,9	0,7	0,5	16,5	0,8	20
Tamarinde	31,0	2,8	0,6	35,0	–	78
Tangerine	87,0	0,8	0,2	11,6	0,4	9
Walnuß	4,8	14,6	62,7	13,5	2,7	57
Zitrone	90,2	0,7	0,6	7,1	0,9	14

gne- um mg	Calcium mg	Eisen mg	Phosphor mg	Vitamin C mg	kcal	kJ	Abfall %
–	30,0	2,7	40,0	1	271	1135	0
–	–	–	–	450,0	103	432	–
–	39,0	1,0	28,0	20	125	524	26
–	21,0	0,8	12,0	14	89	373	–
,0	8,0	0,6	7,0	12,0	60	251	11
–	14,0	0,6	27,0	20	65	272	–
,0	29,0	0,6	30,0	35,0	44	184	2
,8	16,0	0,4	25,0	15,0	67	280	11
,0	22,0	0,5	26,0	3,8	72	301	6
–	74,0	1,0	113	2	–	–	–
–	30,0	0,3	15,0	31	46	193	26
90	72,0	2,1	429,0	15,0	705	2954	53
,8	11,0	0,5	16,0	65	28	117	36

Tabellen der
Verkaufsmonate
für wichtige Obstarten

Verfasser und Verlag haben sorgfältig erwogen, ob es sinnvoll ist, eine Tabelle der Verkaufsmonate für eine Reihe wichtiger Obstarten zu bringen; denn die Zeiten haben sich geändert. In früheren Zeiten, als es die weltweit ausgebauten Verkehrsverbindungen, die Transporte auf dem Luftwege und damit die im Vergleich zu Bahn und Schiff enorm verkürzten Transportzeiten sowie die technisch hochentwickelten Kühlketten noch nicht gab, hatte eine solche Tabelle mehr Berechtigung. Da gab es zu bestimmten Zeiten im Jahre Erdbeeren oder Äpfel oder Apfelsinen, doch vorher nicht und auch danach nicht mehr. Heute gibt es für viele der in diesem Buch behandelten Obstarten diese beschränkten Angebots- und Verkaufszeiten nicht mehr. Die Welt ist kleiner geworden, Erdteile und Länder sind zusammengerückt, und die Ansprüche der Verbraucher sind gestiegen. Der hochtechnisierte nationale und internationale Fruchthandel hat dieser Entwicklung erfreulicherweise bereitwilligst in hohem Maße Rechnung getragen. Trotz dieser Bedenken soll die Tabelle der Verkaufsmonate gebracht werden, denn noch gibt es zahlreiche Obstarten, die nicht importiert und ganzjährig oder fast ganzjährig angeboten werden können, und zum anderen trägt eine solche Aufstellung sicher dazu bei, dem Händler und Verbraucher die Angebots- und Verkaufssituation bei den wichtigsten Obstarten zu erläutern und ihm bei der Planung des Einkaufs und Verkaufs zu helfen. Die Tabelle spiegelt die derzeitigen Angebotsverhältnisse auf dem Markt wider. Sie wird, bei weiterer Verbesserung der Verkehrsverhältnisse und der internationalen Zusammenarbeit auf dem Fruchtsektor, bei Züchtung verbesserter Obstsorten oder Entdeckung neuer, für den Handel geeigneter Obstarten, nach einigen Jahren schon in gewissen Teilen vielleicht überholt sein und geändert werden müssen. Trotzdem soll die Tabelle gebracht werden, denn sie gehört nach Auffassung des Autors und des Verlages in eine „Warenkunde".

Die Farbbalken bedeuten:

= Hauptverkaufsmonate

= Monate mit geringem Angebot

Obstart	Januar	Februar	März	April	Ma
Apfel					
Ananas					
Apfelsine					
Aprikose					
Avocado					
Babaco					
Banane					
Baumtomate					
Birne					
Brombeere					
Cherimoya					
Clementine Mandarine, Satsuma					
Cranberry					
Dattel					
Durianfrucht					
Eberesche					
Erdbeere					
Eßkastanie, Marone					
Feige					
Feijoa					

uni	Juli	August	September	Oktober	November	Dezember

Obstart	Januar	Februar	März	April	Ma
Granatapfel					
Grapefruit					
Guave					
Haselnuß					
Heidelbeere					
Himbeere					
Holunderbeere					
Jackfrucht					
Japanische Mispel					
Japanische Pflaume					
Johannisbeere, Rote					
Johannisbeere, Schwarze					
Jujube					
Kakifrucht					
Kaktusfeige					
Kap-Stachelbeere					
Karambola					
Kiwi					
Kokosnuß					
Kulturheidelbeere					

ni	Juli	August	September	Oktober	November	Dezember

Obstart	Januar	Februar	März	April	M
Kumquat					
Limequat					
Limette					
Litchi					
Longane					
Mango					
Mangostane					
Melone					
Papaya					
Passionsfrucht					
Pepino					
Pfirsich, Nektarine					
Pflaume, Zwetsche					
Pinienkerne					
Pistazie					
Pomeranze					
Preiselbeere					
Quitte					
Rambutan					
Rosine					

ni	Juli	August	September	Oktober	November	Dezember

Obstart	Januar	Februar	März	April	M
Sanddorn					
Sapote					
Sauerkirsche					
Stachelbeere					
Süßkirsche					
Tafeltraube					
Temple					
Walnuß					
Wilking					
Zitrone					

uni	Juli	August	September	Oktober	November	Dezember

Tabellen der fremdsprachigen Bezeichnungen

Kleinhandel und Verbraucherschaft werden normalerweise diese Tabellen nicht benötigen, wenn nicht zufällig besonders sprachliche oder obstbau-fachliche Interessen vorliegen. Anders dagegen der Handel, insbesondere der Importhandel, der gezwungen und gewohnt ist, mit ausländischen Geschäftspartnern zu reden und zu verhandeln. Hier kann eine solche Tabelle dazu beitragen, die gegenseitige Verständigung in schwierigen Fällen zu erleichtern oder die fremdsprachige Kennzeichnung der Ware auf den Verpackungen, im Schriftwechsel, auf Lieferscheinen, Rechnungen usw. verständlich zu machen. Und wenn die vorliegende „Warenkunde“ in die Hände ausländischer Fachleute gelangt, kann es für diese durchaus von Interesse sein, zu erfahren, wie die eine oder andere Obstart in der deutschen oder einer anderen Sprache bezeichnet wird. Bei der Auswahl der Sprachen haben wir uns auf diejenigen beschränkt, die im internationalen Fruchthandel von vorrangiger Bedeutung sind, doch hätten natürlich noch einige weitere Sprachen berücksichtigt werden können. Es bleibt eventuell einer späteren Auflage vorbehalten, die Tabelle entsprechend auszubauen und vor allem auch Sprachen osteuropäischer Länder einzubeziehen, die vielleicht in Zukunft nach weiterem Ausbau der Ost/West-Handelsbeziehungen auch auf dem Fruchtsektor zu bedeutenden Geschäftspartnern werden. Diese Entwicklung wäre ohne Zweifel wünschenswert und im Interesse aller Beteiligten nur zu begrüßen.

Deutsch	Lateinisch	Französisch	Englisch
Acerola	*Malpighia punicifolia*	Acérole Cerise des Antilles Moureiller des jardins	Acerola cher Barbados che West Indian ch
Ananas	*Ananas comosus*	Ananas	Pine-apple
Apfel	*Malus sylvestris*	Pomme	Apple
Apfelsine, Orange	*Citrus sinensis*	Orange	Orange (swe
Aprikose	*Prunus armeniaca*	Abricot	Apricot
Avocado	*Persea americana*	Avocat	Avocado pea
Babaco	*Carica pentagona*	Babaco	Babaco
Banane	*Musa paradisiaca*	Banane	Banana
Baumtomate **Tamarillo**	*Cyphomandra betacea*	Tamarillo Tomat d'arbre Cyphomandre	Tree tomat Tamarillo
Bergamotte	*Citrus aurantium ssp. bergamia*	Bergamotte	Bergamot orai
Birne	*Pyrus communis*	Poire	Pear
Brombeere	*Rubus sp.*	Mûre sauvage Mûre de ronce	Blackberry Bramble
Cashewkerne	*Anacardium occidentale*	Cajou, Noix cajou, Anacarde	Cashew
Cherimoya	*Annona cherimola*	Chirimoya Chérimole Corossol du Péru	Cherimoya
Chinois	*Citrus aurantium var. myrtifolia*	Chinotte	Chinotto Myrtle-leaf Ora
Clementine	*Citrus reticulata var. deliciosa*	Clémentine	Clementine
Cranberry	*Vaccinium macrocarpon*	Cranberrie	Cranberry

talienisch	Niederländisch	Norwegisch	Spanisch
Acerola	Barbados Kersen	Acerola	Acerola Semeruco Cereza de Jameica
Ananàs	Ananas	Ananas	Ananas Piña de América
Mela	Appel	Eple	Manzana
Arancia	Sinaasappel	Appelsin	Maranja (dulce)
Albicocca	Abrikoos	Aprikos	Albaricoque
Avocado	Avokado	Avocado	Avocado Aquacate
Babaco	Babaco	Babaco	Babaco
Banana	Banaan	Banan	Banana, Plátano
Tamarillo	Tamarillo Boomtomaat	Tretomat Tamarillo	Tomate de la Paz
3ergamotto	Bergamot	Bergamott	Bergamoto
Pera	Peer	Pære	Pera
Іora di rovo	Braam	Björnebær	Zarzamora
Anacardio ɪmo d'acalou Aeaglu	Cashew-noot	Akajou Cashew-nøtt	Caju, Marañon Anacardo
Cherimoya	Cherimoya	Cherimoya	Chirimoya
Chinotto	Chinotto	Chinotto	Naranjita verde confitada
Clementina Іandarancio	Clementine	Clementin	Clementina
Cranberry	Cranberry	Stortranebær Amerikansk Tranebær	Cranberry

Deutsch	Lateinisch	Französisch	Englisch
Curuba	*Passiflora mollissima*	Tasco	Banana Passionsfru
Dattel	*Phoenix dactylifera*	Datte	Date
Durian Stinkfrucht	*Durio zibethinus*	Durian Durion	Durian
Erdbeere	*Fragaria ananassa*	Fraise	Strawberry
Erdbeerbaum-frucht	*Arbutus unedo*	Arbouse	Srawberry tree fruit
Erdnuß	*Arachis hypogaea*	Arachide Cacahuète	Peanut Groundnut Monkey Nu
Eßkastanie Marone	*Castanea sativa*	Châtaigne Marron	Sweet chestn
Feige	*Ficus carica*	Figue	Fig
Feijoa	*Acca sellowiana*	Feijoa Goyave ananas	Feijoa Pineapple gua
Granatapfel	*Punica granatum*	Grenade Pomme de Grenade	Pomegranat
Grapefruit	*Citrus paradisi*	Grapefruit Pomélo	Grapefruit
Guave	*Psidium guajava*	Goyave	Guava
Haselnuß	*Corylus avellana Corylus maxima*	Noisette Aveline	Hazelnut
Heidelbeere Blaubeere	*Vaccinium myrtillus*	Airelle Myrtille	Bilberry Whortleberr
Himbeere	*Rubus idaeus*	Framboise	Raspberry
Holunder	*Sambucus nigra*	Sureau	Elderberry
Jabotica	*Myrciaria jaboticaba*	Jaboticaba de Sâo Paulo	Jaboticaba

talienisch	Niederländisch	Norwegisch	Spanisch
Curuba	Passievrucht	Bananpasjonsfrukt	Curuba Tasco
Dattero	Dadel	Daddel	Dátil
Durian	Doerian	Durian	Durian
Fragola	Aardbei	Jordbær	Fresa
Corbezzolo	Aardelboom	Frukt ar jordbærtre	Madroñjo
Arachide ìpagnolette olina americana	Aardnoot Olienoot	Jordnött Peanøtt	Cacahuete
Castagna Marrone	Kastanje	Ekte kastanje	Castaña
Fico	Vijg	Fiken	Higo
Feijoa	Feijoa	Feijoa	Guajaba del Pail Feijoa
Melagrana	Granaatappel	Granateple	Granada
Pomelo Pompelmo	Grapefruit	Grapefrukt	Pomelo
Guava	Guava Goejavespeer	Gujava, Guava	Guayaba
Nocciola Avellana	Hazelnoot	Hasselnött	Avellana
Mirtillo Bagola	Vossebes Blauwe bosbes	Blåbær	Arándano
Lampone	Framboos	Bringebær	Frambuesa
Sambuco	Vlierbes	Svarthyll	Saúco
Giaboticaba	Jaboticaba	Jaboticaba	Jaboticaba

Deutsch	Lateinisch	Französisch	Englisch
Jackfrucht **Nangka**	*Artocarpus heterophyllus*	Fruit de Jaques Pain des singes	Jackfruit
Jambolan	*Syzygium cumini*	Jambo longue Tête négresse	Java Plum
Japanische Mispel **Loguat**	*Eriobotrya japonica*	Nèfle du Japon Bibace	Loquat
Japanische Plaume **Susine**	*Prunus salicina*	Prune japonaise	Japanese Plu
Johannisbeere, Rote	*Ribes rubrum* *Ribes petraeum u.a.*	Groseille rouge Groseille à grappes	Red Curran
Johannisbeere, Schwarze	*Ribes nigrum*	Cassis	Black currar
Johannisbrot	*Ceratonia siliqua*	Caroube	Carob
Jujube	*Ziziphus jujuba*	Jujube	Jujube Chinese jujul
Kakifrucht	*Diospyros kaki*	Kaki, Caqui Abricot du Japon Coing de Chine	Persimmon Japanese Persin Chinese Persim
Kaktusfeige **Kaktusfrucht** **Stachelfeige**	*Opuntia ficus-indica*	Figue d'Inde Figue de Barbarie Nopal	Prickly pear
Kap-Stachelbeere	*Physalis peruviana*	Groseille du Cap Physalis	Cape Goosebe
Karambola **Sternfrucht**	*Averrhoa carambola*	Carambole Pomme de Goa	Carambola Starfruit
Kirsche	*Prunus sp.*	Cerise	Cherry
Kiwi	*Actinidia Chinensis*	Kiwi Groseille de Chine Saris	Kiwifruit Chinese gooseb
Kokosnuß	*Cocos nucifera*	Noix de Coco	Coconut
Kumquat	*Fortunella japonica*	Kumquat ovale Kumquat Nagami	Kumquat

Italienisch	Niederländisch	Norwegisch	Spanisch
'ane d'albero	Jaccaboom Schoorzakboom	Jakkfrukt	Yaca
Jambolan	Jambolan	Jambolan	Jambolan
Nespola di Giappone	Japanse mispel	Japansk mispel	Nispola del Japón
sina giapponese	Japanse Pruim	Japanplomme	Ciruela japonesca
Ribes	Aalbes	Rips	Grosella
Ribes nero	Zwarte bes	Solbær	Casis, Grosella negra
Carruba	St. Jansbrood	Johannesbröd	Algarroba
Giuggiola	Jujubes	Brystbær	Yujaba, Ginga, Azufaifa
Kaki Diospiro Loti	Kaki	Kaki Kakiplomme	Kaki Caqui
Fico d'India	Cactusvijg	Fikenkaktus Kaktusfiken	Higo Chumbo Nopal Tuna
Physalis	Peruaanse ananaskers	Ananaskirsebær	Uvilla, Capuli Membrillo Camapum
Carambola	Carambola	Carambola	Carambola
Ciliegia	Kers	Kirsebær Æ Moreller	Cereza
Kiwi	Kiwi	Kiwifrukt	Kiwi
Noce di cocco	Kokosnoot	Kokosnött	Coco, Nuéz de Coco
Kumquat	Kumquat	Kumquat	Kumquat

Deutsch	Lateinisch	Französisch	Englisch
Limette Saure Limette	*Citrus aurantiifolia*	Lime, Limette acide Limonette Citron vert	Lime
Litchi	*Litchi sinesis*	Litchi Cerise de la Chine	Litchi Lychee
Longane Drachenauge	*Dimocarpus longan*	Oeil, de dragon Longane ponceau	Longan
Lucuma	*Pouteria lucuma*	Balata jaune d'œuf	Canistel Eggfruit
Lulo, Quito-Orange Naranjilla	*Solanum quitoense*	Morelle de Quito Narangille	Naranjilla Lulo
Mammiapfel Mameyapfel	*Mammea americana*	Abricot des Antilles Abricot d'Amérique	Mammee appl Mamey
Mandarine	*Citrus reticulata*	Mandarine	Mandarin
Mandel	*Prunus dulcis*	Amande	Almond
Mango	*Mangifera indica*	Mangue, Mangot	Mango
Mangostane	*Garcinia mangostana*	Mangoustan	Mangosteen
Mirabelle	*Prunus domestica ssp. syriaca*	Mirabelle	Cherry plum
Mispel	*Mespilus germanica*	Nèfle	Medlar
Moosbeere	*Vaccinium oxycoccus*	Canneberge	Small cranberr European cranbe
Nektarine	*Prunus persica var. laevis*	Nectarine Brugnon	Nectarine
Netzannone Ochsenherz	*Annona reticulata*	Cœur de bœuf Cachiman Corossol	Custard apple Bullock's hear
Pampelmuse	*Citrus maxima*	Pample mousse	Shaddock, Pumm
Papaya	*Carica papaya*	Papaye Melon des Tropiques	Papaya Papaw, Pawpa

Italienisch	Niederländisch	Norwegisch	Spanisch
Lima	Lemmetje	Lime	Limón Lima
Litchi	Litchi	Litchi Kjarlighets frukt	Litco
Longane	Longane	Longane	Longan Mamoncillo de China
Lucuma	Lucuma	Lucuma	Lucuma Caimito
Lulo	Quito-oranje appel	Lulo	Naranjilla Quito-Orange
Albicoca di S. Domingo	Amerikaanse abrikoos	Mammea	Mamey
Mandarino	Mandarijn	Mandarin	Mandarina
Mandorla	Amandel	Mandel	Almendra
Mango	Mango	Mango	Mango
Mangosta ostina di Malacca	Mangostan	Mangostan	Mangostán
Mirabelle	Mirabelle	Mirabelle	Amarilla
Nespola	Mispel	Mispel	Nispero, Nispola
Mirtillo europeo	Veenbes	Tranebær	Baya de turbera
Nettarina Noce pesca	Nectarine	Nektarin	Griñon
Annona	Custard appel	Annona	Anona colorada Anona morada Corazón
Pompelmo	Pomelo	Pomelo Pampelmus	Toronja
Papaya	Papaya	Papaya	Papaya Lechosa

Deutsch	Lateinisch	Französisch	Englisch
Paranuß	*Bertholletia excelsa*	Noix Para Noix du Brésil	Brazil nut
Passionsfrucht	*Passiflora edulis* *Passiflora ligularis*	Fruit de la passion Grenadille	Passion frui Granadilla
Pecannuß	*Carya illinoensis*	Noix de Pecan	Pecan
Pepino **Mellowfrucht**	*Solanum muricatum*	Poire-melon	Pepino
Pfirsich	*Prunus persica*	Pêchte	Peach
Pflaume	*Prunus domestica ssp. domestica*	Prune	Plum
Pinienkerne	*Pinus pinea*	Pignon	Pine-nut
Pistazien	*Pistacea vera*	Pistache	Pistachio nu
Pitanga **Surinamkirsche**	*Eugenia uniflora*	Cerise de Cayenne Cerise de Surinam	Pitanga Surinam Che
Pomeranze	*Citrus aurantium ssp. aurantium*	Orange amère Bigarudia	Bitter orang Sour orange
Preiselbeere	*Vacctinium vitis-idaea*	Airelle rouge	Red whortlebe
Quitte	*Cydonia oblonga*	Coing	Quince
Rambutan	*Nephelium lappaceum*	Ramboutan	Rambutan
Reneklode	*Prunus domestica ssp. italica*	Reine-Claude	Greengage
Rosine	*Vitis vinifera*	Rasin sec Raisin de Corinthe	Raisin, Curra Sultana
Sapote, Große	*Pouteria sapota*	Abricot des Antilles	Mamey Sapo Mammee Sap
Sapote, Weiße	*Casimiroa edulis*	Sapote blanche Pomme mexicaine	White Sapot Mexican app

Italienisch	Niederländisch	Norwegisch	Spanisch
Noce di Para oce de Brasile	Paranoot	Paranött	Nuéz de Brasil
ta della passione	Passievrucht	Pasjonsfrukt	Maracuyá purpura Grenadilla
Noce di Pecan	Pecannoot	Pekannött	Nuéz de Pecan
Pepino	Meloenpeer	Pepino	Pepino dulce
Pesca	Perzik	Fersken	Melocotón
Prugna Susina	Pruim	Plomme	Ciruela
Pinolo	Pijnkern, Pijnnoot	Pinje frukt	Piñon
Pistacchio	Pistache	Pistasie-nøtt	Pistache
Pitanga ga del Surinamm	Cayenne Kers	Pitanga	Pitanga
Melarancia rancia amaro	Bittere sinaas-appel Pomerans	Bitter apelsin Pomerans	Toronja Naranjo amargo
Mirtillo rosso	Rode bes Rode bosbes Vossenbes	Tyttebær	Arándano encarnado
Cotogna Mele cotogne	Kwee Kweepeer	Kvede	Membrillo
Nefelio	Ramboetan	Rambutan	Rambutan
Regina Claudia	Reine-Claude Plomme	Reine-Claude	Ciruela Claudia
Uva secca	Rozijn	Rosin	Uva pasa
Sapota	Sapote	Sapote	Zapote de carne Mamey Zapote Zapote colorado
Sapota	Sapote	Sapote	Zapote blanco

Deutsch	Lateinisch	Französisch	Englisch
Sapotillapfel	*Manilkara* Zapota	Sapotille Nèfle d'Amérique	Sapodilla Chico
Satsuma	*Citrus reticulata var. unsniu*	Satsuma	Satsuma
Sauerkirsche	*Prunus cerasus*	Griotte	Morello cherr
Schlehe	*Prunus spinosa*	Prunelle	Sloe
Stachelanone Sauersack	*Annona muricata*	Anone Corossol épineux	Soursop
Stachelbeere	*Ribes uva-crispa var. sativum*	Groseille à maguerau Groseille verte	Gooseberry
Sternapfel	*Chrysophyllum cainito*	Pomme étoilée Caimit blanche	Starapple Caimito
Süßkirsche	*Prunus avium*	Merise Cerise	Cherry
Tafeltraube	*Vitis vinifera*	Raisin de table	Grape
Tamarinde	*Tamarindus indica*	Tamarin	Tamarina
Tangelo	*Tangerine x Pomelo*	Tangelo	Tangelo
Tangerine	*Citrus deliciosa*	Tangerine	Tangerine
Walnuß	*Juglans regia*	Noix	Walnut
Wassermelone	*Citrullus* lanatus	Melon d'eau	Water melon
Zitronatzitrone Zedratzitrone	*Citrus medica var. ethrog*	Cédrat	Citron Etrog Cvar. ethrog only
Zitrone	*Citrus limon*	Citron	Lemon
Zitrusfrüchte	*Citrus sp.*	Agrumes	Citrus fruits
Zuckermelone	*Cucumis melo*	Melon	Sweet melon
Zwetsche	*Prunus domestica ssp. demestica*	Quetsche	Plum

Italienisch	Niederländisch	Norwegisch	Spanisch
Sapotilla	Sapodilla pruim	Sapodilleepler	Sapodilla Zapotillo
Satsuma	Satsuma	Satsuma	Satsuma
›la Ciliegia amara	Morel	Kirsebær	Guinda garrafal
Prugnola	Sleepruim	Slåpetorn	Enarina
Anona	Zuurzak	Annona	Anona Granábana
Uva spina	Kruisbes	Stikkelsbær	Uva crespa Uva espina
Cainito	Sterapple	Stjerneaple	Caimito
Ciliegia duroncina	Knapkers Spaanse kers	Surkirsebær	Cereza mollar
Jva da tavola	Druif	Druer	Una de mesa
Tamarindo	Tamarinde	Tamarind	Tamarindo
Tangelo	Tangelo	Tangelo	Tangelo
Tangerina	Tangerine	Tangerin	Tangerina
oce, Gheriglio	Walnoot	Valnött	Nuéz, Escuerno
Cocomeri Angurie	Watermeloen	Vannmelon	Sandia
Cedro	Surade	Cedrat Søtsitron Sukratsitron	Cedro, Cedra, Cidra
Limone	Citroen	Sitron	Limón, Citricos
Agrumi	Citrusfruit	Sitrus frukt	Citricos, Agrios
Melon	Suikermeloen	Honningmelon	Melone
Susina damaschina	Kwets	Sviskeplomme	

Deutsche und englische

Maße und Gewichte

Deutsche Maße

Längenmaße

Grundeinheit ist der Meter (m)

1 Kilometer (km)	=	1000 m
1 Meter (m)	=	100 cm
1 Dezimeter (dm)	=	0,1 m
1 Zentimeter (cm)	=	0,01 m
1 Millimeter (mm)	=	0,001 m

Flächenmaße

Grundeinheit ist der Quadratmeter (m^2)

1 Quadratkilometer (km^2)	=	1 000 000 m^2
1 Quadratmeter (m^2)	=	10 000 cm^2
1 Quadratdezimeter (dm^2)	=	0,01 m^2
1 Quadratzentimeter (cm^2)	=	0,0001 m^2
1 Quadratmillimeter (mm^2)	=	0,000001 m^2

Raummaße

Grundeinheit ist der Kubikmeter (m^3)

1 Kubikmeter (m^3)	=	1 000 000 cm^3
1 Kubikdezimeter (dm^3)	=	0,001 m^3
1 Kubikzentimeter (cm^3)	=	0,000001 m^3
1 Kubikmillimeter (mm^3)	=	0,000000001 m^3

Hohlmaße

Grundeinheit ist der Liter (l)

1 Hektoliter (hl)	=	100 l
1 Deziliter (dl)	=	0,1 l = 100 cm^3
1 Zentiliter (cl)	=	0,01 l = 10 cm^3
1 Milliliter (ml)	=	0,001 l = 1 cm^3

Gewichte

Grundeinheit ist das Kilogramm (kg)

1 Tonne (t)	=	1000 kg
1 Dezitonne (dt)	=	100 kg (früher 1 Doppelzentner = dz)
1 Kilogrammm (kg)	=	1000 g
1 Gramm (g)	=	0,001 kg
1 Milligramm (mg)	=	0,001 g

Englische Maße

Hohlmaße

1 pint (pt) = 0,568 l (US-Einheit = 0,5506 l)

1 quart (qt) = 2 pints = 1,136 l (US-Einheit = 1,1012 l)

1 gallon (gal) = 4 quarts = 4,5459 l (US-Einheit = 4,405 l)

1 bushel (bu) = 36,37 l (US-Einheit = 35,24 l)

1 barrel (bbl) = 163,7 l (US-Einheit = 119,2 l)

(1 Öl-barrel = 158,97 l)

Gewichte

1 ounce (oz) = 28,35 g

1 pound (lb) = 16 oz = 453,59 g

1 stone (st) = 14 lbs = 6,35 kg

1 quarter (qr) = 2 st = 12,70 kg (US-Einheit = 11,339 kg)

1 hundredweight (cwt) = 4 qr = 50,802 kg (US-Einheit = 100 pounds = 45,359 kg)

1 long ton = 20 cwt = 1016,05 kg

1 central oder short cwt = 100 lbs = 45,359 kg

1 short ton (US-Einheit) = 20 short cwt = 907,185 kg

Politische Weltkarte

Die große Welt auf einer kleinen Karte vom vorgegebenen Format dieses Buches darzustellen, ist ein gewisses Wagnis. Von den unzähligen möglichen Eintragungen von Ländern, Städten und Regionen kann auf ihr nur ein verschwindend geringer Bruchteil erscheinen. Zudem fehlt auf einer politischen Weltkarte – nur mit derzeit gültigen Ländergrenzen und einigen großen Städten – völlig die Einzeichnung der auf einer physischen (griechisch = natürlich, körperlich) Karte zu findenden Gebirgszüge, Flüsse usw., so interessant gerade diese in bezug auf die Standortansprüche der im vorliegenden Buch behandelten Obstarten wären. Trotzdem soll diese Karte gebracht werden, denn sie zeigt vor allem dem jungen Auszubildenden und sicher auch manchem anderem im Fruchthandel Tätigen oder an Früchten allgemein interessierten Menschen, wo in fernen Kontinenten jene Länder liegen, in denen die verschiedenen Fruchtarten angebaut werden, und aus denen sie uns geliefert werden. Gewiß ist das Weltbild gerade der jungen Menschen in unserem Land dank des in den letzten Jahrzehnten enorm ausgeweiteten Tourismus und der stetig verbesserten Verkehrsverhältnisse auf unserer Erde anders als bei den Jugendlichen früherer Generationen, doch bestehen bei vielen Menschen – auch Erwachsenen – nicht immer völlig klare Vorstellungen, welche Länder z. B. als zu den Tropen oder Subtropen gehörig einzuordnen sind. Und gerade die Tropen, jene heiße Zone nördlich und südlich des Äquators zwischen den Wendekreisen, und die Subtropen, die Gebiete des Übergangs von den Tropen zur gemäßigten Klimazone, sind es, die für viele der in diesem Buch behandelten „Exoten“ Ursprung, Heimat und Anbaugebiet sind. Als besonders wertvoll erachten wir deshalb in dieser Karte die Einzeichnung der Tropen- und Subtropengürtel der Erde. Unsere Karte ist nur eine allgemeine Übersichtskarte, möge aber dennoch dem einen oder anderen Benutzer des Buches nützlich sein.

Subtropen

Tropen

SOWJETUNION
Lena
Jenissei
Ob
Wolga
Amur
Ulan-Bator
MONGOLISCHE VOLKSREP.
CHINA
Peking
Hwangho
Jangtsekiang
NORD-KOREA
Pjöngjang
SÜD-KOREA
Seoul
Tokio
JAPAN
SYRIEN
Teheran
Kabul
Islamabad
Bagdad
AFGHANISTAN
IRAK
JORDAN.
IRAN
PAKISTAN
Neu-Delhi
NEPAL
SIKKIM
BHUTAN
KUWAIT
BAHRAIN
KATAR
Er-Riad
VER. AR. EMIR.
Maskat
SAUDI - ARABIEN
OMAN
Ganges
BANGLADESCH
Dakka
INDIEN
BIRMA
Hanoi
LAOS
VIETNAM
Taipeh
TAIWAN
PAZIFISCHER
OZEAN
Rangun
THAILAND
Bangkok
KAMBODSCHA
Phnom Penh
Manila
PHILIPPINEN
VR JEMEN
JEMEN
Sana
Aden
DJIBOUTI
Addis Abeba
ÄTHIOPIEN
SOMALIA
Mogadischu
KENIA
Nairobi
Colombo
SRI LANKA
MALEDIVEN
Kuala Lumpur
MALAYSIA
BRUNEI
SINGAPUR
Äquator
SESCHELLEN
KOMOREN
INDISCHER OZEAN
Jakarta
INDONESIEN
PAPUA-NEUGUINEA
Port Moresby
MOSAMBIK
Antananarivo
MAURITIUS
MADAGASKAR
AUSTRALIEN
Canberra
Wellington
NEUSEELAND

Abkürzungen

arab. = Arabisch

BGBl = Bundesgesetzblatt

BML = Bundesministerium für Ernährung, Landwirtschaft und Forsten

CMA = Centrale Marketinggesellschaft der deutschen Agrarwirtschaft mbH

ECE = Economic Commission for Europe, Wirtschaftskommission der Vereinten Nationen für Europa, im März 1947 als erste regionale Unterorganisation der UN gegründet.

EG = Europäische Gemeinschaft

engl. = englisch

EWG = Europäische Wirtschaftsgemeinschaft

franz. = französisch

ital. = italienisch

lat. = lateinisch

Mio. = Million, Millionen

OECD = Organization for Economic Cooperation and Development, Organisation für wirtschaftliche Zusammenarbeit und Entwicklung

span. = spanisch

Syn. = Synonym

UN = United Nations, Vereinte Nationen

var. = varietas, Varietät

ZMP = Zentrale Markt- und Preisberichtsstelle für Erzeugnisse der Land-, Forst- und Ernährungswirtschaft GmbH

–▷ = Hinweis auf ein anderes Stichwort

Sachregister

Kursiv gesetzte Seitenzahlen verweisen auf Abbildungen

A

B

G

H

I

J

K

Botanische Pflanzennamen

Literatur

Anonym: „Die ganze Welt der Frucht – Mit Frische und Gewinn verkaufen." Verlag Gerhard Röhn, Heusenstamm, 1987.

Auswertungs- und Informationsdienst für Ernährung, Landwirtschaft und Forsten (AID) e. V. Bonn: „Frischobst und Frischgemüse exotisch." 1987.

---: „Kennwort Lebensmittel. Ein Handbuch für den täglichen Einkauf." 1987.

---: „Lebensmittel-Kennzeichnung: Die Zutatenliste." 1986.

---: „Werbung – Information oder Verführung?" 1986.

Barsewisch, G. v.: „Exotische Früchte und Gemüse in unserer Küche." Bertelsmann Ratgeberverlag, Gütersloh, 1975.

Bauckmann, M.: „Kiwi." Verlag E. Ulmer, Stuttgart, 1987.

Bleicher, I.: „Lebensmittelkunde Bd. 7, Die Hauswirtschaft". BLV Verlagsgesellschaft mbH, München, 1978.

Bosch, G. & Kapp-Telkemeyer, H.: „Markt- und Verbraucherkunde." BLV Verlagsgesellschaft mbH, München, 1977.

Brücher, H.: „Tropische Nutzpflanzen." Verlag Springer, Berlin, Heidelberg, New York, 1977.

Bruck, D. L.: „Exotische Früchte und Gemüse, selbst gezogen." Südwest Verlag GmbH & Co KG, München, 1986.

Bundesminister für Ernährung, Landwirtschaft und Forsten: „ECE-Handelsnormen für landwirtschaftliche Erzeugnisse." Heft 233 der Schriftenreihe des Bundesministers für Ernährung, Landwirtschaft und Forsten. Landwirtschaftsverlag GmbH Münster-Hiltrup. 1980.

---: „Normung und Vorverpackung von Obst und Gemüse." Heft 3 der Schriftenreihe des Bundesministers für Ernährung, Landwirtschaft und Forsten. Landwirtschaftsverlag GmbH Münster-Hiltrup 1980.

Bundesminister für Jugend, Familie und Gesundheit: „Das Lebensmittelrecht." 1974.

---: „Deutsches Lebensmittelbuch" – Leitsätze 1982.

Bundesministerium für wirtschaftliche Zusammenarbeit: „Lebensmittelexport in die Bundesrepublik Deutschland – Anforderungen an Qualität, Verpakkung und Kennzeichnung". 4. Aufl., 1985.

Centrale Marketinggesellschaft der deutschen Agrarwirtschaft mbH (CMA): „Kennwort Obst, ein Obst-Lexikon." Bad Godesberg, 2. Aufl. 1980.

Dassler, E.: „Warenkunde für den Fruchthandel." Verlag Paul Parey, Berlin und Hamburg, 1969.

Dürr, R.: „Lebensmittel im Verkauf." Verlag Dr. Max Gehlen, Bad Homburg vor der Höhe, Berlin/Zürich, 1967.

Encke, F., Buchheim, G. & Seybold, S.: „ZANDER, Handwörterbuch der Pflanzennamen." Verlag E. Ulmer, Stuttgart, 12. Aufl., 1980.

Esdorn, I./Pirson, H.: „Die Nutzpflanzen der Tropen und Subtropen in der Weltwirtschaft." Verlag Gustav Fischer, Stuttgart, 1973.

Franke, G.: „Nutzpflanzen der Tropen und Subtropen, 2. Aufl., Verlag S. Hirzel, Leipzig, 1975.

Franke, G. und Mitarbeiter: „Früchte der Erde – Obst und Gemüse." Urania-Verlag Leipzig, Jena, Berlin, 1976.

Franke, W.: „Nutzpflanzenkunde." Georg Thieme Verlag, Stuttgart, 1976.

Frisch, P.: „Rezepte rund um die Erdnuß." Arbeitskreis Erdnuß (AKE), Hamburg.

Früchtehandels-Compagnie Hegewisch & Co.: „Exoten – Spezialitäten – Off Season. Teil 1 und 2." Verlag Gerhard Röhn, Heusenstamm, 1985/1986.

Glas, A.: „Praktisches Handbuch der Lebensmittel." BLV Verlagsgesellschaft mbH, München, 1965.

Gnauer, H. & Muermann, B.: „Das große Lebensmittel-Lexikon." Pinguin-Verlag, Innsbruck, Umschau-Verlag Frankfurt/M., 3. Aufl., 1985.

Gysin, H. R.: „Tropenfrüchte." AT Verlag Aarau, Stuttgart, 1984.

Herrmann, K.: „Chemische Zusammensetzung wichtiger exotischer Obstarten." Zeitschrift Lebensmitteluntersuchung. 173, S. 47-60, 1981.

---: „Exotische Lebensmittel – Inhaltsstoffe und Verwendung." Springer-Verlag Berlin, Heidelberg, New York, 1983.

Horn, E.: „Rezepte köstlicher Exoten." Verlag Gerhard Röhn, Heusenstamm, 1973.

Iden, K.: „Exotische Früchte und Gemüse." Tomus-Verlag GmbH, München, 1984.

Informationsgemeinschaft Bananen: „Die Banane, Dokumentation einer außergewöhnlichen Frucht." München, 1986.

ISB-Institut für Selbstbedienung und Warenwirtschaft: „Kennzeichnung von Obst und Gemüse." Verlag Gesellschaft für Selbstbedienung – GSB-mbH, Köln, 1983.

Jenuwein, H.: „Avocado bis Zukkerrohr – Tropische Nutzpflanzen selber ziehen." Verlag E. Ulmer, Stuttgart, 1986.

Klein, G., Rabe, H.-J. & Weiss, J.: „Lebensmittelrecht." B. Behrs Verlag, Hamburg; mit laufenden Ergänzungen, 1968.

Köhler, A. & Ullmann, S.: „Obst und Früchte von A bis Z." Engel Verlag GmbH, München, 1985.

Kranz, B.: „Das große Buch der Früchte." Südwest Verlag, München, 1981.

...: „Exotische Früchte und Gemüse." Südwest Verlag, 1969.

Leifer, H. & Burmeister, A.-W. (Kahrs-Leifer): „Leitfaden der Warenkunde des Lebensmittelhandels." Verlagsgesellschaft Rudolf Müller, Köln-Braunsfeld, 1983.

Liebster, G.: „Beerenobst für jeden Garten." BLV Verlagsgesellschaft mbH, München, 1984.

---: „Cranberry." Top Service München, 1972.

---: „Die Kulturheidelbeere." Verlag Paul Parey, Berlin und Hamburg, 1961.

---: „Heilkraft aus dem Garten." BLV Verlagsgesellschaft mbH, München, 1985.

Niethammer, A. & Tietz, N.: „Samen und Früchte des Handels und der Industrie." Verlag J. Cramer, Weinheim, 1961.

Oetker, A.: „Lexikon – Lebensmittel und Ernährung." Ceres-Verlag, Bielefeld, 1983.

Pijpers, D., Constant, G./Jansen, K.: „Fruit uit alle windstreken." Uitgeverij Het Spectrum Utrecht/Antwerpen, 1985.

Rehm, S. & Espig, G.: „Die Kulturpflanzen der Tropen und Subtropen." Verlag E. Ulmer, Stuttgart, 1984.

Rewe-Zentrale, Köln: „Gut eingekauft – Ein Wegweiser durch die Welt der Lebensmittel." Rewe-Verlag GmbH, Köln, 1987.

Richter, N. & Köhler, F.: „Avocado Kochbuch." Verlag Dr. Richter, München, 1986.

Scheller, L. M.: „Exotische Früchte aus den Gärten der Welt." Verlag Gerhard Röhn, Heusenstamm, 1985.

---: „Warenkunde für Frucht- und Gemüse-Spezialitäten, Bd. I und II." Verlag Gerhard Röhn, Heusenstamm, 1985/1986.

Schmidt, G. A. & Marcus, A.: „Handbuch der tropischen und subtropischen Landwirtschaft." Verlag E. S. Mittler & Sohn, Berlin, 1943.

Schormüller, J.: „Handbuch der Lebensmittelchemie – Obst, Gemüse, Kartoffeln, Pilze. Bd. V, 2. Teil." Springer-Verlag Berlin, Heidelberg, New York, 1968.

Schweizerische Fachschule für den Detailhandel SFD: „Warenkunde – Früchte und Gemüse." Zürich, 1978.

Souci, S. W., Fachmann, W. & Kraut, H.: „Die Zusammensetzung der Lebensmittel – Nährwert-Tabellen." 2. Aufl. Wissenschaftl. Verlagsgesellschaft mbH, Stuttgart, 1981/1982.

Straub, E.: „Gefrieren – Konservieren." BLV Verlagsgesellschaft mbH, München, 1979.

Verband der Landwirtschaftskammern e. V.: „Qualitätsnormen und Handelsklassen für Gartenbauerzeugnisse und Kartoffeln – Gesetze, Verordnungen, Kommentare." Heft Nr. 61. Verlag E. Appelhans & Co., Salzgitter-Lebenstedt, mit laufenden Ergänzungslieferungen, 1982.

Verlag Gesellschaft für Selbstbedienung GSB-mbH.: Kennzeichnung von Obst und Gemüse – Eine praktische Anleitung. Köln, 1983.

Wild, R.: „Der WILDfruchtexperte unterwegs." Rudolf Wild, Heidelberg, ZICK ZACK WERK, 1986.

Winter, F. und Mitarbeiter: „Lucas' Anleitung zum Obstbau." 29. Aufl. Verlag E. Ulmer, Stuttgart, 1974.

Zanelli, D. u. a.: „Natur . . .", ein bebildertes Nachschlagewerk über Obst und Gemüse mit geschichtlichen und sachlichen Angaben. Edizioni annuari d'Italia, Bologna, 1978.

Zipfel, W.: „Lebensmittelrecht." C. H. Beck'sche Verlagsbuchhandlung; mit laufenden Ergänzungen, München, 1976.

Bildnachweis

CMB, Hamburg 104, 147, 150, 152, 207, 239, 240 u. • Fachhochschule, Weihenstephan 199, 200 li, 200 re. • ICE, Düsseldorf 164 • Komplett-Büro, München 33 li. • H. G. Levin, Frankfurt/M. 76 li., 82 re., 100 li., 108 re., 143, 161 ob. re., 167, 184, 188, 204, 218, 224 ob., 245 • G. Liebster, Freising 68 u., 88, 99, 109, 116, 146, 175, 177, 193, 210, 212, 222 • Profil Werbe & Verlagsges., Bremen 247, 258, 259 • Otto Schmidt/Bundesamt für Ernährung und Forstwirtschaft, Frankfurt/M. 28/29, 33 re., 36 alle, 37 alle, 39, 40 alle, 41 alle, 45, 46, 47 alle, 50 alle, 51 alle, 54, 56 alle, 58 alle, 61 alle, 64, 66 alle, 67 alle, 68 ob., 70 alle, 74, 76 re., 78, 79, 80, 82 li., 84 alle, 91 alle, 93 ob., 98 alle, 100 re., 102, 108 li., 111 alle, 112, 114, 118, 120, 122, 123, 125 alle, 129 alle, 131, 132, 133 alle, 134, 135 alle, 137 alle, 141 alle, 154, 158, 161 ob. li., 161 u., 165, 166, 169 alle, 174, 176, 179 alle, 180, 181, 182, 185 alle, 186 alle, 189 alle, 190 alle, 196 alle, 197, 201, 205, 213, 214, 215 alle, 220, 221, 224 u., 226, 227, 229 alle, 231, 233 alle, 235, 237, 238 alle, 241, 242, 248, 251, 252 alle, 254 alle, 256 alle, 257 alle • Studio Teubner, Füssen 4/5, 86, 95, 127, 149, 155, 157, 159, 162, 172, 173, 183, 191, 202, 230